지속가능한
사회를 위한 정의

이 저서는 2014년 정부(교육과학기술부)의 재원으로 한국연구재단의
지원을 받아 수행된 연구임(NRF-2014S1A6A4025509)

지속가능한 사회를 위한 정의

이호선 지음

도서출판 리원

지속가능한
사회를 위한 정의

머리말

마이클 샌델 교수의 책 한 권이 한창 우리 사회의 정의 신드롬을 불러일으킬 즈음 '정의란 무엇인가'라는 그 베스트셀러를 읽은 독자의 한 사람으로서 내게 남겨진 질문은 이것이었다. '그래서, 뭐, 어떻게 하라는 건데?'

한 권의 책을 향하여 기대하기는 너무 근본적인 질문일 수도 있고, 제대로 깊이 그 책을 이해하지 못한 자신의 지적 수용능력의 부족일 수도 있겠지만 어쨌건 이 도발적인 질문은 저자 샌델이 아닌 대학에서 정의가 바탕이 되는 법학을 연구하고 가르친다는 자신에 대한 불만으로 끊임없이 나를 짓눌러왔다.

그리고 나름대로 호사가들의 추상적 담론으로서의 정의가 아니라 현실에서의 방법론, '어떻게?'에 대한 답을 주는 정의론을 구성해 보리라 마음

먹었다. 그것이 벌써 만 6년도 지난 일이다. 그리고 “천부기본자산권으로서의 생애기반자산 도입에 관한 연구”라는 제목으로 한편의 논문을 썼다. 그 논문이 총12장으로 구성된 이 책의 맨 마지막 장을 차지하고 있다. 그러고 보면 결론을 써놓고 그 결론에 이르는 과정을 지난 6년 동안 정리해 온 셈이다.

그러나 솔직히 그 6년 동안 해 온 작업이라고 하기엔 저자가 보기에도 부족하고 마음에 들지 않는 부분이 적지 않은 것이 사실이다. 너무 큰 질문에, 거창한 제목에 눌리기도 했거니와 굳이 변명을 하자면 지난 2년간은 학교 내외적으로 이런 저런 직을 맡아 연구에만 전념할 수 있는 시간을 내지 못했고, 여기에 의욕에 못 미치는 능력 부족이 주원인이었다는 점을 고백하지 않을 수 없다.

이 저술출판을 지원한 한국연구재단에 대한 의무의 이행도 다듬어지지 않은 내용 그대로 출간을 서두르도록 한 계기가 되었다. 그래서 필자가 사실 마지막 장으로 더 넣고 싶었던 심리적 격차가 없는 열린사회야 말로 지속가능한 정의를 위한 토대라는 내용을 추가하지 못한 점이 못내 아쉽다. 그래도 한편으론 연구재단의 이런 지원과 구속적 의무가 있었기에 졸저가 세상에 나올 수 있었다고 생각하니 그것도 감사할 뿐이다.

이 책이 나오기까지 많은 사람들의 수고가 있었다. 교정을 봐 준 국민대학교 법률상담센터 임재훈 연구원, 박사 과정생 최웅재 군의 도움이 필자의 손을 많이 덜어주었고, 공군 장교로 군 생활을 하고 있는 아들 진건은 깊이 있는 영어 실력을 바탕으로 아빠와 정의 담론을 나누면서 이 책의 완성도를 높이는데 많은 도움을 주었다. 이 청년들이 이끌어갈 세대는 필자의 세대보다 더 정의와 공의가 살아있는 세상이 되길 바란다.

이 책을 준비하는 과정에서 이 세상에 우연은 없다는 것을 개인적으로 다시 한 번 확신하게 되었다. 2013년 가을부터 2014년 여름 학기까지 르네상스 도시 피렌체에 있는 유럽연합대학원(EUI)에서 방문교수로 보낸 일 년 동안 필자는 현대 사회의 선지자들을 대학에서, 그리고 도서관에서 만날 수 있었다. 그들과의 직, 간접적 대화가 없었다면 이 책의 절반은 없었을 것이다. 그런 점에서 이 모든 것을 섭리 속에서 계획하고 가능케 하신 분께 감사드린다.

2017년 12월 24일
성탄 전일 아침에

CONTENTS

CONTENTS

제 3 편 ••• 보이지 않는 손, 보이지 않는 발

제 6 장 시장의 속성과 정의

제 7 장 시장 담론에 대한 두 가지 접근

제 8 장 미덕은 보상된다.

제 4 편 ••• 시장과 자본주의에 대한 오해와 진실

제 9 장 시장의 행위자, 공감하는 인간

제 10 장 아담 스미스의 시장 이해 방법론

제 11 장 자본주의, 그리고 자본주의 정신

CONTENTS

제 1 편

자연상태에서 소유적 공동체로

제 1 장

사회계약과 정의

요약

사회계약론은 우리가 살아가는 사회의 개념을 다시 생각하도록 만든다. 16세기 말 사회계약론의 대두는 근대 정치의 조건들이 갖는 모순이 점점 깊어지고, 이런 모순에 대한 자각도 점점 날카로워지고 있던 자체적인 역사적 맥락에서 이해해야 한다.

사회계약의 당사자인 인간은 개인으로 정의된다. 이 원시적 개인은 자유를 넘어 방종에 이르기 까지 무한한 갈증을 갖고 있지만 스스로 통제하지 않으면 이런 자유는 더 이상 존속할 수 없다는 점을 잘 알고 있다. 그래서 이런 자각 위에 형성된 사회는 원시적 자유를 구속하는 규칙들과 한계들을 그 본질로 한다. 이런 이유로 개인의 본성과 사회는 근본적인 충돌 내지 모순을 피할 수 없다.

누구도 영구히 다른 사람을 지배할 수 있을 만큼 강하지 않으므로 각자는 서로 대하여 평등을 구가할 것으로 보이는 자연상태에서 사회로 진입하는 이유는 자연적 상태는 적어도 평화스럽거나 살기에 여유가 넘치는 것과는 거리가 있는 곳이기 때문이다. 자연상태에서 사람들이 원하는 바를 한계 짓는 것은 일단 힘과 기회이기 때문에 서로 간에서 잠재적 위협 상태를 가져오고, 폭력과 무질서로 이어질 가능성은 항상 열려 있다.

하지만 루소 이후로 내려오면서 사회계약론은 더 이상 역사가 아니라 사회를 연구하는 합리적 기준점으로서의 역할을 한다. 따라 지금 사회계약에서 설명되는 실재는 사실로서의 실재가 아니라 사회적 실재를 어떻게 보는 것이 적절한가에 대한 관점을 제공하는 사회적 이성에 비춰진 실재라는 의미를 띈다.

사회계약의 추상성, 역사적 근거의 박약함, 검증되지 않은 전제의 취약함에도 불구하고 사회계약에 대한 정확한 해명이 요구되는 것은 사회계약이 여전히 법학, 정치학, 경제학, 윤리학 등을 통해 사회를 읽고 재단하는 주요한 잣대이기 때문이다. 이런 점에서 사회계약론은 원시상태의 서사성과 무관하게 지금 우리가 처해 있는 현실을 규율 하는 권리와 의무를 재조명하기 위해 여전히 유용한 도구이다.

사회계약적 관점에서 가장 중요한 정의의 원리는 원시적 인간이 사회 형성의 합의를 통해 지키려던 권리 – 이를 위해 다른 권리와 이익, 편의를 포기하면서까지 추구했던 – 가 사회에 의해서 침해되어서는 안 된다는 것이다. 예컨대, 시장에서의 분업과 교환이 경제적 생존뿐만 아니라 정치적 소외와 열세를 고착화시키는 원인이 되고 있다면 이는 사회계약의 본질에 반할 뿐 아니라 당초 사회계약을 주창했던 사람들의 의도와도 배치되는 것이다. 또한 사회계약에서의 개인주의는 그런 점에서 합의된 공통의 권위 하의 제한된 개인주의로 읽혀야만 한다.

1.1

사회계약의 의의

나는 누구인가? 이 질문은 근본적인 질문들 중에서도 근본적인 질문이라 할 수 있다. 그런데 여기서 자아에 대한 질문은 절대적 자아일 수도 있지만, 누군가와의 관계에서, 어느 구성원으로서 던지게 되는 경우가 흔하다. 그래서 이 질문을 조금 더 확장하면 나와 타인들은 어떤 관계에 있는가, 왜 이런 관계 속에 있어야 하는가로 이어진다. 그러한 관계가 개인적 영역끼리의 충돌로 이어질 때, 그리고 그 관계가 더 크게 확장되어 법으로서 강제되는 성격을 갖게 될 때 더욱 그러하다.

이런 오래된 질문에 대한 답의 하나로 들 수 있는 것이 소위 사회계약론(social contract theory)이다. 사회계약론은 본질적으로 근대의 사상이다. 사회계약론은 우리가 살아가는 사회의 개념을 다시 생각하도록 만든다. 사회계약은 모든 사회적 거래들(social dealings)은 동일한 사회 내에 속한 개인들 사이에서 같은 공동체에 소속되어 일정하게 지정된 권위에 복종하기로 하는 최초의 합의에 바탕을 두고 있다는 근본적인 직관(fundamental intuition)에 그 핵심을 두고 있다. 토마스 홉스(Thomas Hobbes, 1588–1679)와 장자크 루소(Jean-Jacques Rousseau, 1712–1778)를 필두로 하여 사회적 실재의 뿌리를 "계약"으로 보는 이 관점은 19세기에서부터 20세기에 걸쳐 지금도 단연 독보적인 설득력을 갖고 있다고 할 수 있다.[1] 사회계약론식 접근에 도전하여 공동체 구성의 기본적 원리를 구성하려는 다양한 시도들이 있었음에도 이를 극복하지는 못했다.[2]

사회계약론은 어떻게 시작되었는가. 16세기 말 사회계약론의 대두는 근대 정치의 조건들이 갖는 모순이 점점 깊어지고, 이런 모순에 대한 자각도 점점 날카로워지고 있던 자체적인 역사적 맥락에서 이해해야 한다. 특히 유럽대륙에서의 잔혹한 종교전쟁들, 그리고 정파 간 전쟁은 도대체 인간은 권력을 어떻게 받아들이고 어떻게 배척하는 것이 옳은가 하는 질문을 던졌다.

임마누엘 칸트(Immanuel Kant, 1724-1804)가 그의 1784년 저작인 〈범세계적 관점에서의 보편적 역사에 대한 관념(Idea for a Universal History From a Cosmopolitan Point of View)〉의 4번째 주제를 통해 언급한 이른바 "인간의 비사회적인 사회성(the unsociable sociability of man)"이 전쟁과 혁명을 통해 끊임없이 현실로 드러나는 가운데 사람들 사이의 공존이 어떻게 가능한가의 문제는 인류의 장래와도 관련된 것이었다.

이런 질문에 대하여 당대의 사상가들은 정치적으로 사람들이 받아들일 수 있는 건강한 이해, 다시 말해 권력의 정당성에 대한 합리적 설명만이 당시의 악에 대한 이해와 해결책을 제공하고 보다 안정적인 미래를 만들어 줄 수 있을 것이라고 본 것이다. 이것이 사회계약론자들이 바랐던 궁극적 미래였다.[3]

한편 이러한 역사적 상황이 갖는 필요성에 더하여 이성을 발전을 도구로 높이 평가하고 사람들 사이의 평등을 주창하는 르네상스 이후부터 전개되어 온 지적 사색 역시 사회계약론을 이끌어내는 계기가 되었다. 상업 및 산업사회로의 이행은 개인성에 대한 주장, 즉 자유를 향한 주장들을 가져왔고, 이런 사회들 속에서는 기술과 과학의 발전이 지속적으로 과거에 볼 수 있었던 사회적 유대 관계를 와해시키고 새로운 관계와 질서를 구축해 나가고 있던 중이었다. 이런 상황의 점진적 확장은 17세기 유럽의 암담함, 18세기 유럽 사회의 엄혹한 현실과 충돌하기 시작했는데, 당시의 계급적 질서는 지평을 넓혀가는 인간 이성에 대한 더 큰 족쇄로 느껴지고 있었다. 결국 이런 부조화와 갈등에 대한 지적 응답으로 나오게 된 것이 사회계약론이었다.[4] 다시 말해 구시대에서 신시대로 넘어가는 지적 완충, 포괄적 이론으로서의 사회계약론이 대두되었던 것이다.

그런데 20세기까지만 해도 '계약론(contract theory)'이라는 용어는 널리 쓰이고 있지 않았다. 이런 식의 표현은 사상적 족적을 용이하게 구분해 내기 위한 시도의 일환으로 전통적인 사상체계를 구분하고 유형화하기 위한 명명 작업의 결과였다. 따라서 사회계약론이라는 유형에서는 유사하지만 시대를 거치면서 개인별로 의도하는 바는 상당한 차이를 보이고 있다.

사회계약론이란 용어는 사회과학 내에서 여러 가지로 쓰인다. 법학에서는 민사적 계약법에 대한 분석을, 경제학에서는 시장 내에서의 행위 주체들 간의 미시경제적인 상호관계성 연구를 의미하기도 한다.[5] 하지만 가장 널리 쓰이는 사회계약론의 개념은 다분히 헌정체제와 관련되어 있으며, 정의와 관련하여 논의되는 것도 이에 속한다. 헌법과 정치학의 영역에서 사회계약론은 주로 17세기 이후 전개된 일련의 철학적 사유들로 사회와 정치권력의 형성을 합리적으로 설명하는데 그 목적을 두고 있으며, 이로부터 권력의 정통성(legitimacy of powers)에 대한 규범적 기준을 도출한다. 따라서 특정 공동체 내에서의 종교의 지위, 주권의 문제, 군주와 신민의 역할, 기본권과 자유 등 개인과 개인, 집단과 공동체 내에서의 개인 간의 관계를 다루는 주요 담론들이 이 광범한 개념에서 파생되어 나온 것은 그리 놀라운 일이 아니다.[6]

계약이란 우리가 알다시피 두 사람 사이의 의사가 합치되어 나오는 최종적인 약속(合意)이라는 의미도 있고, 더 나아가면 그러한 최종 약속을 하기까지의 과정(合議)도 포함한다. 물론 계약이 반드시 두 사람 사이에 있으란 법은 없다. 여러 사람이 의사를 합치할 수도 있는데, 사회계약이란 두 사람을 벗어난 훨씬 더 넓은 불특정 다수 개인들 사이의 의사 합치를 말한다. 하나로 모아진 의사를 다른 말로 합의(合意)라고 하는데, 그럼 사회계약론자들은 개인들이 어떤 내용으로 합의를 하였다고 보는 걸까.

절대왕정을 옹호했던 17세기의 토마스 홉스, 공정한 정치라는 공화정적 체제에 더 기울어져 있었던 18세기의 루소, 그리고 자유주의 철학자로서 절차적 정의론을 정립하려 했던 20세기의 존 롤스(John Rawls, 1921-2002)의 사례에서 보듯이 최초의 사회에 있었던 계약의 내용이 무엇인지에 대하여는 사회계약론을 주장했던 사람들 마다 그들이 처했던 시대적 상황과 정치관, 현실에 대한 진단과 대안 제시 입장에 따라 양상은 다양하다.[7]

각자 지지하였던 정치에 대한 규범적 판단의 유형만 보더라도 통일성이 결핍되어 있다는 것은 명백하다. 그러나 비록 사회계약론들 사이에서 보이고 있는 근본적인 차이와 대립을 간과해서도 안되지만, 이들 사이의 저변을 가로지르고 있는 통일성을 무시해서도 안 된다. 이것은 그들이 지지하는 정치적 지지논리 보다는 사고방식의 상대적인 동질성에 찾을 수 있다. 가장 고도의 동질성을 보이는 부분은 공동체와 권력의 정통성에 대한 문제 제기이다. 이들에게 권력은 더 이상 신이나 자연으로부터 부여된 것이 아니다. 사회계약론자들은 사회를 구성하게 된 동기를 그 이전 시대의 사람들과 다르게 설명한다. 우리가 집단으로 공동체를 이루며 사는 것은 우리가 원했기 때문이다. 공동체와 권력은 비록 항상 명백하게 드러나 있지는 않더라도 그 밑에 깔려 있는 것은 우리의 의지가 반영되어 있다는 신념이다. 정통성 있는 권력 내지 권위는 이런 의지의 요구조건들을 존중해야만 하는 것이다.[8]

1.2

사회계약의 단위, 자유롭고 평등한 개인

사회 내지 공동체의 존재를 원시적 합의(initial agreement)에 터 잡은 것으로 간주하는 까닭에 사회계약론의 전개 과정에는 다음과 같은 세 가지 중요한 질문들이 치열하게 다뤄져 왔다. 즉, 계약주체들의 지위를 어떻게 이해하여야 하는가, 그 합의를 하게 된 동기는 무엇인가, 그리고 그 한계는 무엇인가라는 것이다.[9]

사회계약의 당사자인 인간(man)은 개인(individual)으로 정의된다. 사회계약론은 사회와 정치를 "개인주의적"으로 이해하는 사조로 향하는 결정적 진화를 반영하고 있는데, 로크와 같은 자유주의자들이 말하는 자유를 향한 주장(claim to freedom)의 바탕에는 기본적으로 어떠한 집단의 의사이건 그것은 궁극적으로 개인들의 의사결정의 산물이라는 생각이 깔려 있다. 그리고 이 때의 개인은 누구에게도 의존하지 않는 독립적 개인이고, 자기 의사의 의미를 충분히 이해하고 그 선택에 따른 결과도 예상하며 감내할 능력과 의지가 있는 성인(成人)이다. 책임 있는 존재로서의 개인인 것이다. 사회계약론자들은 집단은 이러한 개인들로부터 비롯되는 것으로 이해되어야 한다고 본다.

사회계약의 결과로 만들어진 것이 국가라고 보는 이 인식을 통해 합리적이며 도덕적 존재로서의 개인의 인격 그 자체에 귀속되는 권리들과 개인을 초월하여 사회적으로 부여되고 기대되는 특정한 역할, 직업 및 지위에 부수되는 책임과 의무 사이의 경계가 비로소 인식되었고, 근대국가는

그 첫 번째 정치적 공동체였다.[10]

사실 사회계약론만이 개인주의를 수용할 수 있는 유일한 근대 정치개념은 아니다. 그렇지만 사회계약론이 갖는 접근 방식으로 인해 사회계약론자들은 인간의 본질이 무엇인가에 대한 인류학적 질문을 던지게 된다. 이 질문에 대한 답은 다양하지만 그럼에도 불구하고 모두가 공유할 수 있는 몇 가지 신조가 있다. 예를 들면, 인간은 자연적으로 자유로우며 다른 누구에 대하여도 평등하다는데 사회계약론자들은 누구나 동의한다. 이성의 존재와 성격을 둘러싸고는 다소 논쟁의 여지가 있지만 보통 자연상태에서 인간성은 욕망과 기호에 의해 지배되는 것으로 보고 있으며, 이성 발전의 전제가 되는 각자의 의견 교환은 사회적 틀 안에서만 가능하다고 한다.

홉스는 원시적 합의가 갖는 개인성을 부각시키기 위해 '첫 번째 인간(the first person)'의 개념을 이용한다. "나는 첫째 사람, 혹은 첫째 사람들의 집단에 자신에 대한 통제를 승인하고 내가 갖는 그러한 권리는 포기한다..."[11] 개인들이 갖고 있던 독립성이 첫째 사람으로 흡수되어 단일한 의사결정주체를 이루게 된다는 것이다.

루소의 경우 사회적 계약이 갖는 개인적 차원을 강조한다. 루소에게 사회계약은 "저마다 그의 권리 및 이에 부수된 것들을 완전히 양도하는 것인데, 왜냐하면 일단 모든 사람들에게 조건이 동일한 이상 각자 내놓는 것은 자신을 완전히 내어 주는 것이기 때문이다." 이런 인간은 기본적으로 독립적이며 평등하다.

루소는 그의 저서〈사회계약론〉에서 "인간은 자유인으로 태어났으나 도처에서 쇠사슬에 묶여 있다. 남의 주인을 자처하는 자도 역시 그들보다 더한 노예"[12]라고 하면서 인간에게 천부적으로 부여된 자유인으로서의 지위를 강조한다. 그리고 이러한 개인들이 공동체의 성원이 되는 결합에 참여하면서 공동의 자아를 형성하고 여기에 생명과 의지가 부여된다고 설명한다. 이 공동의 자아는 추상적이 아니라 국가로 구현된다. 공화국 또는 정치체로 불려지는 이 집합체로서의 공적인 인격이 '도시'이며, '국가'이고, 능동적으로는 '주권자'가 되는 것이다.[13] 그리고 구성원은 집합적으로는 '인민'으로, 개별적인 참여의 의미를 지닐 때는 '시민', 국가의 법률에 복종한다는 의미에서는 '신민'이 되는 것이다.[14]

스피노자(Baruch Spinoza, 1632-1677)가 그의 〈신학-정치 논고, Tractatus Theologico-Politicus, 1670〉에서 "각자는 그 자신이 가지는 모든 권한을 공동체에 양도한다"[15]고 한 것처럼 자발적 양도와 제한이라는 행위를 통해 인간은 법 속으로 들어가게 되는 것이다. 결국 출발은 개인으로 시작하지만, 법으로 들어가는 순간 인간의 개인성은 제한과 한계라는 짐을 숙명으로 짊어지게 된다. 왜 이런 결정을 하게 되는 걸까. 사회계약을 통해 절대국가에 복종하는 개인은 우둔하거나 비천한 자들이 결코 아니다. 홉스의 세계에 등장하는 사람들조차도 교양 있고 이성적이며 비천하지 않은 시민들로, 그들은 단지 자신의 안위를 위해 절대 권력자를 필요할 뿐이다.[16]

한편 사회계약에 참여하는 인간은 개인적 존재로 묘사되긴 하지만 많은 사회계약론자들에게 이런 개인은 고립적 존재가 아닌 종종 다양한 사회적 교류 속에서 관계를 형성하는 존재이다. 다만 상호 관계가 법으로 공식화되지 않았고 국가의 존재를 통해 강제되지 않기 때문에 아직까지 그 자체로 고유한 의미의 사회 속에 살고 있지 않을 뿐이다. 다만 루소는 입장을 달리하여 사회계약 이전의 자연상태에서 사람들 간에 이루어지는 여하한 유형의 상호작용도 제거함으로써 급진적인 고립적 개인을 단위로 삼았는데, 이를 통해 사회계약론에서의 바탕인 개인주의 토대를 굳게 하였다는 평가를 받고 있다. 그러나 루소처럼 인간을 다른 사람과의 일체의 교류가 없는 개인으로 이해할 경우 개인적 합의에 기초한 사회의 구성으로의 논리적 연결이 어렵다는 비판도 있다.

1.3

개인 본성과 사회의 충돌 딜레마

모든 인간이 자유롭게 태어났다는 전제, 그러나 그러한 자유를 지키기 위해서 만들어진 것이 공동체이며 그에 따른 복종과 구속력은 불가피하다는 사고의 뿌리는 깊다. 일단 모든 사회계약론자들은 기본적으로 한 가지 신념을 공유한다. 즉, 사회는 자연상태를 지배하는 자유, 그리고 더 나아가 방종을 향한 원시적(原始的) 인간의 무한한 갈증을 통제하는 곳이라는 사고이다. 여기서 원시적 인간은 사회계약을 하기 직전의 인간이다.

사람은 자연적으로 자유로운 존재였고 또 무한히 자유롭고 싶어 하는 존재이지만, 다른 한편으로 이런 자유는 지속될 수 없으며 종국적으로 무질서(anarchy)로 이어지게 된다는 것을 계약 전의 인간들은 경험적으로 또는 선험적으로 알고 있었다. 자유야 말로 그냥 놔두면 가장 큰 자유의 적이 된다는 걸 인식하는 순간, 사람들은 스스로를 묶어두기 위한 합의에 들어갔고, 이렇게 탄생한 곳이 사회라는 것이다. 그래서 사회란 바로 이런 원시적 자유(initial liberty)를 구속하는 규칙들과 한계들을 그 본질로 한다.[17] 이런 이유로 개인의 본성과 사회는 근본적인 충돌 내지 모순을 피할 수 없다.

루소보다 한 세기 앞선 영국의 존 밀턴(John Milton, 1608-1674)은 그의 저서 〈왕과 통치자의 임기, Tenure of Kings and Magistrates, 1650〉에서 다음과 같이 주장하였다.

"모든 사람은 자유롭게 태어났고.......복종이 아니라 명령하기 위해 태어났으며 그리 살아왔다. 그러다가 점점 잘못과 폭력에 빠지게 되면서 이것이 결국 모두의 파멸로 이어지리라 생각되자 사람들은 각자를 구속하는 공동체(common league)를 만들어 서로 해악을 가하지 못하도록 합의하고, 한편으로 이러한 합의를 방해하거나 반대하는 것으로부터 공동으로 대처하여 방어하기로 하였다. 여기에서 도시, 마을, 그리고 국가(commonwealths)가 나온 것이다. 그리고 서로를 단순히 신뢰하는 것만으로는 충분한 구속력이 없다는 사실이 드러나자, 이들은 어떤 권위를 만들어 거기에 평화와 공동의 권리(common right)를 침해하는 행위에 대하여 이를 물리력으로 제지하고 처벌할 수 있도록 하는 것이 필요하다는 사실을 깨달았다. 이러한 권위와 자기방어 및 보존의 권리는 평온과 질서를 위해 원시적 및 자연적으로 모든 사람에게 내재된 것이며, 이 권리에 의해 만인이 서로 묶이기도 하는 바, 그래서 최소한 각자는 자기 자신이 부분적인 법관(judge)이 되어야만 한다."[18]

밀턴의 위 주장은 사회계약론의 출발을 잘 요약하고 있다. 인간의 운명은 자유와 명령에 있고 복종에 있지 않다고 주장하면서 한편으로 그 위험성도 아울러 지적하고 있는 것이다. 누구도 공통의 규칙에 따르지 않는다면 누가 무엇을 원하건 그가 하는 행동에 어떠한 제한도 가능하지 않게 됨으로써 인간은 폭력에 시달릴 운명에 처하게 된다. 하지만 이에 대한 대처가 가능한 것은 인간에게는 그러한 문제를 예견할 수 있는 능력이 있고 잠재적인 위협자들에 대항하여 평화를 확보하기 위해 원시적 자유 및 평등(original freedom and equality)을 양도할 수 있다는 것이다. 이렇게 하여 법의 시대, 법과 권위 아래에서의 제한된 자유의 시대가 탄생하는 것이다. 이런 이유로 일반적으로 사회계약론자들에 있어서 사회는 억제라는 개념(repressive conception of society)과 불가분의 관계를 맺고 있는데, 루소나 칸트 같은 사람들은 이런 억제야 말로 자율적 규칙 내에서 누리는 자유로서, 진정한 자유(true liberty, liberty within autonomous rules)라고 본다.[19]

1.4

사회 이전의 자연상태

사회계약론을 주창하는 사람들은 인간은 어느 일정한 시점에서 공동의 법과 그 법을 집행하는 책임을 지고 있는 권위를 존중하기 위해 자신들의 원시적 자유와 평등을 포기하고, 사회적 결속으로 묶이는 것이 더 낫다는 합의를 하였을 것으로 생각한다.

그런데 인간이 자연상태를 떠나 계약을 통해 평화를 유지하는 국가의 권위 체계 속에 자신을 복속시킴으로써 자신을 어떤 의무 아래 두어야 할 필요가 있었다는 점에 관하여는 동의하지만, 그 필요 내지 이유에 대한 설명은 각기 다르다.

루소에 의하면 사회 내에서의 개인들을 묶는 것은 이들 사이의 합의의 결과물이고, 이 합의는 사회의 출범과 직결된다. 이 합의에 참여하게 되는 동기는 무엇인가? 그것은 자연상태에서 완전히 자유롭게 남아있는 것, 그러나 보다 현실적으로 말하면 홀로 방치되어 있는 것보다는 공동체에 들어감으로써 법에 따라 자유를 제한 받는 것에서 오는 이점을 비교하는 데서 비롯된다. 다시 말해 무제한의 자유보다 법에 따른 자유가 더 가치 있다고 신중하게 파악하는 개인들의 결정이 합의의 토대라는 것이다. 사회계약론이 공동체 전체의 이익을 인지할 수 있는 이성적 개인(reasoning individual)을 전제하는 것도 이 때문이다.[20] 소위 "사회적 계약들(social contracts)"이라 불릴 수 있는 내용은 권리와 의무, 정당성과 복종이 무엇인지 밝히 보여주는 이런 합의들의 총체이다.[21]

그런데 사회가 원시적 합의(initial agreement)에 의해 구성되었다는 사회계약론의 가정은 결과적으로 사회 이전의 상태, 다시 말해 사회적 삶이 요구하는 어떠한 구속이 없이 인간들이 살아가던 상태가 있었음을 전제로 한다.

일단 유력한 사회계약론자들 중 루소를 빼고는 다음에서 보듯이 대부분의 사람들은 자연 상태는 그 자체로는 불안정하며 지속 가능하지 않다고 본다.[22] 어떤 우연한 사건이 계기가 되었건, 인간을 재갈물릴 어떤 규칙이 없는 상태에서 인간들이 지닌 악덕들끼리의 끊임없는 갈등과 불화가 계기가 되었건 간에, 사회계약론자들은 인간의 자연상태에 더 이상 감내할 수 없는 어떤 순간이 오면서 사람들은 해결방안을 찾기 시작하였다고 보았다.

사회계약론에서는 국가가 없는 상태를 "자연상태(the state of nature)"라고 하는데 이곳에서는 누구도 영구히 다른 사람을 지배할 수 있을 만큼 강하지 않으므로 각자는 서로 대하여 평등을 구가할 것이라고 상정한다. 그 같은 이유로 사람들은 모두 자연적 자유(natural freedom)를 누릴 것이다. 17세기 사상가들은 인간이 공식적으로 사회라는 속박에 얽매이지 않았을 때를 표현하기 위해 여기에 "자연상태(the state of nature)"라는 이름을 붙였다. 자연적 상태는 적어도 평화스럽거나 살기에 여유가 넘치는 것과는 거리가 있는 곳이다. 이는 적어도 잠재적 위협 상태를 가져오고, 더 확실하게 폭력과 무질서로 이어지게 된다.

그래서 자연상태는 사람들이 사회라는 구속에 편입되면서 그에 따라 포기한 자유를 설명하는 한 방편이 된다.

이런 식의 논지를 가장 잘 전개한 사람들 중의 한 명이 존 로크(John Locke, 1632-1704)였다. 〈통치론 제2논고, Second Treatise of Civil Government, 1690〉에서 로크는 자연법을 "사람이 타인들에게 허락을 구하거나 그들의 의지에 따르지 않고 독립적으로 자신들이 적합하다고 생각하는 방식에 따라 처신하고 그 소유물들을 처분할 수 있는 완전한 자유"[23]으로 요약하고 있는데, 대부분의 사회계약론자들도 이에 동의하고 있다.[24] 자연상태에 관한 가장 흔한 설명은 자연상태를 오로지 "자연법(natural law)"에 의해서만 규율되던 시대라고 부르는 것이다. 이때의 자연법은 16세기 이후로 새롭게 이해된 자연법을 말하며,[25] 어떠한 인위적 규범에 의존하지 않고 인간의 행위를 결정하는 법칙을 말한다. "자연"이라는 말을 "사회적이지 않은(not social)" 특징을 나타내기 위해 썼다는 것은 주목할 만한 일이다. 이는 정치 권력은 본질적으로 자연적 속성에 반한다는 17세기의 새로운 인식을 직접 전달하는 메시지이다.[26] 홉스는 〈리바이어던〉 제12장과 제14장에서, 로크는 〈통치론 제2논고, Second Treatise〉 제2장에서 모든 개인들은 자기 자신과 자신의 생존 수단을 향한 자연적 권리를 갖는다는 점을 강조한 바 있다.

자연상태를 상정하는 중요한 목적은 사람들이 현존하는 사회적 제약들로부터 아무런 영향을 받지 않고 자유롭게 선택할 수 있다고 가정할 때, 정치적 삶 속에서 인간은 도대체 어떤 태도를 취할 것인지, 그 이해를 돕는데 있다. 다양한 전개 방식에도 불구하고 일반적으로 자연 및 그와 유사한 형태에 처한 상태란 어떠한 사회적 제약으로부터도 자유로운 인간이 존재한다는 가정을 깔고 있으며, 이를 위해 때로는 소설과 같은 형식을 빌리기도 하고 급진적 무정부주의에서부터 완전한 사회통합까지 인간성에 대한 추론의 경로를 열어 놓고 있다.[27]

자연상태에서 사람들이 원하는 바를 한계 짓는 것은 일단 힘과 기회이다. 홉스의 독특한 설명에 의하면 "(자연) 상태에서는 항상 두려움과 폭력적 죽음의 위험이 도사리고 있고, 인간의 삶은 고독과 빈곤에 시달리고 끔찍하고, 잔인하며, 숨이 막힐 지경"까지 이른다. 그래서 홉스에게 있어서의 "자연상태"는 "투쟁상태"이며, 〈리바이어던, Leviathan, 1651〉에 나오는 유명한 말을 인용하자면 "만인에 대한 만인의 투쟁(war of everyone against everyone)"에 놓여 있는 상태이다. 이런 상태에서 사람의 행동을 결정짓는 것은 죽음에 대한 공포, 그리고 이로 인해 서로가 서로에 대하여 보이지 않는 잠재적 위험으로부터의 방어이다. 홉스의 자연상태는 법이나 계약을 강제하는 어떠한 권위도 존재하지 않을 때 실존적인 인간이 필연적으로 취하게 되는 행동방식을 나타낸다. 따라서 여기에서는 만인에 대한 만인의 끊임없는 투쟁, 즉 다른 사람들보다 우월한 권력을 갖기 위한 투쟁이 불가피한 것이다. 홉스는 사람의 본질을 전적으로 혹은 대부분의 경우 이기적이며, 크고 멀리 있는 이익보다는 즉각적이며 작은 이익에 마음이 동하는 근시안의 소유자이며, 맹목적 열정을 쫓는 경향을 보이는 존재로 분석한다.[28]

이런 상태에서는 '쾌적한 삶'을 지향하고 폭력적인 살상을 피하기 위한 인간의 어떤 욕구도 충족되지 못하므로 사리분별을 할 줄 아는 인간이라면 누구나 이런 상태에서 빚어질 비극을 막기 위한 노력을 기울여야 하는데, 그 방법으로는 모든 사람이 절대적 주권자의 권력을 승인하는 것 외에 달리 어떤 수단도 불충분하다는 것이 홉스의 주장이다.[29]

사무엘 폰 푸펜도르프(Samuel von Pufendorf, 1632-1694) 역시 홉스와 같이 자연상태와 자연상태 속의 인간을 매우 비관적으로 상정하였는데, 그는 자신의 저서 〈인간과 시민의 의무에 관하여, On the Duties of Man and Citizen〉에서 인간은 "어떤 야생동물보다 더 비참하며",[30] "인간보다 더 사납고 길들이기 힘들며, 사회의 평화를 깨뜨리는 악덕이 탁월한 동물은 없다"[31]고 하였다.

그런데 로크의 경우엔 홉스나 푸펜도르프와는 달리 자연상태에 있는 모든 개인들이 탐욕스럽고, 음탕하며, 물욕에 집착하고 허세를 떠는 것은 아니라고 보았다. 대다수의 사람들은 선천적으로 평화로우며 자비롭고, 타인을 향한 의무를 기꺼이 행할 것이었다. 그렇긴 해도 로크가 보기에도 자연상태는 비록 투쟁의 상태는 아니라 할지라도 그 상태는 갈수록 점점 더 갈등으로 비화하여 어느 한 순간에라도 폭발할 가능성이 높았다. 왜냐하면 그와 같은 상황에서는 누군가의 권리가 존중될지 여부는 각자의 결정에 달려있고 자연 상태의 법을 해석하는 것 역시 각자의 몫이기 때문이다. 좋은 뜻을 가지고 호의로 대하는 사람들 사이에서도 일정한 사안을 둘러싼 의견의 불일치는 매우 깊어질 수 있다.

따라서 개인들은 그들의 권리가 위험에 처해져 있는지, 그리고 다른 사람들에 대한 의무가 무엇인지 결정함에 있어 그들이 따라야 할 하나의 기준을 필요로 한다. 이와 관련하여 사람들은 자신들의 의견 불일치를 중재할 불편부당한 심판자를 필요로 하는데, 왜냐하면 이것은 아무도 그 자신의 분쟁에서 심판자가 되어서는 안 된다는 분쟁해결에서의 기본 원리이기 때문이다.

루소는 자연상태를 긍정적으로 보는 사람들 중 한 명이다. 그는 자연상태 속에 있던 인간들이 알 수 없는 어떤 재앙이나 사건들로 인해 서로 접촉하고 연합하게 되었는데, 그런 사건이 없었다면 인간은 영구히 동물들의 상태와 같이 머물러 있을 수도 있었을 것으로 본다. 그는 자연상태를 굳이 투쟁의 장소로 상상할 필요가 없다고 한다. 루소는 죽음에 대한 두려움은 자연 상태의 인간을 설명하기에는 너무 추상적이고 모호한 상상이라고 하면서, 갈등이란 사회를 만든 후에 오는 것이지 그 전에 선행하는 것이 아니라며 홉스 식의 자연상태에 평가에 반대한다. 루소에 의하면 그런 현상은 통제가 잘못됨으로써 빚어진 사회의 일종이다.[32] 원시적 합의를 통해 공동체를 만들지 못하더라도 루소에게 있어 인간은 동물적 상태이긴 하지만 상대적으로 덜 끔찍한 삶을 누릴 수 있는 존재였다.

칸트도 루소처럼 자연상태에 관한 평가에 관대한 편이다. 그는 자연적 상태는 비록 항구적인 법률의 존재, 그리고 그에 대한 위반은 하나의 승인된 권위에 의하여 처벌되는 것을 특징으로 하는 "시민 상태(civil state)"까지는 아니라 하더라도,[33] "사회적 상태(social state)"일 수는 있다고 한다. 인간은 동물보다도 못하기 때문에 망설임 없이 인간은 동물 정도의 상태도 유지하지 못했을 것으로 본 홉스나 푸펜도르프의 시각과는 완연한 차이를 보이는 것이다.

어쨌건 갈등의 본질 및 그것이 자연상태 속에 어떠한 성격으로 존재하는지의 여부를 둘러싼 입장 차이가 상반됨에도 불구하고 잠재적인 위협에 대한 대응책으로서 사람들이 모두에게 구속력을 갖는 하나의 합의의 필요성을 제기하였다는 데는 사회계약론자들 모두가 찬성한다. 즉 어느 한 순간에 개인들은 중앙집권적인 정부 하에서 함께 살기로 결정을 내리는데, 이 때 법 집행 책임을 진 정부에 따르는 한 그 정부가 비록 자신들을 제한하긴 하지만 대신에 보호는 제공해 줄 것이라고 여기는 것이다.[34]

1.5

사회로 들어가면서 얻는 것과 잃는 것

이렇게 자연상태를 어떠한 관점으로 보건 간에 이제 자연상태에 있던 인간들은 완전히 자발적으로 하나의 공동 통치체제를 마련하고 거기에 복속하기로 하는 합의를 하였다. 그런데 계약이란 본질로 돌아가면 계약은 항상 주고 받는 것을 그 속성으로 한다. 사회계약도 마찬가지이다. 받을 것이 있었기에 자연상태에서 누리고 있던 자유와 평등을 거래의 지급수단으로 내 놓았을 것임에 틀림없다. 사회계약론자들은 자연상태의 인간은 타인들과 '적정한 시도'를 할 수 밖에 없었는데, 결국 그것은 가장 중요한 것을 얻기 위해 덜 중요한 것을 내놓는 방식으로 되었을 것이고, 이로 인해 바로 '사회적 합의'가 탄생되었다고 본다. 그럼 가장 중요하게 지키려고 했던 것이 무엇인가, 그리고 개인은 무엇을 내 주었는가. 일단 지급수단으로 원시적 자연상태에서 누구의 간섭도 받지 않고 대등하게 지냈던 자유와 평등이 지불되었다는 점에서는 사람들의 견해가 일치하지만, 그 지급수단으로 확보하려던 더 중요한 것이 무엇이었는가에 관하여는 사람마다 또 설명이 달라진다.

예컨대, 인간이 가장 중요하게 여기는 그 무엇을 홉스는 생명(life), 루소는 권리(rights), 로크는 자산(property), 푸펜도르프는 온갖 것들(a bit of everything), 마이클 왈쩌(Michael Walzer, 1935-)는 안전과 복지 필요의 충족이라고 본다.

홉스에게 있어 인간행위의 유일하면서 압도적인 동기는 죽음에 대한 공포와 살기 위한 갈망이다. 그 두려움과 갈망은 인간으로 하여금 자신의 생존을 확보하는데 필요한 것이라면 무엇이건 간에 하도록 하는 도덕적 허용(a moral permission)을 가져온다. 또한 홉스가 볼 때 생명 안전에 대한 담보뿐만 아니라 재산, 산업, 상업, 과학, 예술, 문자와 같은 문명화된 삶의 모든 조건들이 결핍된 상태에서 산다는 것은 인간 본성에 배치된다. 따라서 사회계약 전의 인간이 자연상태로부터 벗어나고자 애쓰는 것은 이런 조건들의 결핍이 주요 원인이 된다.

"인간으로 하여금 평화를 지향하게 하는 정념은 죽음에 대한 공포, 그리고 또한 쾌적한 삶을 위해 필요한 재화에 대한 욕망이며, 동시에 경제활동을 통해 이것을 얻으려는 바램이다."[35]

한정된 자원으로 인해 삶을 살아가기 위해 항상 그 자원을 둘러싸고 싸움을 하고, 타인들과 적당하게 소통할 수 없는데다 말의 의미를 둘러싼 공통의 권위가 부재한 상태에서는 타인의 재산을 훔치거나 강탈해서는 안 된다는 의무에 속박 당하지 않는 한 인간은 "만인에 의한 만인에 대한 투쟁" 상태에 놓일 수 밖에 없다. 더구나 서로 믿을 수 없고 오만과 압제에 빠지기 쉬운 것이 인간의 선천적인 속성이라는 사실들을 감안하면 자연상태에 있는 인간들이 타인의 생명이나 신체를 해하면서까지 자원을 강탈할 것이라는 사실은 자명하다. 결국 해답은 공존을 모색하는 길인데, 그 구체적인 실천이 사회적 계약인 것이다. 서로의 것을 인정하고 침해하지 않는다는 약속을 하는 것이다. 하지만 홉스는 소유권 인정만으로는 국가를 유지하고 공동체 구성원들의 안녕을 달성하는 데는 충분하지 않다고 보았다. 각자 소유하고 있는 것들을 상호간 계약을 통해 서로 교환할 수 있어야 문명화된 삶의 조건에 필요한 것들을 채울 수 있을 것이었다. 교환이 효과적으로 수행되기 위해서는 매매, 대차, 교환, 고용 등과 같은 개인 간의 모든 종류의 계약 형태와 이 계약이 유효하게 집행되기 위한 제반 의무사항에 관한 내용이 결정되어야 하는데 이 권한은 주권자에 속하는 것이다.

로크는 자산의 역할을 주창하면서 소유에 대한 보호의 필요성이야말로 시민사회(civil society)를 형성하는 주된 요인이라고 본다.[36]

왈쩌는 필요의 충족을 사회계약에의 참여 동기로 본다. 그는 인간들이 그 필요를 충족시키기 위해 함께 모여 사회 계약에 서명한 만큼 이런 사실은 주기적으로 재차 확인되어야 한다고 한다. 왜냐하면 계약이 소중한 것은 이러한 필요들이 충족되는 한, 다시 말해 계약이 충실히 이행되는 한에서 그러하기 때문이다. 이 필요들로 왈쩌가 드는 것은 공동체 그 자체이다. 여기에는 문화와 종교 그리고 정치가 포함된다. 여기에 구성원으로서의 정체성을 갖고 참여하고 있는가, 참여하도록 보장하고 있는지 여부가 사회계약 이행과 불이행을 가른다. 왈쩌는 이 세 가지의 바탕 위에서만 우리가 필요로 하는 기타 모든 것들은 사회적으로 인정된 필요가 되며 역사적이면서도 확정적인 형태를 취하게 된다고 한다.[37]

그는 “정부는 인간의 필요들을 제공하기 위한 인간 지혜의 산물이다. 인간은 바로 이 지혜를 통해 자신들의 필요를 제공받을 권리가 있다.”[38]는 버크의 말을 인용하면서 이 설명이 기본권에 대해 가장 근접한 서술이라고 한다.[39] 왈쩌는 이러한 필요, 특히 “안전과 복지”의 필요성을 인식하고 제공하는 공동체로서 대표적인 존재로 국가 공동체를 꼽는다. 그런데 이 공동체 내에서 제공되는 공적 부조는 각자가 갖고 있는 힘과 영악함의 정도에 따라 심각한 불평등을 야기할 소지도 있는데,[40] 그렇기 때문에 사회계약의 본질로 돌아가 그 정신에 비춘 주기적 점검은 더욱 필요한 것이다. 사회계약론에서는 불평등이란 일단 평등한 사람들이 사회 속에서 살기로 최초에 합의하고 난 이후에 비로소 문제된다는 점에 깊이 주목한다.[41]

1.6

인류 역사 속의 사회계약의 흔적

앞에서 사회계약을 하나의 근본적인 직관에 바탕을 두는 것으로 보았다. 그렇지만 역사 속에서 사회계약의 흔적이나 그림자를 찾아볼 수는 없을까.

가끔 고대 그리스인과 로마인들 역시 사회계약의 형태를 이미 알고 있었다는 주장이 나오지만 이런 관점은 큰 설득력을 갖지 못한다. 일단 사회계약을 주장하는 입장에서 나오는 개인에 대한 강조는 고대의 사상과 양립을 어렵게 한다. 고대 그리스인이나 로마인들에게 사회는 구성원들의 계약에 의한 것이 아니라 우주의 자연스러운 질서의 일부분이었고 자연은 인간이 집단적 삶을 살도록 절로 본성을 제공하고 있었다.

물론 그리스나 고대 로마의 이러한 주류적 사고와 달리 사회적 삶이란 인간들의 관행의 산물이라고 주장하던 소피스트들의 사고가 한 때 유행하기도 했지만 이들이 말했던 '관행'은 지금의 사회적 계약과는 아주 다른 개념이었다.[42] 일반적으로 고대 철학자들 입장에서 인간 행위 양상이 점점 더 개인화된다는 것은 잘 정돈된 사회를 망치는 길이었다. 예컨대, 플라톤은 전제정치는 "각자가 선택한대로 할 수 있는 권리를 가질 때"[43] 초래되는 것이라고 보았다.

하지만 사회계약론자들에게 있어서는 개인에게 주어진 선택의 자유가 공동체 존립의 여지를 열어주는 합의의 토대가 되었다.[44]

도시의 시작에 관하여 다룬 플라톤의 〈국가론, Republic〉에서 보듯이 고대 철학자들에게도 일정한 숫자 이상의 사람들이 모이면 어느 시점에서는 도시가 형성된다는 사고는 낯선 개념이 아니었던 것은 사실이다. 그러나 플라톤만 해도 그는 도시를 "인간이 자조할 수 없는 존재"라는 한계에서 나온 결과라고 주장한다. 플라톤이 보았을 때 사회는 인간 본성의 일차적 성과였고, 사회(또는 도시)가 없다면 인간은 불완전한 존재였다. 사회계약론자들은 이와 정반대의 입장을 취한다. 그들에게 최초의 인간은 자연 속에서 자조하며, 자족을 누리는 존재였다. 이런 자조가 견디기 힘든 대립을 초래하고 생존까지 위협하게 되자 공멸을 피하기 위하여 (합의를 통해) 사회라는 차선을 선택한 것이다.[45]

특히 이 점에 관하여 홉스의 논지는 너무나 직선적이고 강력하다. 홉스는 대체로 사상가들 중에서 가장 만만치 않은 이론가로 취급되는데, 이는 그의 이론이 이해하기 어렵기 때문이 아니라 오히려 너무 명료하면서 매우 포괄적이며 또한 대단한 혐오의 대상이 되었기 때문이다. 인간 본성에 대한 그의 전제들은 비위에 거슬리는 직설적인 화법으로 전개되고 있고, 그의 정치적 결론은 비자유주의적으로 이어진다.[46]

그럼에도 불구하고 홉스의 견해를 이해할 필요가 있는 것은 사회계약론의 독특함, 즉 우리가 굳이 이름 붙이자면 "전통적(traditional)"이라고 부를 수 있는 정치적 삶 및 공동체는 자연의 산물이라고 여겼던 사고와 지속적으로 결별을 시도한 사람이 홉스일 뿐 아니라, 그의 관점과 방법론이 일정 부분 오늘날의 시장경제에도 영향을 미치고 있기 때문이다.

홉스는 자신의 저서 〈시민론(De Cive)〉 첫 장에서 사회라는 것에 대한 아리스토텔레스적 해석, 즉 인간은 "사회적 동물(sociable animal)"로서 모든 인간은 도시 내에서 다른 이들과의 관계를 추구한다는, 사실상 그때까지 유럽 지성사를 대표하던 관점을 부정했는데, 아무도 그만큼 적나라하게 거부한 적은 없었다. 홉스에게 있어서 그런 선언은 망상이거나 거짓말이었다.

그는 단호하게 "국가(common-wealths)에 대하여 많은 저자들이 사람들에게 믿도록 제안하거나 요구하고, 경우에 따라서는 간청하기도 하는 한 가지 공리, 즉 '인간은 사회를 이루기 적합하게 태어난 존재'라는 공리는 널리 받아들여지고 있지만, 그러나 확실히 거짓이다"[47]라고 주장한다. 홉스는 인간 관계에서 자비와 기쁨보다는 분쟁과 갈등이 더 두드러지는 현상에 주목하였다. 그는 다른 전통적인 사회계약론자들처럼 사람들이 같이 어울려 산다면 그것은 자연적인 본능에 의한 것이 아니라고 한다. 왜냐하면 같이 살아간다는 건 공존이라는 선천적인 어려움을 극복하기 위해 스스로 약속하였기 때문이다. 이 약속은 사회가 존재하도록 하는 밑바탕을 이루는 자발적 계약이라는 성격을 갖는다.[48]

만약에 사회계약론의 등장을 가능하게 해준 과거 흔적을 더듬어 보고자 한다면 홉스에 의해 맹비난을 받았던 고대 그리스나 로마 사상들보다는 봉건사회의 조직과 더불어 진행되었던 사회적 및 정치적 관행들에서 그 뿌리를 찾는 것이 낫다고 할 수 있다.[49]

중세의 관행들 중에서 주목할 만한 것을 꼽으라면 봉건주의의 핵심이랄 수 있는 가신과 군주 사이의 계약이다. 이 계약은 상호 간에 의무를 부과하는데, 이에 따라 가신은 섬길 의무를 지니고, 군주는 보호할 의무를 갖는다. 봉건사회는 이런 계약들에 따라 상호 적절하게 안배된 의무들이 그물망처럼 촘촘하게 종횡으로 엮이면서 형성되었던 것이다.[50]

이러한 방식은 중세 이후에도 주목할 만한 관행들을 만들어 냈다. 예컨대, 16세기에 이르러 영국의 헨리8세(Henry VIII, 1491-1547)와 엘리자베스 1세(Elizabeth I, 1533-1603)는 "양도와 재교부(surrender and regrant)"라는 이름의 정책을 통해 정치질서의 최상층에서 이 계약 관념을 활용하였다.

이는 아일랜드에 사는 영국 귀족들로 하여금 상호 합의에 의해 자신의 영지를 왕실에 양도하고, 왕실에 대한 충성의 대가로 다시 이를 돌려받는 형식, 이른바 재교부의 방식인데, 이를 통해 귀족들은 전에 없던 새로운 권리까지 갖게 되었다. 이런 역사적 사실(史實)을 〈사회계약론〉을 통해 철학적으로 탁월하게 확장한 사람이 루소였다. 루소 이전의 로크, 그리고 그 이후의 칸트도 마찬가지지만 최초의 계약, 즉 원시적 합의가 지니는 헌정(憲政)상의 의미는 통치자의 사실상의 지배를 '모두에 의한 동의'라는 절차를 통한 정당한 권리로 바꾸었다는데 있다.[51]

사회계약론의 근대적 흔적은 17세기의 메이플라워호 서약(Mayflower Compact)에서 찾을 수 있다. 유럽 대륙에서 종교적 박해 등을 피해 자유를 찾아 신세계를 향해 항해 길에 오른 일단의 이주민들은 1620년 11월 11일 메이플라워호 안에서 "시민정치체제에 대한 공동의 서약 및 구속(Covenant and Combine [them] selves together into a Civil Body Politic)"을 체결하게 되는데, 이 합의는 비록 소수의 구성원들 사이에서 이뤄진 것이긴 해도 통치도구로서의 계약 개념의 활용을 잘 보여주는 역사적 경험이라고 할 수 있다.

이 합의는 "최초의 사회 계약"은 아니라 하더라도 자연스럽게 사회계약의 일종으로 간주되면서 다양하게 해석되어 왔는데, 사회계약의 일종으로 간주하기에는 그 범위가 국한되어 있고 현실에서의 실천 정도도 약하기 때문에 과도한 미화라는 지적도 없지 않은 것이 사실이다.

그럼에도 불구하고 제한적인 것이긴 하지만 메이플라워 서약은 중세시대의 관념과는 가장 뚜렷하게 구분되는 중요한 특징 하나를 보여준다. 중세의 개념들은 위계질서에 뿌리를 두고 있으나 메이플라워 서약은 동등한 주체들 간의 합의였다. 지금 기준에 부합하는 민주성을 갖추었다고 볼 수는 없어도 점점 고양되던 17세기의 평등 관념이 합의에 반영된 사례로 들기에는 충분하다.

사회계약론은 다른 측면에서 중세와 급격하게 구분되는데, 중세의 정치적 질서와 이를 대변하는 이론들이 종교를 중심으로 전개되었던 반면, 사회계약론은 본질적으로 세속적이었다. 중세 시대 종교는 군주들의 권력을 정당화하는 궁극적인 기반으로서, 그리고 세속 권력은 신의 의지의 전개로 간주되었다. 이를 위하여 자주 반복되고, 유력한 근거로 인용되었던 것은 로마서 13장 1-2절이었다.

"각 사람은 위에 있는 권세들에게 복종하라 권세는 하나님으로부터 나지 않음이 없나니 모든 권세는 다 하나님께서 정하신 바라. 그러므로 권세를 거스르는 자는 하나님의 명을 거스름이니 거스르는 자들은 심판을 자취하리라"

비록 푸펜도르프나 로크 같은 초기의 사회계약 사상가들이 근본적인 계약의 이념을 신의 섭리와 일치하는 것으로 여기긴 하였지만, 이들 또한 사회계약에 신성이 직접적으로 영향을 미치는 것으로 생각하지는 않았다. 사회가 인간들의 계약으로 만들어진 결과물이라고 생각한 자체가 이미 신의 이름을 빌어 군주권을 신성화시키는 행태와 결별하였음을 뜻한다. 바로 이 때문에 홉스처럼 성경에서 인용한 출처들을 통해 자신의 입장을 강박적으로 정당화하건, 아니면 루소처럼 사회에 대한 이해의 도구로서 신앙은 무용한 것으로 치부하건 간에 이들은 모두 당대 사람들에게 불경건한 인간으로 취급되었다.

그런 점에서 사회계약론의 참신성은 단지 백성들 사이에 계약이 존재한다는 점을 일깨워주는데 그치지 않는다. 이런 사고는 이미 중세에서도 그 뿌리를 찾아볼 수 있다. 사회계약론이 가진 독창성은 사회라는 존재를 신의 의지와 직접적으로 연관 짓지 않고 사회의 구성원들 사이의 합의(pact)의 결과로서 함께 살아가는 사실(事實)로서의 집단으로 파악하는데 있다.

사회의 토대에 관하여 보편적 글로벌 합의라는 사상을 도입함으로써 사회계약론은 그 전에는 국지적이고 개별적인 종속적 성격의 계약들을 모든 기본적 사회 및 정치적 관계를 설명하는 일반적 체계로 변모시키는 데 성공한 것이다.[52]

1.7

사회계약의 이론적 약점과 효용성

루소 이후로 내려오면서 사회계약론은 더 이상 역사가 아니라 사회를 연구하는 합리적 기준점으로서의 역할을 하고 있는데, 특히 롤스에 의하여 그 기능이 두드러지게 된다. 롤스는 1970년대 그의 저서 〈정의론〉을 통해 '질서정연한 사회(well-ordered society)'란 공통된 정의의 원칙을 필요로 한다면서 전통적인 사회계약론에 따라 자연상태는 하나의 가정으로 남겨두면서 절차로서의 정의론 정립을 시도하였다.[53]

롤스는 정의론을 결정하는 첫 번째 단계인 "원초적 지위(original position)"라는 개념 설정 과정에서 자연상태의 서사적 설명을 과감히 젖혀둔다. 대신 그는 사회계약에서 차용한 비유로서 하나의 약속(undertaking)을 제시한다. 이에 따라 지금은 사회계약에서 설명되는 실재는 사실로서의 실재가 아니라 칸트가 말했던 것처럼 사회적 실재를 어떻게 보는 것이 적절한가에 대한 관점을 제공하는 사회적 이성에 비춰진 실재라는 의미를 띄게 되는 것이다.[54]

사실 모든 이론이 다 그렇듯이 사회계약론과 같이 검증 불가능한 가정과 전제들을 깔고 있는 추상적이며 포괄적인 이론에 대하여는 여러 측면에서 문제를 제기할 수 있다.

먼저 인간의 자유에 관한 경험적 가설을 세우기 위하여 자연상태라는 가정을 하는 것이 타당한가 하는 의문이 있을 수 있다. 인간성을 자연상태로부터 빼 놓는다면 루소가 지적한 바와 같이 "원시적 인간(original man)"을 추출하는데 필요한 경험을 만들어내는 것이 불가능한 까닭에 자연을 도대체 어떻게 적정하게 이해할 수 있는가라는 문제가 대두된다.[55] 다시 말해 자연상태 속에 존재하는 인간이 어떠하다는 점을 설명할 수 있어야만 유의미한 '자연상태'가 되지만 '그 어떠함'이 경험과 무관하게 있을 수 있느냐 하는 모순이 생기는 것이다.

물론 홉스와 같은 몇몇 사회계약론자들에게 자연상태는 현재의 인간 행태에 비춰 보면 여전히 이해 가능한 것 같다. 폭력을 억제하는 규칙들이 작동하지 않는 순간부터 되돌아온 폭력성과 분쟁이 자연이라는 것이다. 그래서 홉스는 '자연상태' 라는 용어보다는 '자연적 조건', 즉 야만상태로 돌아가기 위한 조건이라는 말을 선호한다. 모든 인간을 다스리는 공통의 권력이 없을 때 그들은 스스로 야만적 조건에 처하게 되며, 홉스는 이를 '전쟁의 시기 또는 여건'이라 부른다.[56]

하지만 홉스의 자연상태에서의 "만인에 의한 만인의 투쟁" 역시 모순되는 것처럼 보인다. 만일 개인이 전적으로 홀로 고립된 존재라면 거기에 왜 갈등이 있어야 하며, 달아날 자유가 전적으로 허용되어 있는 사람이 왜 싸워야 한단 말인가? 지켜야 할 소유가 없고 그들을 심리적으로 추동하는 명예욕이나 승인과 같은 복잡한 내면적 동기가 없다면 싸울 이유가 없는 것이다.[57] 이러한 명예, 승인, 시기심 등은 사회 구성 이후에나 나올 법한 심리적 동기이다.

두 번째 의문은 자연상태의 실재성, 그리고 사회를 존재하도록 하였다는 원시합의(initial agreement)의 실재성이다. 사회계약론의 가장 기본 원칙은 사회를 개인들 간에 맺어진 약속의 결과로 보는 것이다. 그러나 사회계약론의 서사를 둘러싼 루소 식의 역사적 설명에 대하여는 적지 않은 비판도 있다. 루소는 자연상태에 관한 서사를 연상케 하는 내용을 매우 상세하고도 열정적으로 기술하고 있으면서, 한편으론 "그것이 문제에 어떤 영향을 주는 것은 아니므로 사실관계는 젖혀 놓기로" 결정하고 자연상태에 관한 서사를 가정의 형태로 남겨 놓았다.

경험적 증거를 통해 사회계약론에 대한 검증을 포기한 것인데, 이는 칸트가 말한 것처럼 사회계약의 개념은 순수한 선험적 이성적 사고라는 전제와 관련되어 있다.[58] 칸트는 사회의 기원을 경험적 사실에서 찾고자 하는 시도에 대하여 맹렬하게 비판하였다.

"정치체제의 역사적 기원을 찾고자 하는 시도는 쓸데없는 일이다. 어느 시점에 시민사회(civil society)가 시작되었는지 역사적 시점을 파악한다는 것은 더 이상 가능하지 않다."[59]

실제로 인류 역사의 어느 시점에서 이런 합의가 있었는지는 사실 중요하지 않다.

루소 역시 이것을 단지 "추론(conjecture)"일 뿐이며, 아마도 존재하지 않았을, 그러면서 더 이상 거슬러 올라갈 수 없는 상태일 것이라고 한다.

푸펜도르프는 인간 창조에 관한 성경적 서사와 충돌하지 않도록 세심한 주의를 기울이면서 "인류 전체는 한번도 동시에 자연상태에 있어 본 적은 없다"며 자연상태는 단편적 경험이라고 한발 물러선다.[60] 하지만 로크는 원시적 협약은 어느 정도까지는 역사적 상황과 맞물려 있는 것이라는 주장을 포기하지 않는다.[61]

그러나 위와 같이 사회계약론에 대하여 제기되는 의문과 비판이 있음에도 불구하고 사회계약론은 공동체의 헌정 원리를 설명함에 있어 유용한 도구 체계가 될 수 있다. 사회계약적 사고가 현실적으로 정치, 경제, 법, 윤리 및 철학에 깊이 배어들어 시장경제를 단순히 설명하거나 때로는 치열한 논쟁에서 어느 한편의 논거가 되는 상황에서 만연히 이를 추상적이며 관념적인 것으로 도외시해서는 안 된다. 오히려 사회계약에 대한 정확한 해명을 요구하는 편이 사회계약의 본질과 전제를 왜곡하여 현실적인 불평등과 기만을 심화시키는 행태를 저지하는데 도움이 될 것이다. 이를 위해서는 사회계약의 본질에 충실해야 한다. 이런 점에서 사회계약론은 원시상태의 서사성과 무관하게 지금 우리가 처해 있는 현실을 규율 하는 권리와 의무를 재조명하기 위해 여전히 유용한 도구인 것이다.[62]

로날드 드워킨(Ronald Dworkin, 1931-2013)은 합리적이며 건전한 의지를 지닌 개인들이 정치적 공동체에서 윤리적 내지 도덕적 신념에 있어 서로 의견이 다를 경우 부딪치게 되는 현실 문제에 직면하여 강제력 있는 국가 속에서 어떻게 우리가 상호 존중하면서 함께 살아갈 수 있을까 질문한다.

그에 따르면 각자가 자신의 신념대로 이행하기를 국가에 요구한다면 국가는 칸트의 말대로 정치적 바벨탑이 되어 파괴될 것이므로 해답은 충분히 공유되는 순수 정치 원리들을 모아서 이 원리들에 소구하는 정치 헌법을 구성하는 것이라고 한다. 그런데 사회계약은 드워킨이 말하는 '중첩적 합의'에 포함시키기 가장 용이한 내포를 갖고 있다. 공동체의 구성원은 모두, 적어도 합리적이라면, 이 헌정 원리가 "중첩적 합의" 내에 포함된다고 믿을 것이기 때문이다. 그리고 각자 일반적인 윤리, 종교 및 개인적 도덕적 신념들은 서로 다르더라도 이 원리들을 지지하던지, 아니면 적어도 배척하는 일은 없을 것이다.[63]

모두가 이 공통의 원리들에 따라 조직된 사회의 기본 구조를 받아들일 수 있고, 모두가 각자가 똑같은 정의 원리들을 승인하고 신봉한다는 의미에서 '질서정연한 사회(well-ordered society)', 즉 정치 공동체가 구성되는 것이며, 따라서 사회계약론은 개인의 권리 및 자유와 같은 구조적 결과물들에 대한 이론적 근거를 제시할 수 있는 것이다.

사회계약의 목적은 공동체의 구성원들이 자신들의 자원을 그 필요에 관한 공유된 이해와 일치하는 방향으로, 즉 구체적인 현행 정치적 결정들에 따라 재분배하고자 하는 합의에 있다. 따라서 사회계약은 일종의 도덕적 유대이며, 이 계약을 통해 강자와 약자, 행운아와 불운아, 부한 자와 가난한 자가 함께 연결된다. 이 계약은 즉흥적 합의가 아니다. 계약의 과정에는 역사, 문화, 종교, 언어 등으로부터 나오는 힘이 통합적으로 작용하며, 그 결과 각자 이해관계에 따른 차이점들을 극복하는 연대가 형성된다. 왈쩌는 이 연대 내지 연합이 더 친밀하고 포용적일수록 사회적 공적 부조의 필요가 더 광범하게 인정되고 더욱 더 많은 사회적 가치들이 공적 부조인 안전과 복지의 영역으로 유입될 것이라고 한다. 공적 부조의 대상은 유동적이며 그 범위가 넓다는 것은 자유주의에 대한 제한이 아니라 사회계약의 유대성을 보다 잘 실현하고 있음을 반증한다는 의미가 들어 있다고 할 수 있다.

사회계약은 어떤 가치가 우리의 공동 삶에 필요한가를 다 함께 결정하기 위한 합의이자, 그 결과 서로에게 그 가치들을 제공하기 위한 합의다.[64]

사회계약론에 의하면 통치의 정당성은 피치자들(the governed)의 동의(consent)가 있는 범위 내에서만 인정된다. 여기에서 우리는 자연스럽게 다음과 같은 루소의 기준에 동의하게 된다.

"사회계약을 하면서 개인들이 포기만 한다는 것은 있을 수 없는 일이다. 계약의 결과로 인해 그들의 상황은 이전에 비해 실제로 더 나아졌다고 보아야 한다. 이들은 건네 주는 대신 일종의 유리한 교환, 즉 불확실하고 불안전한 존재에서 더 좋고 안전한 존재 양식이 되고, 자연적 고립 대신 사회적 자유을 얻고, 개별적인 저항의 힘 대신 사회적 결합에 의해 무적의 힘을 행사할 수 있는 권리로 바꾼 것이다."[65]

다시 말해 계약에 참여함으로 인해, 참여하기 전보다 더 나빠지는 상황은 용인될 수 없다는 말이다. 또한 사회계약은 우리가 공동체의 일원으로서, 즉 계약 당사자로서 요구할 수 있는 권리를 갖고 있음을 시사한다. 구성원들이 정당하게 요구할 수 있는 권리에 홉스 식의 생명권, 즉 생존을 위해 공동 자원에 대해 자신의 몫을 주장할 수 있는 권리가 포함된다는 점은 분명하다.

어떤 공동체도 그 구성원들에게 공급할 수 있는 식량이 있음에도 불구하고 그 구성원들이 굶어 죽도록 방치하여서는 안 된다. 만일 이렇게 방관한다면, 그 공동체가 스스로 공동체의, 공동체에 의한, 공동체를 위한 정부라고 주장할 수는 없을 것이다.[66] 공동체에 의해 보장되는 생존은 최소한의 계약 조건이다.

정도의 차이는 있지만 사회계약을 통해 우리가 얻는 이점, 즉 공동체에 들어옴으로 인해 종전보다 나은 것, 보다 중요한 것을 얻을 수 있다는 점에 대하여는 모든 사회계약론자들이 공통된 시각을 갖고 있다.

사회계약에서 추구해야 할 정의의 원리는 매우 자명하다. 사회계약을 통해 지키려던 권리 – 이를 위해 다른 권리와 이익, 편의를 포기하면서까지 추구했던 – 가 사회계약에 의해 침해된다면 그 계약은 구성원들에 대한 설득력을 갖지 못한다는 것이다. 시장에서의 분업과 교환이 경제적 생존뿐만 아니라 정치적 소외와 열세를 고착화시키는 원인이 되고 있다면 이는 사회계약의 본질에 반할 뿐 아니라 당초 사회계약을 주창했던 사람들의 의도와도 배치되는 것이다. 뿐만 아니라 사회계약으로 편입되어 있으면서도 여전히 자연상태에서의 무한한 자유와 방종을 추구하는 행태 역시 지탄받아야 한다. 왜냐하면 그런 개인이나 집단은 사회로부터 보장받는 안전과 복지 대신에 내놓는 것이 없기 때문이다. 사회계약에서의 개인주의는 그런 의미에서 권위 하의 제한된 개인주의로 읽혀야 한다. 정의에 대한 탐사는 사회계약에 대한 이해에서부터 출발해야 한다.

1. Thierry Leterre(2011), Contract Theory, IN Bertrand Badie et al ed. Political Science Vol 2., Sage Publications, p.437.
2. ibid.
3. ibid. p.438
4. ibid.
5. ibid, p. 436.
6. ibid.
7. ibid.
8. ibid. p.438.
9. ibid. p.442.
10. John Plamenatz(2012), Machiavelli, Hobbes, and Rouseau, Oxford University Press, p.47.
11. Thierry Leterre(2011), op.cit, p.442.
12. 장 자크 루소, 사회계약론, 이가형 역 (2005), 을유문화사, p.19.
13. ibid,p.30.
14. ibid, p.31.
15. Each individual transfers the whole of the power he has of himself to the community.
16. 배진영(2009), 홉스의 사회계약론에 함축된 정부의 역할과 시장경제질서, 경상논총 제27권 제2호, p.10.
17. Thierry Leterre(2011), op.cit, p. 440.
18. ibid, p. 441.
19. ibid, p. 440.
20. Thierry Leterre(2011), op.cit, p.437.
21. ibid, p.441.
22. ibid, p. 442.
23. …perfect freedom [for men] to order their actions, and dispose of their possessions and persons, as they think fit...without asking leave, or depending upon the will of any other man.
24. Thierry Leterre(2011), op.cit., p.440.
25. ibid, p.440.
26. ibid.
27. ibid, p.441.
28. 홉스의 인간성에 대한 가정은 후일 제레미 벤담(Jeremy Bentham, 1748-1832)과 제임스 밀(James Mill, 1773-1836)에 의하여 공유된 것으로 보인다. 그러나 벤담이나 밀은 정치적 질서의 필요와 존재를 이끌어 냄에 있어 홉스처럼 극단적으로 끔찍한 자연상태를 상상하지는 않는다. 어떤 이들은 홉스가 설명한 자연상태의 인간성은 논리적인 설명의 도구가 아니라 시민사회가 갖는 이점을 보다 강력하게 설득하기 위한 수단으로 그와 대비되는 자연상태를 묘사하는 과정에서 나온 것이라고 보기도 한다. John Plamenatz(2012), op.cit, p.111
29. C.B.맥퍼슨, 소유적 개인주의의 정치이론, 이유동 역(1991), 인간사랑, p. 46.
30. …more wretched than that of any wild beast…
31. …no animal is fiercer or more untameable than man, and more prone to vices capable of disturbing the peace of society..
32. Thierry Leterre(2011), op.cit., p.440.
33. ibid, p.443.
34. ibid., p.441.
35. Leviathan ch.13 ; C.B.맥퍼슨, op.cit., p. 58.
36. Thierry Leterre(2011), op.cit., p.443.
37. 마이클 왈쩌, 정의와 다원적 평등, 정원섭 외 역(1999), 철학과 현실사, p.124.
38. Edmund Burke, Reflections on the French Revolution (London. 1910), p.75; 왈쩌, op.cit, p.124.
39. 마이클 왈쩌, op.cit., p.146.
40. ibid, p.125.
41. Thierry Leterre(2011), op.cit., p.439.

42. 이들의 주장은 플라톤과 아리스토텔레스에 의해 신랄한 비판을 받았다.
43. Republic, 557b
44. Thierry Leterre(2011), op.cit., p.438.
45. ibid.
46. C.B.맥퍼슨, op.cit., p.33.
47. I, chap. 1, para. 2
48. Thierry Leterre(2011), op.cit., p.438.
49. ibid., p.439.
50. ibid.
51. ibid.
52. ibid, p.440.
53. ibid, p.437.
54. ibid, p.442.
55. Ibid., p.441.
56. C.B.맥퍼슨, op.cit., p.54.
57. Thierry Leterre(2011), op.cit., p.443.
58. ibid, p.442.
59. ibid.
60. Pufendorf, II, chap.1.
61. Thierry Leterre(2011), op.cit., p.441.
62. ibid, p.437.
63. 로날드 드워킨, 정의론, 박경신 역(2015), 민음사, p.120-121.
64. 마이클 왈쩌, op.cit., p.124.
65. Rousseau 1964, 45; 임혁백(2009), 대의제 민주주의는 무엇을 대의하는가? - 일반의사와 부분의사, 그리고 제도 디자인, 한국정치학회보. 제43집 제4호., 각주 7에서 재인용.
66. 마이클 왈쩌, op.cit., p.146.

제 2 장

소유와 분배적 정의

요약

한 인격과 그가 갖는 자산은 완전히 분리될 수 없다. 누군가에게 속하는 자산은 그 사람의 존재와 관련성을 맺고 있는 특정 객체이며, 이런 관계는 도덕적이며 정의를 바탕으로 한다. 소유는 필연적으로 분배적 정의라는 문제를 야기한다. 서구 사회에서 사적 소유에 관한 관념이 발전하기 시작한 역사는 생각보다 길지 않다. 서구적 전통에서 '소유하고 있는 자산(property)'과 한 인격 또는 상황에 적절하게 속하였다는 의미인 '적절함(propriety)'은 상호 교환적 용어였다. 사회계약에서 개인이 서로 자유를 보장해 주는 것과 마찬가지로 소유권계약에서 개인은 그 소유권을 서로 보장해 주는데, 여기서 이 계약은 오직 소유자들 사이에서만 유효하다는 점을 간과해서는 안 된다

특정인에게 특정한 사물의 향유가 전속된다는 점에서 소유는 타인에 대한 배제를 본질로 한다. 따라서 사적 소유권은 그 향유가 보편적이고 그 배제가 상호적인 한에서만 민주주의적 평등의 견지에서 시인될 수 있다.

소유는 단지 재화에 대한 배타적 권리를 사회적으로 주장할 수 있다는 것 이상, 즉 성원권의 완성이자 확인이라는 보다 중요한 의미를 갖는다. 사회계약적 측면에서 소유하지 못한 자, 소유를 주장할 수 없는 자를 계약의 주체로 의제하는 것은 명백한 기망이다.

상상의 사회계약 단계를 떠나 현실적으로도 최소한의 소유는 최소한의 정의의 조건이다. 소유와 정의의 관계에 대한 우리의 관심은 모두를 위한 것으로서의 소유이다. 이러한 사회적 소유만이 소유가 갖는 인격성을 되살려 낸다. 다만 평등주의적 접근을 어떤 식으로 하건 간에 자유로움을 전제하지 않은 자산의 평등 분배

를 주장하는 것은 인간의 본성과 자기실현에 반한다. 이 때의 자유는 정당하게 소유된 재산을 사용할 권리를 포함하되 정부가 정당하게 규제하는 방식의 사용은 예외로 한다는 점이 인정되는 자유이다.

역사적으로 볼 때 공화정의 부패를 방지하고 선공후사(先公後私)를 가능케 하는 시민적 미덕의 근원은 바로 정치적 및 경제적 독립이었다. 자산을 독자적으로 보유하지 못한 사람은 공공정신을 소유할 수 없고, 이런 시민들로 구성된 공화국은 존재할 수 없다는 사고는 서구 민주정의 오랜 정치적 공감대를 형성하고 있다. 심각한 불평등이 존재하는 곳에서는 필연적으로 이 불평등을 해소하기 위한 계급적 이익이 날카롭게 대두될 것이고, 건강한 공화정의 전제조건인 공공선의 우선이라는 시민적 미덕도 기대할 수 없다.

따라서 우리 헌법이 이야기하는 '민주공화정'의 지속성은 자산과 생업에서의 자조적인 시민들을 일차로 만들어내는데 달려 있다 할 것이다.

2.1

분배적 정의와 소유의 배타성

홉스나 로크 모두 자연상태에서 계약을 통해 사회로 편입되는 개인의 주된 관심사는 일차적으로는 생존이고, 그 다음은 생존에 필요한 자산에 대한 소유 질서의 확보에 있다고 보았다. 그런데 소유는 필연적으로 분배적 정의라는 문제를 야기한다. 물론 분배적 정의는 소유뿐만 아니라 인간의 존재 및 행위와도 관련되지만 일차적으로 문제되는 것은 소유이다.[67]

왈쩌는 소유란 상호 관계 속에서만 존재하며 주어지는 것으로 우리에게 주어지는 모든 것들, 소유뿐만 아니라 지위와 평판 등은 모두 분배의 결과로 이해한다. 그에 따르면 "경제에서의 나의 위치, 정치 질서에서의 나의 지위, 동료들 사이에서의 나에 대한 평가들, 나의 물질적 소유물들 등 이 모든 것이 다른 이들로부터 나에게 온다. 내가 가진 것들은 정의롭거나 아니면 그 반대로 갖게 된 것들이다."[68]

그러면서 분배의 영역과 참여자들이 많은 경우 현재의 소유 상태가 정의로운지 여부를 판별하기란 쉽지 않다고 토로한다.

소유는 이념과 현상의 복합체로 법학과 정치학, 철학을 관통한다. 일찍이 독일의 법학자 구스타프 라드부르흐(Gustav Radbruch, 1878-1949)는 베카리아(Beccaria)라는 사람의 말을 빌어 소유권을 '두려워해야 할 권리(fürchterliches Recht)'라고 표현한 바 있다. 왜냐하면 소유권은 단지 물건의 향유라는 적극적 측면만이 아니라 타인을 배척한다는 소극적 측면도 가지고 있는데, 자본으로서의 사회학적 형태를 취함으로써 타인을 일정한 소유권의 대상에서 제외할 뿐만 아니라 소유권 전체에서 제외시킴으로써 무산자를 수반하기 때문이다.[69] 소유가 가지는 이런 복합성을 고려하여 드워킨은 권리의 묶음으로 자원 분배의 공정성을 따질 때 그 묶음의 내용은 자유주의적 입장에서 독자적으로 다뤄질 성격은 아니고, 바른 묶음이 되기 위해서는 평등을 포함한 정치도덕 전반적 상황에서 파악되어야 한다고 한다.[70]

소유권의 논거로서 일반적으로 알려져 있는 것은 점유설(Okkupat ionstheorie)과 가공설(Spezifikationstheorie)이다. 일단 무주물에 대한 점유는 생경한 자연물을 인간관계와 사회 속에서 의미 있게 하는 경제재 내지 문화재로 변화시킴으로써 인간의 지배를 확장시킨다. 공동체 자산의 일부를 만들어내는 이 사실적 행위로 인해 소유권은 정당하게 점유자에게 돌아간다.

하지만 이 보다 더 한걸음 나아가 원물 그대로에 대한 선점이 아니라 가공이라는 노력이 개입되었을 때 무주물은 가치를 가지며 인간의 지배에 복속하게 되므로 점유의 원천을 가공 내지 노동에 두어야 한다는 주장도 있다. 후자에 따르면 무엇을 새롭게 만들어내는 노동만이 비로소 소유권의 권원(權源. Rechtstitel)인 것이다.[71]

로크에게 있어서는 점유와 가공이 따로 분리되어 있지 않으며, 일단 선점으로 소유권은 충분히 정당화된다고 본다. 그러나 소유에서 정의의 문제를 바라볼 때 중요한 것은 소유권의 권원이 무엇인가 하는 문제보다는 소유권 이전(以前)의 소유라는 사실이 어떤 성격을 갖고 있는가 하는 점이다. '소유'의 성격을 어떻게 보느냐에 따라 '소유권'의 내용과 경계도 달라지기 때문이다.

한 개인 인격과 그가 갖는 자산은 완전히 분리될 수 없다. 일단 누군가에게 속하는 자산은 그 사람의 존재와 관련성을 맺고 있는 특정 객체이며, 이런 관계는 도덕적이며 정의를 바탕으로 한다. 자유주의적 사상가 중의 한 명인 데이비드 흄(David Hume, 1711-1776)은 인간에게는 열정(passion)이 있고 이 열정이야 말로 원초적 존재(original existence)로서 시민사회, 도덕 및 정의의 기둥들은 열정에 깊숙히 자리하고 있다고 보았다. 특히 흄에 의하면 정의는 소유권에 대한 열정을 어떻게 적절하게 설명하는데 달려 있다고 한다.[72] 비단 흄 뿐만 아니라 많은 사람들이 소유권을 한 인간됨을 구성하는 중요한 요소로 파악한다. 소유권을 사람의 물건에 대한 지배가 아니라 사람과 물건 사이의 관계에 맞춰 인격적으로 보아야 한다는 입장에서는 이 관계성의 상실이 곧 소유권에서 정의의 상실로 이어졌다고 본다.[73] 그렇게 된 계기는 무엇인가? 이에 대하여 라드부르흐는 소유권(Eigentum)과 재산(Vermogen)의 분리에서 그 원인을 찾는다. 대량생산과 익명노동의 경제를 특징으로 하는 자본주의 하에서 물(物)은 물(物)인 때문에 가치를 갖게 되는 것이 아니라 가치와 상품으로 전화됨으로써 그 가격에 의해 평가되며, 사람이 그것을 가지고 있는 것은 그 물(物)들을 영속적으로 소유하려는 것이 아니라 가능한 빨리 화폐로 바꿈으로써 현실적으로 구현히기 위한 것이다. 소유권에서 물(物)의 소유지와의 시이에서 질적 상관성이 강조되었다면, 교환을 위해 일시적으로 집적되는 물(物)들의 총체는 하나의 재산을 이루게 되는데, 그 본질은 화폐가치이다. 문제는 화폐는 어떠한 관계를 전제로 하지 않는다는 것인데, 그 자체가 물건이 아니라 물건에 대한 청구 내지 청구권(Fordurungsrecht)에 불과할 뿐이다.

이제 화폐를 통해 재산을 갖게 된 사람이 중요하게 고려하는 사항은 단지 내가 상품 시장에서 차지하는 양적인 힘이 얼마인가 하는데 달려 있을 뿐, 소유권이 갖고 있던 고유성, 즉 인격설의 전제를 이루는 정의 관계는 들어설 여지가 없게 된다.[74] 이렇게 재산과 소유권을 구분하는 것은 독일식의 특유한 이론의 정교화라고 볼 수도 있지만, 화폐가 중간에서 소유의 성격을 변화시킨다는 사고는 로크에게서도 발견할 수 있다. 화폐를 통해서 자연법이 요구하는 적절한 필요라는 한계가 무의미하게도 되고(로크), 화폐로 인해 소유권이 갖는 정의적 관계가 '시장에서의 힘'으로 전화된 것이다(라드부르흐).

여기서 한가지 혼동하지 말아야 할 것이 있다. 오늘날 자유지상주의자들이 말하는 소유권의 성격이 그것인데, 이들 역시 소유권 내지 재산은 인격적 속성을 포함한다고 주장한다. 하지만 이는 사유재산에 대한 무제한의 허용, 즉 국가 개입과 규제를 차단하기 위한 포석인데, 이런 슬로건은 현대 자본주의 국가들에서 볼 수 있는 거대한 불평등을 교활하게 정당화하기 위한 용도로만 차용되고 있다.[75]

소유와 정의의 관계에 대한 우리의 관심은 모두를 위한 것으로서의 소유이다. 이러한 사회적 소유만이 소유가 갖는 인격성을 되살려 낸다.[76] 다만, 분명히 하고 넘어갈 것은 분배적 정의가 평등에 주안점을 둔다고 해서 소유권의 취득과 자유로운 사용, 처분에 대한 제한을 전제로 한다고 생각해서는 안 된다는 것이다. 재산을 취득하고 사용할 자유는 이미 자원의 평등이라는 분배적 정의의 사고에 어느 정도 깔려 있다. 원하는 대로 취득하고 교환하며 사용하는 자유로움이 전제되지 않고는 사람들이 어떠한 자원을 얼마나 가지고 있는지 측정하는 불필요할 뿐 더러 사실상 불가능하다. 재산을 간신히 소유만 하는 것은 아무런 의미가 없기 때문에 평등주의적 접근을 어떤 식으로 하건 간에 자유로움을 전제하지 않은 자산의 평등분배를 주장하는 것은 인간의 본성과 자기실현에 반한다. 물론 이럴 때의 자유는 정당하게 소유된 재산을 사용할 권리를 포함하되 정부가 정당하게 규제하는 방식의 사용은 예외로 한다는 점이 인정되는 자유이다.[77]

2.2

좋은 삶, 시민사회와 소유

서구 사회에서 사적 소유에 관한 관념이 발전하기 시작한 역사는 생각보다 길지 않다. 서구의 전통은 시장주의자들이 나온 17세기 전까지만 하더라도 거래의 확장, 교환관계에 부정적이었으며, 그 이후에도 이런 정서는 남아 있었다. 아리스토텔레스, 토마스주의자들, 신 마키아벨리주의자들, 마르크스주의자들에 이르기까지 서양의 사상적 전통의 매 국면마다 거래라는 형식을 빈 교환관계의 확장은 인간에게 위협으로 비춰졌다. 이런 시각 속에서 17세기부터 19세기까지 개인주의, 자본주의 내지 자유주의 신봉의 토대 위에서 시장경제가 인간의 삶에 유익을 가져다 주고 삶을 변모시킬 것이라고 주장했던 사람들은 엄청난 새로운 이단 및 반대자들 같이 보였다.[78]

하지만 이와 같이 거래를 보는 부정적 사고 이상으로 재산에 대한 이해로서 중요한 사상적 전통이 로마법을 통해 내려왔다. 로마 시민사회를 통해 시작된 이 개념은 토마스 아퀴나스(Thomas Aquinas, 1225-1274)를 거쳐 법학자들을 통해 전승, 로크에까지 이르렀는데, 이 전통에 의하면 자산에 대한 주장은 인격의 가치와 중요성에 손상을 주지 않고도 권리를 지닌 인간을 상정할 수 있다는 것이었다. 따라서 법적인 관점에서는 교환, 이윤추구 및 축적에 대하여 고대 폴리스 시민들이 지녔던 만큼의 반감은 형성되지 않았다. 이런 정서를 바탕으로 권리와 소유의 관계라는 매혹적이면서 일의적으로 규정하기 힘든 개념에 대한 접근이 가능해졌고, 이러한 법적 사고 하에서는 '소유하고 있는 자산(property)'과 한 인격 또는 상황에 적절하게 속하였다는 의미인 '적절함(propriety)'은 상호 교환적 용어였다.[79]

로마법에서 자산은 인간과 사물들 간의 관계, 혹은 사물을 통한 사람들 간의 관계를 법적으로 정의하는 하나의 체계로 자리 잡았다. "각자에게 각자의 몫을(suum cuique)"을 준다는 법적 정의가 고대 폴리스로부터 유래된 사고 방식과 완전히 부합하는 것은 아니지만, 이 때만 하더라도 좋은 삶 역시 자산 관계 혹은 인간 관계라는 관점에서 정의될 수 있었다.[80]

하지만 구체적 분쟁에 처하여 소유와 소유권을 구체화해야 했던 법학에서의 정의의 개념은 도구적 관점에서 사람과 사물들을 상대 하는 것이어야 했고, 정치적 주체로서의 인간관계라든가, 행복한 삶을 살아가는 존재로서의 개인이 지녀야 할 자의식에는 상대적으로 관심이 적을 수 밖에 없었다. 그 결과 법학에서는 정치 그 자체에 대한 개념이 변했고, 시민들 사이의 관계 정립의 중요성은 점점 감소한 반면, 몰가치적 권리 체계의 구축 비중이 점점 더 커지면서 소유는 극히 법적인 의미로 전달되었다.[81] 이에 따라 소유권은 매우 협소한 범위의 물건을 제외하고는 정의관계를 잃고 단순한 목적관계가 되고 만 것이다.[82]

그런데 사회, 보다 정확히 말하면 시민사회의 구성원은 누구인가? 여기서 말하는 시민사회란 사회계약에 의해 그 정당성이 있다고 의제되는 공동체를 말한다. 라드부르흐는 사회계약에서 개인이 서로 자유를 보장해 주는 것과 마찬가지로 소유권계약에서 개인은 그 소유권을 서로 보장해 주는데, 여기서 이 계약은 오직 소유자들 사이에서만 유효하다는 점을 간과해서는 안 된다는 사실을 지적한다. 왜냐하면 아무것도 소유하지 않은 사람 입장에서 계약에 참여할 어떤 이해관계도 없음은 자명하기 때문이다. 같은 맥락에서 맥퍼슨은 오직 재산가들만이 그 구성원이라면 어떻게 로크는 모든 사람에게 시민사회를 강제할 수 있었으며, 어떻게 해서 사회계약이 모든 사람의 정치적 의무의 근거가 될 수 있는가라는 질문을 던지고, 의심할 바 없이 사회계약의 목적은 포괄적인 정치적 의무의 근거를 마련하는데 있다고 한다. 특정인에게 특정한 사물의 향유가 전속된다는 점에서 소유는 타인에 대한 배제를 본질로 한다.[83] 따라서 사적 소유권은 그 향유가 보편적이고 그 배제가 상호적인 한에서만 민주주의적 평등의 견지에서 시인될 수 있다.[84]

만일 재산가들만이 구성원이라면, 소유가 인정되지 않는 상태의 사람들과 사회적 합의란 아무 것도 양보하지 않는 사람과 오직 양보만이 있는 사람 사이에 정당한 계약이 이뤄졌다고 하는 것과 같다. 재화에 대한 소유는 내가 공동체의 일원으로 소속되어 있음을 구체적으로 증거하고 매개한다. 사회적으로 필요한 것들을 소유하지 못한 상태에서 쓸모 있고 인정받는 사람이 될 수는 없기 때문이다.[85] 소유하지 못한 자, 소유를 주장할 수 없는 자를 계약의 주체로 의제하는 것은 명백한 기망이다. 이런 계약에서 비소유자는 단지 타인의 소유권을 존중하여 줄 것을 약속할 뿐이며, 자기의 법적 재화도 존중받아야 한다는 청구권은 누구로부터도 인정받지 못한다.

여기에 내포된 불합리함을 라드부르흐는 “단 한 사람이라도 소유권에서 제외된다면 그 소유권은 사회 속에서 존재하는 근거를 잃게 된다”는 말로 요약한다.[86] 그래서 소유는 단지 재화에 대한 배타적 권리를 사회적으로 주장할 수 있다는 것 이상, 즉 성원권의 완성이자 확인이라는 보다 중요한 의미를 갖는다.[87] 상상의 사회계약 단계를 떠나 현실적으로도 최소한의 소유는 최소한의 정의의 조건이다. 라드부르흐는 사소유권에 기초를 둔 경제 질서가 실제로 정당하게 충분히 기능을 발휘한 것은 오직 소유자들만이 서로 평등하게 병존하고 있던 사회 상태에서만 가능하다고 한다. 이러한 사회상태를 유지함으로써 모든 참여자가 서로 평등한 이익을 향유하며, 각자가 타인에게 “네가 주는 것을 나도 준다(do ut des)”고 말할 수 있기 위해서는 누구에게도 “내가 가진 것은 너도 가져야 한다(habeas, quod habeo)”고 말할 수 있어야 하기 때문이다.[88]

2.3

아리스토텔레스의 소유 관념

사유재산을 옹호하는 익숙한 주장들 중 대부분은 공리주의적 관점에서 나온다. 공리주의자들은 사회의 총체적 내지 평균적인 행복(the total or average happiness of society)에 비중을 두는데, 이들은 전반적 복지(general welfare)가 보다 더 향상되는 경우란 자원 및 특별히 생산의 주요 수단들이 국가나 공동체 보다는 개인이나 사기업에 의해 소유되고 경영될 때라고 한다.[89]

이러한 주장의 시원은 아리스토텔레스(Aristotle, B.C. 384-322)의 〈정치학, Politics〉에서 찾을 수 있다. 아리스토텔레스는 '하나의 이상적 헌정 체제 하에서 살아가야 하는 시민들을 위한 적정한 재산 제도는 무엇인가?'[90]라는 질문을 던진다. '공동체주의 아니면 사유 재산제인가?'[91] 그는 공동소유제를 취할 경우, 특히 토지의 공유제가 가져오는 몇 가지 어려움들을 지적한다. 무엇이 자기 소유로 되어 있을 때 개인들은 더 많이 챙기고 돌볼 것이라는 그의 주장은 현대 사유재산옹호론자들에 의해 지지를 받고 있다.

헤롤드 뎀젯(Harold Demsetz, 1930-)에 의하면 "소유권의 첫 번째 기능은 외적인 것들을 보다 더 많이 내재화할 수 있도록 하는 유인 동기로 이끄는 것"[92]이라고 한다.

아리스토텔레스는 토지를 소유하면서 한편으로 농경에도 종사하는 경우 노동과 그 보상을 둘러싸고 끊임없이 분쟁이 야기될 가능성이 높다는 점을 지적한다. 더 많이 일하고 적게 보상받는 자들이 많은 보상을 받으면서 일은 거의 하지 않는 자들을 향하여 불만을 표출하는 것은 당연한 일이다.[93] 그러한 사회적 불화는 각자에게 그가 농경에 종사할 땅에 대한 배타적 소유권을 줌으로써 피할 수 있다. 여기에 덧붙여 그는 사적으로 소유되는 땅의 순 생산량이 공유토지에서 나는 것 보다 더 많을 가능성이 있다는 점도 언급한다.

모든 사람들이 자신만의 별도의 이해관계를 가질 때, 분쟁을 야기할 공동의 원인이 없게 된다. 그리고 각자가 자신만의 것을 상대로 자신을 온전히 몰두하면 된다고 느끼는 까닭에 이익의 양은 늘어날 것이다.[94] 공동소유 형태는 "각자에게 부여된 공유권을 행사함에 있어 수반되는 비용을 물리는데 실패" 하지만,[95] 사유재산제는 공유에 따른 상당한 외부적 비용을 내면화하게 된다. 왜냐하면 소유자로서 그는 타인들을 배제하고 사냥물들을 적절하게 유지하고 땅을 비옥하게 만드는 데 들어가는 수고를 현실적으로 보상받을 수 있기 때문이다. 따라서 사유재산제는 이익과 비용을 모두 소유자에게 집중시킴으로써 자원을 보다 더 효율적으로 이용할 동기를 만들어낸다.

이것과 비교할 때 공동소유를 위한 시도, 즉 그와 같은 비용 분담을 함께 하겠다는 합의를 담보하는데 들어가는 거래비용(transaction costs), 다시 말해 '확신문제(assurance problem)'를 정책으로 빚어내는데 들어가는 비용은 막대하다고 아리스토텔레스는 분석한다. 사유재산권은 거래비용 절감, 적어도 외부 방치에 따른 문제점들을 해결할 수 있다는데 그 이점이 있다는 것이다.[96]

같은 지역에서 많은 사람들이 사냥을 하면서 먹고 산다고 할 때 어느 누구도 장래에 대비하여 무분별한 사냥 대신 일정한 숫자로 사냥을 제한하고 새끼들은 살려두는 등의 유인동기를 충분히 갖지 못할 것이다. 왜냐하면 그가 그렇게 한다고 하더라도 자신의 절제와 비용이 자신뿐만 아니라 다른 사람들에게도 혜택으로 돌아가기 때문이고, 이는 다른 사람들 역시 절용(節用)의 미덕을 갖고 있거나 그렇지 않거나 매 한가지이다. 자신의 행위에 따른 비용보다 돌아올 이익이 훨씬 더 많지 않은 한 개인적으로 이익이 되는 행위를 자제할 가능성은 낮다. 물론 이것은 인간을 움직이는 것은 과연 무엇인가라는 점에 관한 논쟁을 불러올 여지가 다분히 있는 것이 사실이다.

어떤 사람들에게 위와 같은 인간의 동기는 자명한 것으로 간주되고 있기도 하다. 뎀젯에 따르면 위 사례에서는 무분별한 사냥의 남용이 일어날 가능성이 높다. 사냥자원의 고갈이라는 관점에서의 각 사냥꾼들의 처신에 따른 비용은 그러한 행위자 본인에게만 돌아가는 것이 아니고 그 동료 사냥꾼들에게도 돌아갈 것이며 그 다음 세대의 사냥꾼들에게도 이어질 것이다. 굳이 내가 염려하고 걱정할 일이 아니라는 위안이 비용 분산이라는 환상을 주고, 반대로 내가 절제할 경우 그 비용, 다시 말해 불이익은 자신만이 지지만 그 이익은 모두가 갖게 되는 결론에 이르므로 각자 남획에 나서게 될 것이다. 따라서 전체적으로 사냥의 수위는 모든 사람들의 장기적 이익에 반하는 남획으로 이어질 수 있다.[97]

이런 현상이 더 자주, 더 대규모로 일어난다면 (다시 말해 각자의 사냥 의사결정에 있어 고려 대상에 비용이 제외되는 폭이 더 커지거나 둔감해진다면), 공리주의적 입장에서 사냥물과 사냥지역에 대한 사유재산제 옹호론은 더욱 힘을 얻을 것이다.[98]

아리스토텔레스는 사적 소유권에 대하여 이런 식으로 옹호를 하면서도 한편으로는 자원의 공동이용(communal use of resources) 역시 찬성하였다. 각자의 자산은 "친구의 재산은 공동의 것"이라는 격언의 정신을 살려 모두에게 유용하도록 사용되어야 한다[99]는 것이 아리스토텔레스의 지론이었다. 이 점에서 그의 입장은 플라톤의 그것과 그리 큰 차이를 보이지 않는다. 플라톤은 이상적인 국가에서는 토지가 농부들에 의해 사적으로 소유되는 것이라고 믿었다. 농부들은 각자 소유의 땅을 통해 하나의 계층으

로서 전사 집단에 식량을 공급하고, 그 소산물들은 모든 계층이 공동으로 소비하는 식이었다.[100]

주목할 것은 아리스토텔레스는 재산을 규율하는 법칙이 경직되어 있을 필요는 없다고 생각하였다는 사실이다. 그에게는 법을 통한 소유권의 엄정한 확립, 사유재산의 보호 보다는 법적 강제가 아닌 미덕(virtue)을 통해 사람들이 그들의 부를 공유하도록 유도하는 것이 더 중요하였다.[101] 그래서 아리스토텔레스는 사유 재산의 축적에 제한을 두고, 가능한 부를 후(厚)함(liberality)의 미덕을 세우는데 쓸 것을 권고하고 있다.[102] 후함은 극도의 낭비와 인색함의 중간 지대에 있는 것으로 그 목적이 고상하고 바를 때만 미덕으로 간주된다.

"후하다는 것은 다른 미덕의 사람들과 마찬가지로 고상하고 바른 목적을 위한 것이어야 하고, 받을 만한 사람에게, 받기에 적정한 분량을, 적당한 때에 주는 것이다....이런 후함의 미덕 속에 기쁨이 있고, 번민에서 자유로운 것이다."[103]

이를 위해 그는 입법자의 역할이 중요하다고 생각했다. 그는 입법자의 역할이란 "사람들로 하여금 선량한 인간이 되도록 하고, 무슨 관행이 그들을 그렇게 만들 것인지, 최선의 삶이 추구하는 궁극적 목적이나 목표가 무엇인지 고려하는데"[104] 있다고 여겼다. 하지만 이런 기능은 도덕적으로 훌륭한 행위들을 입법적으로 직접 상세하게 규정함으로써 충족되는 것이 아니라, 도덕적 덕성이 배양되고 고무되는 한 그 사회의 헌정적 구조에 의해 달성된다.[105] 이 때의 헌정적 구조는 법과 도덕, 문화를 아우르는 경성과 연성 규범을 다 포함하는 것을 의미한다고 할 것이다. 사적 소유와 공동체적 미덕의 조화가 다른 어떤 형태의 소유 체제와 자원의 이용형태보다 사회의 번영과 조화로운 유지에 더 유용하다는 것이 아리스토텔레스의 결론이라 할 수 있다.[106]

2.4

홉스의 소유관념

홉스는 국가(코먼웰스, common wealth)가 번성하기 위한 조건으로 산물의 공정한 분배를 든다. 그리고 그 분배의 전제인 내 것과 내 것이 아닌 것의 구분을 해주는 것이 공동체의 중요한 기능이라고 보았다. 자연 상태에서는 내 것과 남의 것이 따로 없고 자신이 획득하여 확보할 수 있으면 일단 그것은 그의 것이 되지만,[107] 타인이 이를 인정해 주어야 할 의무는 없다. 모든 것을, 모든 사람이 가질 수 있다는 무한한 자유, 그러나 사실상 무한한 갈등의 상태를 막기 위해 인간은 사회계약에 참여하게 되었으므로 공동체가 해야 할 첫 번째 일은 무엇보다 나의 것과 남의 것을 구분해주는 시민법을 만드는 일이다. 그리고 이를 바탕으로 시장경제, 즉 생산요소들과 재화의 자유로운 양도, 사용, 처분이 가능하게 된다. 홉스에게 있어 소유권은 시장의 전제이기도 한 것이다.

그러나 홉스는 시장을 위한 시장, 소유권을 위한 소유권을 말하지 않는다. 사회계약으로 만들어진 공동체는 개인의 소유권에 대한 규제와 개입의 여지를 남겨둔다. 그의 설명을 들어보자.

"'소유권'의 도입은 코먼웰스가 세워진 결과이며, 코먼웰스는 이를 대표하는 인격을 통해서만 행동하기 때문에 그것은 오직 주권자만이 할 수 있는 행위로서 주권을 지닌 사람 말고는 아무도 만들 수 없는 법에 뿌리를 두고 있다. 예로부터 사람들은 이 사실을 잘 알고 있었는데 우리가 법이라고 부르는 것을 옛 사람들은 '노모스'(분배)라고 하였으며, 각자에게

'그의 것'을 분배하는 것이라 정의했다."[108]

이러한 설명은 얼핏 홉스가 소유권의 절대성, 즉 자신의 몫으로 분배된 것에 대하여는 .배타적으로 권리를 주장할 수 있는 논리적 기반을 마련해 준 것으로도 보인다. 그러나 그는 모든 사적 토지 재산은 본디 주권자의 자의적 분배에서 온다는 점을 강조한다. 즉 주권자는 모든 사람에게 자기 몫의 토지를 나누어 주는데, 어떤 국민 또는 다수 국민의 판단에 따르는 것이 아니라 주권자 자신이 공평과 공익에 부합한다고 판단하는 바에 따라 나누어 주었다는 것이다.[109] 따라서 국민이 갖는 소유권은 주권자에 의한 개입을 배척하지 못하며, 오로지 다른 국민에 의한 지배만을 배제한다. "주권자, 즉 코먼웰스는 공동의 평화와 안전을 위한 것이 아니면 어떤 것도 하지 않으며, 토지의 분배도 또한 같은 목적을 위해 이루어지는 것으로 해석되어야 한다. 그러므로 이 목적에 해로움을 주는 분배는 모두 국민, 자신의 평화와 안전을 주권자의 판단과 양심에 맡기고 있는 국민의 의지에 어긋나는 것이며, 따라서 국민들 모두의 의지에 의해 무효로 여겨질 수 있다."

홉스의 이 말은 주권자가 공동체의 목적에 위해가 되는 자의적 분배를 행사하는 것에 대하여 그 구성원들이 저항할 수도 있지만, 한편으론 공동체의 평화와 안전을 위협하는 불평등한 분배구조에 대하여는 주권자가 올바른 분배를 해야 할 의무를 지고 있다는 두 가지 의미를 모두 함축하고 있다고 보아야 한다. 후자의 경우 개인 소유권에 대한 침해나 제한이 아니다. 왜냐하면 자연 상태에서 무한한 향유를 누릴 수 있는 힘과 기회를 스스로 포기하고 사회적 규약에 복속키로 하는 과정에서 이미 그러한 제한은 계약의 한 조건이 되었다고 보아야 하기 때문이다. 그러므로 홉스에게 있어서 소유권을 법적으로 허용해 준 공동체가 그 법으로 한계를 둘 수 있다는 것은 전혀 새삼스러운 일이 아니다.

2.5

로크의 소유관념

로크의 정치사상은 매우 광범하여 현대의 자유민주주의적 이론의 직, 간접적인 토대가 되고 있다. 맥퍼슨에 따르면 동의에 의한 정부, 다수자의 지배, 소수자의 권리, 개인의 도덕적 최고성, 사적 소유의 신성함 등 모든 것이 거기에 있고, 개인의 자연권과 합리성에 관한 제1원리에서부터 공리주의적이면서 동시에 기독교적인 원리에 이르기까지 모든 것이 그의 저작에 펼쳐져 있다.[110] 로크에게 소유권은 매우 중요한 개념이다. 시민사회와 정부에 관한 로크의 이론의 핵심은 소유에 대한 개인적 자연권의 주장과 정당화에 있다는 사실에는 모든 사람이 동의한다.

로크의 〈통치론 제2논고〉는 개인들이 자연상태를 떠나 자신들의 권리를 유지하도록 하는 정치적 사회(political society)를 형성하는 조건들이 무엇인지 그 개략을 제시하는데 목적을 두고 있는데, 서두에서 그는 모든 사람은 소유 대상에 대하여 자연적 권리를 갖게 된다는 점을 자명한 사실로 선언한다.

"그러므로 인간을 국가(Commonwealth)에 결속시키고 스스로를 정부에 귀속시키는 가장 크고 '중요한 목적이 그들의 소유의 보호에 있다'."[111]

〈통치론 제2논고〉에서 여러 가지 형태로 되풀이되는[112] 로크의 소유 개념을 분석하면서 맥퍼슨(C.B. Macpherson, 1911-1987)은 이 명제 속에 시민사회 및 정부의 권력과 그 한계에 관한 대부분의 로크의 결론이 자리 잡고 있다고 보았다. 그리고 그 논리적 전제로 인간은 시민사회와 정부의 존립과 무관한 또는 그것들의 존립에 우선하는 권리, 즉 소유에 대한 자연권을 확실히 갖고 있어야 한다는 전제가 있어야만 한다고 한다.[113] 모든 사람은 "다른 사람의 의지에 종속되거나 허락을 얻는다든가 하는 일이 없이, 자연법의 범위 안에서 스스로 적당하다고 생각하는 데 따라서 자기의 소유물과 자신의 몸을 마음대로 처리할 수 있는, 그리고 자신의 행동을 스스로 명령할 수 있는 '완벽한 자유 상태' "를 갖는다.[114] 로크에게 이것은 사람이라면 누구나 받아들이는 너무나 분명한 사실이다.

"자연의 이성은 인간이 일단 태어나면 자신의 보존에 대한 권리, 따라서 고기와 음료, 기타 자연이 그들의 생존을 위해서 제공하는 것에 대한 권리를 가진다고 가르친다. 또한 신이 아담에게 그리고 노아와 그의 자손들에게 세계를 주신 것에 대한 설명을 담고 있는 계시에 따르면, 다윗 왕이 신께서 '땅은 사람들에게 주셨다'(시편 115:16)라고 말하는 것처럼 신이 그것을 인류에게 공유물로 준 것은 명백하다." [115]

로크의 소유권 법리는 열매, 수렵 대상 동물 등을 대상으로 시작하여 점차 대지 등 생산물의 원천적 수단으로까지 확장해 나간다. 그에게 있어 대지의 소유권 확보 과정도 자연 속의 도토리 열매를 주워서 자기 것으로 만드는 것과 진배없다.

"한 인간이 개간하고, 파종하고, 개량하고, 재배하고, 그 산물을 사용할 수 있는 만큼의 토지가 그의 소유이다. 그는 자신의 노동을 통해서, 말하자면 그것을 공유지로부터 떼어내어 울타리를 친 셈이다. ....신이 세계를 모든 인류에게 공유로 주셨을 때, 그는 인간에게 또한 노동할 것을 명했고, 인간은 자신이 처한 궁핍한 상황으로 인해 노동을 하지 않을 수 없었다. 신과 인간의 이성은 인간에게 대지를 정복할 것, 곧 삶에 이익이 되도록 그것을 개량하고 그것에 그 자신의 것인 그의 노동을 첨가할 것을 명하였다. 신의 이러한 명령에 복종하여 토지의 일부를 경작하고 씨를 뿌린 사람은 그것을 통해서 그의 소유인 무엇인가를 그 토지에 첨가한 셈이다. 따라서 다른 사람은 그것에 대한 아무런 권리를 주장할 수 없으며, 그에게서 그것을 빼앗고자 한다면 그의 권리를 침해하는 것이 된다."[116]

그러나 여기서 하나의 의문이 생긴다. 도토리를 줍거나 산토끼를 잡아 자기 소유로 하는 것과 대지의 소유가 공동체 내에서 과연 같은 의미를 갖는가. A가 도토리를 주었던 그 땅에, 다음 해에 B가 와서 도토리를 주을 수 있지만, 그 도토리 나무가 있던 땅을 A가 울타리를 친다면 앞으로 미래의 모든 도토리는 A의 것이 된다. 미래 가치를 A가 독차지하는 것이 정당한가? 그 안에 있는 모든 토끼들을 영구히 내 것으로 만드는 것에 공동체가 동의하여야 하는가 하는 의문을 제기하지 않을 수 없는 것이다. 이 문제에 대하여 로크 자신은 그렇게 배타적인 권리를 허용하더라도 자연상태에는 여전히 그냥 떨어져 있는 도토리만큼이나 차지할 공간의 여유가 있을 뿐 아니라 울타리를 치고 개간함으로써 집중적으로 투입되는 개간의 노력이 가져오는 편익이 전 공동체에 유익이 될 것이라는 논리로 답한다.[117]

한편으론 배타적 권리가 무효화될 수 있는 가능성도 열어 놓고 있다. 그 이유는 인간은 "사용할 수 있는 것 그리고 그에게 삶의 편익을 제공해 줄 수 있는 것보다 많은 것을 가질 권리를 결코 가지고 있지 않기 때문이다."[118] 이런 기준은 생산 수단에도 동일하게 적용된다. 따라서 어떤 사람이 토지를 울타리로 둘러싸서 가축을 기르고 생산물을 사용하면, 그 가축과 생산물 역시 그의 것이 되겠지만, 울타리를 친 부분의 잔디가 땅 위에서 썩거나 그가 심은 나무에서 열린 과일이 채취되어 저장되지 않고 시들어버린다면, 그 울타리에도 불구하고 그 안의 땅은 여전히 황무지로 간주되어야 하며, 다른 누군가의 소유물이 될 수도 있다.[119]

그래서 로크는 자연상태에서는 배타적인 지배권이 나올 수 없다고 한다.

"사람들에게 세계를 공유물로 주신 신은 또한 그들에게, 삶에 최대한 이득이 되고 편의에 봉사하도록 세계를 이용할 수 있는 이성을 주셨다. 대지와 그것에 속하는 모든 것은 인간의 부양과 안락을 위해서 모든 인간에게 주어진 것이다. 그리고 대지에서 자연적으로 산출되는 모든 과실과 거기서 자라는 짐승들은 자연발생적인 작용에 의해서 생산되기 때문에 인류에게 공동으로 속한다. 따라서 그러한 것들에 대해서는 그것들이 자연적인 상태에 남아 있는 한, 어느 누구도 처음부터 다른 사람을 배제하는 사적인 지배권을 가지지 않았다."[120]

그렇지만 생존을 위해 특정한 물건을 이용하여야 할 경우에는 어떻게 해야 하는가. 로크도 배타적 권리는 아니지만, 유용한 것이 되기 위해서는 특정한 사람이 일정한 용도에 맞게 사용하거나 그것으로부터 이득을 얻기 위해서는 이러저러한 방법으로 그것들을 수취할 수 있는 수단이 있어야 마땅하다는 점을 인정한다. 그러면서 사유지를 만들기 위해 울타리를 치는 짓(인클로저)을 하지 않고도 삶을 지탱하는 데 유용한 것이 되도록 먼저 '그의 것(title)'이 되는 것은 마땅하다고 한다.[121]

그 과정에서 일종의 권리가 부여된다고 해도 거기에는 한계가 있고, 이 점에서 로크가 생각하던 권리는 확실히 지금의 소유권과는 달랐다. 왜냐하면 사람들에게 자연이 제공한 것들을 노동을 통해서 각자가 사용할 수 있는 만큼 많이 수취할 수 있는 여지가 남겨져 있는 한 자신의 수고를 통해 마음만 먹으면 누구에게나 예전과 다름없는 풍성함이 남겨진 곳에서는 이러한 권리라는 것이 대단치 않게 여겨졌으며 또 다른 사람에게 어떤 손해를 끼치는 것(예컨대, 이용이나 접근에서의 배타성)도 아니었기 때문이다.[122]

소유권의 한계는 그 소유권을 부여하는 동일한 자연법에 내재되어 있는 것이기도 한 것이다. 그래서 로크는 "신은 즐길 수 있는 만큼, 어느 누구든지 그것이 썩기 전에 삶에 이득이 되도록 사용할 수 있는 만큼 주셨다.[123] 곧 그가 자신의 노동에 의해 자신의 소유로 확정할 수 있는 만큼 주셨던 것이다. 그것보다 많은 것은 그의 몫을 넘어서며, 다른 사람의 몫에 속한다. 신은 그 어떤 것도 인간이 썩히거나 파괴해버리도록 만들지는 않았다."[124]고 한다.

만일 그가 소유하게 된 것들이 적절히 사용되지 않고 상하게 되면, 예컨대, 그가 자연상태에서 수취 행위를 통해 확보한 과일이 썩거나 사슴고기가 상하게 되면 그는 이웃의 몫을 침해하였다는 공통의 자연법을 위반한 셈이 되어 처벌을 받게 된다. 왜냐하면 그는 그가 사용할 수 있는 것 그리고 그에게 삶의 편익을 제공해 줄 수 있는 것보다 많은 것을 가질 권리를 결코 가지고 있지 않기 때문이다.[125]

토지의 소유 역시 예외가 아니다.

"..화폐를 발명하고 묵시적 합의를 통해서 그것에 가치를 부여하고자 하는 인간들이 (동의를 통해서) 대규모의 재산과 그것에 대한 권리를 도입하지 않았더라면, 재산에 관한 동일한 규칙, 곧 모든 사람은 자신이 사용할 수 있는 만큼 소유해야 한다는 규칙은, 세계에는 현재의 거주민의 두 배를 부양하기에 충분한 땅이 있기 때문에 어느 누구도 궁핍하게 함이 없이 여전히 유효하게 남아 있을 수 있었을 것이다."[126]

그런데 인간이 마모되거나 썩지 않고 지속하는 황금색의 작은 금속 조각, 즉 가격 전달 수단인 화폐를 사용하기로 서로 합의하면서 상황은 달라졌다고 로크는 설명한다. 매개와 저장 수단인 화폐를 통해 썩히거나 낭비하지 않고도 필요 이상의 것을 축적할 수 있는 길이 열렸다고 보는 것이다. "화폐의 사용에 동의하고 있는 사람들 사이에서 이러한 일은 거의 있을 수 없다."[127]

화폐가 도입된 곳에서 토지는 더 이상 전유되지 않은 채로 남아 있을 수 없다. 묵시적 동의에 의한 화폐의 도입으로 정당한 전유에 대한 이전의 자연적 제한이 제거된다. 그럼으로써 모든 사람이 스스로 이용할 수 있는 만큼 소유해야 한다는 자연적 규정은 이제 무용하게 된다. 부패를 이유로 한 제한은 화폐도입으로 명백히 제거되었다. 금과 은은 부패하지 않기 때문이다.[128]

맥퍼슨은 로크가 화폐 도입을 통해 필요를 넘는 축적을 정당화한 것은 그가 처했던 당시의 독특한 시대적 상황, 중상주의를 옹호하던 그의 입장과 별개로 해석되어서는 안 된다고 지적한다. 로크에 있어서 화폐를 단순히 물물교환 단계의 교역을 넘어서는 지급수단의 간편함으로만 인식하는 해석은 결코 옳지 않으며 화폐와 자본, 토지를 동일하게 보는 시각에 주목해야 한다는 것이다. 특히 그의 다른 저서 〈화폐...고찰〉에서 로크는 화폐와 자본을 동일시하고 또 양자를 토지와 같이 보았다. "그러므로 화폐는 사고 파는데 있어서 완벽하게 다른 상품들과 동일한 조건에 있게 되며, 동일한 가치법칙에 종속된다. ..."[129]

〈화폐....에 관한 고찰〉에서 그의 주요 관심은 "교역을 촉진"하는데 충분할 정도로 공급할 수 있는 화폐의 축적에 있었다. 로크에게 중상주의적 정책과 개별 경제활동의 목적은 자본으로서의 화폐와 토지를 이용하는 것인데, 화폐는 주식이나 원료의 거래, 그리고 임금 지불에 쓰여 져야 하고 토지는 교역을 위한 상품의 생산에 이용되어야 했다.[130]

"(자기 가족의) 소비에 충분한 공급"을 할 수 있는 그 이상의 토지가 전유되는 이유를 제공하는 것은 생산물의 판매를 통해 그에게 '화폐'를 가져다 주는 ...... 상업"이다.[131]

화폐의 독특한 목적을 자본으로 봉사하기 위한 것으로 보았고, 토지는 그 자체로는 자본의 한 형태에 불과하다고 본 로크에게[132] 화폐를 통한 필요 이상의 축적 용인은 소유권의 무한한 확장에 대한 정당성을 부여하기 위한 것이 아니라 교역을 통한 공동체 내의 전체적인 부의 증진을 끌어올리기 위한 도구적 개념으로 이해되어야 한다.

로크는 인간은 전체적으로 합리적이라고 말하면서도 동시에 대부분의 인간은 합리적이지 않다고 말한다. 또한 자연상태는 합리적이고 평화적이며 사회적이라고 하는 동시에 또한 그렇지 않다고 말하기도 한다. 이러한 문제들을 포함해서 로크 이론에는 많은 모순과 모호성이 자리잡고 있는 데, 로크를 읽을 때 이런 점이 충분히 감안되어야만 한다.[133] 따라서 로크 논지를 불평등과 자원의 독점까지 초래하는 사유재산 축적에 대하여 합의한 것으로 해석하는 것은 전후 맥락을 완전히 왜곡한 것이다.

로크는 "사람들은 묵시적이고 자발적인 동의에 의해서 한 인간이 그 자신이 그 생산물을 사용할 수 있는 것보다 많은 땅을 공정하게 소유할 수 있는 방법을, 잉여생산물을 주고 금과 은을 받음으로써 발견하였고, 그 결과 토지를 불균등하고 불평등하게 소유하는 데 합의했다는 점이 확실하다"고[134] 하였지만, 자세히 들여다보면 여기서의 '불균등'과 '불평등'은 토지에 대한 불균등이고, 그 불균등의 대가로 토지를 적게 갖고 있는 사람은 다른 형태의 소유물이나 금과 은을 갖고 있다는 점이 전제로 깔려 있음을 알게 된다. 다시 말해 전체적인 효용 측면에서는 불균등, 불평등이 아닌 것이다.

그러한 상호성이 보장되기에 사람들이 "묵시적이고 자발적인 동의"를 하게 되는 것이다. "이 금속들은 소유자의 수중에서 상하거나 부패하지 않기 때문에 다른 사람들에게 피해를 주지 않고 저장될 수 있다"[135]는 말은 뒤집어 보면, 그에게 남아있어야 할 썩고 낭비될 잉여생산물이 누군가에게로 금속을 매개로 하여 이전되어갔음을 의미한다. 공동체 내의 부는 형태를 달리할 뿐 각자의 기호와 여건에 따라 필요한 만큼 분배되어 있는 것이다. 이를 로크는 타인에게 피해를 주지 않는 것으로 표현하고 있다.

자연상태에 있던 평등한 구성원들이 원시적 합의를 통해 자신의 생존을 해할 수도 있는 독점과 불평등, 예컨대 화폐는 화폐대로 갖고, 생산물은 그것대로 수중에 챙기고 썩혀 버릴지언정 내놓지 않는 상태를 용인한다는 것 자체가 사회계약론의 취지에 반하는 것이다. 이렇게 새기지 않는다면 자기 생존을 포기하는 것은 허용되지 않으며 자연의 이성에 반하는 것이라는 로크 자신의 논지와의 모순을 피할 수 없다. 로크가 이런 모순을 알면서도 그런 주장을 하였을 것으로 보이지는 않는다.

오히려 로크는 자신이 상정하고 있는 화폐 경제 사회에서는 누군가 필요 이상을 화폐를 통해 축적하더라도 다른 사람은 자기 생존을 염려할 필요가 없다는 전제 하에 이 점에 관하여는 낙관적인 태도를 가진 것으로 해석해야 한다. 왜냐하면 그에게 자연은 기본적으로 자원을 인간에게 무한정 제공하는 존재이기 때문이다.

"이런 식으로 토지를 개량함으로써 그 일부를 수취하는 것은 그 밖의 다른 사람에게 아무런 피해가 되지 않는다. 왜냐하면 여전히 많은 토지가 남아 있고, 아직 토지를 가지지 못한 자가 사용할 수 있는 것보다 더 많은 토지가 남아 있기 때문이다. 그리하여 결과적으로 어떤 사람이 울타리를 치는 행위로 인해 다른 사람에게 토지가 적게 남아 있는 일이란 있을 수 없다. 왜냐하면 다른 사람이 사용할 수 있을 만큼 많이 남겨놓은 사람은 전혀 아무것도 취하지 않은 것이나 마찬가지이기 때문이다. 어떤 사람도 다른 사람이 물을 잔뜩 퍼 마셨다고 해서 피해를 입는다고 생각할 수 없다. 왜냐하면 그에게는 갈증을 충분히 만족시킬 수 있는 전과 다름없는 강물이 남아 있기 때문이다. 따라서 토지든 물이든 둘 다 충분히 남아 있는 경우라면 사정은 전적으로 동일하다."[136]

또한 로크에게는 소유권의 한도가 자연적으로 주어진다는 생각이 확고하였다. 어떤 사람의 노동도 모든 것을 정복하거나 수취할 수 없으며 그가 향유하여 소비할 수 있는 것도 매우 적은 양에 불과하다. 따라서 어떤 사람이 다른 사람의 권리를 침해하거나 그의 이웃에 피해가 될 정도로 소유권을 취득하는 것은 불가능하기 때문에 그 이웃은 다른 사람이 가져간 후에도 자기 몫을 취함에 있어 아무런 영향을 받지 않는다.[137] 한마디로 로크에게 있어서 소유는 공동체 내의 다른 구성원에게 미치는 위험이 없다는 전제를 토대로 하여 그 정당성이 인정되는 것이며, 화폐를 통한 필요 이상의 축적은 중상주의라는 공동체의 효용에 봉사한다는 대전제 하에 옹호되었던 것이다. 한편 윌모어 캔덜 같은 이는 로크를 개인주의자가 아니라 개인의 목적을 사회의 목적에 종속시키는 "집단주의자(collectivist)"로 이해하기도 하는데, 이에 따르면 로크는 다음에서 볼 루소의 일반 의지론의 선구자가 되는 셈이다.[138]

2.6

루소의 소유관념

루소는 〈사회계약론〉 중 토지소유권에 관한 부분을 다루면서 공동체의 각 구성원은 자신이 점유하는 재산을 공동체에 양도함으로써 소유자가 된다고 한다. 이 때 양도되는 것은 재산만이 아니라 "현재 있는 그대로, 자기 자신과 자기의 모든 힘"이다. 다시 말해 모든 자연상태에서 평등하게 누리고 있던 주권을 양도한다.[139] 이런 양도는 루소가 보기엔 당연할 뿐 더러 모두에게 이익이다. 왜냐하면, 첫째로 각자가 자기를 전적으로 내준다면 모든 사람의 조건이 평등하게 되기 때문이며, 모든 사람의 조건이 평등하다면 누구도 타인의 조건을 무겁게 하는 일에 관심을 갖지 않기 때문이다. 더구나 이 양도가 송두리째 행해진다면 그 결합은 최대한으로 완전한 것이 된다.[140] 결국 각자는 전체에게 자기를 줌으로써 각자는 구성원들에 대한 관계에서 타인이 자신에 대해서 가지고 있는 것과 같은 권리를 가지게 되어 얻는 것과 잃는 것이 대등해지고 공동체를 통해 소유하고 있는 것을 보존하려는 힘은 더욱 커진다. 그만큼 유대관계가 더욱 공고해진다는 것이다.

이를 루소는 "우리는 각자가 자기 개인과 자기의 모든 힘을 합동으로 일반 의지의 최고지도하에 두며, 우리는 다시금 구성원을 분리할 수 없는 부분으로 받아들인다."고 요약한다.[141] 재산의 양도는 이런 주권의 완전한 양도 중의 일부이다. 그런데 공동체는 이를 양도받아 박탈하는 것이 아니라 그 재산의 합법적인 점유를 보증하고 횡령을 참다운 권리로 바꾸며 자연상태에서의 향유를 소유권으로 바꿔주게 된다. 일종의 양도와 교부 이론인데 이를 통해 점유자는 공공재산의 보관자로 간주되며, 그들의 권리는 국가의 전 구성원으로부터 존중을 받고 외국에 대해서는 국가의 힘에 의해 보호를 받게 되므로 자신이나 공공, 모두에게 이익이 된다.[142]

일단 공동체란 개인으로부터 소유물을 위탁받은 존재로 상정되는 까닭에 각 개인이 자기의 토지에 대해서 갖는 권리는 항상 공동체가 전체의 토지에 대해서 갖는 권리에 종속된다. 이는 로크 보다는 루소에게서 토지의 공공성이 더 강조되고 사적 소유권에 대한 공공 개입 여지가 더 큼을 시사한다. 루소는 공동체 내에서 사적 소유권이 확립된 후에라야 선점권이 진정한 권리가 된다고 한다. 그에 따르면 인간이 어떤 토지에 대한 선점권을 정당화시키기 위해서는 당해 토지를 점유하는 사람이 없을 것, 생계를 위해 필요한 한도만 점유할 것, 공허한 의식(儀式)이 아닌 실질적인 노동과 경작에 의해서 점유할 것, 이상의 세 가지 요건이 충족되어야 한다고 보았다.

이 중 노동과 경작은 소유권의 유일한 표지이며 법적 권한이 없는 경우에도 타인에게 존중을 받아야 하는 요인으로 작용한다.[143] 하지만 루소는 필요와 노동에 의거하여 선점권을 인정하는 것은 선점권을 한없이 확대할 우려가 없는지 반문하기도 하는데, 그는 스스로 이렇게 답을 한다. 한 인간 또는 한 인민이 광대한 영토를 독점하여 탈취한다면 그것은 용서할 수 없는 횡령 행위라는 것이 그의 결론이다. 왜냐하면 그것은 자연이 인간들에게 공동의 것으로서 부여한 주거와 식량을 나머지 전 인류로부터 빼앗은 것이기 때문이다.[144]

루소는 로크보다 소유권에 대한 한계를 더 분명히 시도한다. 로크와 달리 루소는 사회 제도 내로 흡수된 선점권은 적극적인 획득이 아니라 선점 대상이 아닌 물건, 즉 타인이 선점하고 있는 대상에 대한 욕구의 자제라는 사회적 의무로서의 성격을 갖는다고 보았다.

"인간으로 하여금 어떤 물건의 소유자가 되게 하는 적극적 행위는, 그 인간이 나머지 물건의 소유자가 되는 것을 배제한다. 자기의 몫이 정해지면 자기 몫을 지켜야 하며 공동체에 대해서 그 이상의 권리는 없다. 이 선점권에 있어서는 자기 것이 아닌 것이 존중을 받는다."[145]

따라서 주어진 몫 이상으로 권리를 확대하여서는 안 된다는 것이 루소의 기본적 사고임을 알 수 있다.

2.7

존 스튜어트 밀의 소유관념

자유주의자로 알려진 존 스튜어트 밀은 영국에서 산업혁명이 드러낸 노사갈등, 빈부격차, 경기변동 등을 지켜보면서 자영농 육성, 노동자 교육 등 개혁적 조치들을 통해 시장 경제를 보정해야 한다는 생각을 잊지 않았다. 왜냐하면 그가 당대에 바라본 소유권을 근간으로 하는 사유재산제는 각 개인에게 자신의 노동과 절제의 대가를 보장해 주도록 하는 긍정적인 기능을 하고 있지만, 아직 어떤 국가에서도 제대로 공평하게 시도된 바 없다는 판단을 하고 있었기 때문이다.

그는 소유권이 계약에 의한 재산획득의 자유를 의미하므로 무제한의 상속이나 토지의 집중 등의 문제만 없다면 이를 보장하는 사유재산제도는 자유로운 경제의 토대가 될 수 있다고 보았다.[146] 하지만 아무런 탁월함이나 수고 없이 대가를 보장받거나 타인의 노동과 절제의 결과를 이전받는다는 것은 그가 보기에 소유제도의 본질이 아니며, 단지 우연적 결과일 뿐이었다.[147]

스튜어트 밀에게 이상적인 것은 현재의 사유재산제가 아니라 장차 공평성이 더 보완되어 만들어질 사유재산제였다. 그가 고쳐져야 할 점으로 생각한 것은 현실로 존재하는 소득불평등의 과도함이었다. 이를 개선할 수 있다면 시장 자본주의는 개인의 창의와 자유를 중시하고 경쟁원리에 따라 자원이 적절히 배분할 것이므로 문제가 없을 것으로 보았다. 이를 뒤집어 보면 밀의 이런 사고의 바탕에는 소득불평등이 창의와 자유를 억압하고 경쟁을 제한할 것이라는 판단이 깔려 있었음을 알 수 있다. 자유를 위한 자유의 억제는 합리적인 자유주의자들에게는 전혀 낯선 개념이 아닌 것이다. 시장에서 고른 분배를 바탕으로 이루어지는 자본주의는 경제성장을 지속적으로 할 것이고, 어느 정도의 수준에 오르면 사람들의 행동양식도 사익에서 공익으로 옮겨가면서 사회적 갈등도 상당히 해소될 수 있지 않을까 하는 것이 산업혁명 후 극심한 불평등의 증인으로 살았던 스튜어트 밀의 생각이었다.

그는 "인류본성의 가장 최상의 상태는 아무도 가난하지 않으면서, 아무도 더 부유해지려고 하지 않고 다른 사람들이 잘 되면서 내가 밀려나는 것을 두려워할 이유도 없는 상태"[148]로 표현하고 있다. 이런 사고는 밀물이 해변의 모든 작은 배들까지 다 물에 띄우는 것처럼 경제성장이 되면 최극빈층의 빈곤 역시 해소되면서 사회적 갈등도 완화될 것으로 본 아담 스미스의 낙관적 생각과도 통한다고 할 수 있다.

2.8

라드부르흐의 소유관념

물권 가운데 특히 소유권(Eigentum)은 법적 경험에 기초를 두지 아니하고 모든 경험에 선행하는 법적 사고로 나타난다.[149] 하지만 라드부르흐는 소유권은 선험적인 법 범주에 속하지만 그 소유를 개인 혹은 공동으로 할 것인가 하는 것은 그렇지 않다고 한다. 그에 따르면 사적 소유와 공동소유, 이 중 어느 것이 행해져야 하는가 하는 것은 법철학만이 답할 수 있다고 본다.[150]

한편 라드부르흐는 소유권을 개인, 즉 소유하는 자 자체에 봉사하는 것이라고 볼 수도 있고 혹은 사회에 봉사하는 것이라고 볼 수도 있다고 하면서, 개인주의적 소유권론과 사회적 소유권론을 구분하기도 한다.[151] 전자는 로마적 소유권 관념, 후자는 게르만적 소유권 관념을 반영하는 것으로 사회적 소유권은 지배와 향유, 처분이 갖고 있는 목적을 공동체 전체 속에서 이해하고 발견하는 것이다.[152]

라드부르흐는 개인주의적 소유에는 소유의 기쁨(Besitzfreude)과 향유(Sachengenuß)라는 두 가지 의미가 있다고 보았다. 예컨대, 수집가는 물건 자체보다도 자기가 독점하고 있다는 사실, 타인에게는 없다고 하는 데서 즐거움을 찾는 것이다.[153]

그렇다면 없애기 위해 소유할 수 있는가? 나만이 갖고 있음을 즐기기 위해 모든 물건을 사들여 없애는 것은 소유권의 정의에 반하지 않는가 하는 문제가 제기될 수 있다. 자기가 누릴 것, 쓸 것 이상을 저장하여 썩혀서 버리는 것은 자연법의 위반이며 소유의 남용이라고 보았던 로크의 소유 관념에서는 확실히 용인될 수 없을 것이다. 또 사회적 소유권에 기반한 관계설에 의하여도 그러한 소유는 정당하지 못하다는 결론에 이를 것이다. 다소 감상적인 분석이라고 볼 수 있지만, 라드브루흐는 개인적 소유의 입장에서 균형감각을 지닌 예를 괴테의 글에서 볼 수 있다고 한다.

"나에게 소유는 대상의 바른 개념을 얻기 위하여 필요한 것이다. 나는 소유함으로써 어떤 대상에 대한 갈망에 기초하는 착각에서 해방되고 비로소 사로잡힌 바 없이 안정된 상태에서 판단할 수 있다. 그래서 내가 소유를 좋아하는 것은 소유되는 사물을 위하여서가 아니라 나의 교양을 위해 그것이 나를 보다 안정되고 행복하게 만들어주기 때문이다"

라드부르흐는 괴테의 경우 사물에 대한 완전한 향유를 누리지만 타인과 함께 하는데서 비로소 최고조에 달함으로써 개인주의적 소유권론의 정형을 보이면서 동시에 사회적 소유권론으로의 전환을 꾀하는데 탁월하였다고 평가한다.

그는 개인주의적 소유권론은 한 번도 순수히 개인주의적이었던 때는 없었다고 보았다. 그에게 있어 소유권은 개인주의적 사익과 전체의 복리 사이이 "예정조화(prästabilierte Harmonie)"라는 기준에 부합될 것을 늘 전제로 하는 것이었다. 라드부르흐는 일정한 종류의 재화가 사인의 손에 넘어가게 되면 그것에 결부될 과대한 힘이 가져올 수도 있는 공공복리에 대한 위험성을 견제하기 위해 입법자는 소유권을 공적 수중에 유보할 수도 있는 권한을 가진다고 보았다.[154] 그는 사례로 바이마르 헌법 제153조의 "소유권은 의무를 수반한다. 그 행사는 동시에 공공의 복리를 위한 봉사이어야 한다"는 조항을 들고 있다.

라드부르흐에게 있어 사적 소유가 공동재로서의 성격을 갖다는 것은 양립 불가능한 관념이 아니었고, 오히려 이것이 바람직한 소유권의 모습이이었다.[155] 그래서 소유권에 부수되는 사회적 의무는 비록 현행법의 제재 아래 놓이지는 않지만 장차 시행될 수 있는 법률의 제재에 복종해야 하는 것은 전혀 이상한 일이 아니었다. 왜냐하면 사적 소유권은 사회적으로 행사되는 것을 기대하여 맡겨지는 것이기 때문에 만일 이 기대를 충족하지 못할 경우에는 언제나 철회될 수 있는 것이며, 그리하여 그것은 한정된 조건부의 권리이지 그 자체로서 정당한 무제한 '신성불가침'의 권리는 아닌 까닭이다.[156]

2.9

사회계약의 결정체로서 공화정의 미덕과 소유

사회계약으로 만들어진 궁극적 실체로서의 공동체는 시민사회이고 물리적 존재로는 국가이다. 따라서 분배적 정의는 이러한 국가의 성격 및 역할과 관련하여 따지지 않으면 안 된다. 그 중에서도 우리 헌법상의 정체이기도 한 공화정은 원시상태의 인간들이라면 만들어 냈을 것을 추론되는 역사적 경험상 가장 이상적인 국가 가치이다.

그런데 사실 공화정이라는 개념은 공화정은 군주정이 아닌 정체, 즉 귀족정과 민주정을 아우르는 정도로 흔히 알고 있지만, 역사적 변천 속에서 다양하게 해석되어 왔고, 심지어 공화정 담론을 현실에서 고민해야 했던 사람들조차도 명쾌하게 정리된 생각을 갖고 있지 못했다. 예를 들어 미국 헌법의 권력분립의 이론적 기초를 제공했던 몽테스키외의 경우 공화제와 민주주의를 혼돈하여 사용하기도 하였다.[157]

몽테스키외에 앞서 마키아벨리의 경우에는 공화정을 대체로 군주정을 배제한 의미로 사용하였으나, 그에게 있어서의 공화정 역시 단순한 지배자의 숫자에 따른 분류는 아니었다. 그는 공동의 선을 향상시키는 어떤 종류의 정체도 공화정이 될 수 있는 반면에 공동선에 대한 관심이 부족한 국가는 모든 제도적 유용성을 갖고 있음에도 불구하고 공화정이라 부를 수 없다고 보았다. 이에 따라서 마키아벨리에게 공화정이란 공공생활을 지탱케 하는 습관, 관습, 전통을 의미하는 것으로서 모든 구성원들이 사적인 이익보다는 공익을, 혹은 공적인 미덕을 우위에 두는 체제이면서,

제 세력간의 권력균형이 이루어진 체제를 의미하였다.[158]

〈상식, Common Sense, 1776〉을 통해 미국 독립혁명에 불을 지폈던 토마스 페인은 나중에 출간된 〈인간의 권리, Rights of Man(1792)〉에서[159] 민주정, 귀족정 그리고 군주정 등과는 달리 공화정은 "정부의 특정 형태"가 아니라 목적 내지 목표 곧 "공공이익 또는 전체이익"의 구현을 추구하는 정부를 특징짓는 용어로 사용하였다.

미국의 제4대 대통령을 지냈고 연방주의의 논리적 토대를 제공했다고 평가받고 있는 제임스 매디슨은 1787년의 〈연방주의자 논고 제10번 서간문〉에서 '민주정'을 직접 민주정, 그리고 '공화정'을 대표제 민주정으로 각각 규정하기도 했다.[160]

공화정이란 이념이 갖는 경계와 내용의 모호성은 미국이라는 국가가 탄생한 이후에도 여전하였다. 일례로 존 아담스(John Adams)같은 사람은 1807년 자신은 공화정이 무엇인지 "결코 이해한 일이 없었다.....다른 누구도 그랬을 것이고 또 그럴 것이다"라고 고백하였고, 또 1819년에는 공화정은 "어떤 것이라도 곧 모든 것을 의미할 수도 있고 또 아무 것도 의미하지 않을 수도 있다. ......엄밀히 혹은 과학적으로 말한다면 ...군주정적, 귀족정적 그리고 민주정적 공화정들이 있다"라고 결론지은 바 있었다.[161] 이렇게 공화정 이념의 스펙과 그에 대한 기대 양상은 시대에 따라 달라지는 면모를 보였다.[162]

하지만 공화정을 어떻게 이해하건 간에 그 정수는 '정치적 덕성'(political virtue)에 있었고 이 정신이 시민에 의한 지배의 필수 조건이라는 고전적 공화정의 이념만은 뚜렷하였다. 이미 기원전 5세기의 그리스에는 일반적으로 인정된 덕 개념들의 세트가 있으며, 또 이런 의미에서 일련의 인정된 덕들이 존재하였다.[163] 그 중에서도 '시민이 갖는 덕성'이란 공공선에 대한 시민의 이해로서 애국심(patriotism)과 결부되었다.[164]

16세기 공화정에 대한 강력한 향수를 피력하면서 〈로마사논고〉를 통해 공화정의 흥망성쇠를 분석하였던 마키아벨리가 공화정의 성공 요소로 가장 중요하게 꼽은 것도 적극적인 시민정신이었다. 공공선을 목적으로 하는 공화정적 미덕을 갖춘 시민들이 법률 제정과 정책의 결정에 참여하고, 공직 취임의 자격과 피선거권에서 평등을 누리는 것, 다시 말해 다양한 정치적 권리를 행사할 때 공화정이 번성할 수 있다고 본 마키아벨리는 그 자신이 유럽에서 중세와 근대를 이어주었던 대표적인 공화주의 도시 피렌체의 흥망을 목격한 증인이기도 하였다.

역사적으로 공화국의 핵심에는 자유가 자리 잡고 있었다. 외부의 간섭과 압제로부터의 해방이라는 공동체 차원에서의 자유뿐만 아니라 내부에서 구성원들 중 그 누구도 부당하게 다른 이들의 위에 군림하고 지배할 수 없으며, 공공선을 앞세운 시민들의 총의에 의해 운영되는 공동체라는 점에서 자유는 공화정의 알파요, 오메가였다. 공화정을 지키는 힘도 자유였는데, 자유가 확고하게 자리잡고 있는 곳에서는 로마인들이 수백년 간 보여주었듯이 전제정치꾼이 나올 여지가 없었다.[165] 이러한 자유, 자유로운 정부는 고대 그리스인들과 로마인들이 이해하였던 것으로 마키아벨리까지 이르렀고, 18세기 미국 독립혁명과 그 이후 오늘날까지 여전히 사람들에게 이상적으로 받아들여지고 있다.[166] 그리고 자유의 실현은 시민들이 덕성을 갖출 때 실현되는 것이므로[167] 시민적 미덕은 자유와 동의어였다.[168]

무엇보다 고전적 공화국의 자유로운 시민은 정치적으로 능동적인 시민이어야 했다.[169] 그래서 특히 마키아벨리에게는 자유와 정치적 힘은 함께 간다는 신념이 확고하였다. 시민들이 자기 나라 정부 구성에의 참여한다라는 결단은 독립을 위해 전쟁에 나가 죽기를 각오하고 싸우겠다는 단호한 의지만큼이나 사회적 활력의 신호로 받아들여졌다.[170]

다시 말해 애국심을 불러 일으키는 정체는 그것이 공화정일 때에만 가능하고, 공화정만이 그러한 자격이 있다는 것이 근대의 문턱을 넘어오면서 공동체의 정체를 새롭게 디자인하고 개량하려던 정치가들과 사상가들의 일반적인 동의였다는 것이다. 시민의 공화적 미덕은 공화국의 "궁극적 방벽"[171]으로 외침(外侵)을 격퇴하는 한편 특수이익을 추구하는 내부 파당을 분쇄하는 애국심의 원천으로 이해될 수 있는 것이다.

그런데 공화정의 부패를 방지하고 선공후사(先公後私)를 가능케 하는 시민적 미덕의 근원은 바로 정치적 및 경제적 독립이었다. 유덕한 시민은 자유로운 시민이며, 자유로운 시민은 독립적인 시민이어야 하기 때문이다. 유덕하고 자유로운 시민이 되기 위해서는 타인과 자기이익의 영향, 지배에의 종속으로부터 완전히 해방되어 있어야 한다. 시민적 미덕은 "평등하고 활동적이고 독립적인 시민들의 공화국에서만" 존재할 뿐 아니라, 독립성과 능동성을 갖춘 시민들만이 공화국을 만들어 낼 수 있었다. 그러므로 "독립과 미덕의 상실은 부패" 곧 사리사욕의 추구를 의미하였다.[172]

예컨대, 미국 독립혁명의 지도자들에게 시민적 덕성의 기초인 독립성 확보는 매우 구체적인 개념이었다. 왜냐하면 이들에게 시민적 독립이란 재산, 그것도 토지 자산의 소유를 의미하였기 때문이다.

"재산과 자기 의지의 소유 없이 곧 독립의 소유 없이 사람은 공공정신을 소유할 수 없고, 그렇게 되면 공화국은 존재할 수 없다."[173] 특히 공화국의 지도자들 및 엘리트들에 대하여 공화주의자들은 그들의 토지 자산 소유의 중요성을 극구 강조하였는데, 이들은 무릇 공화정적 공공선에 참여하고 이끌어갈 지도자들은 유능한 "토지 소유 젠틀맨들(gentlemen)" 중에서 선별되길 요구하였다.

이런 신사들에게 있어 공동체 운영에의 참여는 권리와 특혜가 아니라 의무였다. 사리사욕을 떠나 공공의 이익에 헌신할 수 있는 사람들이 바로 이런 부류였다고 보았기 때문에 "자질과 여가를 가진 모든 자들 곧 모든 젠틀맨들은 국가에 봉사할 의무를 가져야"[174]했다.

그래서 오늘날 미국 헌법의 이론적 기초를 제공한 〈연방주의자 논고〉의 집필진들이 꿈꾸었던 "민주적 공화국"의 구성원들은 로크식의 자연권적 기본권을 소유한 독립적인 개인이자 사욕의 추구를 억제하면서 사회 공익 증진에 공헌할 줄 아는 공화적인 "자율성"을 갖춘 시민이었다.[175]

"개인적 독립과 공동체에 대한 도덕적 책임"을 겸비하는 자유주의적 개인과 공화주의적 시민의 혼성물인[176] 이들은 오로지 정치에만 전념할 수 있는 부유하고 한가로운 고전적 공화주의적 귀족 엘리트들이 아니라, 생산에 종사하면서 정치에 참여하는 근면하고 자조(自助)적인 보통사람들, 독자적인 생업 종사자들이었다. 그 핵심은 자영농민들이었으나 여기에는 수공업자들과 직공들과 중소기업가들 등 자작농민 이외의 다른 모든 중산근로계층들도 포함되었다.[177]

미국 헌법의 기초자들이 고전적 공화정에서의 정치참여 대상을 귀족 엘리트에서 독립적인 생계 종사자들로 확장한 것은 역사적으로 매우 의미있는 사건이었다. 왜냐하면 정치적 참여자로서의 시민 자격이 신분(귀족)에서 자산으로 변환되면서 출생에 따른 선천적 요인보다 후천적인 선택과 성취, 노력이 시민 자격의 유일한 조건이 되었기 때문이다. 평등의 실현이었던 것이다.

일찍이 마키아벨리는 편의와 특권을 누리며 공화정 내에서 법이 닿지 않는 곳에 있는 모든 자들에 대하여 반대하였다. 〈로마사 논고〉에 그는 이렇게 쓴 바 있다.

"(신사라고 불리우는 이런 자들)....일은 하지 않고 땅에서 나는 수입으로 호화롭게 사는 군상들, 농사나 기타 생계에 필요한 어떤 직업에도 관심을 쏟지 않는 부류들. 이런 사람들은 어떤 공화정에서건, 어떤 나라에서건 위험한데, 특히 위에서 말한 자산을 갖고 있을 때뿐 아니라 세력 본거지를 갖고 (command castles), 복종시킬 사람들을 갖고 있을 때 더욱 위험하다. 이런 두 유형의 인간들은 나폴리 왕국, 로마, 로마냐 및 롬바르디를 어지럽히고 있다. 이것으로부터 우리는 이런 부류들이 설치는 곳에서는 공화정이나 정돈된(well-ordered) 정부가 나올 수 없다는 결론을 얻게 되는데, 왜냐하면 이런 사람들은 한결 같이 자유로운 정부에 대하여는 한사코 적대적이기 때문이다."[178]

그래서 미국 독립혁명으로 태어난 새로운 근대적인 공화국은 보다 더 많은 개인주의적 시민들의 참여에 바탕을 둔 "독립생산자들의 역동적 공화국"을 지향하고 있었다.[179]

이상의 논의는 공화정의 본래적 의미에 충실하기 위해 우리가 추구해야 할 사회 경제적 정의가 무엇인지 그 방향을 분명히 제시한다. 자율적으로 사욕보다 공익을 먼저 생각하며 정치질서에 능동적으로 참여하기 위해서는 경제적으로 독립을 누리는 시민의 양성이 국가의 일차적 책무 중 하나라는 것이다. 그것은 경제적 독립에는 절대적 빈곤에서의 탈출뿐만 아니라 경제적 평등까지 포함된다. 왜냐하면 심각한 불평등이 존재하는 곳에서는 필연적으로 이 불평등을 해소하기 위한 계급적 이익이 날카롭게 대두될 것이고, 이는 건강한 공화정의 전제조건인 공공선의 우선이라는 시민적 미덕을 앗아가기 때문이다. 우리 헌법이 이야기하는 '민주공화정'의 지속성은 자산과 생업에서의 자조적인 시민들을 일차로 만들어내는데 달려 있다.

자유시장경제는 자기법칙에 의한 발전에 따라 가진 자와 가지지 못한 자의 구별을 만들어내고, 소유권에 어떠한 이해관계도 가지지 않는 계급, 곧 무산자 계층을 만들어냄으로써 상호성에 의하여 확보되어야 할 소유권의 정당성을 상실시킬 위험을 지니고 있다.[180]

사회적 환경이 인간이 가진 열정을 실현시킬 수 있는 능력을 장려하는지 여부가 정의의 핵심이 된다는 점을 감안하면[181] 이러한 상태까지 초래하는 소유권의 확장과 무한한 행사에는 제한이 있어야만 한다. 공동체 구성원들이 갖고 있는 열정의 진정한 목적을 실현하기 위해 무분별하고 충동적인 움직임을 제어할 필요가 있는데, 그 열정이 자유롭게 행사될 때보다는 제한됨으로써 더 만족도가 높아지고, 이를 통해 사회가 유지되고 보다 큰 자산을 획득할 수 있다면 개인적 열정은 제한될 수 있다. 이것은 정의에 반하는 일이 아니다.[182]

드워킨은 재산을 취득하여 타인을 해하지만 않는다면 마음대로 쓸 수 있는 자유로움(freedom)도 자유(liberty)라고 할 수 있을까 반문한다.[183] 이런 입장에 따르면 소유권의 한계는 헌법이라는 실정법에 근거를 둔 것이 아니라 소유 자체에 고유한 것이라는 결론에 이르게 된다.

라드부르흐에 따르면 사소유권의 사회적 기능과 개인주의적 기능이 어느 범위에까지 양립할 수 있는 것인가 하는 문제, 혹은 근절할 수 없는 개인주의적 남용이 있을 경우 어느 정도까지 사소유권에 사회적 기능에 의한 제한을 인정해야 할 것인가, 토지라든가 생산수단의 일정한 객체에 대한 사적 소유권을 어디까지 공공의 것으로 옮겨 놓을 필요가 있는가 하는 문제들은 경제라는 사실과학의 문제이지 법철학적 가치과학의 문제는 아니다. 이것은 목적의 문제가 아니라 목적달성의 가능성의 문제이기 때문이다.

실제로 현대에도 자유시장과 자본주의 경제를 추구하는 나라들에서조차도 소유권에 관한 규제는 다양하게 존재하고 있음을 보여준다. 일례로 스위스는 외국인의 목조 주택 소유를 제한하고, 스웨덴에서는 사유지라도 일반인의 출입이 허용된다.[184] 이는 누가 무엇을 소유할 수 있고, 소유권의 한계는 어디까지이며, 소유권을 보호하고 의무를 강제하기 위해 사법 제도와 경찰 제도를 어떻게 운용할 것인가는 고정적이지 않음을 의미한다. 그렇기 때문에 시장경제를 지속시키고 모든 사람에게 균등한 기회를 주기 위해 소유권을 바라보는 이론의 재구성이 필요하다.[185]

---

67. 마이클 왈쩌, op.cit., p.30.
68. ibid., p. 29.
69. 구스타브 라드브루흐, 법철학, 최종고 역(2001), 삼영사, p.192.
70. 드워킨, op.cit., p.580.
71. 구스타브 라드브루흐, op.cit, p.187.
72. John R. Nelson, JR.(1987), Liberty and Property: Political Economy and Policymaking in the New Nation, 1789–1812, Baltimore: The Johns Hopkins University Press, p.4–5.
73. 구스타브 라드브루흐, op.cit., p.191.
74. ibid.
75. Jeremy Waldron(1990), The Right to Private Property, Oxford University Press, p.6.
76. 이런 소유는 사회주의식의 모두의 소유와는 구분된다.
77. 드워킨, op.cit., p.580.
78. J.G.A. Pocock(1995), Virtue, Commerce, and History, Cambridge University Press, p.104.
79. ....world of language in which "property" – that which you owned – and "propriety"– that which pertained or was proper to a person or situation – were interchangeable terms.). ibid.
80. ibid.
81. ibid.
82. 구스타브 라드브루흐, op.cit., p.192.
83. C.B.맥퍼슨, op.cit.,p. 267.
84. 구스타브 라드브루흐, op.cit., p.192.
85. 마이클 왈쩌, op.cit., p.186.
86. 구스타브 라드브루흐, op.cit., p.193.
87. 마이클 왈쩌, op.cit., p.188.
88. 구스타브 라드브루흐, op.cit., p.193.
89. Jeremy Waldron(1990), op.cit., p.7.
90. What is the proper system of property for citizens who are to live under an ideal constitution?
91. Jeremy Waldron(1990), op.cit., p.7. FN.1
92. ….primary function of property rights is that of guiding incentives to achieve a greater internalization of externalities. ibid., p.9. FN.11
93. ibid.
94. ibid. FN.3.
95. ibid., p.9. FN.14.
96. ibid. FN.15.
97. ibid., p.9. FN. 12.
98. ibid., p.9. FN. 13.
99. ….to serve the use of all, in the spirit of the proverb which says 'Friends' goods are goods in common'. ibid., p.8. FN.5.
100. ibid., FN. 6.
101. ibid., FN. 7.

102. 이에 관하여는 Gregory S. Alexander al, eds. (2010), Property and Community, Oxford University Press (10), p.18-19. 참조
103. ibid. Ethics, 1120a9-a35, 80.
104. Jeremy Waldron(1990), op.cit., p. 8. FN.8.
105. ibid., FN.9.
106. Jeremy Waldron(1990), op.cit., p. 8. FN10. 이 점에서 아리스토텔레스는 플라톤과 차이를 보이는데 플라톤의 경우 전사 집단의 공동 소비를 규율하기 위해서는 명백한 입법 조치가 필요하다고 한다.
107. Hobbes, Leviathan, 1967: 101.
108. 토마스 홉스, 리바이어던, 최공웅 역(2014), 동서문화사, p.248.
109. ibid.
110. C.B.맥퍼슨, op.cit.,p.265.
111. ibid, p.270.
112. ibid, FN11.
113. ibid.
114. ibid, FN.17.
115. 존 로크, 통치론, 강정인 외 역(1996), 까치, p.33.
116. ibid., p.39.
117. ibid., p.42-44.
118. ibid.
119. ibid.
120. ibid., p.34.
121. ibid.
122. ibid., p.43.
123. ibid., p.37.
124. ibid., p.38.
125. ibid., p.42-44.
126. ibid., p.42.
127. C.B.맥퍼슨, op.cit.,p.278.
128. ibid.
129. ibid., p.281.
130. ibid., p.280.
131. ibid.
132. ibid., p.281.
133. ibid., p.268-9.
134. 존 로크, op.cit., p. 53.
135. ibid.
136. ibid., p.39.
137. ibid., p.41.
138. Willmoore Kendall(1941), John Locke and the Doctrine of Majority-Rule(Urbana; Illinois), p.103-6; C.B.맥퍼슨, op.cit., p. 267에서 재인용.
139. 장 자크 루소, op.cit., p. 34-6.
140. ibid., p.29.
141. ibid., p.30.
142. ibid., p.36.
143. ibid., p.34-5.
144. ibid.
145. ibid.
146. 홍기현(1998), 개인주의와 공동선-서양 경제사상의 원리, 계간 사상, p.152.
147. J. S. Mill, "The Principles of Political Economy," 1848, Robson ed., The Collected Works of John Stuart Mill, Vol, 2 & 3 (1965). p.207-208. 홍기현(1998), op.cit., p.151.각주11 재인용.

148. 홍기현(1998), op.cit., p.153.
149. Stammler, Theorie der Rechtswissenschaft(1911), S.253ff . 구스타브 라드브루흐, op.cit., p.186 에서 재인용.
150. 구스타브 라드브루흐, op.cit., p.187.
151. ibid., p.188.
152. ibid., p.189.
153. ibid., p.190.
154. ibid., p.194.
155. ibid., p.190.
156. ibid., p.195.
157. 조맹기(2009), 민주공화주의 하에서 원활한 소통의 미학, 언론과 법 제8권 제2호, p.276.
158. 이수석(2001), 마키아벨리와 홉스의 권력에 관한 연구, 정치사상연구 제5집, p.96.
159. Thomas Paine(1969), Rights of Man, Henry Collins, ed., (Harmondswoth: Penguin Books), p.200.
160. 황해붕(1993). 독립혁명기 미국 공화주의의 기본원리들과 그 변형. 미국사연구 제1집, p.29.
161. Adams to Mercy Warren, 20 July 1807, and Adams to J.H.Tiffany, 30 April 1819, quoted in Wood, The Creation of the American Republic, p.48 and idem, The Radicalism of the American Revolution, p.95: 황해붕(1993), op.cit., p.29 각주 37에서 재인용.
162. 조맹기(2009), op.cit., p.278.
163. 알래스데어 매킨타이어, 덕의 상실, 이진우 역(1997), 문예출판사, p.202.
164. 조맹기(2009), op.cit., 각주56 참조.
165. John Plamenatz(2012), op.cit., p.45.
166. ibid. FN.12.
167. Wood, The Radicalism of the American Revolution, p.104 : 황해붕(1993), op.cit., FN. 23.에서 재인용.
168. Hanson, The Democratic Imagination in America, p.63 : 황해붕(1993), op.cit., FN. 24.에서 재인용.
169. 황해붕(1993), op.cit., p.25-6.
170. John Plamenatz(2012), op.cit., p.49.
171. Hanson, The Democratic Imagination in America, p.62; 황해붕(1993), op.cit., FN 20 재인용.
172. Wood, The Radicalism of the American Revolution, p.104; 황해붕(1993), op.cit., FN 25 재인용.
173. ibid., p.104; 황해붕(1993), op.cit., FN 26 재인용.
174. ibid.; 황해붕(1993), op.cit., FN 27 재인용.
175. 황해붕(1993), op.cit., p.43.
176. Shalhope, The Roots of Democracy, p.158, 161 : 황해붕(1993), op.cit., FN 82.재인용
177. 황해붕(1993), op.cit., p.42.
178. John Plamenatz(2012), op.cit., p.46.
179. 황해붕(1993), op.cit., p.42.
180. Paschukanis(1929), Allgemeine Rechtslehre und Marximus, S. 102ff : 구스타브 라드브루흐, op.cit., p.193, FN16에서 재인용.
181. John R. Nelson, JR.(1987), op.cit., p.5.
182. ibid.
183. 드워킨, op.cit., p. 579.
184. 아비지트 배너지 외, 가난한 사람이 더 합리적이다, 이순희 역(2011), 생각연구소, p.327.
185. 이호선(2017), 소유 담론의 확장과 대안을 위한 소고, 법학논총 제29권 제3호, p.371.

제 2 편

분배적 정의의 근거와 쟁점

제3장

분배적 정의와 평등주의

요약

정의와 평등의 관계에 관하여는 모든 정의는 일종의 추정적 평등을 본질로 하는 까닭에 평등을 전제로 하지 않는 정의는 불가능하다는 관점이 있는 반면, 양자 사이에는 필연적인 관계가 없기 때문에 정의의 개념 속에 평등이라는 윤리적 관념이 존재하는 것은 아니라는 입장도 있다. 평등주의자들의 주장에 대하여 자유주의자들은 우선 이것은 각자 자신의 경제적 목표를 추구하는 개인들의 자유를 짓밟음으로써만 달성할 수 있다는 이유로 반대한다. 이런 주장에는 평등과 자유는 양립할 수 없다는 전통적인 시각이 반영되어 있다. 그러나 평등은 자유를 넘어설 수 없다는 완고한 자유주의자들의 주장은 월터스토프 외에도 네이글과 같은 우선순위론자들, 그리고 무제한적인 사적 소유권은 타인들을 쉽게 해할 수 있다는 평등주의자들의 반론에 부딪쳐 왔다.

평등과 해방은 자유주의의 근본적인 가치로도 이해될 수 있다. 자율적으로 구성하는 평등한 사회야 말로 자유를 향한 인간의 합리적 선택인 것이다. 따라서 평등은 실질적 자유에 기여한다고 이해될 수 있다. 자유와 평등은 나란한 개념이 아니라 평등한 개인이 전제되어야 자유도 있는 것이다. 평등하기 때문에 자유하다는 말은 성립되지만, 자유하기 때문에 평등하다는 말은 기만일 수 있다는 것이다.

한편 평등 역시 기만적으로 쓰일 수 있는데 예컨대, 압제 하에서 동일한 정도의 제한적 권리만 누린다면 진정한 평등이 아니므로 이 때 자유는 필연적으로 명목상의 평등을 실질적인 평등으로 격상시키는 역할을 하게 된다. 그래서 진정한 자유와 진정한 민주적 공동체를 위해서는 실질적 평등을 위한 의도적이고 지속적인 노력이 필요하다.

평등주의자들은 인간이라면 몇 가지 필수적인 것들을 고르게 갖고 있어야 한다고 주장한다. 이러한 관점에서 '왜 평등이 중요한가(Why Equality)'라는 문제의식보다는 '무엇의 평등인가(Equality of What)'라는 문제의식이 정의론의 구조를 이해하는데 보다 적절하다고 할 수 있다. 평등주의는 주장하는 사람들 사이에서도 복잡한 시각차를 보인다. 대표적인 쟁점이 개인들의 삶의 조건들을 평등화해야 한다고 할 때 그 범위는 어디까지인가, 무엇을 대상으로 하는가, 개인의 삶이란 평생에 걸쳐 다양하기 때문에 평등하게 만들고자 하는 것은 인생 전반인가, 아니면 삶의 특정한 어느 한 시기, 한 때인가 라는 문제 등이다. 평등은 한 인간의 생애를 놓고 볼 때 어느 지점에 치중해야 하는가? 다시 말해, 각 개인인 자기 책임으로 돌릴 수 없는 돌발적인 인생의 사건, 행/불행이 나타나기 전 평등하게 존중 받을 수 있는 여건을 마련해 주어야 하는가, 아니면 인생의 여러 변수들이 등장하여 결과가 초래된 이후 교정적 평등을 추구해야 하는가. 만일 사후적 평등에 초점을 맞출 경우 공동체는 시장 적응 능력이 없는 사람을 능력 있는 사람과 같은 경제적 위치로, 그리고 병들거나 장애가 있는 사람의 처지를 그런 운과 불운이 작동하지 않았다면 처해 있었을 것으로 보이는 그런 상태로 가능한 최대로 복원해 주려 할 것이고, 반면 사전적 평등에 치중하는 경우엔 시민들이 우발적 사건들을 평등한 처지에서 맞이하도록, 특히 부족한 생산력이나 불운에 대비하는 기회를 가지도록 하는 것을 목표로 삼을 것이다. 그러나 평등은 어떤 식이 되었건 인간 스스로 한 선택에 대한 책임을 훼손하고 말살하는 데까지 이르러서는 안 된다.

3.1

평등은 자유에 앞선다

정의와 평등은 어떤 관계인가? 이에 관하여는 크게 두 가지 시각이 있다. 하나는 모든 정의는 일종의 추정적 평등(presumptive equality)을 본질로 하는 까닭에 평등을 전제로 하지 않는 정의는 불가능하다는 입장이고,[186] 다른 하나는 양자 사이에는 필연적인 관계가 없기 때문에 정의의 개념 속에 평등이라는 윤리적 관념이 존재하는 것은 아니라는 입장이다.[187] 이 사고에 따르면, 대우가 동등하게 이루어질 때는 물론 정의롭겠지만, 동등한 대우가 선험적 원칙으로 가정될 수는 없다고 한다. 결국 비난해야 할 것은 차별이 부정의한 경우이지, 차별 그 자체가 아니고, 따라서 올바르게 차별하지 못한다면, 마찬가지로 그 결과는 부정의할 것이라고 한다.[188]

그러나 합당한 논증을 통해 보편화 가능한 것으로 확증된 정의의 원칙은 규범적으로 모두에게 동등하게 적용되어야 하기 때문에 정의에 관한 윤리적 논의는 필연적으로 평등을 전제하지 않을 수 없다.[189]

월터스토프(Nicholas Wolterstorff, 1932–)에 의하면 평등은 스스로를 변호하기 때문에, 불평등이 정당화되기 위해서는 그 근거를 제시하여야 한다.[190] 결국 평등은 정의를 추정토록 하는 요건 사실이고, 불평등이 정의롭다는 반증을 하지 못하는 한 불평등은 불의인 것이다.

평등은 관계적 개념으로 예컨대, 두 사람 사이에 이익이나 부담을 동일하게 누리는 경우 둘 사이에 평등하다고 말한다. 평등은 "각 사람은 모두 평등하다"는 것과 같은 하나의 근본적 가치(foundational value), 또는 법 앞의 평등이나 차별 금지와 같은 제도적 가치(formal value), 아니면 구체적 상황에 처하여 각자가 누리는 복지의 만족도는 평등해야 한다는 식의 실질적 가치(substantive value) 등 이해하는 이에 따라 그 강조되는 부분이 다양하다. 그렇지만 평등에 대하여 어떤 관점을 갖고 있건 간에 평등이 관계적(relational) 또는 비교적(comparative)의 성격을 갖고 있다는 점에 관하여는 모든 평등주의자들이 수긍한다.[191]

평등의 가치 중 공동체의 조직과 운영에 관련된 공식적 평등, 예컨대, 법 앞의 평등, 민주적 선거제도에의 표의 균등성, 고용, 재화 및 서비스, 그리고 교육기회에 대한 접근 기회의 평등 등에 관하여는 보통 사회적 합의가 쉽게 이루어지는 편이다.[192] 왜냐하면 이런 평등은 공동체 존속, 유지의 토대이기 때문이다.

평등을 근본적 가치로 보는 사람들은 평등은 토대적 가치(rock-bottom value)인 까닭에 평등을 굳이 정당화할 필요도 없고 할 수도 없다고 생각하고[193] 또 어떤 이들은 평등을 정치적 정당성(legitimacy)의 전제 조건으로 본다.[194] 이런 사람들은 불평등이 줄어들면 줄수록 그것은 좋은 것이라고 생각한다. 따라서 평등은 평등 자체와 구분되는 다른 어떤 가치들에 의해서 옹호되고 지지되어야 할 필요가 없다고 여긴다. 이들은 평등을 위한 논거를 찾는 것 자체가 잘못된 것이라고 생각한다.[195]

이와 대조적으로 반대론자들은 합리적 정당성이 없으면 평등의 가치를 다른 모든 것들의 전제로 내세울 수 없다고 한다.[196] 평등은 그 자체로서 가치가 있으며 정당화된다는 입장에 대한 유력한 반론 중의 하나는 불평등은 어떤 이들이 사람다운 삶(a decent life)을 살기에 충분하지 않은 상황에서만 문제가 될 뿐이라는 것이다.[197] 이런 관점에서는 “잘 살고 있는 사람들(the very well off)”과 “최고로 잘 살고 있는 사람들(the extremely well off)” 사이의 불평등은 도덕적으로 중요하지 않다. 모두가 절대적 빈곤선을 벗어난 삶의 수준을 누리고 있다면, 그 빈곤선 위에서의 불평등은 도덕적으로 문제될 것이 없으며, 이를 교정하기 위한 어떤 시도도 불필요할 뿐 아니라 정당화되기 어렵다는 주장이다.

그러나 이것은 불평등이 갖는 사회적 의미를 매우 협소하게 이해한 것이라 할 수 있다. 평등은 정의의 한 요소로서 앞에서 본 바와 같이 공화적 민주정이 운영되기 위한 전제이다. 불평등은 단순한 가난 해결의 문제가 아니라 시민들이 공화정적 미덕을 실현하기 위한 기반이기도 하다. 경제적 불평등은 법률 제정과 적용에서의 불평등으로, 그 법이 작동하는 경제 구조의 왜곡으로 이어질 수 있다. 이런 불평등을 만들어내는 곳은 어디인가? 일응 시장자본주의 하에서 시장에 주목하지만 전체적인 불평등은 자유시장보다도 고착된 위계질서, 조직적인 구조화, 그리고 권력 관계로부터 도출된다는 점을 간과해서는 안 된다.[198] 이러한 불평등은 상속에 의해 지속되는 경향을 지닌다.[199]

루소는 "평등이 필요한 것은 자유가 평등 없이는 존속할 수가 없기 때문"[200]이라고 보았다.

평등(equality)과 해방(freedom)은 자유주의(liberalism)의 근본적인 가치로도 이해될 수 있다. 예컨대, 드워킨 같은 사람은 평등과 해방이라는 가치는 결코 충돌하지 않는다는 점을 보여주려는 시도를 했다. 평등과 해방은 무엇이 먼저인가, 해방(자유)은 스스로 달성되는가, 등의 문제인데, 구약성서 출애굽 사건에서 보듯이 해방의 논리적 근거로 선행되는 것이 평등이었다. 신 앞에서 피조물 간의 평등이라는 관념이 해방을 가능케 하는 것이다. 자율적으로 구성하는 평등한 사회가 자유를 향한 인간의 합리적 선택인 것이다. 따라서 평등이야 말로 실질적 자유에 기여한다고 이해될 수 있다. 이런 차원에서 보더라도 평등과 해방, 즉 자유는 충돌되는 것이 아님을 알 수 있다.

불평등은 절로 자라는 잡초와 같지만, 평등은 의도적으로 일깨워주거나 가꿔주지 않으면 안 된다. 탐욕과 남용으로 기울기 쉬운 인간의 경향은 자유라는 이름으로 불평등을 고착화시키고, 결국은 다수의 자유를 앗아간다. 자유와 평등은 나란한 개념이 아니라 평등한 개인이 전제되어야 자유도 있는 것이다. 평등하기 때문에 자유하다는 말은 성립되지만, 자유하기 때문에 평등하다는 말은 기만일 수 있다는 것이다. 한편 평등 역시 기만적으로 쓰일 수 있는데 예컨대, 압제 하에서 동일한 정도의 제한적 권리만 누린다면 진정한 평등이 아니므로 이 때 자유는 필연적으로 명목상의 평등을 실질적인 평등으로 격상시키는 역할을 하게 된다. 그래서 진정한 자유와 진정한 민주적 공동체를 위해서는 실질적 평등을 위한 의도적이고 지속적인 노력이 필요하다.

3.2

우리는 왜 평등을 원하는가

평등에 대한 희망의 밑바탕에는 예속, 특히 인격적 예속의 체험이나 그에 대한 불안이 자리 잡고 있다. 평등이란 희망에 반대하는 사람들은 평등주의 정치에 불을 지피는 열정을 시기심과 분노로 간주한다.[201] 대표적으로 아리스토텔레스나 니체는 인간이 평등을 추구하는 내면에는 시기심, 그것도 특별히 악한 질투가 자리 잡고 있다고 한다.[202] 사람들이 불평등이 정의롭지 못하다는 주장에 공감하는 이유를 인간은 자신이 남보다 우월하고 남들에게 우월하게 여겨지기를 바라지만 그렇게 되지 못할 바에는 차라리 평등한 존재로서 평등하게 존경 받고 대접받기를 바라는 데서 찾는 시각도[203] 이런 분석에 속한다.

시기심과 분노가 모든 억압당한 집단에서 곪아터지고 있는 것은 분명 사실이고, 일정 정도 이러한 집단이 평등주의 정치를 형성할 것이라는 판단도 설득력 있다.

가령 마르크스가 언급하는 "원시 공산주의"가 그 한 예가 될 것이다. 사실 원시 공산주의는 시기심을 정교화한 것에 불과하다.[204] 하지만 평등주의자들은 평등은 악한 시기심이 아니라 공정이 지배하도록 하기 위한 열망에 의해 추동 되는 것이라고 반박한다.[205] 그래서 드워킨의 경우엔 다른 사람의 자산에 대하여 질시하는 사람이 없는 경우를 일컬어 평등하다고 한다는 입장을 취한다.[206] 시기심과 분노는 불안한 정념들로서[207] 사실 아무도 이러한 감정을 즐기지는 않는다. 그래서 평등주의는 이런 정념이 현실화된 것이라기 보다는 이런 정념을 갖게끔 하는 조건들로부터 탈출하려는 의식적인 시도라고 보는 것이 정확한 지적일 것이다.[208]

사회 및 정치사상사에서 루소만큼 담대하고 예리한 사람도 없는데, 민주주의, 평등, 심지어 자유에 관한 것까지 그가 가진 사상들에 비춰볼 때 루소는 그 이전까지 살았던 그 어떤 사람보다도 근대적 사고의 선구자였다. 루소의 경우 불평등은 자유 및 대중정부와 양립할 수 없다는 신조를 갖고 있었기에 부의 불평등을 비판하고 당시에 세를 얻어가던 진보에 대한 믿음을 배격하였다.

그가 생각할 때 이러한 진보는 불가피하게 점점 더 큰 불평등을 야기하는데, 자산의 불평등뿐만 아니라 권력의 불평등까지 초래할 것으로 예견하였다. 루소는 〈인간불평등기원론, Second Discourse. 1755〉에서 굳이 인간이 사회에 들어오지 않아도 평등한 상태에서 살 수 있다고 보았다. 그의 사상 속에는 자유, 평등, 대중정부, 소박한 삶, 부패하지 않은 사회적 질서, 당대의 사상가들이 진보의 이름으로 부르던 것에 대한 회의, 상업의 확장과 대량 생산 체제, 늘어나는 화폐 사용, 도시들의 확장, 지식의 집적, 부자들의 취향을 맞추기 위한 정교한 예술문화의 발양 등 수많은 것들이 밀접하게 얽혀 있다.[209]

그는 일찍이 모든 입법 체계의 목적에서 고려해야 할 두 가지 대상은 자유와 평등이라고 하면서 "자유가 필요한 것은, 개인이 국가에 예속되면 그만큼 국가라는 정치체에게로 힘을 빼앗게 되기 때문이고, 평등이 필요한 것은 자유가 평등 없이는 존속할 수가 없 때문"[210]이라고 하였다. 여기서 루소는 부의 평등에 관하여 "어떠한 시민도 다른 시민을 살 만큼 부유하지 않고 자기를 팔 만큼 가난해서는 안 된다는 뜻으로 이해되어야 한다" 한다. 그에게 있어서의 평등의 가이드 라인은 부귀한 자의 재산과 권세가 너무 현저하지 않고, 빈천한 자의 탐욕과 선망이 너무 심하지 않도록 하는 것이었다.[211]

3.3

무엇의 평등인가, 복지와 그에 대한 비판

평등주의는 불평등을 최소화할 것을 요구한다. 그런데 이 원칙이 갖는 내용을 들여다 보기 전에 먼저 몇 가지 문제가 선결되지 않으면 안 된다. 우선 대두되는 문제는 특정 결과를 놓고 불평등의 정도를 전체적으로 어떻게 측정할 것인지, 그 방법을 고안하는 것이다.

평등주의자들은 인간이라면 몇 가지 필수적인 것들을 고르게 갖고 있어야 한다고 주장한다. 이러한 관점에서 '왜 평등이 중요한가(Why Equality)'라는 문제의식보다는 '무엇의 평등인가(Equality of What)'라는 문제의식이 정의론의 구조를 이해하는데 보다 적절하다고 할 수 있다. 무엇의 평등인가라는 질문에 대한 전통적이며, 자연스러운 답은 복리 내지 복지이다. 평등주의자들은 각 개인의 복지는 다른 사람들의 그것과 동등하길 원한다. 결과로 나타나는 개인들 간에 누리는 복리의 비교는 경제적 불평등 척도와 관련되어 있다. 불평등이 증가할 때 복리의 결과는 악화되고, 불평등이 감소할 때 결과는 더 나아진다.[212]

이 점에서 평등주의는 종국적으로 복리에 관심을 갖는 것으로 볼 수 있다. 복리 불평등의 원인은 주로기회와 자원의 불평등에서 유래한다고 설명된다. 그러나 기회와 자원은 그 자체가 목적이 아니라 사람들로 하여금 '좋은 삶(good lives)', 다시 말해 우리 삶의 향상을 위한 도구이자 수단이라는 측면에서 중요한 것임을 유의하여야 한다. 그렇기 때문에 자원 없이도 복리를 누리는 사람이 풍성한 자원을 갖고도 복리를 누리지 못하는 사람

보다 낫다는 결론도 가능하다.[213]

물론 이에 대하여는 아마르티아 센(Amartya Sen, 1933-), 롤스, 드워킨 등 유력한 반론을 제기하는 사람들도 적지 않다. 사람들 마다 다른 온갖 취향을 충족시키도록 하거나 열악한 지위에 있는 사람들의 복리를 개선하려 들면 막대한 자원이 요구되므로 평등주의의 근본적인 관심을 복리에 두어서는 안 된다고 보는 것이다.[214]

사람들의 상태를 비교 평가하는데 있어서 소득뿐만 아니라 효용, 권리, 자유, 삶의 질, 후생, 자원 등과 같은 기준들이 종종 거론된다. 가령 롤스는 평등한 자유와 기본재의 평등한 분배를, 드워킨은 동등한 대우와 자원의 평등을, 네이글(Thomas Nagel, 1937-)은 경제적 평등, 그리고 로버트 노직(Robert Nozick, 1938-)은 권리의 동등성을 강조하면서 특정 영역에 대한 평등을 추구한다.[215] 복지 평등에 대한 비판적 시각을 가진 사람들은 복지란 주관적이며, 의식적으로 동의할 수 있는 상태 혹은 선호도의 실행(fulfillment of preferences)의 역할을 하는 것으로 본다. 따라서 어느 한 개인의 복지 증가를 위해 다른 사람들을 차별하거나 억압하는 등 희생을 요구한다면 신중한 재고가 필요하다.

이들은 공정한 분배 과정에 "역겨운 취향(offensive tastes)"을 포함시키는 것에 반대하고, 개인의 주관적 복지 평등을 달성하는 일정한 "비싼 취향(expensive tastes)"도 충족되어야만 한다는 입장을 거부한다. 복지평등주의를 어느 한 개인이 자유롭게 선택한 값비싼 취향을 만족시키기 위해 자원을 낭비하는 것까지 요구하는 의미로 받아들이게 되면, 다른 모든 사람들은 비록 동등하겠지만 복지는 더 낮은 수준으로 수용할 수 밖에 없고, 따라서 이것은 불공정하다는 것이다.[216] 이러한 비판은 복지를 완전히 주관적으로 이해하게 되면 복지 평등주의의 설득력이 떨어진다는 사실을 보여준다.

3.4

롤스, 자조능력의 평등과 차등분배의 허용

롤스는 질서정연한 사회의 역할이란 자유롭고 평등한 시민들의 권리, 자유 및 기회들을 촉진시키는데 있다고 본다. 롤스와 드워킨 같이 자산 분여(分與)에 초점을 두는 사람들은 개인의 복지보다는 오히려 사회 내에서의 개인들이 자유롭게 선택하고 자신의 삶을 스스로 펼쳐나갈 역량에 초점을 둔다. 이런 입장에서는 사회에 대한 개인의 의무에 제한을 두는 대신 자기 책임을 더 강조하게 된다. 다만 드워킨의 경우 롤스보다 자산의 배분을 보다 구체화하고 있다는 점에서 차이가 있다.[217]

롤스는 공정이라는 목적을 추구하기 위한 공동체의 기본값을 보통의 성인들 사이에시 사회적 일차적 자원(primary goods)의 평등한 분배로 설정해야만 한다고 주장하였다.

롤스에게 있어 일차적 자원이란 "모든 합리적인 사람이 갖기를 원한다고 가정되는 것들(that every rational man is presumed to want)"이다. 따라서 일차적 자원은 원시상태(in the original position)에서 만장일치에 의한 정의의 원칙을 선택하기 위한 공통의 기초이다.

여기에는 두 가지 유형이 있는데, 하나는 자연적 일차적 자원(natural primary goods)으로서 지능, 창의력, 건강 등이 포함되고, 다른 하나인 사회적 일차적 자원(social primary goods)에는 권리(시민권, 정치적 권리), 자유, 수입(income) 및 부(wealth), 자기존중을 위한 사회적 토대(social bases of self-respect) 등이 포함된다. 롤스는 이런 재원들을 분배함에 있어서 불평등에 대한 허용이 파레토 우위의 결과(pareto-superior outcome)를 가져올 때는 불평등을 허용하지 않는 것이 오히려 불합리할 것이라고 한다.

파레토 우위에는 분배 전보다 그 후에 모든 사람의 사정이 개선되는 강력한 파레토 우위(strongly Pareto-superior), 그리고 누구의 처지도 나빠지지 않은 상태에서 최소한 한 명이라도 상황이 개선된 약한 파레토 우위(weakly Pareto-superior)가 있다. 롤스는 누릴만한 자격이 없거나 소유할 자격이 없음에도 선천적으로 더 많은 생산적 재능을 가진 사람들은[218] 다른 사람들 보다 사회적 일차 자원에 더 많이 접근할 수 있는 경향을 갖기 때문에, 이때는 차별원리(difference principle)가 적용된다고 한다. 이것이 그의 공정으로서의 정의(justice as fairness)의 이론의 핵심이다. 그럴 자격 없이 행운(덤)을 받아 더 많은 생산적 재능을 가진 사람들은[219] "뒤처진 사람들의 상황을 개선한다는 조건 하에서만" 자신이 갖고 있는 인생의 행운(뛰어난 지능, 타고난 상속자의 지위 등)을 갖고 이익을 추구할 수 있다.[220] 다시 말해 가장 열악한 지위에 있는 자들의 처지를 개선하는 수단이 될 때에 수입과 부에 있어서의 불평등은 허용될 수 있다는 것이다.[221]

위와 같이 평등이 롤스의 기본값임에도 불구하고 그는 불평등 자체에 반대하지 않는다. 사실 가장 열악한 자들의 지위 개선을 위한 우선순위에 관심을 두고 있는 까닭에 롤스는 평등주의자라기 보다는 우선주의자(prioritarianism) 분류되는 것이 적정할 것이다.[222] 평등주의자와 달리 우선주의자는 개인들 간의 상대적인 비교 보다는 가장 열악한 상태에 있는 사람의 지위 개선에 관심을 쏟기 때문이다.[223]

3.5
코언의 중간값, 이점 접근권

제랄드 코언(Gerald Cohen, 1941-)은 롤스가 정의를 기본값으로 설정해 두면서도 분배적 정의를 달성하기 위해 평등에서 벗어나는 여지를 넓혀 둠으로써 논리적 일관성을 결여하고 있다고 비판한다. 코언은 덤 그룹이 가장 열악한 지위에 있는 자들에게 유익을 끼치면서 그들의 덤을 활용한다 하더라도 주는 것보다 더 많은 보상을 요구하는 한 차별화 원리에 비춰보더라도 균등주의적 관점에서 정당화될 수 없다고 한다. 그들의 행위가 정당화되기 위해서는 그들은 가장 최악의 지위에 있는 사람들의 처지를 가능한 개선하면서도 자신의 덤으로 자기 자신에 대한 보상을 더 요구하는 유인동기를 주장하지 않아야 한다.[224] 다시 말해 최상의 그룹이 최하의 그룹에 자신의 것을 내놓는 모양새를 취한다 하더라도 실제로 그로 인해 더 많은 것을 요구하거나 가져가는 결과가 발생한다면 일종의 기망이라는 것이다. 왜냐하면 이로 인해 불평등은 더욱 심화될 것이기 때문이다. 그는 "중간값(midfare)"이라는 개념을 제시하는데 코언 자신이 "이점 접근 평등성(equality of access to advantage)"라고 이름 붙이기도 한 이 방식은 평등도 측정에서 복지, 자산 및 역량을 한데 아우른다. 코언은 다음과 같이 자신의 주장을 펼친다.

"중간값은 이질적 요소들 간의 결합(heterogeneous collocation)인데, 왜냐하면 자원(goods)이란 사람의 유형에 따라 매우 다양한 기능을 하기 때문이다. 역량을 부여하기도 하고(사람마다 쓸 수도 있고, 안 쓸 수도 있지만), 역량

실행을 통해 자원들이 가치 있는 활동들 및 바람직한 상태의 완성에 기여하기도 한다. 예컨대 말라리아를 야기하는 해충을 퇴치하는 자원들이 있다고 치자. 이것들은 수혜자의 입장에서 만족을 얻기 위해 특별한 노력이나 실행을 필요로 하지 않고도 직접적으로 바람직한 상태를 만들어내기도 한다."[225]

코언의 주장은 평등주의 구현을 위한 다양한 접근 방식에 각기 내재되어 있는 설득력 있는 요소들은 모두 포용해 낸다는 점에서는 강점이 있으며, 아울러 개선형 접근에 초점을 맞춤으로써(focus on advantage) 전통적으로 균등주의자들이 관심을 쏟아오고 있는 장애나 차별적 관행으로 인해 초래되는 결과뿐만 아니라 영양, 보건, 교육 및 생활여건에서의 불리한 상황을 정의적 관점에서 다루도록 하는 장점을 갖고 있다.[226] 물론 다양한 이질적 요소들이 혼재된 선천적 복합성으로 인해 평등의 중간값을 어디에 두고 정책을 실행할 것인가가 어렵다는 약점도 있다.

3.6

아마르티아 센의 역량 평등주의와 비판

어떤 점에서 사람들이 평등해야만 하는지 질문을 던지며 답을 추구했던 대표적인 인물로 또 한 사람 아마르티아 센을 빼 놓을 수 없다. 그의 "무엇의 평등인가(equality of what?)"이라는 질문[227]에 대한 답은 평등주의 도덕적 논쟁에서 상당한 비중을 차지하고 있는데,[228] 실제로 평등주의 옹호를 위한 이론적 원리나 근거를 찾기 위한 논의보다는 이 질문이 더 많은 주목을 받아왔다. 센은 복지와 자산 접근 방식 모두에 대하여 이의를 제기하면서 평등주의적인 궁극적 관심은 사람들에게 역량을 공급하는데 두어져야 한다고 주장한다. 역량이란 일정한 기능, 즉 이를 보유하고 있는 자에게 유익한 효용을 갖다 줄 수 있는 기능을 수행할 수 있는 능력을 말한다.[229]

센은 자원의 평등을 옹호하는 사람들은 비슷한 정도의 유리한 환경을 만들어 주기 위해서는 사람마다 다른 유형의 자원들이 필요하고, 그 소요량도 각기 다르다는 점을 간과하고 있다고 주장한다. 그는 평등이란 사람들이 기본적인 일정한 무엇을 해 낼 수 있는 평등한 능력을 확보하고, 예컨대, 건강한 사람, 직업을 가진 사람과 같이 그들 자신이 되고 싶어하는 사람이 될 수 있는 역량에서의 평등이 이뤄져야 한다고 본다. 마싸 누쓰바움(Martha Nussbaum, 1947-), 엘리자베스 앤더슨(Elizabeth S. Anderson, 1959-) 같은 사람도 센의 관점에 동의한다. 비록 센은 평등을 측정하는 수단으로서 이런 논지를 펴고 있지만 역량에서의 평등에 방점을 두는 접근은 평등주의자들이 아닌 사람들 사이에서도 설득력을 얻고 있다. 센은 자산이나 서비스, 그리고 그것들이 가져다 주는 효용에 관심을 두는 대신, 사람들 마다 가진 각자의 재능, 자연적 환경 및 그들에게 열려 있는 객관적 가능성들 사이의 상호 관련성에 주목한다.

따라서 센의 관심을 끄는 것은 사람들이 노력할 수 있도록 자극하는 자유와 기회의 평등을 촉진하기 위한 기본적 역량(basic capabilities)의 평등화이다. 그는 고령 혹은 장애로 인해 적극적인 자기 추구에 나설 수 없는 예외적인 사람들도 있음을 인정하지만, 원칙적으로 중요한 것은 어느 한 인간이 자신이 가치 있다고 합리적으로 선택하고 추구함에 있어 필요한 기본적 역량들을 다른 이들과 동등하게 행사하고 있느냐 하는 점이 중요하다고 한다.[230] 이런 이유로 사람들로 하여금 기본적 역량들을 갖추게 하고 이를 뒷받침하는 것은 사회의 책임이다.[231]

그런데 왜 하필이면 역량을 최고 중요한 요인으로 꼽아야만 하는가? 우리는 사람이 그 역량을 이용하여 자신의 삶을 개선시킬 수 있기를 기대하지만, 역량에서의 평등을 목표로 해서는 안 될 것이다. 역량 옹호론자가 사람들에게 역량이 주어져야 한다고 하는 목적은 그 기능을 자신이 수행하여 스스로의 삶을 결정할 능력을 주는데 있다.[232] 복리를 가장 중요한 요소로 보는 입장에서는 사람들이 자신의 삶을 개선시키기 위한 활동을 하도록 강제하는데 까지는 나아가지 않는다. 대등한 여건을 마련해 주는 것으로 공동체의 역할은 종료되고, 이를 자신의 복리 추구에 쓸 것인지, 쓴다면 어떤 식으로 쓸 것인지, 그리고 그 결과는 오롯이 개인의 몫이다. 강제보다는 사람들이 자신의 삶을 개량하는 쪽을 선택하도록 설득하는 편이 더 적절하다고 보는 것이다.[233] 역량 접근방식들은 역량들이 가진 가치들은 상대적이라는 점에서 비판을 받는다. 모든 역량들이 동등한 가치를 가진 것이 아니기에 가치 평가 작업은 피할 수 없다는 것이다. 이에 대하여 센은 그러한 우려가 있는 것은 사실이나 이 문제는 역량 접근 방식에 있어서만 유일한 것은 아니라고 한다.[234] 그럼에도 불구하고 체계적이며 일관된 역량들 간의 질서에 대한 합의의 부재는 현대 사회 내의 다원주의의 지배로 인해 어려움을 더 가중시키고 있다.[235] 또한 개인들이 자신들에 대하여 책임지기를 거부하고 기본 역량을 발현하도록 돕기 위해 사회가 부여한 사회적 제공(social provision)을 속절없이 낭비할 때 사회가 어떤 반응을 보여야 타당한지를 둘러싼 문제도 역량적 접근에 대한 중요한 비판 중의 하나이다.[236]

또한 사회적 의무를 언제까지 계속해야 하는지, 즉 언제쯤 그 역량 제공이 기간이 종료되는가 하는 문제도 역량이론에 제기되는 비판 중의 하나이다. 앤더슨 같은 이는 어느 경우를 지원중단선(cut-off point lines)으로 보아야 하는지 불명확한 것은 사실이나, 그럼에도 불구하고 최소한 사회가 제공하는 지원에는 한계가 있어야만 한다고 주장한다.[237]

역량접근은 지나치게 기회를 주는 쪽에만 기울어져 있고 성취도에는 관심이 적어 평등 측정을 어렵게 한다는 비판도 빼놓을 수 없다.[238] 동등한 자유를 누릴 수 없는 어린이들과, 양성 불평등에 상대적으로 소홀하다는 지적도 제기된다. 역량이론 주창자들이 도덕적 책임 있는 주체들에 대하여만 초점을 맞추다 보니 아동들의 불평등 문제에 소홀한 것처럼 보이는 것은 사실이다. 하지만 센, 누쓰바움 및 앤더슨은 성적(性的) 평등에 관하여도 상당한 관심을 기울여 왔다. 가치평가 작업이 어렵다는 지적에 대하여는 다양한 역량들 간에 체계화된 우선순위의 설정이 필요함을 인정하는데, 누쓰바움의 경우엔 아예 역량의 목록들(이것은 다른 역량이론가들로부터도 비판이 되어 왔지만)을 열거하고 있기도 하다.[239] 다원적 평등을 주창하는 왈쩌는 이러한 갈등의 와중에서 궁극적으로 기준이 되는 것은 개별적인 이해관계들도 아니며, 그 총합으로 이해되는 공적인 이해관계 역시 아니라고 한다. 그가 최종적인 해법으로 제시하는 것은 집단적 가치들, 즉 성원권, 건강, 의식주, 노동과 여가 등에 대한 공동체의 공동 인식과 이해이다.[240]

3.7

평등주의에 대한 자유주의자들의 불평

평등주의를 주창하는 논거들 중 상당수 속에는 자유에 대한 제한 혹은 주기적인 재분배가 필수적으로 포함되어야만 하는 것처럼 보인다. 자유에 대한 제한과 주기적 재분배는 두 가지 중 하나만 요구할 수도 있고, 둘 다 중첩적으로 요구될 수도 있다.[241] 일단 부의 평등한 분배를 추구하는 사회가 목표라면 재분배가 없이는 종국적으로 이러한 시스템을 유지할 수 없을 것이라는 판단은 그 당부와 호오를 떠나 매우 현실적인 진단이다.

이런 접근으로 인해 분배적 정의로서의 평등에 반감을 갖는 대표적인 그룹은 자유주의자들이다. 소득과 부를 조세와 전달체계를 통해 재분배하여야 한다는 평등주의자들의 주장에 대하여 자유주의자들은 이것은 각자 자신의 경제적 목표를 추구하는 개인들의 자유를 짓밟음으로써만 달성할 수 있다는 이유로 반대한다.[242] 이런 주장에는 평등과 자유는 양립할 수 없다는 전통적인 시각이 반영되어 있다.

'권한 있는 개인들(competent individuals)'이 누구도 해하지 않고, 누구의 권리도 침해하지 않는 한 이들은 '자기소유자들(self-owners)'로서 기존에 누구의 소유도 아니었던 것들에 대하여 자신의 자유로운 행사를 통해 소유권을 확보할 권리를 가진다는 것이다.[243]

여기서 말하는 타인의 권리 침해는 자유로운 자아 행사 과정에서 강압, 사기, 기망이 개입되어 상대방의 자유나 재산권을 박탈하는 것을 의미한다. 다시 말해 이런 침해가 없는 한 개인의 소유권은 절대적으로 존중되

어야 하고 평등을 위한 재분배의 대상이 되어서는 안 된다는 것이다.[244]

평등을 추구할 때 자유가 제한되고, 이 양자는 양립할 수 없다는 관점은 자유지상주의자들의 불평이지만, 한편으론 자유를 추구할 때 평등의 제한, 다시 말해 불평등이 확대된다는 비판 역시 현실이다. 기독교 법철학자인 월터스토프의 지적은 후자의 입장을 대변한다.

"정복에 의한 자유의 확대와 자기 진로 결정의 자유 확대, 이 두 가지가 근대 세계체제가 지닌 근본적인 가치라고 나는 주장한다. 이 둘은 함께 우리 선택의 폭을 크게 넓혀 준다. 만일 근대 체제가 낳은 슬픔을 상쇄시킬 만한 보상이 있다면, 이처럼 선택의 폭이 놀랍게 확대된 데서 찾아야 할 것이다. 적어도 일부의 경우에서는 바로 이 점이 새로운 체제가 직면한 가장 큰 도전일 것이다. 선택의 폭의 확대는 어이가 없을 정도로 불균등하게 분포되어 있다. 그로 인한 혜택의 불평등한 분배가 체제 전체에 만연되어 있다. 그런데 인류의 가슴 속에는 선택의 확대를 갈구하는 마음만큼이나 평등에 대한 갈망도 강하게 배어 있는 것이 아닐까? 오늘날 우리 세계를 깊이 갈라놓는 가장 큰 딜레마는 인간의 마음속에 자리 잡은 이 두 욕망을 모두 만족시킬 만한 사회 체제를 고안해 내지 못하는 우리의 무능함 혹은 고안해 내기를 거부하는 자세에 있다."[245]

평등은 자유를 넘어설 수 없다는 완고한 자유주의자들의 주장은 월터스토프 외에도 네이글과 같은 우선순위론자들, 그리고 무제한적인 사적 소유권은 타인들을 쉽게 해할 수 있다는 평등주의자들의 반론에 부딪쳐 왔다.[246] 예컨대, 왈쩌같은 사람은 공동체 내의 구성원들은 상호부조에서 나오는 권리와 의무를 지고 있고, 부조의 수단으로서의 공동체의 수익이 그 구성원들의 부에서 도출되는 한 특성상 사회적 재분배는 부정할 수 없는 진리라고 주장한다.[247]

3.8

인생의 어느 시기에 평등이 보장되어야 하는가

평등주의는 생각 외로 그 주장하는 사람들 사이에서도 복잡한 시각차를 보인다. 대표적인 쟁점이 개인들의 삶의 조건들을 평등화해야 한다고 할 때 그 범위는 어디까지인가, 무엇을 대상으로 하는가, 개인의 삶이란 평생에 걸쳐 다양하기 때문에 평등하게 만들고자 하는 것은 인생 전반인가, 아니면 삶의 특정한 어느 한 시기, 한 때인가 라는 문제 등이다.[248] 평등을 측정할 때는 그 비교는 전 생애일 수도 있고, 생애 출발기, 사회 진출기, 사회적 활동기, 노년기 등 일부 단위일 수도 있다. 평등주의자들의 관심이 자신의 잘못이 아닌 요인으로 인하여 초래된 불평등에 반대하는 데 있다면 평등을 주장해야 하는 대상은 고령이나 장애와 같이 특별한 생의 단계나 일부 상황에 국한해야 할 것이다. 평등 자체가 정당한 가치라면 삶의 전반적인 부분을 타인의 그것과 비교하여 동등한 가치를 지니도록 해야 할 것이다. 그리고 또 어떤 사람들은 생애 전반을 비교 대상으로 하여 그 수준이 평등하게 결말지어지는 것으로 판명된다 하더라도 예컨대 두 사람 사이에 현재 존재하는 불평등은 시정하고 보아야 한다고 한다.[249] 하지만 대부분의 평등주의자들은 이런 식의 접근에 부정적이며 두 사람의 전반적인 삶을 통틀어 평등 문제를 봐야 한다고 한다.[250]

불평등의 효과들은 누적적인 경향을 보이는 까닭에 삶의 초기에 힘겹게 사는 사람들은 나중에 타인들과 비슷한 처지에 놓이기 위해 더 많이 분투해야 하는데, 이들을 초기에 평등하게 만드는 것이 좋은지, 아니면

결과를 지켜보고 평등하게 해 주어야 하는지도 문제가 된다.[251]

정의가 인생 주기 중 언제쯤 적용되어야 하는지에 관하여 보다 명확한 질문을 던지고 해답을 추구하는 사람은 드워킨이다. 그의 질문은 다음과 같이 전개된다. 평등은 한 인간의 생애를 놓고 볼 때 어느 지점에 치중해야 하는가? 다시 말해, 각 개인인 자기 책임으로 돌릴 수 없는 돌발적인 인생의 사건, 행/불행이 나타나기 전 평등하게 존중 받을 수 있는 여건을 마련해 주어야 하는가, 아니면 인생의 여러 변수들이 등장하여 결과가 초래된 이후 교정적 평등을 추구해야 하는가?

사후적 평등에 초점을 맞출 경우 공동체는 시장 적응 능력이 없는 사람을 능력 있는 사람과 같은 경제적 위치로, 그리고 병들거나 장애가 있는 사람의 처지를 그런 운과 불운이 작동하지 않았다면 처해 있었을 것으로 보이는 그런 상태로 가능한 최대로 복원해 주려 할 것이고, 사전적 평등에 치중하는 경우엔 시민들이 우발적 사건들을 평등한 처지에서 맞이하도록, 특히 부족한 생산력이나 불운에 대비하는 적절한 보험을 평등한 조건으로 구매할 기회를 가지도록 하는 것을 목표로 삼을 것이다.[252]

드워킨은 사전적 접근법을 선호한다. 사후적 평등을 통해 보상과 교정이 일어나게 되면 개인이 갖는 책임성이 훼손될 것이라는 것이 그 이유이다.

"...만약 공동체가 우리의 운명이 투자 도박의 결과에 전혀 좌우되지 않도록 보장해 주려 한다면 다시 말해 만약 공동체가 직업 선택이 결국 각자의 적성이나 재주나 시장 조건에 맞을지에 관계없이 우리의 부가 균등하도록 보장한다면. 이는 결국 자신의 선택에 대한 우리의 책임을 훼손하여 말살하고 말 것이다."[253]

3.9 유인동기 감소 논쟁

평등주의에 대한 유력한 반론 하나는 유인동기를 저하시킨다는 것이다. 기여자들이나 보다 많은 성과를 내는 적극적 참여자들에게는 유인동기가 제공되어야만 한다. 특히 인센티브는 더 많은 생산성이나 생산효소들의 효율적 활용, 또는 저축과 투자를 유도하거나 고무한다. 그런데 주기적 재분배가 이뤄지는 체제 하에서는 그 누구도 최선을 다해 노력을 할 이유를 찾기 힘들게 된다. 재분배가 설령 평등을 실현해 내는데 실효성이 있을지 몰라도 경제적 성과 면에서는 유인동기를 감소시킴으로써 전체적인 수입과 부를 감소하는 결과로 이어질 수 있다는 것이다.[254]

사회가 분배에 쓰일 부를 최대화하기 위해서라도 인센티브, 특히 금전을 통한 유인동기가 제공되어야만 하고, 그것이 선별적으로 주어지는 한 불평등은 뒤따를 수밖에 없다. 왜냐하면 인센티브가 유인동기로서 실효성이 있으려면 그 규모는 평등주의자들이 요구하는 수준의 비차별적 보상체계로는 유인의 역할을 해낼 수 없기 때문이다. 이런 이유로 소득과 부를 증대시키기 위한 인센티브의 이용은 평등주의적 사고와 양립할 수 없다는 것이다.[255]

하지만 이에 대하여 평등주의자들은 인센티브의 역할이 지나치게 과장되어 있다고 한다. 이들은 매우 높은 우위에 있는 사람들에게는 고도의 생산성을 달성하기 위해 금전적 유인동기가 필요하지 않기 때문에 평등적 정서가 굳이 유인동기를 감소시키는 것은 아니라고 지적한다.

코언같은 자유주의자들이나 롤스와 같은 우선순위 관점의 균등론자들이 볼 때 유인동기 저하를 재분배의 문제점으로 지적하는 사람들은 인간의 생산성을 자극하고 독려하는 요인으로 금전적 보상 측면을 과도하게 부풀리고 강조하는 경향이 있다. 한 기업가가 무일푼에서 시작하여 굴지의 대기업 회장이 되는 과정에서 그를 추동한 것은 금전적인 성취 동기도 있었겠지만 사명감, 명예욕 등 다양한 원인이 있을 수 있다.[256]

평등을 추구하기 위한 조치들이 유인동기를 감소시켜 사회적 활력을 되레 저하시킬 것이라는 주장이 과연 현실적으로 검증되는 것인가에 대하여도 회의적인 분석이 적지 않다. 그 실증적인 사례는 북유럽의 사회복지국가들에서 찾아 볼 수 있는데 이 국가들은 자유주의가 더 힘을 얻고 있는 시장일변도의 사회보다 높은 소득수준, 낮은 빈곤율, 보다 평등한 소득분배를 보여주고 있다. 균등한 복지를 실현하기 위한 높은 조세부담률이 경제에 부담이 되기 보다는 오히려 전반적인 사회적 활력을 제고하고 있다는 것이다.

제프리 삭스에 따르면 사회복지국가 하위 20퍼센드 가구의 국민소득 점유율은 9.7 퍼센트 정도인데 비해, 자유 시장 국가 하위 20퍼센트의 소득점유율은 7.3퍼센트에 그치고, 각 그룹 하위 20퍼센트 가구의 소득을 보면 사회복지국가 하층민의 연평균 소득은 2만 4,465달러인데 비해 자유 시장국가 하층민의 소득은 1만 7,533달러로 나타난다고 한다.[257] 그런데 취업률을 보면 북유럽의 사회복지국가들이 자유 시장국가들보다 높다.[258] 이런 점에서 사회 복지와 생산의 총량 측면에서는 극소수의 상층집단에서만 동기가 유발되는 현상을 막기 위해 더 큰 평등이 요구된다는 소리에[259] 귀 기울일 필요가 있다.

한편 결과적 평등보다는 절차와 기회로서의 평등에 방점을 두고 있는 사람들, 다시 말해 균등을 중시하는 사람들 중에서는 인센티브의 이용을 파레토 우위 분배에 달하기 위한 수단으로 사용하는 것을 인정하기도 한다.[260] 따라서 절차적 평등주의자들과 자유주의자들 사이에 불평등한 인센티브를 놓고 치열한 논쟁을 벌일 여지는 그렇게 없어 보인다. 결과적 평등을 지향하는 사람들 중에서도 경제 체제의 복잡성을 감안하여 인센티브의 필요성을 옹호하고 그렇게 하더라도 평등주의와 모순되지 않는다고 보는 시각도 있다.[261]

3.10

하향평준화와 공적주의 논쟁

평등론(equality view)에 대한 가장 강력한 반론은 더렉 파핏(Derek Parfit, 1942-2017)과 래리 템킨(Larry Temkin)에 의해 논의된 바 있던 하향평준화(leveling down) 논란이다. 일반적으로 사람들을 평등하게 만드는 데는 두 가지 방법이 있다. 열악한 상태에 있는 사람들의 처지를 개선하거나(상향식 평등), 아니면 좋은 상태에 있던 사람들을 열악하게 만드는 것(하향식 평등)이다. 종종 우리는 다른 누구에게도 유익이나 혜택은 주지 못하면서 특정인들을 더 끌어내림으로써 평등을 만들어내는 경우가 있다.

평등주의에 대하여 비판적 입장을 취하는 사람들은 평등에 대한 추구는 상향식 보다는 하향식에 기울어질 가능성이 높다면서 이는 명백히 잘못된 것이라고 지적한다. 다른 누구에게 전혀 도움도 못되면서 어느 일방에게 해만 가하는 식은 확실히 정당성을 띨 수 없다.[262] 이에 대해 일부 평등주의자들은 하향평준화 없이도 평등은 가능하다고 주장한다. 현실적으로 가능할지 모르지만 말이다. 그래서 이런 주장은 다소 기망적으로 들릴 수 있다.

그런데 조금 더 솔직하게 하향평준화가 모든 것들을 하향시킬 때는 정당하지 않겠지만, 적어도 어느 일방이 보기에는 좋은 일로 보일 수도 있다는 논지를 펴는 경우도 있다. 이런 관점에서는 평등주의는 여전히 힘을 얻을 수 있다. 이런 주장을 펴는 대표적인 사람이 템킨으로 그는 하향평준화가 옳을 수도 있다고 주장한다. 평등이 그 자체로 정당한 가치를 갖고 있는 것이라면, 복리에 의해 추구되는 가치들 이상으로 평등의 가치

자체를 평가하지 말라는 법이 어디 있느냐고 반문한다.[263]

불평등의 지속이나 불평등이 야기하는 문제로 인해 상황이 꼬일 때, 열등한 지위에 있는 자의 수준을 우위에 있는 사람들의 수준으로 끌어 올리는 것이 불가능한 상황이라면 차라리 우위에 있는 자들을 열악한 자의 상태로 끌어내리는 편이 도덕적으로는 더 나을 수 있다는 것이다. 극단적으로 보이는 이 주장을 하면서도 템킨은 현실적으로는 다른 가치들과의 교량도 감안할 때 개인의 자율성이나 덕성과 같은 다른 가치들을 희생해서까지 추구하는 평등이 최선은 아니기 때문에 하향평준화가 강제되는 일은 없을 것이라고 하여 평등이 지고의 선은 아님을 인정한다.[264]

평등한 결과를 가져올 목적으로 하는 부의 이전보다 사람들의 공적(功績, deserts)을 존중하는 것이 도덕적으로 더 중요한 까닭에 사람들의 공적이 삶의 조건의 평등에 우선해야만 한다는 주장도 종종 제기되고 있다.[265] 어떤 이들은 다른 사람들보다 더 많은 것을 가질 만한 충분한 자격이 있고, 소득이나 부의 차이는 한 개인이 누릴 수 있는 자격(예, 수고, 기여, 또는 필요)의 산물일 수 있음에도[266] 이것이 무시됨으로써 결국 정의에 반한다는 것이다.

그 논리적 귀결은 불평등이 개인의 공로와 수고를 이끌어내는 기능이 있다면 평등을 추구하여 없애기 보다는 불평등을 놔두어야 한다는 것이다. 셸리 케이건(Shelly Kagan)은 본질적으로 도덕성에서 중요한 것은 평등이 아니라 공적이라고 주장한다. 하지만 가치 다원주의(value pluralists)를 취하는 평등주의자들은 평등을 추구하더라도 일정한 공로와 수고를 완전히 무시하는 것은 아니므로 평등지향과 공로 인정이 서로 충돌하는 것은 아니라고 한다.[267]

공적주의는 평등주의에 대한 대표적인 비판인 유인동기의 감소 주장과 맥을 같이 한다고도 볼 수 있는데, 사회복지국가 사례에서 보듯이 현실적으로 평등주의가 사회적 활력을 저하시킨다는 주장은 그다지 설득력이 높지 않다.

---

186. S. I. Benn and R. S. Peters(1959), Social Principles and the Democratic State(London: Allen & Unwin), p.111.
187. 김대근(2010), Amartya Sen의 정의론의 방법과 구조, 법철학연구 제14권 제1호,p.196, FN 56.
188. ibid.
189. ibid.
190. 니콜라스 월터스토프, 정의와 평화가 입맞출 때까지, 홍병룡 역(2007), IVP 출판부, p.87.
191. Robert Young(2013), Equality, IN Hugh LaFollette eds, The International Encyclopedia of Ethics, Wiley-Blackwell, p.1689.
192. ibid.
193. Dennis McKerlie(2013), Egalitarianism, IN Hugh LaFollette eds, The International Encyclopedia of Ethics, Wiley-Blackwell, p.1563.
194. ibid.
195. ibid.
196. ibid. p.1564.
197. ibid.
198. 마이클 왈쩌, op.cit., p. 201, FN 30.
199. ibid., p. 201.
200. 장 자크 루소, op.cit., p. 60.
201. 마이클 왈쩌, op.cit., p.18.
202. Robert Young, op.cit., p.1697.
203. 이종은(2013), 평등, 자유, 권리-사회 정의의 기초를 묻다. 책세상, p.59.
204. Karl Marx, Economic and Philosophical Manuscripts, in Early Writings, trans. T.B. Bottmore(London, p.153.
205. Robert Young, op.cit., p.1697
206. Dennis McKerlie(2013), op.cit., p.1563.
207. 마이클 왈쩌, op.cit., p.18.
208. ibid., p.19.
209. John Plamenatz(2012), op.cit., p.14.
210. 장 자크 루소, op.cit., p.60.
211. ibid.
212. Dennis McKerlie(2013), op.cit., p.1564.
213. ibid., p.1565.
214. ibid.
215. 김대근(2010), op.cit., p.197.
216. Robert Young(2013), op.cit., p.1692.
217. ibid., p.1693
218. those favored by nature in having greater productive talents
219. ….those whose undeserved good fortune has endowed them with more productive talents.
220. John Rawls(1999), A Theory of Justice, Havard University Press, p.87.
221. Robert Young(2013), op.cit., p.1690.
222. ibid., p.1691.
223. ibid.

224. ibid.
225. ibid., p.1696.
226. ibid.
227. ibid.
228. ibid.
229. Dennis McKerlie(2013), op.cit., p.1566.
230. Amartya Sen (1999), Development as Freedom, Oxford University Press, p.74.
231. Robert Young(2013), op.cit., p.1694.
232. Dennis McKerlie(2013), op.cit., p.1565.
233. ibid., p.1566.
234. Amartya Sen (1993), "Capability and Well-Being", IN Martha Nussbaum and Amartya Sen (eds.), The Quality of Life, Oxford: Clarendon Press, p.12.
235. Robert Young(2013), op.cit., p.1695.
236. ibid.
237. Robert Young(2013), op.cit., p.1695.
238. ibid.
239. ibid.
240. 마이클 왈쩌, op.cit., p.151.
241. George W. Rainbolt (2013), "Justice", IN Hugh LaFollette eds, The International Encyclopedia of Ethics, Wiley-Blackwell, p.2869.
242. Robert Young(2013), op.cit., p.1689.
243. ibid., p.1696.
244. ibid.
245. 월터스토프, op.cit., p.87.
246. Robert Young(2013), op. cit., p.1696.
247. 마이클 왈쩌, op.cit., p. 151. FN 34.
248. Dennis McKerlie(2013), op.cit., p.1567-9.
249. ibid.
250. ibid.
251. 로날드 드워킨, op. cit., p.557.
252. ibid.
253. ibid.,p.558.
254. Robert Young(2013), op.cit., p.1689.
255. ibid., p.1697.
256. 예컨대, 한국적 사고에 특유한 것이라고도 볼 수 있지만 기업을 키우려는 것이 대통령 근처의 헤드 테이블에 앉기 위한 것이었다는 어느 대기업 총수의 일화는 돈(경제적)을 통한 인센티브 외에 사회적 인센티브는 다양함을 보여준다.
257. 제프리 삭스, 붐비는 지구를 위한 경제학, 이무열 역(2009), 21세기 북스, p. 331.
258. ibid. p., 330-331.
259. Gunnar Myrdal(1970), The Challenge of World Poverty: A World Anti-Poverty Program in Outline (New York: Random House-Vintage), p.114. 니콜라스 월터스토프, op.cit., p.188에서 재인용.
260. Robert Young(2013), op.cit., p.1697.
261. ibid.
262. Dennis McKerlie(2013), op.cit., p.1564.
263. ibid.
264. Robert Young(2013), op.cit., p.1670.
265. ibid., p.1697.
266. George W. Rainbolt (2013), op.cit., p. 2869.
267. ibid.

제4장

분배적 정의와 균등주의

요약

종종 현대 자유주의 사회의 핵심 이상으로 간주되는 실력에 기반한 기회균등 원칙은 학교, 직업, 공직 등은 가장 적합한 후보자들에게 돌아가야 하고, 그 기준은 오로지 전적으로 당해 직위에 적합한 재능과 능력을 고려해야 한다는 것으로 요약될 수 있다. 실력에 기반한 기회균등의 원칙은 세습 귀족들에 의한 통치나 사회적 지위들이 인종, 종교, 성별, 카스트, 나이 기타 계급에 의해 결정되던 전 근대의 많은 사회들에서 볼 수 있었던 공통적인 관행들과 결별하는 상징이기도 하다. 다양한 사회적 내지 정치적 지위들이 당해 지위와 관련된 적절한 자질과 능력에만 기초하여 할당되는 한 그러한 경쟁은 공정한 것으로 간주된다.

균등주의는 그 자체로서는 완전한 도덕적 이론이 아니다. 이것은 단지 평등주의에만 국한되지 않고 보다 광범한 도덕적 이론에 포섭될 수 있는 하나의 원리를 제시한다. 균등주의자들 사이에서는 평등한 기회가 중요한가, 아니면 평등한 결과가 중요한가라는 질문이 종종 제기된다. 균등주의자들은 재능, 성격, 개인적 책임감, 삶에 대한 전망 등에서 비슷하게 출발할 수 있도록 생애 출발 점수들이 기회균등의 기준을 충족시키고, 여기에 각자의 인생에 미치는 운(불운과 행운)의 영향을 교정시킬 수 있는지에 관심을 둔다. 그래서 종국적으로 그 결과가 어떠하건 그에 대한 책임은 자신이 지도록 할 경우엔 비교에 따른 공정이 이뤄졌다고 본다. 각 사람은 자율적으로 삶을 계획하고 자신의 선택에 따라 삶을 살아갈 수 있도록 시작 단계에서 공정한 출발이 주어져야 하기 때문에 각자 인생을 살아가는 동안엔 자기 몫에 대하여 상당한 책임을 져야 한다. 따라서 제반 상황을 고려했을 때 어떤 결과가 출발 초기의 평등한 기회로부터 온 것이라면 사후적 평등의 달성을 강제하는 것은 바람직하지 않다고 볼 수 있는데, 왜냐하면 그런 결과를 그대로 두는 것이 공정의 차원에서는 바람직하기 때문이다. 사후적 불평등이 사람들의 자유로운 그리고 그 책임 하의 선택에 따른 결과라면 이야기는 달라진다. 비교를 통한 공정 운운은 필요 없으며, 그렇기 때문에 그 불평등에 대한 여하한 불평도 옳지 못할 것이다. 하지만, 사후적 불평등이 순전히 요행이나 불운의 결과라면 어떤 사람들은 자기들이 누릴만한 자격 이상의 우선적 지위를 누리는 사람들보다 보다 열악한 지위에 놓이기 때문에 실질적으로 비교에 의한 불공정의 문제를 다루지 않을 수 없다. 그러므로 평등한 결과와는 무관하게 균등한 기회가 진행된다 하더라도 평등의 달성은 균등주의 관점에서 고려 대상이 될 수 밖에 없다.

따라서 실질적인 기회균등이 되기 위해서는 비교에 따른 공정(comparative fairness)도 요구된다. 사람들 사이의 격차가 정당화되는 건 자신의 자유롭고도 책임을 지울 수 있는 선택의 결과가 그러할 때로 국한되고, 단지 운(luck)에 따른 격차가 되어서는 안 된다. 그렇지 않으면 그런 격차들은 불공정한 것이다.

그러므로 균등한 기회란 단지 다양한 사회 및 정치적 지위를 놓고 공정하게 경쟁할 수 있는 기회가 주어지는 것뿐만 아니라, 경쟁 자체가 공평한 경쟁의 장에서 이루어지는 것까지를 의미한다. 이 입장에서 보면 기회균등은 사람들 사이에 활용 가능한 삶의 자원들이 고르게 분포되어 있는 경기장 고르기(leveling playing field)를 요구한다. 이같이 평평한 운동장까지 요구하는 입장을 우리는 일응 보장적 기회균등주의라 부를 수 있다.

4.1

사회계약적 질서의 지지대로서 균등주의

균등한 기회가 많은 사람들에 중요한 주제가 되고 있는 것은 공정 및 개인의 책임을 둘러싼 담론과 밀접하게 관련되어 있기 때문이다. 균등주의는 다른 대부분의 도덕적 이론들 보다 역사가 짧다. 과거의 사회들이 균등주의 가치에 대하여 적대적이었던 분위기에 있었던 점을 감안하면 충분히 이해할 수 있다. 하지만 균등주의는 지난 50년 동안 도덕철학 속에서 점점 강력한 지위를 획득해 오고 있다고 할 수 있는데, 그 배경엔 존 롤스의 〈정의론. Theory of Justice. 1971〉이 있다고 해도 과언이 아니다.

대부분의 현대의 균등주의자들이 롤스의 이론에 동의하는 것은 아니지만 그들 모두 롤스 이론에 의해 영향을 받은 것만큼은 사실이다. 많은 뛰어난 도덕철학자들이 균등주의자들이거나, 적어도 그러한 관점에 공감을 표시하고 있다는 것도 놀라운 현상이라면 놀라운 현상이다. 이들을 거명하자면 드워킨(Ronald Dworkin), 네이글(Thomas Nagel), 센(Amartya Sen), 스캔론(Thomas Scanlon), 파핏(Derek Parfit), 템킨(Larry Temkin), 코언(G. A. Cohen) 등이다.

균등주의는 그 자체로서는 완전한 도덕적 이론이 아니다. 이것은 단지 평등주의에만 국한되지 않고 보다 광범한 도덕적 이론에 포섭될 수 있는 하나의 원리를 제시한다. 평등(equality)에는 많은 유형이 있고, 균등주의도 다양하다. 여기에서는 인간의 삶의 조건은 평등해야만 한다는 주장을 담고 있는 균등주의에 초점을 맞추고자 한다.[268]

균등주의자들 사이에서는 평등한 기회가 중요한가, 아니면 평등한 결과가 중요한가라는 질문이 종종 제기된다. 이런 질문은 사전적 평등이 중요한지, 다시 말해 사람들의 자기 삶에 대한 전망에서의 평등인가, 아니면 사후적 평등이 중요한지, 즉, 사람들이 살아온 결과로 나타난 현실적인 생활에서의 평등이 중요한가의 문제와 밀접하게 관련되어 있다. 그리고 이 질문은 절차에서의 공정(procedural fairness)이 중요한지, 아니면 실질적 공정(substantive fairness)이 중요한가의 문제와 같은 맥락에 놓여 있다고도 볼 수 있다.

그런데 절차에서 철저하게 공정이 지켜지는 경우라도 실질적 내지 결과적으로 남는 것은 불공정한 상황일 수 있다. 이런 경우 불공정을 해소하기 위한 별도의 시도가 다시 있어야 하는가에 관하여도 여러 견해가 있을 수 있다.[269] 우리는 왜 균등주의자들이 되어야 하는가? 일반적으로 널리 알려진 논거는 사회계약설의 설득력을 높이기 위한 성격을 띠고 있다. 이 주장은 자연 상태에서의 최초 질서에 규범력을 부여하기 위한 보다 높은 차원의 가치로서 기회균등이 필요하다고 한다.

이에 따르면 사회계약적 질서에 들어오기로 한 사람들이라면 균등주의적 가치를 선택하는데 동의할 것이라고 한다. 왜냐하면 원시적 지위에 있는 사람들의 입장에서 어떤 유, 불리도 배제한 채 객관적으로 따져보면 기회균등이 추구하는 가치와 방향은 누구라도 수긍할 수 있다는 것이다. 롤스와 스캔론(Thomas Scanlon) 등은 이런 접근이 타당하다고 본다. 이에 대하여는 사람들이 균등주의적 가치를 선택하는데 동의하지 않을 것이라거나, 기회균등의 전제로 부여된 조건들이 상황을 왜곡시킬 수 있기 때문에 동의할 수 없다는 반론도 만만치 않다.[270]

한편 기회균등을 사회계약이 아닌 도덕성에서 찾는 견해도 있다. 도덕성 자체를 매우 높은 수준까지 끌어올리면 필연적으로 평등과 만나게 된다는 것이다. 도덕적 평등(moral equality)은 인간의 삶의 조건에서의 평등(equality in the conditions of people's lives)을 요구한다. 드워킨이 이러한 입장을 취하는 대표적인 학자이다.[271]

균등주의를 옹호하는 또 다른 주장은 인간의 직관적 도덕 판단 (intuitive moral judgments)에 설득 근거를 둔다. 우리의 직관으로 맞닥뜨리는 도덕적 판단들을 면밀하게 분석하고 비교하게 되면 결국은 균등주의적 접근에 이를 수 밖에 없다는 주장이다. 보통 사람들도 이 정도의 직관을 최소한 공유하고 있다고 여기는 것은 합리적이다. 특히 극한 불평등에 직면할 때는 더욱 그렇다. 하지만 보통 사람들은 균등주의 도덕철학자들이 느끼는 정도의 직관을 갖고 있지는 않다. 이 말은 직관에서의 차이가 존재하는 한 하나의 통일된 원리로 직관에서 균등주의를 도출하는 것이 쉽지 않음을 의미한다. 무엇보다 직관에 대한 호소는 입증으로서의 설득력이 없다. 그래서 균등주의의 논거를 제시한다는 것은 생각보다 어렵고, 이는 새삼 놀랄 일도 아니다.[272] 그렇다고 이것이 균등주의 논증을 회피하거나 균등주의가 필요 없다는 말은 물론 아니다.

4.2

첫번째 균등주의 원리, 우선순위적 접근

균등주의에는 크게 세 가지의 근본 원리들이라고 할 만한 주장이 자리하고 있다.

가장 분명하게 성격이 드러나는 것은 평등과 관련된 원리로, 그 자체로 "평등주의(egalitarian)"이며, 이는 "평등주의 관점(equality view)"으로 기회균등을 이해한다. 다른 두 가지는 "우선순위적 관점(priority view)"과 "충족적 관점(sufficiency view)"으로, 이들은 복지(well-being)와 특별한 연관성을 갖는다. 이 때문에 어떤 이들은 평등주의적 관점만이 균등주의 원리에 부합한다고 주장한다.[273]

그러나 '있어야 할 것', 그리고 '몫'의 개념과 복지가 무관하지 않은 이상 균등주의를 평등주의로 협소하게 볼 이유는 없다. 균등과 불균등은 각각 정의와 불의의 또 다른 측면이기도 한 까닭에 정의를 다루는 입장에서 균등주의는 마땅히 평등주의, 우선순위 및 충족의 원리를 다 포함해야 한다.

균등주의의 근본 원리 중의 하나인 우선순위적 관점은 템킨과 파핏에 의해 전개되었다. 이들의 접근은 종종 평등주의와 같은 결론에 이르기도 하지만, 평등주의와는 매우 다르다.

어떤 이들은 우선순위적 관점은 평등주의 보다 좀 더 설득력이 있다고 생각한다. 평등주의가 비교적(comparative) 성격을 갖는데 비해, 우선순위 관점은 상대적 비교를 강조하지 않는다. 우선순위의 원리는 열악한 자의 처지를 돕자는데 초점을 맞추고 있으며, 하향평준화를 말하지 않는다.

즉 일정한 우선순위에 따라 사람들의 복리수준을 높이는데 관심을 두는 것이다. 평등을 만들어 내는 것 자체에 목표를 두지 않으므로 평등을 달성하기 위해 다른 누군가의 복리를 낮추지 않는다는 점이 이 접근의 장점이다.[274]

후자의 경우 사람들의 생활 복리의 절대적 수준에 관심을 갖는데 그칠 뿐, 한 사람이 다른 이들의 복리와 관련하여 어떤 지위에 있고, 어떤 태도를 취하는지는 고려의 대상이 아니다. 열악한 상태에 있는 사람의 생활 상태를 조금 개선시킬 수 있다면 그 보다 더 양호한 삶을 누리는 누군가에게 더 많은 혜택을 주는 것보다 낫다는 것이 우선순위 관점이다. 즉, 열악한 상태에 있는 사람들에 대한 부조를 우선순위에 두는 사고이다. 이것이 왜 균등주의라고 불리는지 그 이유를 보여준다.

우선순위적 관점에서의 만족도는 그 기준에 부합하는 것을 얻었을 때만 가능하므로 공리주의에서 의미하는 효용이 우선순위적 접근 하에서도 그대로 가치 있는 효용이 되는 것은 아니다. 따라서 우선순위적 관점에서 누군가에게 돌려주는 그 가치는 공리주의에서 인정되는 가치보다 훨씬 더 커지는 것이다.[275]

하지만 우선순위적 관점에 대하여도 문제는 제기된다.

공리주의 입장에서는 우선순위라는 기본적 접근에 반대한다. 열악한 지위에 있는 누군가의 편익을 도모하기 위해서는 효용을 왜곡할 수 밖에 없고, 따라서 전체적으로 더 큰 효용을 창출할 기회를 놓친다는 것이다. 열악한 상태의 사람들에게 우선순위를 둔다 하더라도 그들에게 어느 정도의 우선권을 주어야 할지 결정하는 것도 어려운 일이다. 이런 질문에 대한 답은 직관적 판단에 의존할 수 밖에 없을 것으로 보이는데, 그렇다면 이러한 판단을 사회가 수용하고 합의할 것인가의 문제가 남는다. 그런데 그 가능성은 확실치 않다.[276]

평등주의적 관점에서도 우선순위적 접근에 대한 불만이 제기된다. 파레토 개선은 환영하지만 그것이 불평등을 극복하지는 않기 때문이다. 이런 지적을 하는 쪽에서는 두 가지가 먼저 결정되어야 한다고 보고 있다. 첫째, 가장 열악한 지위에 있다고 하여 무조건 우선순위를 부여할 것인지 여부가 결정되어야 한다. 그리고 두 번째로는 최열위 지위에 있는 자에게 우선순위를 부여하였을 때 이들에게 주는 이익이 그렇게 하지 않았을 경우 상대적으로 다른 사람들이 얻을 수 있었을 것으로 예상되는 보상과 비교 형량 될 수 있는지 여부를 결정하는 것이다. 첫 번째 문제의 경우 우선순위론자들은 누구에게 우선순위를 부여할 것인가 하는 문제에 관심이 있지, 얼마나 많은 사람에게 혜택을 줄 것인지의 문제가 아니므로 민감하게 고려될 사항은 아니다. 다만, 두 번째 문제는 언제, 어느 정도의 사람들을 특정하여야 할 것인지가 선행되어야 하므로 최대의 효용을 추구하는 공리주의적 접근과 달리 일관된 원칙을 세우기 어렵다는 난제를 안고 있는 것이 사실이다.[277]

4.3

두번째 균등주의 원리, 충족적 접근

균등주의의 바탕을 이루는 또 하나의 중요한 원리는 충족적 관점(sufficiency view)이다. 이 입장에 서 있는 사람들로는 놓고 앤더슨, 누쓰바움, 로저 크리습(Roger Crisp), 해리 프랑크푸르트(Harry Frankfurt)가 대표적인 인물들이다.[278] 이들은 최소한의 소유(minimum entitlement view)를 핵심으로 한다. 각자는 적어도 복리의 얼마간은 가져야만 한다.

균등의 대상을 놓고 앤더슨은 "기본적(basic)" 역량을 꼽는데, 여기에서 말하는 역량은 평등의 대상이 아니라 충족적 관점에 따라야 한다고 한다. 반면 누스바움의 경우엔 인간의 존엄성을 달성함에 있어 필수불가결한 열 가지의 역량들을 구체적으로 제시하는 이른바 완전주의자식 설명(perfectionist account)을 전개하면서[279], 일정한 역량들의 경우에는 평등의 요구를 따라야 하지만 다른 영역에서는 충족의 요건을 쫓아야 한다면서 이분적 접근을 꾀한다.[280]

이 조건이 충족된다면 충족적 관점에서는 다양한 사람들 사이의 불평등에 반대하지 않는다. 이 조건이 충족되면 굳이 다른 사람들보다 열악한 지위에 있는 사람들에게 복리의 우선순위를 부여하지도 않는다. 사실 충족적 접근은 어떻게 보면 균등주의와는 전혀 거리가 먼 입장처럼 보인다. 하지만 각자가 최소한의 충족적 자산을 분여 받아야만 한다는 입장을 그 핵심으로 한다는 점에서 '최소 균등주의(minimally egalitarian)'로 분류될 수 있다. 이 주장의 핵심에는 공정(fairness)이 자리잡고 있는 것으로 볼 수도 있다.

이 관점에 대한 진지한 지적은 그렇다면 최소한의 소유라는 것의 기준을 어떻게 잡느냐 하는 것이다. 다시 말해 충족적 접근방식에 대하여는 기준 설정을 위한 합리적 원리들이 제시되지 못하고 있다는 비판이 제기되어 왔다. 예컨대, 기준이 높게 혹은 낮게 설정되었는지 불명확하고, 기준을 하나로 할 것인지, 아니면 복수로 할 것인지에 대한 설명도 결여되어 있다는 것이다. 부족하다는 상태, 즉 모든 이들을 충족시키지 못하는 상황에서 왜 일부 사람들에 대한 충족은 포기하고, 일부의 처지만을 개량하기 위한 이유가 무엇인지에 대한 설득력도 부족하다는 평가를 받는다.

얼마 정도면 족한가. 그 기준이 매우 낮다면 균등주의자들은 이런 주장은 전혀 균등주의가 아니라고 반발할 것이다. 반면에 그 기준이 너무 높다면 현실적으로 이루어지기 어려운 공론에 그치고 말 것이다. 이런 비판엔 최소한의 기준 이상과 그 이하 사이에 상당한 격차가 있다는 사고가 깔려있지만, 양 측의 차이가 얼마나 명백한지 여부를 파악하는 것도 쉽지 않다.

또한 최소기준을 선택함에 있어 어떤 요인들을 고려해야 할지 파악하는 것도 쉽지는 않다. 게다가 완고한 균등주의자 - 실은 평등주의에 더 가까운 - 입장에서는 설령 모든 사람이 최소 기준 이상으로 충분히 갖고 있다고 하더라도 불평등은 여전히 해결되어야 할 불의(不義)라고 주장할 것이다.[281]

사람들은 일생을 두고 볼 때 삶의 굴곡이 있기 마련인데 기준 적용 시점을 삶 전반으로 봐야 하는지, 아니면 어느 일정 시기로 잘라서 봐야 하는지, 즉 인생의 어느 시기에만 충족 요건을 만족시키면 되는지, 그렇다면 왜 하필이면 그 시기여야 하는지에 대한 의문도 생길 수 있다. 이 질문은 평등주의에 관하여도 동일하게 제기되는 문제이기도 하다.[282]

4.4

균등주의와 평등의 문제

균등주의 역시 다른 도덕적 가치들과의 경쟁을 피할 수 없다. 아무도 한 개인의 육체적 및 심리적 특성으로 인해 다른 사람들과 비교하여 불리한 처지에 놓이지 않는 세상이 있다고 가정해 보자. 이 세계에서는 각자 부딪치는 서로 다른 삶의 전망의 가치와 가능성에 일대일 대응성(one-to-one correspondence)이 존재한다. 이 수준에 이르면 사람들의 출발점 및 그들이 접하는 삶의 조건이라는 면에서 경기장은 완전히 평평할 것이므로 기회균등이라는 목표는 완전히 충족될 것이다. 그럼에도 불구하고 그런 세상도 정도의 차이가 있을 뿐 사후적 불평등(ex post inequality)의 상태를 없애지는 못한다.

사후적 불평등이 사람들의 자유로운 그리고 그 책임 하의 선택에 따른 결과라면 비교를 통한 공정 운운은 필요 없으며, 그렇기 때문에 그 불평등에 대한 여하한 불평도 옳지 못할 것이다. 하지만, 사후적 불평등이 순전히 요행이나 불운의 결과라면 어떤 사람들은 자기들이 누릴만한 자격 이상의 우선적 지위를 누리는 사람들보다 보다 열악한 지위에 놓이기 때문에 실질적으로 비교에 의한 불공정의 문제를 다루지 않을 수 없다. 그러므로 평등한 결과와는 무관하게 균등한 기회가 진행된다 하더라도 평등의 달성은 균등주의 관점에서 고려 대상이 될 수 밖에 없다.[283]

사람들을 평등하게 하는 것과 고도의 복지 수준을 누리도록 하는 것은 별개의 문제이다. 이 두 가지는 서로 충돌할 수도 있다. 이 경우 불평등을 감소시킬 것인가 아니면 고도의 복리수준을 달성할 것인가를 놓고 선택해야 하는 상황에 이를 수도 있다. 균등과 결과주의 사이의 갈등은 매우 흔한 일이다. 이 두 가지가 충돌할 경우 어느 것이 항상 더 우위에 있다고는 할 수 없으므로 도덕적 합리성을 비교해야 한다. 이 경우 대립하는 원리들을 초월하는 제3의 높은 규범이 없는 이상 구체적 사안에 따라 이뤄지는 판단은 직관의 소산일 수 밖에 없다.[284]

한편 대다수의 사람들은 매우 열악한 지위에 놓여있고 소수의 사람들만 매우 우월한 상태에 있다고 가정해 보자. 결과적 평등에 관심을 갖는 입장에서는 모든 사람들을 최고 우위에 있는 사람들의 수준으로 끌어 올리거나, 비교 우위적 지위에 있는 사람들로부터 열등한 지위에 있는 사람들로의 재분배를 요구하게 될 것이다. 이렇게 하면 결과적 평등은 개선할 수 있을는지 몰라도 대상들을 모두 개선하는 데는 못 미치고, 정책적으로 실현될 가능성도 불투명하다. 그래서 이런 경우엔 결과적인 상당히 불평등한 상황을 받아들여만 할 수도 있다.

하지만 좀 더 들어가면 이런 상황이 초래된 이유를 두 가지로 추론해 볼 수 있다.

첫 번째 시나리오는 우위에 있는 사람들이 세습적 귀족 구성원이라고 보는 것이다. 이 상황에서는 이들과 그 후손들은 우위에 놓이도록 이미 보장되어 있으며, 반면 다른 모든 사람들은 능력이나 수고에도 불구하고 열위에 처해지도록 운명 지워졌다.

두 번째 시나리오는 진정한 기회의 평등이다. 출생할 때는 각자 동등한 기회를 부여 갖고 있으며 자신이 어떤 선택과 활용을 하느냐에 따라 종국적으로 우월한 지위에 놓일 수 있다.[285] 두 번째 시나리오의 경우 기회균등을 보다 잘 보장하기 때문에 결과적 불평등에 추가적으로 개입할 여지는 없어 보인다. 하지만 대부분의 균등주의자들에게는 기회의 균등도 중요하지만 결과의 평등도 중요하다. 이 경우엔 기회균등이라는 점에서는 완전할 수 있지만 그럼에도 불구하고 개인의 잘못이나 선택이 아닌 것으로 인해 열위에 놓이게 됨으로써 오는 상대적 불공정은 여전히 문제된다. 균등주의자들에게 이것은 그냥 넘어갈 수 없는 일이다. 각자 동등한 기회들을 갖는 것에 더하여 정당성과 능력에 있어 동등한 사람들은 실제의 삶도 균등하게 살 수 있어야 한다는 것이다.[286]

그런데 이 때 우선순위 관점을 균등주의 원리로 삼게 되면 결과주의와 비교 형량 할 필요가 없다. 대신 우선순위주의가 결과주의를 대체한다. 어떤 사람들은 태어날 때 다른 사람들보다 잘 사는데 필요한 기회들을 상당히 더 많이 가지는데, 우선순위 입장에서는 이 기회의 균등을 우선적으로 확보해 주고, 그 다음 결과에 대하여는 각자의 책임에 맡기는 것이다.

예컨대, 삶을 차곡차곡 점수를 쌓아가는 게임과 같은 것이라고 가정해 보자. 어떤 사람들은 석 장의 에이스와 한 장의 2점짜리 패를 갖고, 다른 이들은 석 장의 2점짜리 패와 한 장의 에이스를 갖고 있는 카드 놀이로 비유해 보는 것이다. 양자 모두 들고 있는 패들은 불공정하다. 그리고 각자의 인생이 실제로 전개되는 것은 그들이 갖고 있는 카드들 중의 임의로 뽑히는 것에 달려 있다고 가정한다. 에이스가 뽑히면 100점 만점이라는 매우 높은 양질의 삶이 될 것이고, 2점짜리 패가 되면 0점이라는 매우 낮은 수준의 삶의 질이 될 것이라고 상상해 보자는 것이다. 확실히 이 시나리오는 기회균등의 이상에 반하며, 가능하다면 사람들의 출발점에서부터 그와 같은 불공정을 막는 것이 합리적일 것이다. 반면 모든 사람들이 에이스를 갖고 100점 만점의 양질의 삶을 누릴 수 있는 기회를 동등하게 갖고 있다면 그 결과가 어떠하더라도 사후적으로 교정할 이유는 없을 것이며, 모든 사람들이 2점짜리 패를 뽑았을 때도 마찬가지다.[287]

4.5 사후적 평등은 최소화해야

사후적 평등은 비교를 통해 공정하다고 인정되는 경우에만 시도하는 것이 옳다. 모든 조건과 제반 상황이 평등하다면 흉악한 범죄자와 법을 준수하는 시민들이 비슷하게 잘 살아야 한다는 식의 평등한 결과를 선호해서는 안 된다. 이를 위해 균등주의자들은 다음과 같은 예시를 활용한다.

A와 B가 생애 초기에 삶의 가치를 누릴 수 있는 자원을 각기 달리 받았다고 가정해 보자. A가 초기에 분배 받은 기초자원은 100으로 이를 활용하면 1만에서 2만점까지 삶의 가치를 누릴 수 있고, B는 30을 받았는데, 그 최대 활용치는 1천에서 1만점까지이다. 두 사람 모두 말년을 비교했을 때 1만점의 가치를 누림으로써 종국적으로 평등한 수준으로 삶을 살게 되었다면 사후적 평등은 완전하게 이루어졌을지 몰라도 그 결과는 비교에 따른 불공정으로 볼 수 있는 것이다. 자신에게 주어진 제한적 기회들을 완전히 활용한 B는 자기의 선택에 따라 풍성한 기회들을 낭비했을 가능성이 높은 A보다 훨씬 나은 대접을 받아야만 할 것이다.[288] 이에 대하여는 A와 B가 그들의 잠재력을 최대화하는데 차별성을 보였다는 것에 근거하여 단순히 B가 A보다 더 나은 대접을 받아야 한다고 전제할 수는 없다는 반론도 있다. 아마 A에게도 B와 같은 정도의 출발점수가 주어졌더라면 A는 B가 했던 것과 같이 행동할 수도 있었고, B의 경우도 역시 마찬가지일 수 있다. 이런 경우라면 출발점수에 있어 완전한 격차가 있었고 불공정하게 보였다 할지라도 양자는 결국엔 동등하게 대접받을 가치가 있다는 것이다.[289]

4.6

운 균등주의

하지만 복지 평등주의를 지향하는 사람들 중에서도 역겹거나 공짜로 획득하길 바라는 비싼 취향들은 개인의 복리를 결정함에 있어 고려 대상에서 제외해야 한다는 주장을 하기도 한다. 그 이유로 인간의 복리는 주관적 요인들뿐만 아니라 객관적 요소들로도 구성할 수 있으며, 개인의 선호가 자신의 자유에 의한 것이라면 그에 수반하는 비용에 대한 책임은 개인이 지는 것이 마땅하다는 것이다. 이런 입장을 앤더슨은 "운 균등주의(luck egalitarianism)"라고 이름 붙인 바 있다.[290]

예컨대, 각자 생애의 초기 단계에서 공동체로부터 동일하게 분여 받은 자원을 A는 교육 등 자기 능력 개발을 위하여 사용하였지만, B는 윈드서핑과 같은 고급 취미나 경마에 사용하였다고 치자. 이로 인해 초래된 일정 기간 이후에 달라진 A와 B 사이의 차이까지 복지 평등주의를 적용하여 재교정할 필요는 없다는 것이다.

그런데 위 사례에서 만일 B가 특이 체질이어서 값비싼 특정 음식을 섭취하지 않으면 안 된다고 가정해 보자. 즉 B의 고급취향이 자기 의지와 무관하게 획득된 것이라고 생각해 보자는 것이다. 이는 마치 장애를 다루는 원리와 같아질 것이다. 장애와 현재의 낮은 상태의 복지 사이에 필연적인 연관성이 없으므로 이때는 주관적 복지 수준을 높이기 위해 자산 배분을 하는 것보다는 장애인을 보다 효과적으로 돕는 방안을 취해야 한다는 주장이 나올 수 있다. 따라서 어떤 경우엔 일정한 복지에서의 객관적 결핍(예컨대, 만성적 질병으로 야기되는 고통)은 단지 자산을 공급하는 것으로만 만족될 수 없고, 자산공급 후에도 추가로 충족시켜주어야 할 복지 수요는 있을 수 있는 것이다.

4.7

롤스의 균등주의적 접근

롤스는 자신의 저서 〈정의론〉을 통해 정의의 두 가지 원리들을 주장하였는데, 두 번째 원리에서는 세부순서가 초판과는 바뀌었다. 롤스는 우선 첫 번째 원리에서 각자는 모든 사람들을 위해 주어진 자유들과 양립할 수 있는 동등한 기본적 자유들의 최고 범위 내에서 동등한 권리를 갖는다고 한다.[291] 그리고 두 번째 원리는 사회적 및 경제적 불평등이 인위적으로 만들어질 수 있는 경우는 (a) 기회의 공정한 평등이라는 조건 하에 모든 사람들에게 열려 있는 공직과 각종 지위와 연관되고, (b) 가장 혜택 받지 못한 자들에게 가장 큰 이익을 돌려줄 때라고 한다.[292]

그리고 위 두 원리 사이에는 선후가 있다.

롤스는 첫 번째 원리는 두 번째 원리에 앞서며, 마찬가지로 (a)는 (b)에 앞선다고 한다. 기회의 공정한 균등(fair equality of opportunity) 또는 최열위집단에 대한 혜택을 위하여 필요하다는 이유로 시민 및 정치적 권리들의 불평등은 정당화될 수 없다. 또한 최열위집단의 이익을 위해 필요하다는 이유로 기회의 공정한 균등을 침해하는 것은 정당화될 수 없다.[293]

동일한 유전자를 갖고 동일한 유인동기를 가진 채 아이 둘이 공정한 사회에서 태어났다면, 설령 한 명은 소득 십분 위 중 가장 낮은 소득계층에서, 다른 한 명은 가장 높은 계층에서 태어났다고 하더라도 그 나라의 대통령이 될 수 있는 동일한 기회를 가져야 할 것이다.[294]

동일한 유전자가 어떻게 가능한가 반문하는 사람들에게는 한 사람을 상정하여 그가 상위 계층에서, 혹은 하위 계층에서 태어났을 때(이 때는 완전한 동일성) 그 출생에 따라 공직 취임의 기회가 달라지는 것이 정당한가라는 질문으로 반론을 제기할 수 있을 것이다.

롤스는 자신의 원리들은 사람들의 자유에 대한 제약이나 주기적인 자산의 배분배를 요구하지 않으며 위와 같은 원리들은 순수한 절차적 정의(pure procedural justice)의 체계 정립을 위한 것이라고 한다.[295] 즉, 이 원리들은 준수되어야 할 하나의 과정을 확립하는 것이며, 이 과정에 맞추어 나온 결과들은 그것이 어떠하건 간에 공정하다는 것이다. 그는 이런 자신의 생각을 다른 정의론들 속에 있는 불완전한 절차적 정의의 사례들과 비교한다. 목적 결과론들(end-result theories)은 그 자체가 목적인 자산에 대한 특정한 배분이 예정되어 있는 까닭에 그 사회의 규칙은 그 목표를 달성하기 위한 수단의 성격을 가진다. 이 말은 규칙이 갖는 기능에 한계와 제약이 뒤따른다는 것으로, 어느 정도의 불완전함은 감수해야 함을 뜻한다.

그러나 롤스는 자신의 규칙은 특정한 의도를 위한 수단이 아니므로 절차로서 완결성을 갖고 있다고 한다. 따라서 사회의 기본적 구조(basic structure)를 자신의 두 가지 원리에 부합시키는 한 그 결과에 따른 배분은 정당하다고 주장한다. 예컨대, 시민, 정치적 권리가 평등하고, 기회의 공정한 균등이 이뤄지는 사회 내에서 어떤 최고의 프로운동선수가 자신의 경기에 대한 대가를 충분히 받을 자유가 허용되고, 그가 가진 다른 사람들보다 더 많은 부가 부분적으로 최열위집단에 대한 혜택을 위해 재분배되고 있다면, 그가 남들 보다 많이 받은 대가의 일정 부분을 보유하는 것도 정의 관념에 부합한다.

롤스 식 사회에서는 평등주의 사회보다 유인동기 말살이나 감소의 문제는 덜한 것으로 보인다. 하지만 이러한 롤스의 사고와 달리 차별성의 원리란 따지고 보면 목적-결과론의 성격을 지니고 있을 수 밖에 없고, 이것이 시장경제와 결부된 경우엔 주기적인 재분배를 요구할 것이기에 순수한 절차적 정의로 보기 어렵다는 반론도 가능하다.[296]

시민적 및 정치적 권리들, 예컨대 기본적 자유들에 있어서 롤스는 평등주의자이다. 두 번째 원리 중 (a)에 설명한 기회들과 관련하여 롤스는 위에서 말했듯이 공정한 사회란 비슷한 정도의 재능과 동기를 가진 사람들은 사회의 어떤 직위에도 동일한 기회를 가져야 한다고 주장한다. 이 사고는 단지 직업들이 모든 이에게 열려 있다는 형식적 개방성을 의미하는 것뿐 아니라(예컨대, 어떤 직종들에 대하여는 여성들의 취업을 금한다는 법이 없어야 한다는 당위성), 유사한 정도의 재능과 동기를 갖고 있는 사람들은 어떤 자리도 가질 수 있는 동등한 기회를 실질적으로 가져야 한다는 것을 뜻한다.[297]

다만, 이러한 원리가 적용되기 위해서는 전제가 충족되어야 한다. 롤스는 사람들이 자원(goods)을 생산함에 있어 서로 협력하는 경우에만 그의 이론이 적용된다고 생각하였다. 이 조건이 충족될 때에만 정의는 일종의 평등을 요구한다. 그렇지 않다면 정의는 평등을 명하지 않는다.[298] 협력을 거부하는 등으로 그 틀에서 벗어난 사람들의 경우엔 설령 그들이 다른 이들보다 훨씬 더 열악한 지위에 놓여 있다 하더라도 원칙이 적용되지 않을 것이다.[299]

차등의 원리(the difference principle)인 (b)는 사회적 및 경제적 불평등이 경우에 따라서 허용되기도 하는데 그 때는 가장 열악한 지위에 있는 사람들에게 가장 큰 유익이 돌아갈 때에만 그렇다는 것이다. 차등의 원리는 가장 열악한 지위에 있는 자들과 더 많은 것을 누리고 있는 자들 모두의 상황을 개선시키는 배분이 현재로서는 불가능할 것을 요건으로 한다.[300] 측정이 절대적인 것이 아니라 상대적이기 때문에 차등의 원리에 대하여는 반론이 제기될 수 있다. 가장 열악한 지위의 집단이 차등으로 인해 혜택을 보는 경우에도 마찬가지다. 가장 열악하다고 하더라도 이는 상대적인 개념일 뿐이다. 최열위 집단(the very worst-off group)을 우선순위에 두고 있기 때문에 그 보다는 덜 하지만 상대적으로 매우 열악한 지위에 있어 도움이 필요한 사람들은 후순위로 밀리고, 따라서 많은 사람들이 그 대상에서 제외된다는 점이 지적되는 것이다.[301]

또 어떤 특정한 구체적 기준 이하에 있을 경우에만 사회, 경제적 불평등이 허용될 뿐이지, 가장 열악한 집단의 지위가 최소한의 절대적 기준 이상이라면 이를 시정하기 위한 불평등 조치는 허용되어서는 안 된다는 주장도 가능하다.[302] 롤스 식 사회에서 파레토 최적은 달성되지 못할 것이다. 왜냐하면 어떤 사람들은 효용 극대화를 위해 자신의 시민 및 정치적 권리들을 포기하고 대신 경제적 및 물질적 자산과 맞바꿀 용의도 있지만, 첫 번째 원리에 의하여 금지될 것이기 때문이다. 다만, 다른 많은 요소들 간의 교환은 허용함으로써 평등주의 사회에서만큼 파레토 열위의 문제는 심각하지 않을 것이다.[303]

롤스의 위와 같은 정의론에 대하여는 적지 않은 사람들이 반론을 시도하였다.

우선 아마르티아 센은 롤스와 같은 논리전개를 '선험적 제도주의(transcendental institutionalism)'라고 비판한다. 그러면서 정의론은 정의로운 제도를 기획하는 것이 아니라 현실적으로 발생하는 다양한 사회나 제도를 고찰하고, 현실 속에 명백히 존재하는 부정의를 제거하는 방식으로 이뤄져야 한다고 강조한다. 센이 '선험적 제도주의'라고 부르는 이 접근법은 두 가지 특징을 지닌다.

먼저 선험적 제도주의는 현실적으로 존재하는 정의와 부정의를 비교하거나 검토하기보다는 완벽한 정의를 기획하는데 초점을 둔다. 다시 말해 단지 정의라는 용어로써 선험적으로 인지할 수 있는 사회적 특성들을 밝혀내는 데만 집중하게 된다. 선험적 제도주의 접근으로 완벽하게 정의로운 제도를 추구하는 과정에서, 사회적으로 바람직한 도덕적 및 정치적 의무에 대한 심도 깊은 분석이 종종 이루어진 것은 사실이지만, 센이 보기에 이런 접근은 '정의(the just)'의 본질을 밝혀내려고 할 뿐, '덜 부정의한(less unjust)' 대안의 범주를 찾아내려는 시도에 소극적이 된다.[304] 또한 완벽하게 정의로운 제도를 추구함에 있어서, 선험적 제도주의는 근본적으로 그러한 제도들을 이해시키는 데 관심이 있지, 최종적으로 나타날 실제 사회의 모습을 직접 보여주지는 못한다는 한계를 지닌다.[305]

분배의 대상과 관련하여 센은 롤스가 일차적 자원만 평등하게 분배된다면 된다고 생각하고, 사람들이 더 좋은 삶을 만들기 위해 주어진 자원들을 '전환(conversion)'하는 역량에 대해서는 무관심하다고 비판한다. 신체적으로 건강한 사람과 장애를 가지고 있는 사람은 비록 동일한 일차적 자원을 가지고 있다고 하더라도, 가치 있는 삶을 위해 그것을 활용하는 역량에 있어서는 다를 수밖에 없다. 센은 자원을 가치 있는 삶을 위해 전환하는 개인의 역량이야 말로 정의론의 중심이 되어야 한다고 강조한다. 그리고 이러한 전환의 역량 혹은 실제로 가치를 다양하게 사용할 수 있는 역량은 실질적으로 기회를 이용할 수 있는 '자유'를 의미하는 것으로 본다.[306]

한편 왈쩌 같은 이는 기본적으로 단일한 공식으로 정의론을 정립하려는 시도 자체에 회의적이다. 그는 원초적 지위에 있는 사람들이라면 자신들이 필요로 하는 가치에 대한 평등한 분배를 택하겠지만, 일단 자신들이 누구며, 어떤 위치에 있는가를 알게 되면, 사람들이 어떤 선택을 할 것인지 결정하는 과정에서는 그런 전제가 타당하지 않다고 비판한다. 자원이 희소한 가운데 상호경쟁적인 가치들이 혼재하며, 각자의 필요들은 쉽사리 파악되지 않으면서 되레 확장하기만 하는 개별 문화들의 세계에서, 보편적으로 적용 가능한 단 하나의 공식이란 있을 수 없다고 보기 때문이다.[308]

4.8

균등주의와 자격주의

균등주의는 공적(desert)의 개념과 충돌한다. 어떤 이들은 이 두 개의 도덕적 관점이 상반된다고 생각한다. 이들은 동일한 도덕적 영역에서 경쟁하기 때문에 우리는 둘 중의 하나만을 선택해야 한다. 두 가지 관점 모두 배분적 정의에 대한 설명이 정확하게 이뤄져야 한다고 주장한다. 물론 서로 의도하는 바는 다르다. 균등주의는 평등한 분배에 정의가 있다고 하지만, 공적에 따른 분배를 주장하는 입장에서는 자격이나 수고에 따른 분배가 정의롭다고 한다.

이런 충돌 과정에서 롤스를 포함한 일부 균등주의자들은 자격에 기초한 분배 이론에 비판적이다. 이들은 자격은 전혀 중요한 도덕적 가치가 아니라거나, 혹은 단순히 관습에 그치거나 그에 기초하여 정당성을 주장할 수는 없는 성격을 지닌다고 한다. 왜냐하면 우리에게 효용을 주고 있는 그 무엇들은 따지고 보면 자격에 의하여 획득된 것들이 아니기 때문이라는 것이다. 반면 자격 내지 공적을 중요한 가치로 보는 사람들은 종종 균등주의자들을 비판한다. 셸리 케이건은 균등주의를 자격주의의 특별한 한 형태, 즉 사람들의 자격이 모두 동등할 때 적용되는 배분적 평등으로 볼 수 있다고 한다.[309]

재능이나 자격 없이 열위에 놓인 자가 평등을 요구하는 경우, 그리고 자격이 있으면서 우위에 있는 자가 평등을 요구하는 경우를 생각해 보자. 자격을 강조하는 입장에서는 후자의 요청은 들어주어야 하겠지만 전자의 경우엔 머뭇거리게 될 것이다.

반대로 우선순위를 강조하는 균등주의 하에서는 전자는 마땅히 보상의 대상이지만 후자의 요청을 들어주는 건 내키지 않을 것이다. 그러나 이 중에서 어떤 한 입장만을 취하여 결론을 내린다면 현실적으로 불합리한 결과가 나올 것임은 자명하다. 따라서 균등주의와 자격주의가 충돌하기는 하지만 평행선을 달린다고 보아서는 안 되며 양쪽을 교량하여 결정하여야 할 것이다.[310]

4.9

균등주의와 책임

균등한 기회와 관련한 논의에는 사람들이 어떻게 자신의 인생의 전개를 매듭짓는가 하는 점뿐 아니라, 그들이 어떻게 취급 받는가 하는 문제도 포함된다. 특별히 사람들은 평등하게 취급되어야 하므로 누구도 다른 사람들에 비하여 차별되어서는 안 된다는 생각은 기회균등을 강조하는 사람들에게 매우 분명하다. 그렇지 않으면 불공정한 것이다.

균등주의자들은 재능, 성격, 개인적 책임감, 삶에 대한 전망 등에서 비슷하게 출발할 수 있도록 생애 출발 점수들이 기회균등주의 기준을 충족시키고, 여기에 각자의 인생에 미치는 운(불운과 행운)의 영향을 교정시킬 수 있는지에 관심을 둔다. 그래서 종국적으로 그 결과가 어떠하건 그에 대한 책임은 자신이 지도록 할 경우엔 비교에 따른 공정이 이뤄졌다고 본다.[311]

파핏은 균등주의 원리를 설명하면서, "자신의 잘못 없이 다른 사람들보다 더 열악한 지위에 놓이는 것은 잘못된 일"[312]이라고 한다. 하지만 어떤 사람이 열악한 환경에 놓이게 된 원인이 전적으로 자신의 잘못에 있거나, 혹은 일부라도 그의 잘못이라면 어떻게 될 것인가.

균등주의자들이 염두에 두는 것은 인간 자체에 대한 공정한 처우(just treatment)일 수도 있고, 다른 한편으론 한 사람의 생애 중 일정 시기를 기준으로 고정된 얼마간의 자산을 주되 자신의 잘못된 선택으로 그 자산을 허비하는 등 제대로 활용하지 못하여 스스로의 복지 수준을 저하시키는 결과를 초래한 경우 더 이상의 공동체적 지원은 없다는 조건부일 수도 있다.

중요한 것은 각 사람은 자율적으로 삶을 계획하고 자신의 선택에 따라 삶을 살아갈 수 있도록 시작 단계에서 공정한 출발이 주어져야 한다는 것인데, 그렇기 때문에 각자가 인생을 살면서 자기 몫에 대하여 상당한 책임을 져야 하는 것이다. 따라서 제반 상황을 고려했을 때 어떤 결과가 출발 초기의 평등한 기회로부터 온 것이라면 사후적 평등의 달성을 강제하는 것은 바람직하지 않다고 볼 수 있는데, 왜냐하면 그런 결과를 그대로 두는 것이 공정의 차원에서는 바람직하기 때문이다.[313]

두 가지의 다른 접근은 개인의 책임 논쟁을 야기한다. 복지에서의 평등을 취하는 입장에서는 일단 공동체의 지원 여부를 둘러싼 고민은 없겠지만, 책임 내지 모럴해저드의 문제에서 자유롭지는 않다.

드워킨과 코언은 이른바 "운 균등주의(luck egalitarianism)"를 통해 이 문제를 다루었다. 운 균등주의는 개인의 선택이라는 경우를 넘어서 논리를 확장한다. 이 이론은 육체적으로 장애가 있거나 지적 수준이 낮은 사람들에게 균등을 실현하기 위한 보상을 요구하지만, 한편으로는 삶을 통해 사회적으로 용인되는 적절한 성품을 개발하지 않은데 대하여는 보상이 거부될 수도 있는 여지를 남긴다. 후자를 어떻게 평가할 것인지를 두고 합의를 이뤄내는 것은 사실 쉽지 않다.[314]

하지만 책임을 둘러싼 이런 쟁점들 중 일부에 대하여는 자기 선택과 행위의 결과에 대하여 책임을 지도록 주장하는 균등주의와 무관하게 제3의 독자적인 원칙들을 차용함으로써 어느 정도 해결할 수도 있을 것이다.[315] 드워킨은 일단 우리가 문자 그대로의 평등에서 한발 물러나야 한다고 한다. 만일 어떤 사람이 악운(惡運)에 의해 다른 사람보다 더 열악한 지위에 놓이게 되었다면 그에게는 평등이 회복되어야만 한다. 하지만 자신의 잘못으로, 혹은 합리적으로 볼 때 상당한 손실로 이어질 수도 있다는 선택을 본인이 하였고 그 결과 손실이 발생하였다면, 평등을 회복시켜 주어야 할 합리적 근거가 없다는 것이다.[316]

그런데 한 개인을 평가하기 위해서는 그 의도와 동기에 관한 상당한 양의 정보가 필요하고, 결국 결론을 내기에 충분한 정보를 찾기 어려울 수 있다는 비판이 가능하다. 더 심각한 문제는 그 이론을 적용하기 위해 해야만 할 윤리적 판정이다. 많은 경우 종국적으로 일어난 일에 대한 책임은 그 행위를 한 본인에게 있지만 그 밖의 다른 많은 요소들도 원인으로 작동한다. 이 때 어떤식으로 도덕적 판정을 내려야 하는가. 실패라는 결과를 초래함에 있어 본인의 잘못이 상대적으로 사소하다면 평등을 회복시켜 주어야 하는가, 아니면 그의 잘못에 책임을 묻고 그에 반비례하는 수준으로 평등을 회복시켜주어야 하는가? 물론 이런 유사한 문제들은 다른 윤리적 영역에도 많이 산재해 있는 것이 사실이나, 특히 이 이론에서는 피할 수 없는 당면 과제이다.[317] 그래서 앤더슨 같은 사람들은 운 균등주의의 문제점들은 해결될 수 없다고 비관적인 시각을 갖고 있기도 하다.

4.10

실질적 기회균등과 평평한 운동장

종종 현대 자유주의 사회의 핵심 이상으로 간주되는 실력에 기반한 기회균등 원칙은 학교, 직업, 공직 등은 가장 적합한 후보자들(the most qualified candidates)에게 돌아가야 하고, 그 기준은 오로지 전적으로 당해 직위에 적합한 재능과 능력을 고려해야 한다는 점으로 요약될 수 있다. 기회균등은 처음에는 인종, 종교, 민족, 성별과 같은 좁은 범위의 그룹에만 적용되었으나, 최근 들어서는 연령, 정신 및 육체적 장애, 성적 취향 등과 같은 카테고리도 포함하는 등 그 적용 범위를 넓혀가고 있다.

기회균등의 개념은 정치, 사회 및 윤리적 상황과 관련하여 이론적으로 확장, 발전되고 있는데, 사람들이 갖는 지위는 실력(mcrit)에 따라 분배되어야 한다는 의미로 쓰이기도 하고, 경우에 따라서는 사람들 사이에서의 차별을 종식하거나 인간의 사회활동 조건인 경기장을 평평하게 만들어야 한다는 뜻으로 쓰이기도 한다. 한 인간의 존재와 삶의 양식을 구성하는 다양한 내외적 조건들을 누림에 있어 자격의 제한을 두지 않을 때 기회균등이 이뤄진다고 할 수 있다. 따라서 원칙적으로 이 개념은 차별 받고 있는 사람들에게는 누구에게든지 적용되어야 한다는 점에서 대상에 제한을 두지 않는다.[318]

실력에 기반한 기회균등의 원칙은 세습 귀족들에 의한 통치나 사회적 지위들이 인종, 종교, 성별, 카스트, 나이 기타 계급에 의해 결정되던 전근대의 많은 사회들에서 볼 수 있었던 공통적인 관행들과 결별하는 상징이기도 하다.

다양한 사회적 내지 정치적 지위들이 당해 지위와 관련된 적절한 자질과 능력에만 기초하여 할당되는 한 그러한 경쟁은 공정한 것으로 간주된다.[319] 우리는 그러한 입장을 "실력 기반 기회균등원칙(equal opportunity merit principle)"이라 부를 수 있는데, 이것을 좀 더 간단히 정의하면 사회 내의 일정한 직위들은 그에 걸 맞는 자질이나 능력에만 근거하여 분배되어야 한다는 관점으로 정리할 수 있을 것이다.[320]

현대 자유주의 사회에서 이 원칙은 폭넓게 수용되고 있으며 균등주의에 비판적인 사람들도 이 점에 있어서는 공감대를 형성하고 있다. 비슷한 배경과 실력, 동기를 지니고 있는 모든 사람들에게는 다양한 사회적 및 정치적 지위를 위해 공정하게 경쟁하기 위한 동등한 기회가 주어질 것을 요구하고, 일단 지위들(positions)들이 그 지위에 적합한(relevant) 자격 내지 실력만을 유일한 기준으로 하여 할당되는 한 그 경쟁은 공정한 것으로 간주되는 것이다.[321] 이런 식으로 이해되는 기회균등은 일응 중립적 개념이라고 할 수 있다.[322]

하지만 어떤 이들은 이 원리가 지나치게 실력(merit)에만 초점을 맞추면서 실력 속에 있는 기본적인 차이점들을 간과하고 있다고 비판한다. 특히 실력 기반 기회균등 원리에 대하여 요행이나 혹은 정당하지 못한 수로 획득한 실력에 내재된 차이에 무관심하여 사회 내의 극심한 불평등을 시정하는 일에 나서지 않는다는 비판이 가해진다.[323]

부모 잘 만나 능력을 학벌로 보충하여 지위에 오르거나, 아예 성적 위조, 학력 위조 등으로 사회 명망을 얻고 공직(선출직)에 나가는 등 대외적으로 평가되는 실력 역시 기망적으로 이용되는 경우가 적지 않기 때문이다. 따라서 실질적인 기회균등이 되기 위해서는 '비교에 따른 공정(comparative fairness)'도 요구된다. 사람들 사이의 격차가 정당화되는 건 자신의 자유롭고도 책임을 지울 수 있는 선택의 결과가 그러할 때로 국한되고, 단지 운(luck)에 따른 격차가 되어서는 안 된다. 그렇지 않으면 그런 격차들은 불공정한 것이다.[324]

그러므로 어떤 이들에게 있어 균등한 기회란 단지 다양한 사회 및 정치적 지위를 놓고 공정하게 경쟁할 수 있는 기회가 주어지는 것뿐만 아니라, 경쟁 자체가 공평한 경쟁의 장에서 이루어지는 것까지를 의미한다. 이 입장에서 보면 기회균등은 사람들 사이에 활용 가능한 삶의 자원들(goods)이 고르게 분포되어 있는 "경기장 고르기(leveling playing field)"를 요구한다. 이런 주장은 사람들이 처하고 있는 자연적 및 사회적 상황들이 각자의 삶의 전망(their live's prospects)에 깊은 영향을 끼칠 수 있다는 임상적 연구결과들, 그리고 자신의 책임이 아닌 요인들로 인하여 차별을 받고 이로 인해 삶의 전망부터 격차가 생긴다는 것은 정의에 반한다는 규범 논리에 바탕을 두고 있다.[325]

이같이 평평한 운동장까지 요구하는 입장을 이름 짓는다면 일응 보장적 기회균등주의라 할 수 있을 것이다.[326] 모두가 참석할 수 있는 무도회를 여는 것은 얼핏 기회의 균등한 보장이 되는 것 같지만 일이 끝나지 않은 콩쥐나 무도회 복장을 갖추지 못한 신데렐라에게 그것은 진정한 기회의 보장이 될 수 없다는 점에서 기울어진 운동장을 평평하게 하는 선행과업은 반드시 뒤따라야 한다. 균등주의에서의 정의의 역할을 찾는다면 바로 이 지점이 될 것이다.

268. Dennis McKerlie(2013), op.cit., p.1562.
269. Larry S. Temkin (2013), "Equality of Opportunity", IN Hugh LaFollette eds, The International Encyclopedia of Ethics, Wiley-Blackwell, p.1702.; (Sen, 1980; Tempkin, 2009).
270. Dennis McKerlie(2013), op.cit., p.1562.
271. ibid.
272. ibid., p.1563.
273. ibid.
274. ibid. p.1564.
275. ibid., p.1569.
276. ibid., p.1564.
277. Robert Young(2013), op.cit., p.1691.
278. Dennis McKerlie(2013), op.cit., p.1564.
279. Robert Young(2013), op.cit., p.1694.
280. ibid., p.1695.
281. Dennis McKerlie(2013), op.cit., p.1565.
282. Robert Young(2013), op.cit., p.1691.
283. Larry S. Temkin (2013), op.cit., p.1703.
284. Dennis McKerlie(2013), op.cit., p.1569.
285. Larry S. Temkin (2013), op.cit., p.1702-3.
286. ibid., p.1703.
287. ibid.
288. ibid.
289. ibid., p.1704.
290. Robert Young(2013), op.cit., p.1692.
291. George W. Rainbolt (2013), op.cit., p.2872. The First Principle: Each person is to have an equal right to the most extensive total system of equal basic liberties compatible with a similar system for liberty for all.
292. ibid. The Second Principle: Social and economic inequalities are to be arranged so that they are both (a) attached to offices and positions open to all under conditions of fair equality of opportunity and (b) to the greatest benefit of the least advantaged.
293. George W. Rainbolt (2013), op.cit., p.2873.
294. ibid.
295. John Rawls(1999), op.cit., p.73-8.
296. George W. Rainbolt (2013), op.cit., p.2873.
297. ibid., p.2872.
298. Dennis McKerlie(2013), op.cit., p.1568.
299. ibid.
300. George W. Rainbolt (2013), op.cit., p.2873.
301. Dennis McKerlie(2013), op.cit., p.1563.
302. George W. Rainbolt (2013), op.cit., p.2873.
303. ibid.
304. 김대근(2010), op.cit., p.183.
305. ibid.
306. ibid., p.199.
307. 마이클 왈쩌, op.cit., p.147. FN31
308. ibid.
309. Dennis McKerlie(2013), op.cit., p.1569.
310. ibid., p.1570.
311. Larry S. Temkin (2013), op.cit., p.1704.
312. …it is wrong for some to be worse off than others through no fault of their own.

313. ibid.
314. ibid., p.1567.
315. ibid.
316. ibid., p.1566.
317. ibid., p.1567.
318. Larry S. Temkin (2013), op.cit., p.1701.
319. ibid., p.1706.
320. ibid., p.1707.
321. ibid., p.1701.
322. ibid., p.1702.
323. ibid., p.1707.
324. ibid., p.1702.
325. ibid.
326. ibid. 템킨은 이를 "egalitarian conception of equal opportunity"라고 한다.

제 5 장

공동체주의, 자유와 평등의 접점

요약

자유주의와 평등주의는 흔히 서로의 영역을 침범하지 않으면 존재할 수 없는 것으로 이해되고, 그러한 시각에서 평등주의자와 자유주의자는 영원히 화해할 수 없는 것처럼 보인다. 분배적 정의론에서도 이들의 입장은 확연히 갈린다. 자유주의자들은 종종 정의를 바탕으로 한 교정은 목적결과론(end-result theory)이 아니라 역사적 과정론(historical theory)이 되어야 한다고 주장한다. 자유주의적 입장에서는 시민적 책무나 선호들이 가족 및 사회 내에서 형성되고 따라서 이런 요인들에 의하여 강력하게 영향을 받고 있다 하더라도 국가 개입과 규제는 답이 아니라고 한다. 한 사회 체제의 정당성은 오로지 사람들이 자신들의 선호도 및 책무들을 평가하고, 변경하며, 인생 계획에 따라 변화시켜 나갈 수 있는 질서를 갖고 있는지 여부에 달려 있을 뿐이라는 것이다. 공정한 이전론(theory of just transfers)은 누가 자발적 이전을 통해 다른 사람으로부터 X를 취득하고, 그 이전행위가 있기 전 양도인이 X에 대하여 자격을 갖고 있었다면, 그 사람은 공정한 이전(just transfer)을 통해 X에 대한 자격을 갖는다는 것이다.

그러나 자유를 실질적인 자율성으로 보는 시각에서는 현실적 경험에 주목하도록 호소한다. 이 입장에서는 다수의 사람들에게 자율성의 실현에 필요한 금전적 재화가 돌아가지 못하도록 하는 결과를 방치하고 있는 자유주의적 사회란 실제로 충분한 자유를 주는 사회로 인정할 수 없다. 우리가 가치 있다고 여기는 것을 얻어내는 것과 자유는 별개가 아니다. 공동체주의자들에 의하면 인간이 실제로 경험을 하는 것들, 예컨대 충성심, 애착 및 역사성 등과 무관하게 설정한 인간성은 우리의 정체성들에 대한 이해를 불가능하게 만든다. 샌델은 그와 같이 "본질적으로 진공상태와 같은 자아들"을 가지고는 우리의 실질적 삶을 엮을 수 있는 이성들을 만들어내지 못할 것이라고 주장한다. 자유주의적 자아의 개념은 권리를 자아의 핵심으로 너무 강조하는 나머지 "선에 대한 권리의 우위(the priority of the right over the good)"에 기초하여 우리의 삶을 좋게 만드는 '선'도 권리라는 이름으로 제한할 수 있어야 한다는데까지 이르는데 문제가 있다. 매킨타이어는 자유주의 사회는 진정한 의미의 정치공동체가 아니라 "최소의 제약 하에서 자신의 이익을 추구하고 있는 이방인들의 집합체"에 불과하다고 비판한다. 그 안에서는 선이 사유화되고, 정치적 정의는 이방인들 사이의 공정한 거래나 분배를 보장해주는 것에 지나지 않는다는 것이다.

또 하나 자유주의에 대한 유력한 반론 중의 하나는 자유주의에 동등한 시민적 및 정치적 권리들이 당연히 수반되는 것은 아니라는 것이다. 국가가 그 역할을 폭력, 사기, 계약위반, 절도로부터의 개인 보호에 국한하여야 한다는 야경국가(a night watchman state)의 기능 수행에 머문다 하더라도, 누가 야경꾼(watchmen)들이 될 것인가 하는 문제는 여전히 남아있고, 따라서 야경꾼들을 선출하는 일 역시 중요한 일이 아닐 수 없기 때문에 그 과정에서의 정치적 권력의 집중, 배분, 행사는 계층과 개인별로 다를 수 있음을 간과해서는 안된다.

국가라는 공동체는 시민들이 그 공동체를 사랑할 만한 특별한 이유를 제시해야만 한다. 그 첫걸음은 일단 내가 공동체의 성원(成員)이라는 사실이 확인되는 데서 시작한다. 자유주의적 사고하에서는 공적 부조의 권리를 주장하고, 의무를 부담하는 성원권을 생각하는 것이 어렵다. 자아에 대한 자유주의적 개념에 대한 고집은 특정한 정치적 공동체에 속해 있는 구성원의 지위에서 나오는 독특한 시민적 의무들 조차 이해하기 어렵게 만들기 때문이다.

그런데 많은 점에서 공동체주의는 사실 자유주의에 대항하는 추론서의 하나의 주의(主義)나 사고 체계라고 하기는 어렵다. 이것은 오히려 자유주의적 전통이 갖고 있는 일정한 한계를 교정하는데 그 의도가 있다고 보는 것이 맞을 것이다. 공동체주의적 비판이 있음으로 인해 자유주의적 담론은 그 반경을 더 넓힐 수 있었다. 다문화주의, 민족주의, 시민의 덕성, 공화주의와 자유주의를 연결시켜 보려는 다양한 정치이론에 대한 시도는 공동체주의적 비판에 힘입은 바 크다고 할 수 있다. 이렇게 볼 때 공동체주의는 실은 자유주의가 극단적 개인주의를 포기하고 한 걸음 물러 나면서 형성된 자유와 평등의 접점으로 이해할 수 있다.

5.1

분배적 정의의 정당성, 과정인가, 결과인가

현대 정치 이론에서 두 가지 중추적인 해석적 개념은 평등과 자유이다. 자유주의란 용어는 프랑스 혁명을 계기로 본격적으로 쓰이기 시작했다. 그런데 프랑스 혁명의 이념적 바탕이 된 이 계몽주의 정신에 의해 인간의 목적론적 본성 및 공동체가 갖는 역사 현실적 전통과 그 내용이 부정되면서, '개인'의 개념이 자리를 잡게 되었다. '개인'의 개념은 개인의 자유와 권리를 다른 어떤 가치보다 중요한 것으로 보고 그것을 확장시켜, 또한 법과 제도, 국가 장치 등을 그에 맞게 바꾸어 왔다.

자유주의적 입장에서는 시민적 책무나 선호들이 가족 및 사회에서 형성되고 따라서 이런 요인들에 의하여 강력하게 영향을 받고 있다 하더라도 국가 개입과 규제는 답이 아니라고 한다. 한 사회 체제의 정당성은 오로지 사람들이 자신들의 선호도 및 책무들을 평가하고, 변경하며, 인생 계획에 따라 변화시켜 나갈 수 있는 질서를 갖고 있는지 여부에 달려 있을 뿐이라는 것이다.[327]

바로 이러한 개인의 자유와 권리에 대한 법적 현실화가 프랑스 혁명에 의해 이루어지게 되고, '자유주의(liberalism)'이란 용어도 프랑스 혁명 이후 나폴레옹에 의해 전 유럽으로 퍼져 나갔던 것이다.[328] 그런데 자유주의와 평등주의는 흔히 서로의 영역을 침범하지 않으면 존재할 수 없는 것으로 이해되고, 그러한 시각에서 평등주의자와 자유주의자는 영원히 화해할 수 없는 것처럼 보인다. 분배적 정의론에서도 이들의 입장은 확연히 갈린다. 자유주의자들은 종종 정의를 바탕으로 한 교정은(the correct theory of justice)은 목적결과론(end-result theory)이 아니라 역사적 과정론(historical theory)이 되어야 한다고 주장한다.[329]

역사적 정의론은 한 사회의 자산 배분의 정의는 그 자산이 어떻게 배분되었었는지 즉, 그 분배의 성격에 의해서만 결정될 뿐이라고 한다. 목적결과론은 분배의 정의는 적어도 부분적으로는 분배의 형태에 의하여 결정된다. 유형적 정의론들은 분배의 공정성은 사람마다 다른 개별적, 구체적 몇 가지 특성에 맞추어 얼마나 잘 분배되었는지 여부에 따라 결정된다고 보는 까닭에 목적 결과론에 해당한다. 평등주의와 공리주의도 목적결과론의 하나이지만 개인적 특성에 따라 조율하지는 않는다. 이들은 분배 자체에 일정한 성격(예, 평등이나 효용의 극대화)이 포함되어 있다면 그것으로 분배는 정의롭다고 보는 것이다.[330]

5.2

노직의 역사적 정의론

역사적 정의론의 입장에서는 대상을 세 부분으로 더 나누어 볼 수 있다. 공정한 초기의 분배이론(a theory of just initial distribution), 공정한 양도이론(a theory of just tansfer), 그리고 공정한 교정이론(a theory of just rectification)이 그것이다.[331] 첫 번째는 초기의 자산분배는 어땠어야만 했는가에 대하여 다룬다. 두 번째 이론은 개인들이 다른 사람들과 자산을 어떤 식으로 교환하거나 이전할 수 있는가에 관하여 다룬다. 세 번째 이론에서는 초기의 자산분배가 불공정하였다던지, 또는 이전에서의 불공정이 있다면 정의적 차원에서는 무엇을 하여야 할 것인지를 말한다.[332]

노직의 초기분배의 공정론에 의하면 만약 어떤 사람이 자산 X를 갖고, 그가 X를 갖는 것이 X에 대하여 다른 누구의 권리도 침해하지 않는다면, 그 사람은 X에 대하여 소유권을 갖는다. 노직은 사람들이 자신들의 자연적 자산(natural assets)에 대하여 소유권을 가질 자격이 있음을 보여주는 것이라고 주장한다. 그리고 나서 그는 누가 X에 대한 자격을 갖는다면, 그는 X로부터 유래하는 어떤 것에 대하여도 역시 자격을 갖는다고 한다.[333]

노직의 공정한 이전론(theory of just transfers)은 누가 자발적 이전을 통해 다른 사람으로부터 X를 취득하고, 그 이전행위가 있기 전 양도인이 X에 대하여 자격을 갖고 있었다면, 그 사람은 공정한 이전(just transfer)을 통해 X에 대한 자격을 갖는다는 것이다. 자발적 이전들(voluntary transfers)은 물리적 강제나 사기가 없이 이루어진 이전을 말한다(without force and fraud).

마지막으로 노직은 자격 내지 소유(entitlements)는 불가침의 권리들로서 다른 고려 요인들 예컨대, 평등이 자격을 뒤엎을 수는 없다고 한다.[334] 노직은 유명한 스타급 농구 선수의 예를 들면서 유명한 농구선수가 기량과 실적에 따라 댓가를 받을 수 있는 자유를 제약하는 것은 불공정하다고 주장한다.

자유주의자들의 이러한 논리는 이전행위의 상당수를 승인하는 경향을 보임으로써 파레토 열위의 문제(Pareto inferiority problems)들을 최소화하는 것으로 보인다. 또한 자유주의적 사회에서는 분배를 개인의 수고(effort)에 따르도록 함으로써 유인동기의 감소 논쟁을 비켜갈 수 있는 것으로도 보이지만, 한편으로는 개인적 능력에 의하여(혹은 능력이 없이) 상당히 영향을 받는 분배가 가져오는 잠재적 문제점들에 봉착할 수 있다.[335] 또한 자유주의적 정의론은 자유에 너무 많은 가중치를 둔다는 지적이 있다.

역사적 정의론은 초기의 공정한 분배와 공정한 이전의 원리들은 현실세계에서는 부적절하다는 비판을 받고 있기도 하다. 모든 사회들 속에 실재하는 자산 분배의 현재적 형태는 불공정한 이전(移轉)에 의해 깊숙한 영향을 받아오고 있다는 것이다.[336]

5.3

자유는 실질적 자율이어야 한다.

이사야 벌린(Isaiah Berlin, 1909-1997)에 의하면 자유는 두 가지 개념으로 우선 나뉘어 진다. 소극적 자유와 적극적 자유가 그것이다. 전자는 '타인에 의한 간섭의 부재'를, 후자는 '자기지배'를 핵심으로 한다. 후자는 개인이 자기자신의 주인이 되고자 하는 욕구에서 나온다.

벌린은 적극적 자유를 이렇게 설명한다.

"나는 나의 삶과 결정들이 어떤 외부의 힘에도 의존하지 않고 오직 내 자신에 의해서만 유지되고 이루어지길 바란다. 나는 타인이 아닌 내 자신의 의지에 따르는 수단이 되고자 한다. 나는 객체가 아니라 주체가 되기를 바란다. 나는 밖에서 나에게 영향을 미치는 여러 원인들이 아니라 나 자신의 것인 나의 이성, 그리고 내가 의식하는 목적에 의해서만 움직여지기 바란다."[337]

그러나 여기서 벌린의 자유는 무한정의 자기지배의 표출도 아니고, 다른 어떤 가치들에 우선하는 지고의 선도 아니다.

"자유는 자유일 뿐 평등, 공평, 정의, 문화, 인류의 행복, 마음 깊은 곳의 양심 등 그 어느 것과도 동일한 것이 아니다. 만일 내나라, 내 계급 또는 내 나라가 자유를 누리는 대가로 다른 사람들이 비참한 지경에 빠져야 한다면, 그런 식으로 자유를 증진하는 체계는 부도덕이며 불의이다."[338]

한편 자유를 소극적 자유와 적극적 자유로 양분하는 것에 더하여 '비지배'나 '자의적인 지배의 부재'로 보는 관점도 있다. 이들은 특히 홉스의 소극적 자유론의 전통에 서 있는 현대의 소극적 자유이론가들을 향하여, 부자유의 근거에 대하여 어떠한 형태의 간섭도, 그가 친절한 거인이든 자비로운 남편이든 자유를 침해한다고 주장한다.

소극적 자유의 이론적 토대를 제공한 것으로 이해되는 홉스가 인용했던 고전은 '도시의 자유' 내지 '국가의 자유'였지 '특정 개인의 자유'가 아니었다는 것이다.[339] 진정으로 개인에게 자유를 돌려주어야 한다는 이 입장은 외부의 간섭과 규제에 가장 격렬하게 반응하며, 설령 그것이 공동체주의라 하더라도 마찬가지이다. 이들은 자유로운 개인의 권리가 가장 잘 실현되는 정치체제를 공화정에서 찾는다.

비지배적 자유의 대표적 옹호론자인 스키너는 임의적 자유재량권없는 정치체제, 자의적인 지배가 없는 정치체제만이 개인의 자유를 보장한다고 보았다.

즉 "자의적 권력을 소유하고 있다는 바로 그 사실이 지속적인 시민권의 향유가 언제나 지배자의 선의에 달려 있다는 것을 의미한다"고 본 것이다. 즉 "타인의 의지에 따라 사는 신민들은 자유롭고 행복하다고 해도 이미 노예상태에서 사는 것이라고 주장한다."[340] 이러한 비지배적 공화정의 이념은 일반적으로 키케로의 저술에 그 바탕을 두고 있다고 알려져 있다.[341] 공화주의적 자유 관념에 따르면, 내가 외부의 간섭에 대해 탄력적으로 보호받고 있고, 타인들과 함께 살아가는 공동체의 한 시민으로서 평등한 지위를 보장받고 있다고 타인들에 의해서 인식될 때에만 나는 자유롭다.

그러나 공화주의 내에서의 자유민으로서의 정체성 향유는 공화정적 시민의 책무의 이행으로서 얻어진 역사적, 상황적 산물이라는 점을 간과하고 그 결과만을 보는 것이라는 비판을 면할 수 없다. 또한 자유주의에 대한 유력한 반론 중의 하나는 자유주의에 동등한 시민적 및 정치적 권리들이 당연히 수반되는 것은 아니라는 것이다. 국가의 규제가 최소화될 때 모든 시민들이 동등한 정치적 권리를 누릴 수 있다는 주장이 타당할까? 오히려 자유주의는 공정한 국가란 가능한 개입을 하지 않아야 한다고 보기 때문에 이런 권리들이 갖는 중요성을 간과하는 경향으로 기울기 쉽지 않을까? 국가가 그 역할을 폭력, 사기, 계약위반, 절도로부터의 개인 보호에 국한하여야 한다는 야경국가(a night watchman state)의 기능 수행에 머문다 하더라도, 누가 야경꾼(watchmen)들이 될 것인가 하는 문제는 여전히 남아있고, 따라서 야경꾼들을 선출하는 일 역시 중요한 일이 아닐 수 없기 때문에 그 과정에서의 정치적 권력의 집중, 배분, 행사는 계층과 개인별로 다를 수 있다.[342]

그래서 자유를 실질적인 자율성(effective autonomy)라고 보는 시각에서는 현실적 경험에 주목하도록 호소한다. 이 입장에서는 다수의 사람들에게 자율성의 실현에 필요한 금전적 재화가 돌아가지 못하도록 하는 결과를 방치하고 있는 자유주의적 사회란 실제로 충분한 자유를 주는 사회로 인정할 수 없다.[343]

아마르티아 센에 따르면 자유가 가치 있는 것은 첫째 자유가 있음으로 인해 보다 많은 기회가 주어지기 때문이다.[344] 우리가 가치 있다고 여기는 것을 얻어내는 것과 자유는 별개가 아니다. 이는 가치 있는 것을 얻지 못한다면 그 자유는 가치 있는 자유가 아니라는 말이 된다. 또 하나 자유는 선택 과정에서의 자율성에 초점을 맞추어 이해할 수 있다. 전자를 '성취할 수 있는 자유(freedom to achieve)'로 본다면, 후자는 선택 절차에 주목하는 과정지향적 자유라 할 수 있다. 그런데 노직과 같이 권리의 절대성을 강조하면서 선택의 자유, 즉 절차에만 집착하게 될 경우 결과적으로 가치 있는 것을 얻어낼 수 있는 자유의 성취적 측면은 소홀히 여겨지고 만다.[345] 센에게 있어 역량이라는 것은 실제로 개인이 가치 있다고 생각하는 목표를 추구할 수 있는 기회를 의미한다는 점에서 곧 '성취할 수 있는 자유'와 직결된다. 역량 접근은 단지 사람들이 가지고 있는 자원이 아니라 인간의 삶에 초점을 맞춘다는 점에서 개인이 가치 있게 여기는 행동할 수 있는 '실제의' 능력에 주목하고, 이를 통해 실질적인 자유를 확보하고자 하는 것이다.[346]

5.4

테일러와 샌델의 자유주의적 자아에 대한 비판

자유주의에 대한 비판론자 중의 한 명인 찰스 테일러(Charles Taylor, 1931-)는 현대 문화는 주관주의로 침몰하고 천박한 삶의 양태에 불과한 나르시시즘 문화로 전락하였다고 지적한다. 사람들은 사회적 원자주의로 향해 달려가고, 역사, 전통, 사회, 자연, 신 등을 소홀히 대하고 극단적인 인간중심주의(anthrocentrism)에 빠지고 말았다.[347] 다시 말해 인간 중심주의는 인간 주위의 존재들, 전통, 자연, 신 같은 모든 지평들을 철폐시켜서 현대인들에게 의미의 상실감을 안겨주고 말았다는 것이다.[348]

테일러가 진심으로 걱정하는 일은 파편화 현상이다. 사람들이 자신을 점점 더 원자주의적으로 보게 될 때, 연대감을 상실하게 될 때 파편화가 생긴다. 구성원이 자기가 속한 정치 사회를 자신의 공동체로 받아들이기가 점점 더 어려워지는 사회가 바로 파편화된 사회이다. 사회에 대한 자기 동일화의 결핍은 사회를 순전히 도구적으로만 보게 되는 원자주의적 태도를 반영하고 있는 것이다.[349]

테일러는 자아를 사회적 모체 안에서만 존재하는 것으로 보았다. 인간은 태어나면서부터 사람들과 더불어 살며, 부모 등 가족과 관계 속에서 성장하는 인간은 사람들과의 대화적 관계 속에서 자기정체성을 확립한다. 그는 결코 고립된 원자적 존재가 아니다.[350] 그에 의하면 인간은 공동체적 존재, 특히 언어 공동체의 일원으로 자기 정체성을 형성하는 과정에서 공동체 내의 가치관과 공동선으로부터 결정적 영향을 받는다. 자아는 생물학적 존재로 결정되는 것이 아니라 선(good)의 방향을 탐색하고 발견하는 중에 형성되는데, 이 탐구란 언어 속에서 구성되는, 다시 말해 "대화의 망들"에서만 이뤄진다. 어려서부터 대화의 공간 속에서 도덕적 및 정신적 식별 언어를 배우고, 혁신도 이 공간에서 일어나는 까닭에 공동체를 전제하지 않으면 안 되는 것이다.[351] 마이클 샌델(Michael Sandel, 1953-)도 자유주의가 갖는 함정을 지적한다. 그는 자유주의적 자아의 개념은 권리를 자아의 핵심으로 너무 강조하는 나머지 "선에 대한 권리의 우위(the priority of the right over the good)"에 기초하여 우리의 삶을 좋게 만드는 '선'도 권리라는 이름으로 제한할 수 있어야 한다고 보는 시각으로까지 이어지는 것에 문제가 있다고 본다. 샌델에 의하면 "선에 앞선 권리(right before the good)"라던가 "목적에 앞선 자아(self before its ends)"라는 생각은 '어떤 한 인간'이라는 개념을 미리 염두에 두지 않고서는 불가능하다. 다시 말해 '목적 보다 우선 자아를 생각해야 한다'는 사고는 우리가 정의에 관해 이야기할 때 각자의 능력과 수준을 먼저 염두에 둔다는 걸 뜻한다.

그런데 어떤 이는 매우 경건하고 금욕적으로 살고, 반면 다른 이는 감각적 쾌락에 젖어 살 수도 있다. 선에 대한 이런 식의 저마다 특별한 주관적 이해들이 정의에 관한 사람들의 입장에 영향을 미쳐서는 안 됨에도 샌델에 의하면 자유주의는 목적에 소홀하다는 것이다. 목적은 우리의 특별한 정체성을 구성하는 요소이기에 어떤 선택적 상황에 처했을 때 목적을 모른다면 매우 당혹할 수 밖에 없다. 샌델은 자유주의 이론에서 선택적 상황에서 정의를 생각해야만 한다고 전제하는 이유는 바로 이런 어려움을 해결하기 위한 것이라고 한다. 그에 따르면 롤스의 원초적 지위(original position)는 예컨대 우리가 우리의 성, 수입, 계급, 직업, 배우자 관계, 종교 또는 인종에 관하여 어떤 것도 정해지지 않은 미확정의 상태를 가정하였을 때 우리가 선택할 정의의 원리들을 상상하고 제시하는 표현도구인 것이다.

5.5 자아는 진공상태에서 존재하지 않는다.

과도한 자유주의에 대한 비판으로 등장한 공동체주의는 세 가지 시각으로 자유주의의 문제점을 지적한다. 첫 번째로 공동체주의자들은 정의에 관한 자유론적 시각들은 과도하게 개인적 자아론을 전제로 한다고 지적한다. 이 시각에 의하면 자유적 정의론은 사람들을 고립되고 원자화된 개인 내지 자조형으로 상정함으로써 자신들의 선호를 스스로 결정하고, 책무의 근거를 어디에고 두지 않는다고 한다. 공동체주의자들은 자유주의에 입각한 정의론 중 상당수가 인간의 선호나 책무란 그들이 속한 가족 및 사회를 떠나서 형성될 수 없다는 점을 간과하고 있다고 비판한다.[352]

이런 주장의 핵심에는 윤리적 판단에 필요한 도덕적 어휘는 공동체로부터 나온다는 생각이 깔려 있다. 자아를 규정하고 사회적 역할에 표현을 부여하는 언어의 역사로부터 자아와 그 역할을 분리하는 것은 실제로 잘못된 것이다.[353]

따라서 공동체주의에서는 홉스와 로크 식의 사회계약론 전통에서 주장하는 "원자론(atomism)"적 성격을 거부한다. 그리고 인간이 자연상태에서 어떠한 정치적 공동체에 속하지도 않은 역외의 존재였다고 상정하면서 공동체와 무관한 개인이 도덕적 평가를 할 수 있는 능력이 있다는 사회계약론식 가정도 배척한다. 공동체주의적 관점에 의하면 우리가 행동이나 사회적 정의의 윤리적 질적 판단을 완전히 불편부당하게 객관적으로 할 여지는 없다고 한다.

공동체주의자들에 의하면 인간이 실제로 경험을 하는 것들, 예컨대 충성심, 애착 및 역사성 등과 무관하게 설정한 인간성은 우리의 정체성들에 대한 이해를 불가능하게 만든다. 샌델은 그와 같은 "본질적으로 진공상태와 같은 자아들(essentially unencumbered selves)"을 가지고는 우리의 실질적 삶을 엮을 수 있는 이성들을 만들어내지 못할 것이라고 주장한다.[354]

테일러의 다음과 같은 설명은 공동체가 갖는 도덕적 어휘의 생성능력을 잘 보여준다.

나는 인간 생활의 일반적 특징은 기본적으로 서로 대화를 나누는 특성에 있음을 환기시키고자 한다. 인간의 풍부한 표현 언어들을 획득함으로써 우리 인간들은 자기 자신을 이해하고, 따라서 인간 고유의 자기 정체성을 규정하는 원숙한 행위자들이 된다....하지만 우리들은 타인들과의 의사의 교환을 통해서 비로소 이런 언어들 속으로 이끌려 들어가는 것이다. 아무도 자기정의(self-definition)에 필수적인 언어들을 자기 혼자서 습득할 수는 없다....인간의 마음은 이런 의미에서 결코 '독백적(monological)'으로 이뤄지는 것이 아니라, 상호 대화의 과정에 의하여 생성되는 것이다...우리 자신이 무엇이어야만 하는가를 묻는 정체성의 정의와 같은 중요한 문제들은 혼자의 사색만으로 해결되는 것이 아니다. 우리는 언제나 대화를 통하여, 또는 우리에게 의미 있는 타인들이 우리들 마음 속에 각인시키고자 하는 다양한 정체성들과 격렬한 논쟁을 벌여 가면서 우리의 정체성을 규정하고 만들어가는 것이다....독백적인 이상을 고집하는 사람들에 의하면 우리들은 부모님의 영향을 잘 이해하고, 그에 대한 통제력을 가지고 더 이상의 종속에서 벗어날 수 있도록 충분히 최대한 자신을 독립적으로 형성하도록 노력해야 한다고 한다. 물론 타인들과의 관계는 자아를 실현하기 위해 필요하다. 그러나 자신의 정체성 확립은 오직 자신만이 스스로 결정해야 한다고 그들은 주장한다. ...나는 이런 입장이 인간 생활

에서 대화 기능의 위상을 심각하게 격하시키고 있다고 생각한다.[355]

한마디로 역사와 공동체로부터 유리된 추상적 인간을 상정하는 것, 적어도 윤리적 판단을 할 수 있는 인간으로 그런 전제를 시도하는 것은 잘못이라고 보는 것이다.[356]

5.6

공동체주의 대두의 배경

공동체주의는 개인보다는 공동체가 철학 및 정치적 관심사의 우선순위에 두어져야 한다고 주장한다. 현대의 공동체주의자들 역시 개인의 중요성을 인정하지만, 개인의 삶의 도덕적 중요성은 그가 속한 공동체들과 불가피하게 엮일 수 밖에 없다고 생각한다.

공동체주의자들은 도덕적 판단(moral judgment)은 사회적 관행(social practices) 및 사회적 차원에서 개인이 그 나름대로 이해하는 방식을 참조하지 않고는 불가능하다고 본다. 이들이 보기에 자유주의는 이론적으로나 실제에 있어서 개인들로부터 나오는 권리에 토대한 주장들(rights-based claims arising from individuals)을 지나치게 과장하는 반면, 사회적 차원에서 제기되는 도덕과 정치적 주장들을 부당하게 깔아뭉개는 경향이 있다. 거의 권리 중심적으로만 전개되는 자유주의는 이런 점에서 정치적 공동체들 속에서 개인들이 져야 할 책임과 의무에 관한 주장들을 젖혀 놓는 결과를 초래한다.[357]

공동체주의 이론 중 정의와 관련된 것들은 상당부분 롤스의 주장에 대응하여 이루어진 성격이 짙다. 공동체주의가 본격적으로 학문적으로 발전을 맞게 된 시기는 1980년대 및 1990년대 들어와 매킨타이어(Alasdair MacIntyer, 1929-), 샌델, 테일러 및 마이클 왈쩌같은 저명한 철학자들에 의해 이론이 전개되면서부터였다고 할 수 있다.

하지만 가장 일반적인 의미에서의 공동체적 사고는 아리스토텔레스

(Aristotle)에게까지 거슬러 올라갈 수 있는데, 그는 〈정치학, Politics〉에서 개인적 역량이 온전히 발전하기 위해서는 일정한 정치적 공동체를 전제로 해야만 가능하고, 이 점에서 "도시는 우리 각자에 앞서는 것(the city is prior to...each of us)"라고 설명한 바 있다. 근대 철학자들 중에서 공동체주의에 가까운 사람은 헤겔(Georg Wilhelm Friedrich Hegel, 1770-1831)이라고 할 수 있는데, 그는 도덕적 이상(moral ideals)을 사회적 관행(social conventions)으로 설명하고 있다.[358] 헤겔은 프랑스 혁명 이후의 발생한 혼란과 참상의 원인으로 루소의 자유주의적 이론을 지목하여 혁명의 "시도를 가장 소름 끼치고 끔찍한 사건으로 만든" "몰이념적인 추상들"이라고 비판하였다.[359] 그러면서 "국가의 자유에 대한 유일한 규정이 개별적 의지의 원리에 기초하고 있다면, 국가는 국가적 일이나 국가와 관련된 모든 사안에 대해 일일이 모든 개별자의 동의를 구해야만 한다. 그렇다면 거기에는 본래적인 의미에서 어떤 헌법도 있을 수가 없다."[360]고 루소의 주장에 내포된 극단적인 개인주의의 문제점을 지적하였다.

5.7

모든 이익은 동등한 가치인가

공동체주의자들에게 있어 도덕적 능력이란 사람을 성숙한 존재로 인정하는 어떤 표지를 써서 그 사람의 심리와 성품의 질을 평가하듯, 특정 공동체들 사이에서도 정의되고 함양된 기준에 의해 평가가 가능하다.

"도덕적 주체(moral subject)"가 되기 위해서 인간은 "선과 악, 정의와 불의에 관한 언어와 담론이 있는 공동체"[361] 안에 살아야만 한다. 인간은 사회적 동물이라는 말을 공동체주의자들은 "합리성을 발전시키고, 온전한 도덕적 주체가 되며, 책임감 있는 자율적 존재가 되기 위해서는 사회 속에서의 삶이 필요조건"[362]인 존재로 이해한다. 비록 자유주의에서도 일정한 유형의 공동체를 상정하고 있기는 하지만 어떠한 가치를 끌어내고자 하는 자유주의 식의 시도는 굳이 특정 공동체가 현존하거나 그것이 있어야만 한다고 가정하는데 까지는 이르지 않는다. 반면 공동체주의자들에게 있어 도덕적 지식 및 도덕적 이성은 그런 도덕적 어휘들을 만들어내고 유지하는 특정 공동체들에게 의존하는 것이다.[363]

매킨타이어는 오늘날 우리에게는 우애, 인간 공동체, 도시국가가 인간존재의 본질적 구성요소라는 생각이 낯설기 짝이 없지만, 과거 폴리스 공동체 내에서의 우애, 공동체, 시민권 등이 인간존재의 본질적 양상들이라는 사실은 논쟁의 여지가 없다고 지적한다.[364] 또한 공동체주의에 기반한 정의론들은 공동선이 갖는 윤리적 및 정치적 의미를 통해 개인적 및 사적 이익들은 모두 동등한 가치를 갖는다는 자유주의적 사고를 반박한다.

"공동체주의 플랫폼(communitarianism platform)"이라는 개념을 꺼냈던 아미타이 에찌오니(Amitai Etzioni, 1929-)는 다음과 같은 전제를 깔면서 "대응적 공동체주의(responsive communitarianism)"에 관한 정의를 내린다.

"우리는 자율과 공동선이라는 두 개의 핵심적 가치들의 상충에 직면해 있다. 그리고 그 중의 어느 것도 선험적으로 다른 것에 비해 우월하다고 여겨져서는 안 된다. 그리고 그 목적은 이런 갈등들을 제거하는 것이 아니라 해결하는데 쓰일 수 있는 원리들과 과정들을 발견하는데 있다."[365]

우리는 여기서 공동체주의가 갖는 장점 하나를 발견할 수 있다. 즉 공동체주의는 문제 제거가 아닌 문제 해결에 초점을 맞추고 있다는 것이다. 정치적 논쟁과 이념 대결이 실패하고 마는 이유는 문제 자체를 없는 것처럼 외면하거나, 아니면 아예 없애보려는 극단성에서 오는 것은 아닌지 돌아볼 필요가 있다. 공동체주의자들의 관점에서는 문제를 문제로 보지 않거나, 세상이 온통 문제만으로 가득 차 있는 것처럼 보는 자세로는 정의를 현실에서 추구하는데 모두 장애가 될 뿐이다.

5.8

사회적 접착제

반면 어떤 자유주의자들에게 공동체는 부당한 개입이자 간섭의 공간이다. 공동체주의에 따라 붙는 가치지향성, 예컨대, 도덕적 각성 운동에 대하여 자유주의자들은 신 청교도주의 운동으로 폄하하면서, 이것이 개인의 자유, 사생활 및 개인적 권리들을 침해할 것이라고 우려하고 비난한다. 관용이 결핍된 것이라고도 한다.[366] 이런 시각에 대하여 에치오니는 반은 맞는 말이지만, 나머지 반은 그들이 어떻게 생각하느냐에 따라 맞기도 하고 틀릴 수도 있다고 한다. 즉, 타인에게 충성 서약을 강제하고 응하지 않는 경우 공동체에서 따돌림을 하는 등 근본주의적 행동이 지배하는 경우라면 자유주의자들의 지적이 옳지만, 음주운전을 옆에서 말리는 것까지 부당한 간섭이 될 수는 없다는 것이다.

타인에 대한 사고의 발생의 위험, 즉 사회적 해악의 방지라는 공리주의적 평가를 떠나서도 "친구들은 친구들이 음주운전 하도록 놔두지 않는다"[367]는 사고는 용인되어야 하는 것이다.

세상과 스스로를 절연시켜 매사에 초연한 체 하는 무관심은, 그 본질이 이기심에 있다는 점에서, 은밀한 사적 영역에까지 참견하길 좋아하는 속성과 사실 동전의 양면과 같은 것이다.

그러나 공동체주의적 사고는 이와 거리가 멀다.[368] 한 공동체의 도덕적 질서의 재구성에서 가장 우선적이며 중요한 것은 보편적으로 인정되는 가치에 부합하는 구성원들의 행동에 대하여 비공식적인 지지를 보낸다는 것이다.[369] 책임감 있게 행동할 때 사람들은 만족함을 느끼고, 그렇지 않을 때 불편한 뭔가를 느낀다. 사회적으로 공유되어 있는 내면화된 가치들과 양식을 에치오니는 사회적 접착제(social glue)라 부른다.[370]

에치오니에게 새로운 도덕은 사상의 자유나 표현이 아닌 "행동(behavior)"에 집중한다. 도덕적 각성이 "사상적 경찰"을 부르자고 주장하는 건 아니라는 것이다. 우리는 인종차별적 욕설, 성적 수치심을 유발하는 말들, 심지어 포르노까지 허용해야 할지, 말지를 놓고 논쟁을 할 수 있다. 그러나 그것이 남들을 괴롭히고, 오염시키며, 공동체의 가치를 침해하는 행위로 이어질 때 그 구성원들은 분연히 일어서서 모호하지 않게 단호하게 말 할 수 있는 권리가 있다. 그는 권리(Rights)와 옳음(Rightness)은 구분되어야 한다면서 다음과 같은 비유를 든다.

한 백인 남성이 술에 취해 캠퍼스 한 복판에서 인종차별적 욕설을 큰소리로 해 댄다고 치자. 대부분의 공동체주의자들 역시 이 때 경찰을 불러 이 남자를 체포함으로써 문제를 해결해야 한다는 식으로 여기지는 않는다. 그런데 표현의 자유는 반론으로부터의 자유까지 포함하지 않는다. 그리고 이런 사람에게는 주변의 사람들이 죽 늘어서서 그 말과 태도가 얼마나 저열한 것인지 한마디씩 해 주는 것이 보다 효과적이고, 정당하며, 공동체적인 반응일 것이라는 것이 에치오니의 주장이다.[371]

도덕은 개인의 양심, 사회 및 공동체의 목소리, 그리고 국가, 이 세 가지 요소가 상호 작용하는 영역으로 서로 보완적이다. 이 때 법은 공동체의 핵심 가치를 훼손하는 행위(예컨대, 아동학대, 오염물질 배출, 자녀유기, 불량식품제조...등)에 대한 최종 호소 수단으로 국가의 강제력을 수반할 뿐 아니라 공동체에 도덕적 신호를 주는 기능을 한다. 이로써 '법은 도덕의 최소한'이라는 명제가 확인되는 것이다.[372]

5.9

매킨타이어의 도덕적 공동체 회복

1981년 발간한 그의 저서 〈미덕에 대한 추구, After Virtue〉 에서 매킨타이어는 자유주의 이론과 실제를 통렬히 비판하고 그에 대한 공동체주의적 대안을 제시하고자 한 바 있다. 샌델과 더불어 자유주의에 대해 가장 비타협적 자세를 취해 온 매킨타이어는 자유주의 사회는 진정한 의미의 정치공동체가 아니라 "최소의 제약 하에서 자신의 이익을 추구하고 있는 이방인들의 집합체"에 불과하다고 비판하였다. 그 안에서는 선이 사유화되고(privatization of the good), 정치적 정의는 이방인들 사이의 공정한 거래나 분배를 보장해주는 것에 지나지 않는다는 것이다.

매킨타이어는 역사적 맥락에서 인간다운 좋은 인간으로 존재한다는 것은 모든 그리스인의 관점에 따르면 적어도 선량한 시민으로 존재한다는 것과 밀접하게 연관되어 있다고 보았다. 고대 그리스 아테네에서 확고하게 공유되고 있었던 사고 중의 하나는 도시 국가라는 사회 속에는 덕이 자리잡고 있어야 한다는 사실이었다.[373]

매킨타이어는 상당수 전근대적 전통사회에서 개인이 자기 자신의 정체성을 획득하거나 또는 타인들 사이에 서로의 정체성을 확인하는 수단은 다양한 사회집단에 대한 개인의 소속감이었다고 보았다. 나는 형제이고, 사촌이고, 손자이고, 이 가계와 저 마을 공동체 그리고 이 부족의 구성원이다. 그것들은 결코 우연히 인간에 부여된 특성들이 아니며, 또 "진정한 자아"를 발견하기 위해 제거되어야 할 특성들이 아니라는 것이다.

"그것들은 나의 본질의 한 부분으로서, 적어도 부분적으로 그리고 종종 전체적으로 나의 책무와 의무를 정의한다. 개인들은 서로 결합되어 있는 일련의 사회적 관계 내에서 특정한 사회적 공간을 계승한다. 만약 그들에게 이 공간이 결여되어 있다면, 그들은 아무것도 아닌 무의 존재이거나, 아니면 적어도 이방인이거나 추방자가 된다."[374]

그는 아리스토텔레스적인 미덕 중심의 공동선 정치를 복구하는 것이야말로 허무한 존재나 주변인으로 서로 맴도는 현대 사회의 문제 해결을 위한 유일한 방안이라고 역설한다. 이러한 진정한 도덕적 공동체의 가능성 모색은 법이 아닌 미덕에서 출발해야 한다는 것이 매킨타이어의 주장이다. 그러면서 한편으로 미덕을 함양하기 위하여 정의가 필요하고, 법도 뒷받침되어야 한다는 아리스토텔레스의 관점을 지지한다. 그에 따르면 미덕은 적절한 내적 선들(재능, 헌신, 지능, 근면 등)을 즐기기에 충분한 활동을 성공적으로 할 수 있도록 해 주는 속성들이다.[375]

도덕적 공동체가 가능하도록 하기 위해서는 "연습이라는 사고(idea of practice)"가 필요하다. 여기서 연습은 예술이나 스포츠와 같이 탁월함의 내적 기준(internal standards of excellence)을 수행하는 단순한 활동이다. 이 활동들은 매킨타이어가 내적인 선(internal goods)라고 부르는 것을 의미하거나, 혹은 그 활동에 참여함으로써만 얻어질 수 있는 보상으로서, 원칙적으로 돈 주고 사거나 편법으로 확보할 수 있는 것이 아니다. 여기에는 즐거움이 따르는데, 예컨대 어느 개인이 음악으로부터 얻는 즐거움처럼 돈으로 사지도, 빌리지도 못하고, 훔쳐올 수도 없다.[376] 미덕들은 연습에 의해 수행된 내적 선들을 정당하게 차지할 수 있도록 자격을 부여한다. 이런 식으로 정의(무언가에 대한 자격을 요구할 수 있는 주장으로 이해되는) 역시 연습이라는 사고의 토대가 된다.[377]

테일러, 샌델, 왈쩌는 공동체주의자들로 맥킨타이어의 아리스토텔레스식 형이상학적 관점을 공유하지만 자유주의적 사회의 전망에 관하여는 매킨타이어보다는 더 희망적이다. 이들은 공동체주의적 차원에서 비판을 하지만 자유주의적 사회의 전반적인 윤리적 이해에 동의하는 편이다. 예컨대, 테일러는 왈쩌와 함께 공동체주의의 대표자로 일컬어지고 있으나 자유주의에 대립하는 공동체주의자라기 보다는 자유주의를 인정하고 자유주의 사상의 장점과 중요성을 강조하는 사상가이다. 그래서 그에게는 '자유주의적 공동체주의자'라는 이름이 붙기도 한다.

어쨌건 매킨타이어를 포함하여 공동체주의자들이 보기에 "사회를 순전히 도구적으로 이해하는 관점(purely instrumental view of society)"의 사회계약론 전통은 우리 인간에 대한 이해를 잘못시키고 우리 자신의 정치적 가치들에 대한 왜곡을 초래한다.

사회계약적 전통이 부여하는 도덕적 어휘들이 "우리가 실제로 가치를 부여하는 틀 안에서 자유주의를 머물게 하는데 무능"하게 만드는 것이 문제라는 것이다. 우리가 자유주의의 가치를 인정하는 이유는 "자연상태"에 사회와 무관하게 독립적으로 존재하는 사람들의 권리를 자유주의가 옹호하기 때문이 아니라, 그 권리들로부터 우리 문명이 독특하게 적절하다고 구별해 둔 일정한 자격들을 보호해 주는 이론적 토대가 연역되기 때문이다. 인간을 아리스토텔레스적 관점에서 본다는 건 자유로운 삶의 방식에 반대한다는 것이 아니라, 자유로운 사회에서도 인정하고 있는 공통의 선(shared goods)에 대하여는 인식을 같이 하며 양해를 하자는 의미로 받아들여져야 한다는 것이다.

5.10 성원권과 시민적 의무

국가라는 공동체는 시민들이 그 공동체를 사랑할 만한 특별한 이유를 제시해야만 한다. “우리가 우리나라를 사랑하도록 만들기 위해서는 먼저 우리나라가 사랑 받을 만한 국가가 되어야만 한다고 말하는 것만으로는 충분하지 못하다. 핵심은 바로 우리에게 우리나라가 사랑 받을 만한 것이어야 한다는 사실이다.”[378] 이렇게 되기 위한 첫걸음은 일단 내가 공동체의 성원(成員)이라는 사실이 확인되는 데서 시작한다. 그 일원으로 인정받기 위한 권리를 일컬어 성원권(right of membership)이라 한다. 재분배 정책을 포함하여 사회적 정의를 실현하기 위하여는 개인에 대한 자유주의적 개념이 제공할 수 있는 것보다 더 두터운 시민적 의무(civil obligation)에 대한 이해가 있을 때에만 가능한데,[379] 자유주의적 사고하에서는 공적 부조의 권리를 주장하고, 의무를 부담하는 성원권을 생각하기는 어렵다. 자아에 대한 자유주의적 개념에 대한 고집은 특정한 정치적 공동체에 속해 있는 구성원의 지위에서 나오는 독특한 시민적 의무들(distinctivly civic obligations)조차 이해하기 어렵게 만들기 때문이다.[380]

18세기 정치사상가들에게 있어 모국에 대한 사랑은 정의와 이성의 원리가 밑받침 되는 한 ‘합리적 사랑(rational love)’으로 불릴 수 있고, 그 존재는 공화정이 제대로 작동하고 있으며 시민이 역할을 하고 있다는 구체적 징표이기도 했다.[381]

이러한 사고의 바탕에는 공동체, 즉 모국에 대한 사랑은 자연적 감정이 아니라, 법, 좋은 정부, 그리고 시민의 정치사회적 삶에 대한 참여를 통해 증진되는 인위적 느낌이라는 인식이 있었다. 그래서 이들은 모국(fatherland)을 공화국(republic)과 동의어로 간주하였다.[382] 모국이란 단순히 영토 속에 존재하는 것이 아니라 공동의 이익, 즉 공공선을 추구하는 유덕한 시민들에 의해 추동되는 공동체일 때 그 구성원들의 사랑을 얻어낼 수 있는 존재였던 것이다.

왈쩌는 개인이 갖는 이러한 공동체 소속성을 하나의 권리로 파악하면서 정의론을 전개한다. 그에 의하면 분배적 정의의 이론은 성원권에 대한 해명에서 출발해야 한다.

"성원권을 부정하는 것은 항상 그로 말미암아 연쇄적으로 발생하는 권력남용으로 나아가는 첫 단계다. 일단 권력이 남용되기 시작하면 그 연쇄적인 남용을 막을 수 있는 길은 전혀 없다. 그렇기 때문에 성원권을 부정하는 것이 정당하다는 주장은 거부될 수 밖에 없는 것이다. 분배적 정의의 이론은 폐쇄의(제한된) 권리를 입증해야만 한다. 만일 폐쇄의 권리가 없다면 어떤 공동체도 전혀 존재할 수 없을 것이며, 현존 공동체들의 포용성 역시 있을 수 없을 것이다. 왜냐하면 구성원이 되었을 때만, 즉 어디엔가 속해 있을 때만 사람들은 공동체적인 삶을 가능하도록 안전, 복지, 영예, 공직, 권력과 같은 다른 모든 가치들을 공유하고자 하는 희망을 품을 수 있기 때문이다."[383]

사람들에게 사회적 질서 내에서의 지위를 할당하고 또 이 지위와 함께 그들의 정체성을 부여하는 기존의 규칙들은 동시에 그들이 무엇을 빚지고 있고 또 사람들이 그들에게 무엇을 빚지고 있는가를 규정할 뿐만 아니라, 만약 그들이 실패하면 그들이 어떤 대우와 평가를 받으며 또 다른 사람들이 실패할 경우에는 그들이 다른 사람들을 어떻게 대우하고 평가할 것인가를 미리 규정한다. 사회질서 내에 그와 같은 지위를 가지고 있지 않다면, 문제는 다른 사람들로부터 인정과 고려를 받을 수 없다는 것에 그치지 않는다. 타인들이 그가 누구인지를 알지 못할 뿐만 아니라 그 자신도 내가 누구인지를 알지 못하게 되는 것이다.[384]

공동체는 오직 사람들을 그 공동체 안에 참여시키는 것을 통해서만 분배될 수 있는 가치다. 성원이라면 이 공동체에 적절하게 참여해야 하고, 그것은 하나의 권리이다. 즉 사람들은 신체적으로 수용될 뿐만 아니라 정치적으로도 인정받아야 한다. 성원권은 어떤 외부 기관에 의해 배분되는 것이 아니고, 성원권의 가치는 내적인 결정에 의존한다.[385] 공동체의 일원이라는 사실에서 한발 더 나아가 개인이 성원권의 주체가 된다는 말이 정의적 차원에서는 무슨 의미가 있는가? 왈쩌에 의하면 공동체 내에서 성원들이 일차적으로 서로 신세를 지고 있는 것은 안전과 복지라는 공적 부조 (communal provision)라고 한다. 그는 만일 우리가 서로에 대해 도움을 주는 것이 전혀 없다면, 그리고 우리가 구성원과 이방인 간의 어떤 구별도 깨닫지 못한다면, 정치 공동체를 형성하고 나아가 유지해야 할 이유는 전혀 없을 것이라고 한다.

따라서 성원권에 근거한 정의는 한계에 처한 주변부의 사람들을 공동체의 완전한 구성원으로 이끌어내는 것을 목표로 해야 한다. 예컨대, 우리가 복지 정책을 펼 때 단지 최소한의 생존조건을 갖춰주는 것이 아니라, 공동체의 완전한 일원으로 수용되도록, 다시 말해 개인에게 역할과 정체성을 주고 공동체와의 유대감을 갖도록 해야만 하는 것이다.[386] 그 유대감이 현실적으로 나타나는 형태가 공적 부조이다.[387]

5.11

공동체주의에서 만나는 자유와 평등

근대 자유주의는 두 가지 주장을 기반으로 한다. 하나는 평등 원칙이다. 평등 원칙은 개개의 시민이 인생의 출발선상에서부터 자원을 공평하게 배분 받을 기본적 권리를 가지고 있다는 것을 강조한다. 다른 하나는 자유 원칙이다. 자유 원칙은 개개의 시민들이 주어진 자원을 자유롭게 사용할 권리를 가지고 있다는 것을 강조한다. 자유주의 국가는 이러한 자유를 인정하며, 이러한 자유를 억압하기를 거부한다. 하지만 자유주의 국가는 초기의 권리가 공평하게 주어진다는 조건 하에서 개인적 선택을 존중하고 장려하는 것이다.[388]

자유와 평등은 대립하는 개념인가. 자유로운 시장(free market)과 평등은 여전히 이분법적으로 보아야 하는가. 드워킨은 “정부는 자신이 통치하는 사람들을 평등한 배려로써 대우해야”하고, “시민들이 성공적인 삶을 자기 스스로 규정하기 위해 필요로 하는 자유를 허용해 주어야 한다”며 자유와 평등의 공존 가능성을 열어놓고 있다.[389]

자유와 평등이 상충하는 가치라는 견해를 거부하고 이들이 양립 가능할 뿐 아니라 하나로 묶여 졌을 때 비로소 완전하다고 본 것은 루소도 마찬가지였다. 〈인간 불평등 기원론〉을 썼던 루소는 불평등에 대한 질타만큼이나 자유의 철저한 옹호자였다. 그는 자신의 저서 〈사회계약론〉에서 인간에게 있어서 자유의 절대적 가치를 단호하게 변호한다.

“개인이 자유를 포기하는 것은 인간의 자격을, 인류의 권리를, 심지어는 인류의 의무를 포기하는 것이다. 모든 것을 포기하는 사람에게는 어떠한 보상도 있을 수 없다. 이러한 포기는 인간의 본성과 양립할 수 없다. 그리고 의지로부터 모든 자유를 빼앗는 것은 행동에서 모든 도덕성을 빼앗는 것이 된다. 한쪽에 절대적 권위를 부여하고 다른 쪽에 무제한 복종을 강요하는 약속은 헛되고 모순된 것이다. 만약에 누가 어떤 사람에게서 일체를 요구할 권리를 가지고 있다면 그는 그 사람에 대해서 어떠한 책임도 지지 않는다는 것은 명백한 일이 아닌가? 그리고 보상물도 없는, 교환물도 없는 이 일방적 조건 자체만으로 그 약속 행위의 무효성이 들어 있지 않은가? 왜냐하면 '나의 노예는 나에 대해서 어떤 권리를 갖는 것인가?'라는 말은, 모든 그의 것은 내 것이며, 또 그의 권리가 내 권리이기 위해서는, 이 – 그의 나에 대한 – 권리는 나에 대한 나의 권리라는 말이 되어 그것은 아무 의미도 없는 말이 되기 때문이다."[390]

공동체주의자들은 자유주의적 정의론을 펴는 사람들은 보편성을 잘못 전제함으로써 하나의 정의론의 원리들이 현실의 모든 사회에 적용될 수 있다는 오류를 범하고 있다고 지적한다. 공동체주의자들은 한 사회의 올바른 정의의 원리는 역사와 그 사회의 문화로부터 유래하는 것이라고 지적한다.

공동체주의자들의 자유주의자들에 대한 또 하나의 비판은 공동체가 존재하는 이유는 인간의 번성(human flourishing)에 중요한 역할을 하는데 있음에도 불구하고 자유주의에 따라 조직된 사회들은 공동체가 번성할 수 있는 여지에 인색하여 인류의 공영(共榮)에 소극적이라는 것이다.

이에 대하여 자유주의자들은 자신들이 공동체가 갖는 중요성을 무시하고 공동체 번성에 소극적이라는 지적은 부당한 오해라고 항변한다.[391] 그리고 한걸음 더 나아가 공동체들의 다양성을 폭넓게 확보하기 위해서라도 자유에 대한 존중은 필수적이며, 자유를 통한 다양성이야 말로 공동체

번성의 조건이라고 한다.[392]

그런데 이러한 자유주의자들과 공동체주의자들 간의 반론과 재 반론을 들여다 보노라면 이들이 지향하는 바가 전혀 다르지 않다는 점, 나아가 일정한 정도의 공통 접점이 있음을 알게 된다. 그런 점에서 "근대 초의 자유주의자들은 불평등이 제거되거나 완화되고 정치권력이 좀 더 관용적으로 행사되는 공동체를 원했을 뿐이었지 결코 공동체적 유대 자체를 해체하고자 했던 것이 아니었다. 그러므로 고전적 자유주의가 반 공동체적이라는 널리 퍼진 인식은 고전적 자유주의자들이 실질적으로 반 공동체적이라기 보다는 상당 부분 비 역사적이며 초 맥락적인 정치사상사 방법론, 비 자유주의자들의 곡해와 비판, 그리고 오늘날의 자유(권리) 담론과 문화에 기인했다고 할 수 있을 것"[393]이라는 지적에 귀 기울일 필요가 있다.

즉 공동체주의는 무차별적 자유주의 확장에 반대와 우려를 표하는 것일 뿐, 근본적으로 자유주의에 대한 반대나 대안이라기 보다는 자유주의를 보완하는 역할을 하고 있는 것으로 보아야 한다는 것이다.[394] 소극적 자유주의 전통의 효시로 알려져 있는 로크의 경우 정치권력의 목적을 개인의 '생명, 자유, 재산'의 보호에서뿐만 아니라 '공공선(public good)' 혹은 법의 지배 아래 있는 사람들의 일반적인 선의 실현에서도 찾고 있다는 점에서, 로크가 정부의 기능을 단순히 사익의 보호라는 차원에서만 이해하고 있다고 보기는 어려우며 공익, 공공의 복지, 사회의 선, 사회 전체의 선을 덧붙이고 있다는 사실에 주목해야 한다는 것이다.[395]

대표적 공동체주의자로 알려져 있는 왈쩌의 경우에도 샌델이나 테일러와 마찬가지로 향수에 젖거나 복고적이 아니며 자유주의적 이성에 대항하는 공동체주의 전통을 옹호하지는 않는다. 이들의 주장은 진보적이며, 잠재적으로 기존의 방식에 대한 비판을 하지만 넓은 의미에서는 자유주의적 전통에 뿌리를 두고 있다. 넓은 의미에서의 자유주의에 대한 비판이 아니라, 특정한 문화적 상황과 유리되어 있을 때 도덕적 의무에 관한 완전한 설명이 가능하다는 자유주의적인 관점에 대한 비판이다.

왈쩌는 모든 상황에 적용될 수 있는 최소한 또는 "얇은(thin)" 도덕성 체계(minimal or thin code of morality)를 인정하는 반면, 정의에 관한 구체적이거나 두터운 이해(any concrete or thick understanding of justice)는 특정한 선들 및 구체적 문화 속에서 나오는 상황과 맥락을 이어서 생각해야만 한다고 주장한다.[396] 실제로 샌델, 테일러 및 왈쩌는 자신들을 "공동체주의자들"로 이름 붙이길 주저하는데, 그러한 정서는 이들을 넓은 의미에서의 자유주의에 보다 가깝다고 분석하는 중요한 근거가 된다.

많은 점에서 공동체주의는 사실 자유주의에 대항하는 추로서의 하나의 '주의(-ism)'나 사고 체계라고 하기는 어렵다. 이것은 오히려 자유주의적 전통이 갖고 있는 일정한 한계를 교정하는데 그 의도가 있다고 보는 것이 맞을 것이다. 이 한계란 다름 아닌 자유주의적 개인의 정체성을 무엇을 보는가에 대한 이해를 왜곡하고, 자유주의를 보다 설득력 있게 만들 수 있는 평등이란 요소를 고갈시킬 수도 있다는 것이다.[397] 사실 공동체주의적 비판이 있음으로 인해 자유주의적 담론은 그 반경을 더 넓힐 수 있었다. 다시 말해 다문화주의, 민족주의, 시민의 덕성, 공화주의와 자유주의를 연결시켜 보려는 다양한 정치이론에 대한 시도는 공동체주의적 비판에 힘입은 바 크다고 할 수 있다.

일반적으로 학문적 차원에서의 공동체주의자들의 비판은 영미의 정치적 지형의 전개와 맥을 같이 하고 있다. 1980년대 미국과 영국에서 복지국가 자유주의(welfare-state liberalism)가 점점 더 공격을 받게 되면서, 좌파 자유주의자들은 자신들에 대한 이런 비난의 배경에 자신들도 미처 알지 못한 결함이 있는지 내부적으로 찾아보려는 작업을 시도했다. 그 과정에서 공동체성을 경시하는 과정을 밟다 보면 개인주의가 극단적으로 팽창

할 수도 있겠다는 사실을 발견하게 되었다. 그래서 많은 이들이 권리와 자격(rights and entitlements)을 강조하던 자유주의가 그간의 관행과 더불어 시민적 의무(civic obligations)도 보다 강조해야만 하겠다는 생각을 하기에 이른 것이다.

학술적인 차원에서의 공동체주의자들은 이런 사고를 정교하게 체계적인 방법으로 정리하고, 자유주의자들에게는 현실 정치에서 자유 자체를 가능하게 하는 요인이 무엇인지 보다 깊이 있는 이해를 하도록 일깨워 주는 역할을 하였다.[398]

반면, 공동체주의를 쫓더라도 아래 샌델의 지적처럼 자유주의자들이 고수하는 전통적인 견해에도 귀 기울일 필요가 있다.

“공민적 자유는 반드시 배제적이거나 강제적이지 않다. 그런 한에서 공화주의 정치이론에 대한 자유주의의 반대는 잘못된 것이다. 그러나 자유주의자들의 우려는 무시해서는 안될 통찰을 담고 있다. 즉, 공화주의 정치는 위험스러운 정치, 보증되지 않은 정치이다. 공화주의 정치가 내포하고 있는 위험들은 덕성의 형성적 기회(formative project)에 내재되어 있다. 정치공동체가 시민의 성품 형성에 관여토록 하는 것은 나쁜 공동체가 나쁜 성품을 형성할 수 있는 가능성을 시인하는 것이다. 권력이 분산되고 공민 형성의 장소가 다양하다고 하더라도 그것은 이 위험을 줄일 수 있을지는 몰라도 완전히 제거할 수는 없다. 이것이 바로 공화주의 정치에 대한 자유주의적 불평의 진리이다.”[399]

이렇게 보면 공동체주의는 실은 자유주의가 인간 존엄 및 가치에 있어서의 평등한 개체로서의 성원권 인정을 위해 극단적 개인주의를 포기하고 한 걸음 물러 나면서 형성된 자유와 평등의 접점으로 이해하게 되는 것이다.

327. George W. Rainbolt (2013), op.cit., p.2874.
328. J. Ritter(hg.), Historische Wörterbuch der Philosophie, Bd 5, p.255 ; 이동희 (2002), 헤겔과 중국에 있어서 인륜적 공동체 비교-가족 개념을 중심으로, 김수중 외 편저, 공동체란 무엇인가, 이학사, p. 73, FN7
329. Robert Nozick (1974), Anarchy, State, and Utopia (New York: Basic Books), p.153-54.
330. George W. Rainbolt (2013), op.cit., p.2871.
331. Robert Nozick (1974), op.cit., p.150-3.
332. George W. Rainbolt (2013), op.cit., p.2871
333. ….if a person is entitled to X, she is entitled to anything that flows from X.
334. Robert Nozick (1974), op.cit., p.224-6.
335. George W. Rainbolt (2013), op.cit., p.2872.
336. ibid., p.2871.
337. 김연미(2011), 자연권: 자유와 평등의 그림자, 전남대 법학논총 제31집 제2호, p. 236.
338. Isaiah Berlin, 이사야 벌린의 자유론, 박동천 역(2006), 아카넷, p.348-9면 ; 김연미(2011), op.cit., p.237, FN 57.
339. Quentin Skinner, 퀜틴 스키너의 자유주의 이전의 자유, 조승래 역(2007), 푸른역사, p.112 ; 김연미, op.cit., FN 69.
340. ibid., p. 121.
341. 마르쿠스 툴리우스 키케로, 김성한 옮김, res publica,국가론, I. 25, II.23. p.187 ; 김연미, op.cit., p.242-3.에서 재인용.
342. George W. Rainbolt (2013), op.cit., p.2872.
343. ibid.
344. 아마르티아 센, 불평등의 재검토, 이상호/ 이덕재 역(1992), 한울, p. 228 ; 김대근(2010), op.cit., FN 78.
345. 김대근(2010), op.cit., p.201.
346. ibid., p.205, FN 95
347. 테일러, 불안한 현대 사회 - 자기중심적인 현대문화의 곤경과 이상(The Malaise of Modernity), 송영배 역(2001), 이학사, p.75, 79: 김의수(2007), 찰스 테일러에서 공동체와 민족주의, 범한철학 제44권, p.216, FN 29에서 재인용.
348. 테일러, op.cit., p. 91-93 :김의수, op.cit., p. 217에서 재인용.
349. 김의수, op.cit., p.217.
350. ibid., p.212.
351. Taylor(1989), Sources of the Self: The Making of the Modern Identity (Cambridge: Harvard University Press), p.32-40: 김의수, op.cit., p.213, FN16.
352. George W. Rainbolt (2013), op.cit., p.2874.
353. 알래스데어 매킨타이어, op.cit., p.66.
354. Russell Muirhead (2013), "Communitarianism", IN Hugh LaFollette eds, The International Encyclopedia of Ethics, Wiley-Blackwell , p.930.
355. Charles Taylor (1991), The Ethics of Authenticity, Havard University Press, p.32-34; 찰스 테일러/송영배 역(2001), op.cit., p.49-51 ; 박찬성(2008), 대화적 공동체의 정치사상: 찰스 테일러(Charles Taylor)와 마이클 오크샷(Michael Oakeshott)을 중심으로, 한국정치연구 제17권 제2호, p.223-4에서 재인용.
356. Russell Muirhead (2013), op.cit., p.927.
357. ibid.
358. ibid., p.926.
359. 이동희(2002), op.cit., p.74.
360. ibid., p.75.
361. a community of language and mutual discourse about the good and bad, just and unjust. Charles Taylor (1985), Philosophy and the Human Sciencess-Philosophic Papers, 2. Cambridge University Press, p. 292
362. ibid.p.191.

363. Russell Muirhead (2013), op.cit., p.927.
364. 알래스데어 매킨타이어, op.cit., p.204.
365. Jane Mansbridge (2013), "Common Good", IN Hugh LaFollette eds, The International Encyclopedia of Ethics, Wiley-Blackwell, p.924.
366. Amitai Etzioni eds. (1998), The Essential Communitarian Reader, Maryland: Rowman & Littlefield Publishers, p.41.
367. Friends don't friends drive drunk
368. ibid., p.42.
369. ibid., p.42-3.
370. ibid., p.43
371. ibid.
372. ibid., p.45.
373. 알래스데어 매킨타이어, op.cit., p.204.
374. ibid., p.63.
375. Russell Muirhead (2013), op.cit., p.928.
376. ibid.
377. ibid.
378. 마이클 왈쩌, op.cit., p.124.
379. Russell Muirhead (2013), op.cit., p.930.
380. Michael Sandel (2010), Justice-What's the Right Thing To Do?, New York: Farrar, Straus, & Giroux, p.241.
381. 조맹기(2009), op.cit., p.280, FN 59
382. ibid., FN 58.
383. 마이클 왈쩌, op.cit., p.122.
384. 알래스데어 매킨타이어, op.cit., p.186.
385. 마이클 왈쩌, op.cit., p.71.
386. Jonathan Burnside (2010), God, Justice, and Society- Aspects of Law and Legality in the Bible, Oxford University Press, p.241.
387. 왈쩌는 공동체는 현실적인 벽과 담을 통해 자기만의 공간을 갖는다고 한다. 왜냐하면 공동체의 성원들은 성원들 상호간에는 권력을 분배하지만, 성원이 아닌 이들과의 권력 공유는 피하려 하는 속성을 가지기 때문이다.[58] 그래서 승인과 배제는 공동체가 독립적인지, 그렇지 않은지 보여주는 시금석으로, 왈쩌가 보기엔 이런 속성없이는 나름의 고유한 다양한 공동체들은 결코 존재할 수 없을 것이라고 한다. 그래서서 고유한 공동체란 역사적으로 안정적이며 현재까지 지속되고 있는 공동체로서, 그 구성원들에 의해 특별한 의미를 부여 받는 공동체를 말한다.[59]
388. 브루스 액커만 외, 분배의 재구성(Redesigning Distribution), 너른복지연구모임 역(2011), 사회복지전문출판 나눔의 집, p.79.
389. 드워킨, op.cit., p.517.
390. 장 자크 루소, op.cit., p.25.
391. George W. Rainbolt (2013), op.cit., p.2874.
392. ibid., p.2875.
393. 김비환 (2000), 고전적 자유주의 형성의 공동체적 토대-로크와 스코클랜드 계몽주의자들을 중심으로, 정치사상연구 제2집 (봄), p.228.
394. 김수중 외 (2002), op.cit., p.13.
395. 김비환 (2000), op.cit., p.235.
396. ..must be connected to particular goods and the contextual understandings of those goods that arise in specific cultures. Russell Muirhead (2013), op.cit., p.931.
397. ...threaten to distort the liberal self-understanding and drain the egalitarian cause of its persuasive force). ibid.
398. ibid.
399. 김비환 (2000), op.cit., p.241.

지속가능한
사회를 위한 정의

제 3 편

보이지 않는 손, 보이지 않는 발

제 6 장

시장의 속성과 정의

요약

자유시장에 대한 이론적 기초를 놓았다고 평가되는 아담 스미스는 시장에서의 분배적 정의의 달성에 관하여는 크게 염려하지 않았던 것 같다. 스미스는 전반적으로 〈국부론〉은 물론이고 〈도덕감정론〉 같은 그의 저술에서도 정의와 자산의 관계는 거의 언급하지 않았다. 이것은 스미스가 자산 분배와 정의의 문제가 중요하지 않다고 여겼다기 보다는 '보이지 않는 손'이 시장에서 적절하게 작동할 것이라는 믿음이 그만큼 컸기 때문이라고 보아야 한다. 하지만 시장은 본질적으로 시간이 지남에 따라 불평등해 질 수 밖에 없다.

소유적 시장경제 모델의 특징은 현재 수준에 만족하는 사람이라 할지라도 더 많은 권력을 추구하지 않고서는, 즉 타인의 권력을 더 많이 자신의 것으로 전이되도록 하거나 타인들이 경쟁적 노력에 의해 자신들로부터 앗아가는 증가분을 어떤 형태로건 전보되는 조치를 취하지 않고서는 자신의 현재 수준조차 유지할 수 없게 되기 때문이다.

시장이 제대로 작동하기 위해서는 '절망적인 교환'은 제외되어야 하며, 이런 거래는 결코 훌륭한 거래가 될 수 없다. 국가는 생존을 위한 최소한의 수단마저 결여한 채 거래를 강요당하지 않도록 해야 한다. 그렇게 될 때 국가는 화폐의 영역, 시장의 영역을 제대로 보장해 주는 것이다. 공적에 기초한 시장결과가 타당하다고 하기 위해서는 몇 가지 선행 조건들에 부딪치게 되는데, 현실적으로 이런 가정과 전제들이 옹호될 여지가 있는지 따져 보아야 한다.

홉스에게 있어서는 모든 가치가 시장가치로 환원됨에 따라 정의 그 자체도 시장개념으로 환원된다. 그러나 정말 가치들은 상품처럼 시장에서 거래될 수 있는가. 두 가치 간의 본원적 관계가 전혀 없을 때, 하나의 가치를 다른 가치로 전환하는 것은 다른 부류의 사람들이 적절히 통치하고 있는 영역을 침해하는 것이다. 이미 확립되어 있는 제반 영역의 자율성이 무너진다면, 그래서 한 영역에서 성공을 거둔 사람이 다른 영역에서도 연이어 성공하고 결국 모든 분야에서 성공한다면 그리하여 가치들을 아마 불법적으로 전환할 필요조차 없이 더욱 축적하게 된다면 어떻게 될까. 이것은 분명 불평등한 사회로 나아갈 것이다. 따라서 시장의 무한한 증식을 견제해야 하는 것은 거래의 자유를 제한하는 것이 아니라, 가치의 보존을 위한 정의적 요청이라 할 수 있다.

시장의 문제점은 부만이 아니라 위신과 영향력마저 탈취한다는데 있다. 현실의 시장에서는 정치권력이 거래의 대상이 될 수 있다. 정치권력은 투표, 영향력, 공직 등의 중요성을 변화시킬 수 있는 가치의 집합체로 이해되는데, 시장에서는 이러한 가치들이 모두 거래될 수 있으며, 이 같은 교환금지 대상이 자유롭게 거래되는 시장은 암시장이다.

시장이 거래 대상을 무한정 넓혀감으로써 어떻게 현실을 왜곡시킬 수 있는지는 경영자들과 관료에 대한 시장의 과도한 보상 사례를 통해 볼 수 있다. 시장은 과도한 보수에서 나아가 도덕적 허구를 통해 불평등을 가속화하고 정당화하려는 속성을 지니고 있는데, 그 가면은 가치중립이라는 형식의 효율성이다. 그러나 실은 시장이 갖고 있는 불완전성, 경제구조에 대한 다양한 전제들을 무시한 결과라는 것에 대하여는 침묵하고 있는 것이다.

그래서 시장 제국주의는 또 다른 종류의 재분배를 요구한다. 그것은 선을 긋는 문제가 아니라 다시 긋는 문제다. 교환의 대상을 분명히 하며 과도한 교환이 되지 못하도록 하기 위해서는 동등한 자들 간의 교환 즉 자유교환이 전제되어야 한다.

6.1. 시장에서의 불평등은 시간문제
6.2. 응당(應當)함과 공적(功績)의 문제
6.3. 시장의 속성, 교환대상의 무한확장욕
6.4. 교환이 금지되는 가치들
6.5. 거래의 무한 증식이 초래하는 전제(專制)
6.6. 과학인가, 관료주의와 결합한 도덕적 허구인가

6.1

시장에서의 불평등은 시간문제

시장은 본질적으로 시간이 지남에 따라 불평등해 질 수 밖에 없다. 이를 논증하기 위해 드워킨은 무인도에서의 경매를 비유로 든다. 그는 다양한 자연 자원이 있는 무인도에 표류한 사람들을 상상하도록 한다. 이들에게 모두 같은 숫자의 조개껍데기가 입찰용 동전으로 분배되었고 이들은 섬의 자원들을 개별적으로 소유하기 위한 경매에서 서로 경쟁한다. 경매가 끝나고 각자가 자신의 조개껍데기를 가장 효율적으로 이용했다고 생각하면, '부러움' 실험은 충족된 것이다.

누구든 자신의 자원 묶음을 타인의 자원 묶음과 교환하고자 한다면 그럴 수 있다. 그러므로 경매가 끝나면 아무도 타인의 자원 묶음을 부러워하지 않을 것이다. 결과는 이런 의미에서 부러움이 없는 분배이기 때문에 이 전략은 모두를 평등하게 배려한 것이다. 각자는 자신의 상황이 이 평등한 배려를 반영하고 있음을 인지한다. 자신의 부는 타인의 욕구뿐 아니라 자신의 욕구의 함수다. 이 전략은 자신의 가치에 대한 각자의 개인적 책임을 존중한다. 각자 자신이 최선이라고 생각하는 삶에 최적인 자원을 취득하기 위해 자신의 조개 껍데기를 쓴다.[400] 이 노골적인 주장에는 두 가지 중요한 조건이 붙어야 한다.

첫 번째, 섬에서의 경매가 정의로운 이유는 한 사람이 지불하는 가격이 그의 취득이 타인에게 끼치는 기회비용을 반영하기 때문이지만 자본주의 경제의 진짜 시장들은 부패하여 이 조건이 자주 훼손되곤 한다. 그래서 시장의 자유나 효율성을 보완하기 위해 규제가 필요하다. 독점이나 외부성에 의한 시장의 왜곡을 막아야 하기 때문이다. 이 왜곡은 누군가 과도한 이익을 쫓으면서 발생한 비대화된 위험을 그 결정에 참여하지도 않았고 혜택도 전혀 받을 수 없는 사람들에게 전가하는 경우를 포함한다.[401]

최초 부러움의 실험은 충족되지만 각자 출발점에서 경제생활을 시작하면 여러 요인들로 인하여 차이가 생길 수 밖에 없다. 인적 선호(누구는 놀고, 누구는 시를 쓰고, 누구는 농사를 짓는 것과 같이)와 외부적 요인들(재앙, 병 등)로 인해 부러움의 시험에 만족하는 경우는 점점 드물어지고, 삶을 건설할 자원이 자신의 선택의 결과로서가 아니라 선택에도 불구하고 훨씬 더 줄어드는 상황도 생기게 된다. 시장은 더 이상 평등주의적이지 않게 되는 것이다.[402]

왈쩌는 단순 평등 체제는 장기간 지속될 수 없는데, 시장에서의 자유교환은 결국 불평등을 낳을 수밖에 없다는 점이 분명하기 때문이라고 한다. 만일 우리가 단순 평등을 상당 기간 유지하고자 한다면, 최초의 상황으로 주기적으로 회귀하도록 하는 고대의 토지균분법 혹은 히브리의 안식 제도와 같은 "화폐균분법"이 요구될 것이라는 것이 왈쩌의 분석이다.[403] 그렇지 않으면 상당한 사람들이 자기 토지나 자본을 소유하지 못하는 소유적 시장사회에서 사람들은 점점 노동력을 생산적 노동으로 전환할 수단에 대한 자유로운 접근이 불가능해질 것이다. 이들이 갖고 있던 권리들 중 접근권이 상실됨에 따라 부득이 나머지 권력을 토지나 자본 소유자에게 팔고 생산물의 일정부분이 그 소유자에게 귀속되는 것을 허용하는 임금을 받아들이지 않으면 안 된다. 문제는 임금을 받으면서 생산하는 결과물의 귀속은 생산과 동시에 발생하기 때문에 전이가 지속적으로 이뤄진다는 것이다.[404]

그러나 자유시장에 대한 이론적 기초를 놓았다고 평가되는 아담 스미스(Adam Smith, 1723-1790)는 시장에서의 분배적 정의의 달성에 관하여는 크게 염려하지 않았던 것 같다.

스미스는 전반적으로 〈국부론〉은 물론이고 〈도덕감정론〉 같은 그의 저술에서도 정의와 자산의 관계는 거의 언급하지 않았다. 대신 그의 정의는 주로 폭력으로 인한 피해에 대한 분개, 즉 불행을 초래한 데 대한 보복에 집중되는 경향을 보인다. 스미스의 정의는 자연적 감정(natural sentiment)인 분개(resentment)와 밀접하게 관련을 맺고 있는데 정의와 자산의 취득 및 이전을 규율 하는 규칙과의 밀접한 관계를 강조하였던 흄의 입장과는 다른 태도를 보여주었다.[405]

이것은 스미스가 자산 분배와 정의의 문제가 중요하지 않다고 여겼다기 보다는 '보이지 않는 손'이 시장에서 적절하게 작동할 것이라는 믿음이 그만큼 컸기 때문이라고 보아야 한다. 사실 '보이지 않는 손'이란 표현은 〈국부론〉에 앞서서 발간된 애덤 스미스의 저작 〈도덕감정론〉에서도 나타난다. 스미스는 토지의 생산물을 지주가 직접 다 소비하지 않기 때문에 자연적으로 주민들에게 분배될 것이라고 말한다.

"토지의 생산물은 어느 시대나 그것이 먹여 살릴 수 있는 만큼의 주민들을 유지할 뿐이다. 부자는 단지 큰 덩어리에서 가장 귀중하고 쾌적한 것을 선택할 뿐이다. 그들은 가난한 사람보다 별로 많이 소비하지도 못한다. 그리고 그들의 자연적인 이기심과 탐욕에도 불구하고, 비록 그들이 자신만의 편의를 염두에 두더라도, 또한 그들이 고용하고 있는 수천 명의 노동에서 도모하는 유일한 목적이 그들 자신의 공허하고 만족될 수 없는 욕망의 충족임에도 불구하고, 그들은 자신들의 여러 개량의 산물을 가난한 사람들과 나누어 가진다. 그들은 보이지 않는 손에 인도되어 토지가 모든 주민들에게 평등한 몫으로 분할되었을 경우에, 행하여졌을 경우와 거의 같은 정도로 생활필수품을 분배하게 된다. 그리하여 (구체적으로) 의도하거나 알지 못하면서도, 이렇게 사회의 이익을 증진시키고 종족의 증식의 수단을 제공하게 된다."[406]

스미스에 따르면 각자가 최선을 다해 자기 자본을 국내산업의 지원에 사용하고 노동생산물이 최대의 가치를 갖도록 노동을 이끈다면 각 개인은 필연적으로 사회의 연간수입을 그가 할 수 있는 최대치가 되게 하려고 노력하는 것이 된다. 사실 그는 공공의 이익을 증진시키려고 의도한 것도 아니며 그가 얼마나 기여하는지도 알지 못한다. 그는 오직 자신의 안전을 의도한 것이고 노동생산물이 최대의 가치를 갖도록 그 노동을 지도함으로써 그는 오직 자신의 이득을 의도한 것이다. 그는 이렇게 함으로써 보이지 않는 손에 이끌려 그가 전혀 의도하지 않았다고 하여 반드시 사회에 보다 적게 기여하는 것은 아니다. 그는 자기 자신의 이익을 추구함으로써 종종 그 자신이 진실로 사회의 이익을 증진시키려고 걱정하는 경우보다 더욱 효과적으로 그것을 증진시킨다. 그래서 스미스는 "나는 공공복지를 위해 사업한다고 떠드는 사람들이 좋은 일을 많이 하는 것을 본 적이 없다"고 다소 냉소적으로 말한다.[407]

그러나 시장에서는 응분이 달성되지 않는다. 기업가적인 진취적인 정신, 사업 계획, 혁신, 고된 일, 무자비한 거래, 무모한 도박, 재능의 거래 등 이 모든 것들로 인해 어느 때는 많이 벌기도 하고 또 다른 때는 적게 버는 수도 있다.[408]

그런데 아래 맥퍼슨의 지적과 같이 스미스는 시장을 상정하고 신뢰하면서 지나치게 경시하였거나 미처 생각이 미치지 못했던 부분이 있음을 보여준다.

"소유적 시장경제 모델의 특징은 현재 수준에 만족하는 사람이라 할지라도 더 많은 권력을 추구하지 않고서는, 즉 타인의 권력을 더 많이 자신의 것으로 전이되도록 하거나 타인의 경쟁적 노력에 의해 자신들로부터 앗아가는 증가분을 어떤 형태로건 전보되는 조치를 취하지 않고서는 자신의 현재 수준조차 유지할 수 없게 된다는 것이다. 모든 사람에게 경쟁을 강요하는 방식이다. 그리고 이 모든 것들은 공공연한 폭력에 의해 사회가 파괴되지 않도록 평화적이고 합법적인 방법으로 이뤄져야 한다."[409]

6.2

응당(應當)함과 공적(功績)의 문제

많은 사람들이 시장의 배분적 효과에 관하여 양면적인 감정을 갖고 있다. 시장이 효율성을 만들어 낼 수 있지만, 그 결과도 공정하다고 말할 수 있는가. 왈쩌는 시장이 정의롭다고 하기 위해서는 거기에서 이루어지는 모든 거래와 교환은 명령이나 최후통첩이 아닌 거래의 결과여야만 한다고 한다. 여기서 명령이나 최후 통첩은 교환에서의 협상력이나 주도권을 잃고 제시하는 대로 끌려갈 수 밖에 없는 사실상 거래권이 박탈당한 상태에서의 교환을 의미한다.

예컨대, 노동자들은 마지막 수단조차도 협상의 대상으로 강요 받기 쉬우며 자신의 가난, 시장에 필요한 특정한 기술의 부족, 고용인의 최후 통첩을 받아들일 때 가족들을 설득할 능력의 부족 때문에 착취당할 위험이 높다.[410]

왈쩌는 시장이 제대로 작동하기 위해서는 "절망적인 교환" 은 제외되어야 하며, 이런 거래는 "결코 훌륭한 거래가 될 수 없다."[411]는 점을 신랄하게 지적한다. 국가는 생존을 위한 최소한의 수단마저 결여한 채 거래를 강요당하지 않도록 해야 한다. 그렇게 될 때 국가는 화폐의 영역, 시장의 영역을 제대로 보장해 주는 것이다.[412] 정의라는 개념이 시장에도 적용될 수 있으며, 특히 노동 시장에도 그런가? 소득 분위에서 최하위에 처하게 되는 사람들은 어떻게 되는가. 시장이란 불가피하게 불평등과 사회적 배제를 가져올 수 밖에 없는가.

시장이 성과와 보상에 적합하다는 사고는 매우 강력한 지지를 받고 있다. 오늘날 사회 내에서의 사람들이 살아가는 역할을 결정함에 있어 출생과 사회적 지위가 차지하는 역할은 우리 전 세대들의 경우에 있어서보다 상당히 비중이 적어졌다.[413] 이는 어떤 자리에 앉게 되거나 누리는 것을 결정하는 요인은 공적(功績, merit)이어야 한다는 서구적 사고의 점진적인 전개에 힘입은 바 크다.

"직업은 재능에 열려 있어야 한다"라는 말은 한 사람의 사회적 지위를 결정하는 요인으로 재능과 성취를 꼽았던 나폴레옹 시대에 세습적 특권에 대항하기 위한 전투적 구호였다.[414] 당초 이 슬로건은 공직이나 군대 내에서의 지위와 관련하여 주로 언급되었었지만 공적에 따른 보상이라는 이 사고는 또한 자유로워진 시장에도 적용되기 시작하였다.

대중적으로 공적의 개념이 일반화되면서 또 한편에서는 지위가 수입의 규모로 표현되는 사회가 되어가는 과정에서 결국 공적에 따른 성취도는 수입과 동의어가 되어갔다.[415] 공적 담론, 예컨대 회사 최고경영자의 수입이 근로자의 그것보다 몇 배나 많을 때 그렇게 더 많이 받는 것이 '그만한 가치를 가질 수 있는가(can deserve)'하는 논쟁은 지금도 정기적으로 사회적 이슈가 되곤 한다.[416]

공적에 따라 보상을 해 주어야 한다는 사고는 시장에서 현재 성공을 누리고 있는 사람들에게는 특히 매력적인 아이디어라는 점을 짚고 넘어가지 않을 수 없는데, 왜냐하면 이런 식의 생각이 그들이 받아야 할 평균적인 지위 이상을 보상해 주는 것의 정당화 논리를 제공하기 때문이다.[417]

아담 스미스가 말하는 불편부당한 관찰자(impartial spectator)의 입장에서 이런 현실은 우리의 주의를 환기시킨다. 왜냐하면 공적이라는 사고가 과도한 지위를 얻어내는 그룹들에 의하여 사상적인 위장막으로 쓰이고 있다는 의구심에서 자유롭지 않기 때문이다. 공적에 따른 보상의 정당성이 정치철학에서 있어 끊임없는 논쟁의 주제가 되고 오고 있음은 이와 무관치 않다. 주로 이 논쟁은 공적이 항상 행위자의 책임감 확보와 연관성은 있는지, 그리고 그것이 본질적인 가치와 자격이라는 개념과 어떤 식으로 연계되고 있는지 포함해 공적을 바탕으로 하는 사상적적 기반에 관한 의문을 제기하는 식으로 벌어진다.[418]

공적 식(式) 사고는 다음과 같은 공식으로 표현될 수 있다.

"A라는 사람은 y의 덕분에 X 라는 결과를 얻을 만한 자격이 있다"[419]라는 것인데 만일 y가 보통 A가 이미 기존에 해 두었던 것들의 재현에 불과하거나,[420] 그의 당연한 책임으로 돌릴 수 있는 일들로 인해 성취된 경우에도 사회적 정의론의 일부로서 정당성을 가질 수 있는가? 이 때 혹자는 y를 과연 시장에서 행하여진 무엇으로 볼 수 있는지, 그리고 y에 대해 자격이 있기 때문에 시장은 보상을 하거나 해 주어야만 한다고 하는 것이 이치에 맞는지 의문을 제기할 수 있는 것이다.[421]

우리의 직관은 두 가지로 전개된다. 즉, 한편에서는 왜 시장이 이렇게 보상을 해줘야 하는지 의문을 갖지만, 다른 한편으로는 자유로운 시장(free market)이란 본래 모든 사람들에게 인종, 성별, 출신지를 막론하고 오직 성과에 의해서 자신을 증명할 수 있는 기회를 부여하고 그에 따라서 사람들의 성취를 불편부당하게 평가하는 것을 본질로 하지 않는가 라는 질문도 던지게 된다. 하지만 이런 질문들에 대한 답을 탐구해 들어가다 보면 마지막엔 공적에 기초한 시장결과가 타당하다고 하기 위해서는 몇 가지 선행 조건들에 부딪치게 되는데, 현실적으로 이런 가정과 전제들이 옹호될 여지가 있는지 문제된다.

6.3

시장의 속성, 교환대상의 무한확장욕

역사적으로 시장은 사회적 가치들을 교환하는 하나의 가장 중요한 메커니즘이었다. 그러나 동서고금을 막론하고 시장은 결코 완벽한 분배 체계가 아니다. 마찬가지로 모든 분배가 통제된 채 출발점이 되는 단 하나의 결정적 순간 역시 존재한 적이 없었다.

물물 교환 경제가 붕괴한 이래 화폐가 가장 일반적인 매개물임에는 틀림없지만, '돈으로도 살 수 없는 것이 있다'는 오래된 격언은 규범적으로 뿐만 아니라 사실상으로도 참이다. 따라서 교환의 보편적인 매개물이란 결코 존재한 적이 없었다. 인간은 매매될 수 있는 것과 매매될 수 없는 것을 항상 결정해야만 했으며, 또한 다양한 방식으로 결정해왔다.[422] 예컨대, 병역 면제를 판매하는 것은 금지된 교환이다. 적어도 원칙상으로는 이와 비슷한 다른 매매 역시 금지된다.[423]

왈쩌는 아더 오쿤(Arther Okun)의 〈평등과 효율성〉이라는 저서에서 그가 구분하고 있는 돈의 영역과 "권리의 범위"를 소개하고 있는데, 전자는 시장에서 교환되는 것이지만, 후자는 교환이 금지되는 영역이다.[424] 여기에는 1) 인간, 2) 정치권력과 정치적 영향력, 3) 형사적 정의, 4) 언론, 집회, 결사, 종교의 자유, 5) 결혼과 생식의 권리, 6) 정치공동체를 떠날 수 있는 권리, 7) 병역면제, 배심원 의무의 면제, 8) 정치적 관직, 9) 경찰에 의한 보호, 초중등 교육, 10) 절망의 교환(예컨대, 노예제), 11) 포상과 명예, 12) 종교적 은총, 13) 사랑과 우정 등이 포함된다.[425]

그런데 현실의 시장에서는 정치권력이 거래될 수 있다는데 문제의 심각성이 있다. 정치권력은 투표, 영향력, 공직 등의 중요성을 변화시킬 수 있는 가치의 집합체로 이해되는데, 시장에서는 이러한 가치들이 모두 거래될 수 있으며, 일부 개인들은 다른 가치들을 기꺼이 희생하면서 이런 가치들을 축적하고자 할 수도 있는 것이다.

그러나 설사 이런 희생이 실제로 자발적인 것이라 할지라도 왈쩌에 의하면 그 결과는 일종의 전제다. 즉 단순평등이라는 조건에서 이루어지는 비열한 전제(petty tyranny)인 것이다.

"나는 모자 없이도 살 용의가 있기 때문에 (나의 모자와 당신의 투표권을 교환함으로써) 두 번 투표를 할 것이다. 반면 투표보다는 나의 모자를 더 높이 평가하는 당신은 (당신의 투표권과 나의 모자를 교환한 결과) 투표를 아예 하지 않게 될 것이다. 자발적인 합의에 이른 우리 두 사람과 관련해서만 본다면, 이러한 결과가 전제적인 성격을 지니는지는 의심스럽다. 그러나 나에게 비대칭적인 권력을 허용해야만 하는 다른 모든 시민들과 관련해서 본다면 이것은 분명 전제적 성격을 지니고 있다."[426]

왈쩌의 표현에 의하자면 오쿤이 제시하는 것과 같은 교환금지의 목록들이 자유롭게 거래되는 시장이 암시장이며 이 암시장과 친숙한 사람들은 은밀하게 거래할 뿐만 아니라 자신들이 하고 있는 짓에 대해서 거짓말을 한다.[427] 어디서부터 시장이 이런 암시장의 역할을 하는 것이 용인되었는가. 그 유래는 가치와 가격의 혼선에서 찾는 것이 빠를 것이다. 후자는 교환의 수단이자 목적이지만, 전자는 교환을 전제로 하는 개념이 아니다. 그러나 가격이 가치라는 등식이 점점 더 세를 얻어가고 있는 것이 현실이고, 암시장은 공공연한 것이 되어가고 있다.

6.4

교환이 금지되는 가치들

전통적으로 서구 사상을 차지하고 있던 아리스토텔레스적 세계관 내에서는, 목적론적 관점에서 가치 평가적 주장이 주된 자리를 차지하고 있었으나 17, 8세기에 이르러 홉스 식으로 아리스토텔레스의 자연 이해를 거부하면서, 그리고 아리스토텔레스의 영향이 프로테스탄트적 신학과 얀센파적 신학으로부터 제거된 같은 시기에 행위에 관한 아리스토텔레스적 설명 역시 부정되었다.[428] 이로써 가치와 사실이라는 개념은 모두 새로운 성격을 획득하였고,[429] 시장에서 거래되는 영역을 활짝 열어놓게 되었다.

가치를 교환 금지의 대상으로 보는 것을 부정한 대표적인 인물은 홉스였다.

홉스의 철학은 신고전파 경제학과 개인주의 및 인간본성에 대한 이해를 공유하고 있기도 하다. 인간의 본성을 개인의 욕구에서 찾으면서 그 욕구가 사회 전체의 질서와 어떻게 조화를 이루는가 하는 것은 신고전파 경제학의 중심 과제이기도 하였다. 그래서 신고전파 경제학 (특히 스미스 경제학)을 홉스가 제안한 문제의 틀 속에서 홉스의 대안에 대한 비판으로 발전된 것으로 이해하기도 한다.[430] 예컨대, 시장에서의 균형 달성에 이르는 과정에 대한 관점은 달랐지만,[431] 홉스는 일찍이 스미스 보다 한 세기도 훨씬 전에 시장과 가격의 개념을 설파한 인물이었다. 또한 엄격한 법 집행을 통해 개인의 신체와 재산이 보호 받는 가운데 개인 간의 자유로운 교환의 허용은 초기 고전학파 경제학자들의 시각과 같다.

홉스가 상정하는 개인이 대상물에 대한 끌림의 욕구를 갖듯, 신고전파의 경제주체로서의 개인은 소비의 대상물에 끌리며 이를 획득하기 위해 재산권이라는 권력을 추구한다. 특히 홉스는 교환정의를 새롭게 규정하고 있는 데 그것은 모든 물건의 가치가 수요와 공급에 의해서 결정된다는 사고와 일맥상통한다.[432] 홉스는 권력의 종류에 대한 서술에 이어 가치와 명예의 평가에 대한 분석을 통해 사회적 인간관계를 묘사하고 있다. 그에 따르면 권력의 이전은 극히 일상의 일부로 하나의 시장에서 거래되며 인간의 권력이란 하나의 상품으로 취급되고 규칙적인 거래를 통해 시장가격이 형성된다.[433]

"모든 인간의 가치(value) 또는 값어치(worth)는 다른 모든 사물과 마찬가지로 그의 가격(price)이다. 말하자면 그의 힘의 효용에 대해 주어지는 액면가이다. 그러므로 절대적인 것이 아니라 다른 사람의 필요와 판단에 달려 있는 것이다. 다른 사물에서와 마찬가지로 인간에 대해서도 가격을 결정하는 것은 판매자가 아니라 구매자이다. 왜냐하면 대부분의 사람과 마찬가지로 한 사람이 스스로를 최고의 가치로 평가할 수 있다 하더라도 그의 실제 가치는 타인이 평가하는 것에 불과하기 때문이다."[434]

홉스에게 있어서는 모든 가치가 시장가치로 환원됨에 따라 정의 그 자체도 시장개념으로 환원된다. 당시에 받아들여지고 있던 교환 및 분배적 정의의 개념들은 관습적 사회모델의 부수물에 불과하였다. 그는 "많은 저자들이 교환적 정의를 계약되는 사물의 가치(value)의 동등성에, 그리고 분배적 정의를 동등한 가치(merit)의 인간들에 대한 이익의 균등한 분배에 근거를 두고 있다"라면서 냉소를 보낸다.[435] 홉스가 볼 때 "사는 값보다 비싸게 파는 것이나, 어느 한 사람에 대해 자신이 평가한 가치(merit)보다 더 많은 것을 그 사람에게 주는 것은 불의(injustice)이다."[436]

계약되는 모든 사물의 가치는 계약자들의 욕구에 의해 측정된다. 따라서 정당한 가치는 그들이 만족스럽게 지불하고자 하는 가치이다.[437] 분배적 정의에 대해서도 마찬가지다. 동등한 가치를 지닌 인간에게 동등하게 이익을 분배하자는 주장은 어떤 실질적 분배의 정의를 결정하는 최우선적 원리로는 아무런 의미를 갖지 못한다. 인간의 가치에 대한 실질적인 시장의 평가 외에는 다른 어떤 가치 척도도 존재하지 않기 때문이다.[438]

그러나 정말 가치들은 상품처럼 시장에서 거래될 수 있는가. 성직자는 영생을 위해 봉사하며, 군인은 국방을 위해 봉사하며, 공립 학교의 교사들은 학생들의 교육을 위해 봉사한다. 만일 성직자들이 구원을 판다면 그들은 그릇되게 행동하는 것이다. 군인들이 돈을 목적으로 하는 용병으로 구성되어 있다면 그 역시 잘못이다. 또한 교사들이 부유한 가정의 자녀들의 비위를 맞추기에 급급하다면 그 역시 잘못이다. 여기서 얻을 수 있는 결론은 필요한 가치들은 상품이 아니라는 것이다.[439] 필요한 가치들을 사람들의 변덕스러운 태도 변화에 맡겨두어서는 결코 안 된다. 또한 필요한 가치들이 그 가치들을 소유하고 있거나 실행에 옮기는 일군의 강력한 집단들의 이해관계에 따라 분배되어서도 안 된다.[440] 어떤 가치가 필요한 가치라고 선언할 때 따라오는 것은 그 가치의 자유 교환을 봉쇄하거나 혹은 이를 규제하는 것이다. 예컨대, 우리는 대중 선거, 업적주의적 경쟁, 개인적인 기호나 가족적인 기호처럼 필요와 무관한 다른 분배적 절차들에서도 자유 교환을 봉쇄한다.[441]

6.5

거래의 무한 증식이 초래하는 전제(專制)

두 가치 간의 본원적 관계가 전혀 없을 때, 하나의 가치를 다른 가치로 전환하는 것은 다른 부류의 사람들이 적절히 통치하고 있는 영역을 침해하는 것이다. 독점을 하더라도 동일한 영역들 안에서는 그것이 부적절하지 않다.

그러나 다른 가치들을 얻기 위해 정치권력을 사용하는 것은 정치권력을 전제적으로 사용하는 것이다. 중세의 학자들에 따르면, 임금이 신민들의 재산을 빼앗거나 그들의 가정에 침입할 때 전제 군주가 된다.[442] 따라서 시장의 무한한 증식을 견제해야 하는 것은 거래의 자유를 제한하는 것이 아니라, 가치의 보존을 위한 정의적 요청이라 할 수 있다. 시장의 문제점은 부만이 아니라 위신과 영향력마저 탈취한다는데 있다. 성공한 대기업가들은 시장으로부터 부만을 빼내가는 것이 아니라 우선 위신과 영향력마저 빼가고, 둘째 시장 안에서의 축적을 기반으로 권력을 산다는 것이다.[443]

다른 영역을 넘어서 이뤄지는 거래는 의도를 불문하고 원래는 교환이 금지되어야 하는 것도 보수로 준다는 의미를 갖고 있다. 예컨대, 비록 각종 자리들이 실력이나 공적(merit)에 따라 엄격하게 분배된다고 하더라도 은행가, 법률가들 및 기업가들은 시장에서 그들이 가진 능력 이상으로 보상을 받게 된다.[444]

만일 공직에 시민 X가 시민 Y에 우선하여 선택될 수도 있는데, 이때 두 사람은 정치의 영역에서는 불평등하게 된다. 그러나 공직에 있다는 이유 때문에 그 외 모든 영역에서 X에게 우선적인 의료 혜택, 자녀 취학의 우선권, 다른 취업 기회들의 제공 등과 같은 혜택이 주어지지 않는 한, 이 두 사람이 일반적으로 불평등한 것은 아니다.

공직이 지배적 가치가 아닌 한, 또한 일반적으로 전환될 수 없는 한, 공직 소유자는 그들이 통치하는 사람들과 평등의 관계에 있을 것이다. 아니 적어도 평등한 관계에 있을 수는 있다. 그러나 이미 확립되어 있던 제반 영역의 자율성이 무너진다면, 그래서 한 영역에서 성공을 거둔 사람이 다른 영역에서도 연이어 성공하고 결국 모든 분야에서 성공한다면 그리하여 가치들을 아마 불법적으로 전환할 필요조차 없이 더욱 축적하게 된다면 어떻게 될까. 이것은 분명 불평등한 사회로 나아갈 것이다.[445]

자유 시장경제 체제에 의해 이런 식으로 조성된 경제력, 권력 및 사회적 지위에서의 거대한 불평등을 바꾸기란 쉽지 않다. 시장에서 급여는 사람들의 기여가치를 반영하므로 수요가 많은 희소한 고급 능력에 대하여는 높은 임금이 지급되지만, 수요가 적은 그저 그런 능력에 대하여는 급여가 적다. 이것은 사람들 사이에 커다란 경제적 격차로 이어지고, 이어서 종종 순차적으로 권력과 사회적 지위의 격차를 가져온다. 많은 사람들이 부자와 권력 있는 사람들 (예컨대, 은행가, 법률가 및 기업가들)과 가난하고 힘없는 사람들(예컨대, 일용 노동자, 파출부 등) 사이의 극심한 불평등을 매우 우려하고 있다.[446]

시장이 거래 대상을 무한정 넓혀감으로써 어떻게 현실을 왜곡시킬 수 있는지는 경영자들과 관료에 대한 시장의 과도한 보상 사례를 통해 볼 수 있다. 경영진에 대한 보상(executive compensation)을 둘러싼 윤리적 쟁점은 경영진과 비경영진 사이의 격차에 대한 공정성 논란을 야기한다. 철학적 및 임상적 분석을 시도하는 사람들은 공정과 분배적 정의의 관점에서 경영진의 보수 문제를 비판하고 있다.[447]

현대 사회의 영리기업 내에서 일반 직원들과 경영진들 사이의 급여 및 보너스의 현격한 격차는 각종 통계로 분명하게 드러나고 있다. 격차의 측정 방식은 급여나 보너스 등 명칭을 불문하고 당해 기업으로부터 받는 일반적으로 근로자들의 평균 수입과 임원들의 평균 수입을 비교하는 식으로 이뤄진다. 예를 들면 1970년대 미국에서의 격차는 임원과 근로자가 25:1로, CEO 한 명이 받는 급여는 평균 70만불이었다. 그러다 2000년대에 들어와서는 최소한 90:1 이 되었고, CEO 한 명의 평균 수입은 220만불이 되었다.[448] 종종 인용되는 대중 언론 매체들은 그 비율을 더 높게 파악하고 있는데 예컨대, 364:1 또는 531:1까지 보고 있기도 하다. 경영진 보수의 격차는 나라 별로 차이가 있는데 일본과 스페인은 상대적으로 경영진 대 일반 근로자의 임금 비율 격차가 적은 편이고, 미국과 영국은 높은 편이다.[449]

경영진과 일반 근로자들 사이에서의 임금 격차가 존재한다는 사실만으로 불공정하다고 단정하기에는 무리가 있는 것이 사실이다. 대부분의 사람들이 다른 사람들보다 더 열심히 일하고, 더 많은 시간을 들여서 일한 사람은 그렇지 못한 사람들보다 최소한 어느 정도는 높은 급여를 받는데 동의한다. 급여의 공정성에 영향을 미치는 기타 요인들에는 시장의 힘, 문화적 태도, 개인의 근로가 갖고 있는 본질적인 가치, 유사도 측정, 사회적 복지에 대한 당해 업무의 순기여 등이다.[450]

경영진의 급여를 고려할 때 염두에 두어야 할 점은 법적 및 윤리적 관점에서 기업의 경영진들이 수행하는 역할과 의무의 유형들, 그리고 그 역할 속에 담겨있는 구체적 내용들이다. 일반적으로 널리 받아들여지고 있는 영리 기업들의 임원들의 경영이란 어떤 면에서는 그 고용주들을 위해 돈을 벌어준다는 것에 다름 아니라는 점이다. 물론 일부 경영자들은 이미 주요 주주이기도 하고, 아니면 그 보다 종종 주식으로 보상을 받거나 스톡옵션을 행사할 권리를 가진다. 이런 경우 경영자와 소유자인 주주들의 역할은 항상 분리되어 있지 않다. 하지만 일반적으로 경영자가 주인들에게 돌아가야 할 돈을 자기 주머니로 빼돌리는 한 그 결과는 주인들 입장에서는 불공정하다. 이것이 경영자보수 문제를 둘러싸고 종종 정치적으로는 정반대의 위치에 있는 쪽에서 한 목소리로 비판을 제기하는 이유가 되기도 한다.

자유주의적 정치 관점에서 입이 떡 벌어지게 만드는 최고 경영진들의 보수는 일반 근로자들의 낮은 급여와 비교했을 때 형평을 잃은 것이기에 불공정하다. 보수주의적 정치 관점에서도 그와 같이 높은 보수는 주주들의 몫을 도둑질 해 가는 것으로 여겨지는 까닭에 불공정하다고 할 수 있다.[451] 어떤 경우 대기업들의 임원진에 대한 보상의 불공정성은 의문의 여지가 없을 정도이다.

예를 들어 2008-10년 사이의 불황 시 금융산업에 종사하는 임원들에 대한 막대한 보너스 잔치는 회사의 재정상황을 파탄시키는 결과를 초래하는 무모한 위험인수에 결정적 역할을 하였고 사회 전반에도 광범한 손해를 끼쳤다. 극적인 보수 격차를 정당화하기 위해 동원될 수 있었을 것으로 보이는 어떤 변명의 사유도 이 상황에서는 아예 존재하지도 않았다. 무모한 보수 책정과 지급을 상쇄할 수 있는 그럴싸한 명분과 실리가 없었던 것이다. 한마디로 노골적인 챙기기가 자행되었던 것이다.

대부분의 회사의 주주들이 손해를 입었고, 저임금을 받고 있던 금융기관 근로자들과 일반 사회의 구성원들조차 피해자였다. 사회 전반을 통틀어 최고의 상황에 있던 사람들과 최악의 상황에 있던 사람들 모두 피해를 보았다. 심지어 실력원칙(a principle of merit)을 통해 적정한 보수의 차별을 정당화해 왔던 논리, 다시 말해 기술과 생산성이 남들 보다 높은 보수를 받을만한 자격을 만들어 준다는 원칙도 막상 경기 불황기가 닥치자 막대

한 보너스를 챙기는 기술 외에는 아무 것도 아닌 허상으로 드러났다.[452]

그렇다면 어떤 상황에서 경영자들과 일반 직원들 사이의 극적인 보수 격차가 공정한 것으로 인식될 수 있을까? 종종 주장되는 것은 시장의 필요성(market necessity)이다. 이 주장에 따르면 경영진의 재능 시장(the market for executive talent)에서는 높은 급여를 필요로 하므로 기업들은 재능을 사기 위해 대가를 지급해야만 한다는 것이다. 만일 기업 A가 최고 경영자 S에게 상당한 보수를 지급하지 않으면 다른 기업 B가 S를 채갈 것이다. 경영진의 재능시장이란 땅콩시장과 다를 바 없다는 것이 이들의 주장인데, 그래서 수요와 공급에 따라 작동한다고 한다. 공급과 수요 곡선에 시장이 효율적으로 반응하는 한도 내에서는 시장에서 형성된 가격을 지불하는 것은 합리적이며 전반적인 효용이 증진된다고 보는 것이다.[453]

실제로 몇몇 "참조값(reference value)", 다시 말해 "비슷한 기업들"이 비슷한 정도의 경영진들에게 지급하는 보수에 관한 데이터를 연구한 결과에 의하면, 이것들이 경영진들의 보상기준을 설정하는데 있어 확실히 영향을 주고 있음을 시사한다.[454] 이런 입장에서는 A기업이 시장이 가리키는 수준에 맞춰 S에게 보수를 지급하지 않는 것은 비합리적이며 비생산적이라는 결론에 이르게 된다.

같은 맥락에서 어떤 연구들은 최고경영자에게 주는 보수와 기업들의 전반적인 수익이 어떻게 상관관계를 갖는지 보여주기 위해 애쓴다. 경영진이 갖고 있는 재능에 대하여 조금만 더 보상을 해주면 기업의 수익 증대를 위한 원동력이 될 수 있고, 기업 수익에서는 단 몇 퍼센트에 지나지 않는 수익 증가라 하더라도 절대적인 금액으로 환산하면 크기 때문에 경영진의 수완에 대하여 많은 보수를 지급한다고 하더라도 기업으로서는 합리적인 선택이라는 것이 이들의 주장이다.[456]

이런 주장에 대하여 흔히 제기되는 반론은 경영진 수완 시장이란 "완전

시장(perfect market)"과 거리가 멀다는 것이다. 완전하고 그래서 효율적인 시장들은 투명성, 정보의 정확성(말하자면 경영자 마다 다른 수완의 차이가 회사 수익 증대에 어떤 차이를 가져오는 지 등), 자유진입, 그리고 합리적 선택과 같은 여러 특징들을 지녀야 한다. 그러나 이런 특징들은 경영자 수완이라는 시장에는 적용될 수 없다. 이를 입증하기 위해 비판론자들은 종종 1980년대 이른바 "브라질의 기적"을 든다. 이 시기 브라질은 세계에서 가장 많은 보수를 받는 최고경영자들로 기업들을 채워 넣었지만 곧이어 경제적 실패로 이어졌다. 정말 브라질의 최고경영자들은 세계 최고였을까? 드러나는 사실들은 그렇지 않다는 것을 보여준다. 이것이 경영자 수완이라는 상품시장이 갖는 불완전성을 보여주는 사례로 읽혀야 한다.[457] 회사의 생산성에 있어서 실제적 결과와 무관하게 특정인이 갖는 재능이 다른 이들보다 더 크다는 것이 회사 내에서의 더 높은 보수 지급을 정당화할 수 있는가. 답은 모호하다. 우선 내재적 가치(intrinsic value)를 어떻게 측정할 것인가의 문제가 있다. 이 문제는 앞서 논의했던 불완전시장의 문제와 유사하다.

둘째로 현대적인 경제 관념에 따르면 내재저 가치는 서비스에서건, 상품에서건 간에 종말을 고했다고 여겨지고 있다. 19세기만 하더라도 경제학자들은 "자연적 가격"이라는 관념을 갖고 있었다. 완전한 시장이라면 달성할 수 있는 "정의(just)"롭거나 "공정(fair)"한 가격으로 보이는 수준이 있다고 본 것이다. 이런 시각에 따르면 경영자가 공정하거나 자연적 가격 이상으로 보수를 지급받는 한 그는 과도한 보수를 받는 것으로 간주될 것이다.[458] 문제는 "공정한 가격(just price)"을 현실적으로 도출해 내는 것이 매우 어렵다는 것이다. 그것이 너무 어려워서 실제로 19세기 중반에 들어서면 경제학자들은 이것을 포기하고 좀더 현실적인 "시장가격(market price)"로 관심을 돌리게 되었다.[459] 하지만 이는 우리가 불완전한 시장이 갖는 왜곡의 위험성으로 되돌아가게 하는 것에 불과하다.[460]

6.6

과학인가, 관료주의와 결합한 도덕적 허구인가

이 문제가 해결되지 못한 상태에서 시장은 또 다른 형태로 경영자의 권위와 권력을 보존하고 확장하게 되는데, 왜냐하면 관료주의와 결합하여 새로운 왜곡과 신화를 만들어 내기 때문이다. 여기서 신화의 주역은 효율성이다.

매킨타이어는 국가에 따라 조금씩 차이는 있지만 경영자적 전문가 집단이 부상하는 것만큼은 공통적으로 보았다. 그는 사회의 진전 과정을 대체로 계몽주의적 이상에서 시작된 사회개혁가들의 야망이 시민 관료들과 경영자들의 이상으로 발전하고, 이것이 사회학자와 조직이론가들을 거쳐 경영학교와 기업학교에서 정립된 이론들을 교재로 사용하는 단계를 지나 종국적으로 현대 기술관료적 전문가들의 실천에 이른다고 파악하였다. 연속의 순서는 국가마다 다르겠지만, 결과적으로 이렇게 대두된 경영 내지 관료전문가 그룹들에게는 가치란 관심 밖의 영역이고, 오로지 조작적 권력에 대한 갈망이 있을 뿐이라는 것이 그의 분석이다.[461]

그 갈망은 경영자들에게는 특정한 목표를 성취하는 데 기술과 지식을 사용할 수 있는 능력이 있다는 믿음을 통해 정당화된 권위와 권력을 통해 행사된다.[462]

그러나 매킨타이어에 의하면 이들이 내세우는 "경영자적 효율성"은 마치 신에 대한 믿음처럼 여하한 적절한 수준의 합리적 정당화도 결여되어 있으며 매우 효과적으로 현실을 은폐한다.[463] 정부는 그 자체로 관료제적 경영자들의 위계질서를 중심으로 구성된다. 사기업들 역시 유사한 능력 자원을 소유하고 있다고 언급함으로써 자신들의 활동을 정당화한다. 관료들과 경영인들은 자신들의 능력을 사회변동의 과학적 경영인의 능력으로 내세움으로써 스스로를 정당화하고, 또 권위, 권력, 돈에 대한 자신들의 권리를 정당화한다. 이렇게 하나의 이데올로기가 생겨나는데, 매킨타이어는 이 이데올로기의 고전적 표현형식을 관료제에 관한 막스 베버의 이론에서 찾을 수 있다고 한다.[464] 도덕적 허구가 현대의 사회적 드라마의 핵심적 성격(인물)인 관료제적 경영자에 의해 제기된 효율성과 권위에 대한 권리 주장 속에 구현되어 있다고 결론을 내려야만 할 것이다. 경영자들이 효율성에 대해 제기하는 권리 주장은 물론 조직과 사회적 구조들을 변형시킬 수 있는 수단으로서의 일련의 지식을 소유하고 있다는 주장에 바탕을 두고 있다. 그러한 지식은 실제적인 법칙과 유사한 일련의 일반화들을 포함하고 있어야 한다. 이러한 일반화의 덕택에 경영자들은, 만약 특정한 사건 또는 특정한 유형의 사태가 발생하거나 야기된다면 다른 사건 또는 특정한 유형의 다른 사태가 결과적으로 일어나게 될 것이라는 것을 예견할 수 있다. 왜냐하면 이와 같이 법칙과 유사한 일반화들만이 특수한 인과적 설명과 예견을 산출할 수 있으며, 이러한 설명과 예견 덕택에 경영자들은 사회적 환경세계를 변형시키고 영향을 주고 통제할 수 있기 때문이다.

따라서 정당화된 권위에 대한 경영자들의 권리주장은 두 부분으로 나누어진다. 하나는 경영자가 그 영역에 있어서 전문가가 될 수 있는 도덕적으로 중립적인 사실들의 영역의 실존과 연관이 있다. 다른 하나는 이 영역의 연구로부터 도출되는 법칙 유사적 일반화들과 구체적 사례에 대한 이 일반화들의 적용과 연관이 있다. 두 주장들은 모두 자연과학에 의해 만들어진 주장들을 반영한다. '경영 과학'과 같은 용어가 주조되었다는 것은 놀라운 일이 아니다. 도덕적 중립성에 대한 경영자의 주장은 이것은 그 자체로 경영자가 사회적, 도덕적 세계 내에서 스스로를 나타내고 또 기능들을 담당하는 방식이 어떠한지를 보여준다. 이것은 많은 물리학자들이 제기하는 과학으로서의 도덕적 중립성에 대한 언급과 마찬가지로 매우 객관적으로 들리게끔 한다.[465]

시장은 과도한 보수에서 나아가 도덕적 허구를 통해 불평등을 가속화하고 정당화하려는 속성을 지니고 있는데, 그 가면은 가치중립이라는 형식의 효율성이다. 그러나 실은 시장이 갖고 있는 불완전성, 경제구조에 대한 다양한 전제들을 무시한 결과라는 것에 대하여는 침묵하고 있는 것이다.

그래서 시장 제국주의는 또 다른 종류의 재분배를 요구한다. 그것은 선을 긋는 문제가 아니라 다시 긋는 문제다. 지금 문제가 되고 있는 것은 시장의 영역 밖에서 돈이 지배하고 부유한 자들이 면죄부를 매매할 수 있고, 관직을 매매하고, 법정을 타락시키고, 정치권력을 행사한다는 것이다. 일반적으로 시장이 점유하고 있는 공간에 대한 도덕적 복원, 경계의 재조정은 시장이 갖고 있는 속성에 비추어 보아 불가피하다.[466] 시장은 그 속성상 교환이 부적정한 가치마저 시장에서 '마땅히 가질 수 있는 몫' 이상으로 넘겨주며, 반대로 누군가로부터는 '마땅히 가져야 하는 몫'을 앗아가게 된다.

그리고 그 중심에 경제의 권력화, 효율성의 도덕화와 신비화가 자리잡게 되고, 경영과 관료가 일체화되면서 공고한 지배 토대를 만들어 버린다. 이 권력의 지렛대는 도덕적으로나 논리적으로, 그리고 현실적인 검증도 거친 바 없는 부조리이다. 권력의 지렛대 효과가 나타나는 것은 체계적이며 논리적인 결과가 아니라 이 지렛대를 사용하는 그룹이 과시하는 효과와 단지 우연하게 일치할 뿐인데, 이것이 사실이라면, 그리고 이것이 은폐된다는 건 사회적으로 그리고 정치적으로 매우 중대한 문제가 아닐 수 없는 것이다.[467] 교환의 대상을 분명히 하며 과도한 교환이 되지 못하도록 하기 위해서는 동등한 자들 간의 교환 즉 자유교환이 전제되어야 한다.[468]

400. 드워킨, op.cit., p.554.
401. ibid., p.555.
402. ibid., p.556.
403. 마이클 왈쩌, op.cit., p.47.
404. C.B.맥퍼슨, op.cit., p.91-2
405. Aaron Garrett (2013), "Adam Smith", IN Hugh LaFollette eds, The International Encyclopedia of Ethics, Wiley-Blackwell, p.4936.
406. 아담 스미스, 도덕감정론 (The Theory of Moral Sentiments), 박세일/민경국 공역 (2012), 비봉출판사, p.331.
407. ibid., p.433-4: 홍기현(1998), op.cit.,p.148, FN5.
408. 마이클 왈쩌, op.cit., p.190.
409. 정의보다는 권리의 중요성에 보다 큰 방점을 두고 있는 것으로 보이는 아담 스미스의 관점은 후일 존 스튜어트 밀(John Stuart Mill, 1806-1873)이 그의 저서 〈공리주의. Utiliatarianism〉 제5장에서 따라가고 있는 것으로 보인다. [13]
410. 마이클 왈쩌, op.cit., p.207.
411. ibid., FN38.
412. ibid.
413. David Miller(2001), Principles of Social Justice (Cambridge, MA: Harvard University Press), p.125.
414. Lisa Herzog (2013), Inventing the Market - Smith, Hegel, and Political Theory, Oxford University Press, p. 86.
415. David Miller(2001), op.cit., ch.6.
416. N. Gregory Mankiw(2010), 'Presidential Address: Spreading the Wealth Around: Reflections Inspired by Joe the Plumber', Eastern Economic Journal 36 (2010), 285-98.
417. Friedrich August von Hayek (1978), Law, Legislation and Liberty, vol. 2: The Mirage of Social Justice (Chicago: University of Chicago Press), p.74.
418. Owen McLeod, 'Desert', in Edward N. Zalta (ed.), The Stanford Encyclopedia of Philosophy Winter 2008 edition [online] 〈http://plato.stanford.edu/archives/win2008/entries/desert/〉 최종방문 2015. 4. 21.
419. "person A deserves outcome x in virtue of y"
420. 물론 이것은 A가 최초에 성취하였던 시점에서 보상이 이뤄졌음을 전제로 한다. 다시 말해 이미 한번 받았던 보상이 어느 정도까지 계속 이어지는 것이 타당한가 하는 문제로, 예컨대, 불로소득이나 상속에 이런 의문을 제기할 수 있을 것이다.
421. Lisa Herzog (2013), op.cit., p.87.
422. 마이클 왈쩌, op.cit., p.31.
423. ibid., p.178.
424. ibid., FN 8
425. ibid., p.178-182.
426. ibid., p.60.
427. ibid., p.183.
428. 알래스데어 매킨타이어, op.cit., p.129.
429. ibid., p.124.
430. 박만섭(2003), 경제학의 철학적 기초-신고전파 경제학 비판, 철학과 현실 통권 제59호, p.148.
431. 홉스에 따르면 규제 없는 상태에서의 시장을 떠도는 사익들은 사회균형을 이룰 수 없고 존재하더라도 불안정하다. 사회적 균형은 내재적인 합의에 의해, 그리고 유지를 위해서는 통치자에 의한 절대 권력의 행사가 필요하다고 하는데 로크, 맨더빌, 데이비드 흄, 스미스 등은 이에 대하여 반대한다. 맥퍼슨, 허쉬먼의 책 외에도 Mark Perlman and Charles R. MacCann Jr.,. The Pillars of Economic Understanding: Ideas and Traditions (1998), Ann Arbor: The University of Michigan Press] 박만섭(2003), op.cit., p.149, FN8.
432. 배진영(2009), op.cit., p.17.

433. C.B.맥퍼슨, op.cit., p.68.
434. ibid., FN47: Leviathan, ch.10, p.67.
435. ibid., p. 98, FN 74: Leviathan, ch.15, p.115.
436. ibid., FN 75: Leviathan, ch.15, p.115.
437. ibid., FN 76: Leviathan, ch.15, p.115.
438. ibid., p.99.
439. 마이클 왈쩌, op.cit., p.163.
440. ibid.
441. ibid.
442. ibid., p.56, FN l7.
443. ibid., p.192.
444. Larry S. Temkin (2013), op.cit., p.1707.
445. 마이클 왈쩌, op.cit., p.56._
446. Larry S. Temkin (2013), op.cit., p.1707.
447. Thomas Donaldson (2013), "Executive Compensation", IN Hugh LaFollette eds, The International Encyclopedia of Ethics, Wiley-Blackwell, p.1823.
448. K. Murphy and J. Zabojnik (2004), "CEO Pay and Appointments - A Market Based Explanation for Recent Trends," American Economic Review, vol.94, p.192-6.
449. Thomas Donaldson (2013), op.cit., p.1824.
450. ibid.
451. ibid.
452. ibid., p.1825.
453. ibid.
454. Polanec Gregoric and Slapnicar (2010), "Pay Me Right-Reference Value and Executive Compensation," European Financial Management, vol.16, p.778-804.
455. ibid.; Guay Core and R.S. Thomas (2005), "Is US CEO Compensation Inefficient Pay without Performance?" Michigan Law Review, vol.103, p.1142-86.
456. ibid.
457. ibid.
458. ibid., p.1826.
459. ibid.; P. Deane (1978), The Evolution of Economic Ideas, Cambridge University Press.
460. ibid.
461. 알래스데어 매킨타이어, op.cit., p.135.
462. ibid., p.121.
463. ibid., p.122.
464. ibid., p.134.
465. ibid., p.123.
466. 마이클 왈쩌, op.cit., p.206.
467. 알래스데어 매킨타이어, op.cit., p.121.
468. 마이클 왈쩌, op.cit., p 206.

제 7 장

시장 담론에 대한 두 가지 접근

요약

지속 가능한 정의와 관련하여 빼놓을 수 없는 문제는 빈곤과 사회적 배제이다. 이 역시 시장과 관련하여 논의될 때 현실 적합성을 띠게 된다. 자유주의자들 중에서는 시장의 상호작용에서 비롯된 결과들을 놓고 배분적 정의를 논한다는 사고는 처음부터 오류가 있다고 보는 사람들이 있다. 이들은 자발적 교환에 따른 분배에 정의의 잣대를 들이대어서는 안되며, 중요한 건 예컨대, 모든 사람들에게 소유권이 보장되는지 여부와 같은 게임의 규칙들이 공정한지, 그리고 지금의 분배에 이르게 된 역사적 과정 속에서 이런 규칙들이 위반된 적은 없는지를 살피면 된다고 한다. 하지만 시장의 결과들 상당 부분 개인이 공정하게 책임을 질 수 있는 요인들에 의존하고 있다는 것이 대전제가 되지 않으면 공적에 따른 보상이 들어설 여지는 없다.

시장을 어떤 식으로 상정하고 있는가 하는 문제는 사람들 사이에 해묵은 갈등의 원천이 되기도 한다. 시장을 둘러싼 그림을 크게 스미스 식과 비(非) 스미스식으로 분류한다면, 후자의 경우를 대표하는 것은 헤겔식의 이해이고, 오늘날 시장을 둘러싼 다양한 견해는 이 두 가지 입장으로 수렴하게 된다.

시장을 빈곤에 대처하는데 도움이 될 수 있는 존재로 보는지, 아니면 빈곤을 만들어 내는 존재로 보는가에 따라 정의를 염두에 두었을 때 우리가 고려해야 할 정책 범위에도 영향을 주는 것이다. 개인의 자율성을 발휘할 수 있도록 하는 기회와 그에 따른 위험성, 그리고 사회적 결속과 정치적 참여에 시장이 미치는 영향을 어떤 시각에서 보느냐는 시장에 투입되어야 할 자유의 요소들은 무엇이며, 사회가 무엇을 지향해야만 만인을 위한 자유라는 약속의 이행에 더 근접할 수 있는지에 대한 접근 방식도 다르게 한다.

가난이 왜 그렇게 문제인가 이해하기 위해서는 여기서 파생되는 각종 비(非)물질적 차원의 영향들을 고려해야 하는데, 이 점에서는 분명히 스미스와 헤겔의 시선이 같았다. 두 사람 모두 가난은 비록 단지 상대적인 것에 지나지 않은 경우라 하더라도 물질적 박탈의 문제뿐만 아니라 사회적 배제, 타인들로부터의 존중과 자존감, 그리고 사회와 자신을 향한 태도를 결정짓는 포괄적 문제로 이해하였다. 스미스는 가난한 자들이 모욕당하고 무시당할 때 느끼는 수치심에 관하여 이야기하면서, 모든 사람들이 수치심을 갖지 않고 '공중 앞에 드러내기'에 필요한 최소한의 물질을 가져야만 한다고 주장하였다. 스미스는 사회 속에 가난이 남아 있어야 한다는 주장을 단호히 배격하였다.

스미스는 자유로운 시장이 우리에게 정의, 평등, 사회적 결속, 자유를 가져다 줄 것으로 보았고, 헤겔은 시장을 주관적 자유의 영역으로 보면서도 한편으로는 혼란스럽고 해체력을 갖고 있어서 다른 제도들에 의해 길들여질 필요도 있다고 보았다. 스미스가 공정한 법률이라는 틀 속에서 사회적으로 생산적인 방법으로 개인들이 자신의 삶의 조건을 더 낫게 하도록 하는 기회를 확장시키는데 관심을 갖고 있었다면, 헤겔도 마찬가지로 사회의 모든 구성원들이 가지는 인간적 자유의 확장에 관심을 갖고 궁극적으로 완전한 자유의 실현을 내다보았다.

스미스는 시장의 역사를 이해함에 있어서 인간은 평균적으로 예측 가능한 방식으로 행위 한다는 전제 하에 '나아지고자 하는 욕구'야 말로 역사의 토양이라고 보았는데, 스미스가 이해하였던 합리성과 동기는 현대 주류 경제학에서 이해하는 그것들과는 매우 달랐다.

한편 헤겔에게 있어서 시장은 빈곤을 만들어내는 곳이었다. 이런 시각의 차이는 영국에서 시작되었던 산업혁명 및 빈민대중에 의해 영향을 받았을 가능성이 크다. 헤겔도 스미스와 마찬가지로 불평등의 필요성은 인정했다. 왜냐하면 시민사회의 특징 중 하나인 '개성(particularity)'의 원리에 따르면 사람들은 자신들의 '주관적 목표, 필요, 독단, 능력, 외부적 환경 등'과 관련하여 각기 다르고, 이것은 결과적으로 수입과 부의 불평등한 분배로 연결되기 때문이다.

헤겔과 스미스 모두 한 국가 내의 경제적 삶에 참여하는 것은 단지 생계를 위한 벌이 이상의 것으로 보았다. 시장은 자발적 교환의 장소로서 그 결과는 정의적 관점과는 무관하다는 자유주의자들의 주장은 헤겔적인 설명에 더 부합한다. 헤겔에게 있어서 '필요의 체제'는 주관적 자유의 영역에 속하는데, 여기에는 또한 변덕이 작용한다. 그렇지만 헤겔에게 있어서 근대 상업사회는 인간이 걸어온 역사 속에서 자유를 찾는 순간이기도 하였다.

헤겔은 빈곤의 해결은 지난(至難)한 과업이라고 생각했다. 헤겔의 생각은 시민사회란 가족의 유대를 해체해 왔고 앞으로도 그럴 것이기에 '공적 권위가 가족의 지위를 차지' 하고, 따라서 가난한 자들을 돌볼 책무도 공적 주체에 있다고 여겼다. 하지만 그렇게 하기엔 국가와 같은 공기관이 가진 물질적 자원이 충분하지 않다는 점이 여전히 문제였고, 설령 물질적 지원을 한다고 해도 헤겔의 관점에서 그것은 시민사회의 본질에 반하는 것이었다. 왜냐하면 노동에 의해 '조정'되지 않는 수입, 즉 공짜 수입은 '시민사회의 원칙과 개개의 구성원들 사이의 상호존중 및 자존감을 침해' 하는 셈이 되기 때문이다.

스미스의 낙관적인 전망에 따르면 상업사회에서는 빈곤층이라 하더라도 다른 사회의 구성원들보다 물질적으로 더 나은 조건을 누릴 뿐 아니라 또한 인격적으로 독립적이며 교양을 잘 갖춘 사람들이었다. 존중의 문화 속에서 사회의 동등한 구성원들이자 책임있는 도덕적 주체들로 인정받는다. 결코 완전한 평등은 이뤄지지 않을 것이지만, 어느 누구도 가죽 구두를 신을 여유를 갖지 못해 공중 앞에 기가 죽어 나타나지는 않으리라 보았다.

하지만 헤겔이 보기에 시민사회 속에는 빈곤의 쓰라린 역설이 존재하는데, 가난한 자들의 욕구란 상당 부분 부자들의 욕구에 의해 사회적으로 결정된다. 많은 가난한 자들이 그래서 자신들에 대하여 이러한 부(富)에로의 접근을 거부하는 사회에 분개하고, '폭민' 정신을 갖게 되는데, 이것은 '옳고 그름, 정직, 사람으로 하여금 자신의 직업과 일에 전념하도록 하는 자존감 상실'을 특징으로 한다.

스미스의 관점에 의하더라도 자격 없는 자본 수입은 초부유층들이 정치적 과정에 영향을 미칠 수 있다는 점에서뿐만 아니라, 자본주의적 미덕을 실천함으로써 사회 전체에 기여함으로써 받게 되는 부를 상대적으로 감쇄시킴으로써 위험하다. 이것은 점차로 사회의 하층에 있는 사람들로 하여금 자신의 삶의 조건을 향상시키도록 하는 희망을 잃게 하고, 사회에 대한 냉소와 분노를 확산시켜 헤겔이 당시에 보았던 폭민을 양산해 낸다는 걸 의미한다.

7.1

시장관과 정의

시장은 완전한 물질적 평등이라는 의미에서 정의를 만들어낼 수는 없고, 그렇게 기대하는 것도 무리라는 것을 대부분 수긍한다. 그러나 그렇다면 그 결과들은 응당하기 때문에 공정하다고 할 수 있는가, 아니면 시장에 대한 더 이상의 정의적 관점에서 분석을 단지 포기하고 있지는 않은가. 사회적 정의와 시장의 관계라는 주제에 접근하면서 이론들을 살피거나 별도의 이론화를 시도할 때 우리가 생각할 수 있는 전략은 두 가지이다.

하나는 시장 사회를 전체적으로 존 롤스의 경우에서처럼 공정한 절차적 정의에 비춰서 생각해 볼 수 있다. 시장을 정의의 원리의 시장 자체에 대한 적용과 무관하게 공정한 제도적 구조물들의 흐름으로 보는 것이다. 이 때 시장은 정당화될 수 있다고 말할 수는 있겠지만, 엄밀한 의미에서 '공정(just)'하다고 단정하기는 힘들다. 반면 시장 자체를 정의의 관점에서 점검해 볼 수도 있다. 이 두 번째 접근 방식이 이 장에서 다룰 내용이다.

사람들은 대부분 정의가 무엇인지, 그리고 그 수단이 무엇인지에 초점을 맞춘다. 그와 대조적으로 "시장이 무엇인가"라는 질문에 대하여는 상대적으로 주목을 덜 하는 편이다. 하지만 시장이 정의의 문제와 어떻게 연관되는지 질문하기 위해서는 양자의 관계가 갖는 두 가지 측면이 언급되어야 한다. 정의, 불평등 및 사회적 배제에 관하여 제기되는 문제들에 관한 답은 시장을 보는 시각이 어떤 지에 따라 그 양상이 달라지므로 현실적으로 적용 가능한 정의를 말할 때는 시장을 보는 시각이 그 핵심일 수 밖에 없다.

예컨대, 아담 스미스에게 있어 시장은 이런 문제들에 대한 만병통치약이었지만, 헤겔에게 있어서는 문제를 악화시킬 수 있는 위협적 요소로 보였다. 이 두 사람이 보는 시장에 대한 시각은 정의론을 둘러싼 논리의 전개와 크게 다르지 않은데, 시장에 관한 스미스와 헤겔의 관점 비교는 정의의 개념에 관한 이해, 특히 공적(功績, desert)의 개념이 시장에 어떤 식으로 적용되며, 빈곤과 사회적 배제라는 문제와 어떤 식으로 맞물려 있는지 이해하는데 도움이 될 것이다.

한 가지 유의하여야 할 것은 사회적 정의를 시장과 연관시켜 논의를 하더라도, 많은 경우 시장을 둘러싼 제도 설계의 타당성 여부를 놓고 논쟁을 벌이지만 시장 자체의 성격에 초점을 두지 않으면 안 된다. 왜냐하면 논쟁의 성격을 보다 선명하게 하면서 현실세계의 문제점들에 대한 보다 실효성 있는 대안을 제기하기 위해서는 시장 속으로 들어가야만 하기 때문이다.

7.2 시장에 정의를 적용할 수 있는가

자유주의자들 중에서는 사회적 정의의 개념을 시장에 적용해야 한다는 사고 자체에 반대하는 사람들이 있는데, 적어도 프리드리히 하이예크(Friedrich Hayek, 1899-1992)이후에[469] 이런 주장은 자유주의자들로부터 꽤 지지를 받고 있다. 이 시각에서는 시장의 상호작용으로부터 비롯된 결과들을 놓고 배분적 정의를 논한다는 사고는 처음부터 오류가 있다고 한다. 왜냐하면 그러한 분배는 자발적 교환으로부터 나오는 것이고, 그런 결과가 보여주는 경향이란 예측불가능성을 본질로 하고 있으며 정의적 관점과는 무관하기 때문이라는 것이다. 중요한 건 예컨대, 모든 사람들에게 소유권이 보장되는지 여부와 같은 게임의 규칙들이 공정한지,[470] 그리고 지금의 분배에 이르게 된 역사적 과정 속에서 이런 규칙들이 위반된 적은 없는 지 여부라는 것이[471] 이들이 내세우는 주요 논거이다.

진보적 관점에서도 공적을 시장결과에 적용할 수 있다는 사고는 다양한 이유로 거부되고 있다. 많은 사람들이 우선 지적하는 것은 행위자들의 경우 자신들의 생산성이나 수고와 같은 공적의 기초가 되는 요인들을 완전히 그들의 통제 하에 두고 있지 않기 때문에 공적을 측정하기 위한 공정한 출발점 자체가 시장에는 존재하지 않는다는 것이다.

롤스의 경우 〈정의론〉에서 능력주의 사고(idea of meritocracy)를 배척하고 있는데, 그 이유는 재능과 성품을 '수고(effort)'의 기초로 삼는 것은 '자연적 로또(natural lottery)'의 일부이고, 그렇기 때문에 공적의 기초가 될 수는 없다는 것이다.[472] 브라이언 배리(Brian Barry, 1936-2009)는 기회균등의 결핍에 관한 상당한 임상적 연구를 통해 롤스와 같은 입장을 취하면서 시장에서의 공적에 따른 평가를 옹호하는 사람들을 '개인적 책임의 광신도들(cult of personal responsibility)'이라고 신랄하게 비판하였다.[473]

세레나 올사레티(Serena Olsaretti)는 시장과 공적 사이의 관계를 상당히 오랫동안 치밀하게 분석하면서 논증한 학자인데[474] 공적을 '전(前) 제도적(pre-institutional)' 차원에서 정당화할 수 있을 것이라는 관념이 인정될 여지는 없다는 결론을 내렸다. 왜냐하면 공적을 공적답게 할만한 '공정한 기회의 요구(fair opportunity requirement)'란 거의 실현된 바 없기 때문이란 것이다.[475]

하지만 진보적 학자들이라고 하여 모두 공적이라는 개념을 배척하는 것은 아니다. 데이비드 밀러(David Miller)와 악셀 호넷(Axel Honneth, 1949-)은 공적을 정의의 유일한 원리를 받아들이지는 않지만, 일정한 상황, 특히 직업의 배분과 급여의 경우에 있어서는 적절한 하나의 원리로 활용할 수 있다고 주장한다. 밀러는 공적을 사회적 정의의 원리로 삼을 수 있다고 주장했는데, 그 논거는 몇몇 문제점들이 있기 하지만 노동시장에서의 시장결과는 그들이 사회 전체적으로 기여한 바에 대략 근사하게 맞아 들어간 것으로 볼 수 있다는 것이다.[476] 호넷 역시 시장에서 공적의 원리를 수용할 수 있다는 입장을 갖고 있다.[477]

공적의 개념을 시장에 적용할 수 있는가의 문제는 정치이론에서는 지금도 여전히 유효한 이슈로 남아 있다.

이 문제를 제대로 생각하기 위해서는 공적이라는 조건을 고려하기 위해 우리가 머리 속에 어떤 시장을 전제하고 있어야 하는지 분명히 해 둘 필요가 있다. 이런 시도를 하기 위한 최소한의 조건 하나를 지금 명확하게 해 두지 않으면 안 된다. 개인의 수고와 전략적 의사결정들을 유전적 요인이나 교육과 같은 외부적 여건에 의해 사전 결정되기 보다는 책임 있는 행위주체의 결과로 파악하고 거기에 도덕적 중요성을 부여하는 것이 타당하다는 가정을 하고 들어갈 필요가 있다는 것이다.[478]

다음에서 보듯이 시장의 결과들 상당 부분 개인이 공정하게 책임을 질 수 있는 요인들에 의존하고 있다는 것이 대전제가 되지 않으면 공적에 따른 보상이 들어설 여지는 없다. 그리고 하이예크와 같은 자유주의자들이 스미스의 이름으로 시장에서의 공적 개념을 배척하는 것은 적어도 스미스의 의도와는 다르다는 점도 간과해서는 안 된다. 왜냐하면 아담 스미스의 모델은 덕을 갖춘 행위들에 대하여는 시장이 보상한다는 거의 형이상학적 논리의 결과에 바탕을 두고, 시장에서의 결과는 일단 공적이라는 조건을 통해 설명될 수 있다는 중요한 전기를 마련해 주고 있기 때문이다.[479]

이는 자유주의자들이 아담 스미스를 그대로 받아들이고 있는지, 선별적으로 받아들이고 있는지에 대한 중요한 시금석이기도 하다. 만일 후자라면 통상 아담 스미스로부터 이론적 정당성을 부여 받고 있다고 평가 받는 현대적 시장경제체제 옹호 논리는 상당 부분 아담 스미스를 왜곡한 바탕 위에 서 있다고 볼 수도 있기 때문이다.

7.3

시장을 보는 두 가지 관점, 스미스와 헤겔

시장을 어떤 식으로 상정하고 있는가 하는 문제는 경제학자들과 다른 사회과학자들, 보수적 혹은 진보적으로 기울어진 사람들 사이에 해묵은 갈등의 원천이 되기도 한다. 그런데 시장을 둘러싼 그림을 크게 스미스식과 비(非) 스미스식으로 분류한다면, 후자의 경우를 대표하는 것은 헤겔식의 이해이고, 오늘날 시장을 둘러싼 다양한 견해는 이 두 가지 입장으로 수렴하게 된다.

시장을 스미스 식으로 보는가, 아니면 헤겔식으로 이해하는가에 따라 정치철학의 핵심주제를 둘러싼 견해의 차이도 커진다. 경제영역, 그리고 이것이 사회와 전반적으로 맺고 있는 관계성을 여하히 보고 있는지에 관한 두 가지 전형적인 접근 방법은 지금도 여전히 공공적 담론에서 지속성을 부여하며 중심역할을 차지하고 있다. 개인을 인간적 역량의 주체적 거래자로 볼 것인지, 아니면 직업적 정체성에 의해 구성적으로 형성된 존재로 볼 것인지의 여부는 개인과 사회의 관계를 어떤 식으로 개념화할 것인지에 심대한 영향을 끼친다.

예컨대, 공적의 개념을 시장에 적용하는 것이 타당한지 여부를 둘러싼 생각의 차이는 시장 내에서의 수입의 불평등과 차별적 성과를 어떻게 평가하는지에 대한 생각도 다르게 만든다. 시장을 빈곤에 대처하는데 도움이 될 수 있는 존재로 보는지, 아니면 빈곤을 만들어 내는 존재로 보는가에 따라 정의를 염두에 두었을 때 우리가 고려해야 할 정책 범위에도 영향을 주는 것이다. 개인의 자율성을 발휘할 수 있도록 하는 기회와 그에 따른 위험성, 그리고 사회적 결속과 정치적 참여에 시장이 미치는 영향을 어떤 시각에서 보느냐는 시장에 투입되어야 할 자유의 요소들은 무엇이며, 사회가 무엇을 지향해야만 만인을 위한 자유라는 약속의 이행에 더 근접할 수 있는지에 대한 접근 방식도 다르게 한다.

이와 관련한 논의들의 대부분은 우리가 과거로부터 상속받은, 특히 스미스와 헤겔의 이론적 설명에 포섭되어 있으며, 현대의 공적 담론들 상당수는 이 두 가지 모델을 중심으로 구성되어 있다. 그래서 사회의 실재를 바라보는 방식, 즉 어떤 데이터들을 수집하고, 인간의 행위 중 어떤 면들을 가치 있는 것으로 고려하는지는 우리가 스미스 식 또는 헤겔 식 이 둘 중의 어느 관점을 취하는가에 따라 영향을 받지 않을 수 없다.

스미스 식 국가 이론에서는 '처우에서의 정의와 평등(justice and equality of treatment)'은 '그의 신민들이 갖는 제반 상이한 질서들' 덕분이었다.[480] 시장 안에서 개인들은 상호 교환 관계를 맺기 위해서 서로를 인정할 필요가 있는 대등한 인격체로서 만나게 된다.[481] 이런 동등한 권리는 시장에서 기능하는 유일한 권리이다. 그래서 어떤 면에서는 시장에서의 대등한 상호성이 거래 능력과 무관한 인종, 성별, 또는 종교와 같은 요소들에서 비롯된 불평등을 완화하는 작용을 해 줄 것으로 기대할 수도 있는 것이다.

이렇게 본다면 우리는 스미스가 부(富)란 시장의 힘에 대항하여 획득될 수 없는 것이고, 그래서도 안 된다는 강한 정서를 갖고 있었다고 생각할 수 있다. 이것이 사실이라면 시장은 법적 평등 및 모든 사람들의 소극적 자유를 전제할 뿐 아니라 강화시키는 것이라고 볼 수 있다.

하지만 시장이 평등을 강화시킬 수 있는 힘을 갖고 있다는 점이 과대평가되어서는 안 되는데, 스미스 자신도 이 점은 충분히 인식하고 있었다. 경제적 힘을 가진 자들이 정치적 권력을 가진 자들에 대하여 거대한 압박을 가하거나, 정치적 권력을 가진 자들이 그 힘을 자신들의 경제적 지위를 향상시키기 위한 도구로 남용할 수 있는 여지는 상존한다.[482] 이런 일이 벌어지면 법적 평등이 제고되기는커녕 시장과 시장에서의 불평등은 법 앞의 평등을 훼손하고 명목상의 평등으로 만들게 된다.

상업 사회는 수입과 소득의 거대한 불평등을 용인한다. 법 앞의 평등이 지켜지는 사회에서도 예외는 아니다. 헤겔이 지적한 바와 같이 법의 관점에서는 '내가 무엇을 어떻게 소유하고 있는 지는 관심 밖의 일이다.'[483] 따라서 우리가 해야 할 질문은 권리의 평등이라는 규칙 안에서 소득의 배분에 시장이 어떻게 영향을 끼치는가 하는 것이다.

이 질문에 관하여 스미스와 헤겔이 시장을 보는 관점은 매우 상이하다.

스미스는 상업사회의 경제적 성장은 뻘에 올라와 있는 모든 배들을 띄우는 밀물과 같아서 사회의 가장 낮은 계층에 있는 사람들에게까지 예상치 못한 부를 창출해 준다고 보았다. 과거 유럽의 어느 왕자의 거처가 근대 사회의 근면하고 검소한 어느 농부의 집 보다 항상 훨씬 더 낫다고만 볼 수 없고, 사실 이런 농부의 거처는 자유를 누리는 만 명의 야만인들 위에서 행세하는 아프리카의 수많은 왕들보다 낫다는 말에서 스미스의 생각을 엿볼 수 있다.[484]

이러한 '시민사회의 역설(paradox of civil society)'은[485] 이미 로크의 저작에서도 발견할 수 있는데,[486] 많은 18세기 사상가들이 이 점에 주목한 바 있다.[487] 스미스가 보기엔 상업사회의 가난한 자는 '야만국가'의 부자보다 나은 처지에 있고, 그들의 노동력은 자신만을 먹여 살리는 것이 아니라 일하지 않거나, 생산적이지 못한 일을 하는 사람들까지 먹여 살리고 있었다.[488]

그는 '(지금) 사회에서 험한 일을 하고 있는 사람들은 딱히 더 나은 이점이란 거의 없음에도 자신의 노동의 열매를 자신이 모두 거두어 들였을 야만 상태에 있던 부자들 보다 더 나은 생활을 한다'고 분석하였다.[489] 이러한 번영은 '노동분업'이 가져다 준 경제적 성장의 결과물로서, 최하층의 사람들에게까지 그 보편적 풍성함은 미치게 마련이라는 것이 스미스의 판단이다.[490] 그런데 노동 분업의 완전한 전개를 허용하도록 하기 위해서는 불평등은 인정될 필요가 있었다. '제각기 다른 사람들의 다양한 수준의 역량, 근면, 성실'[491]을 감안하면 불평등은 필연적으로 초래될 수 밖에 없었다. 하지만 이런 불평등도 유용하였다. 왜냐하면 이런 차이에서 오는 불평등이 사람들에게 생필품들과 호사품들을 제공하는데 필요한 '수많은 사람들의 조력과 협력'[492]을 가져오기 때문이다.[493] 경제는 제로 섬 게임이 아니라 윈윈(win-win) 게임이라서 누군가 케이크를 다른 사람들보다 더 많이 가져간다고 하여 사회에는 손실이 없을 뿐 아니라, 그것이 케이크를 더 크게 만들고 싶은 유인동기도 제공한다. 스미스가 볼 때 그것은 모든 사람들에게 유익이었고, 이런 사고가 스미스 주장의 바탕이었다.[494]

정치적으로 우파적 성향에 있는 많은 사람들은 제반 사회문제에 대한 해결수단으로서 시장을 강력히 추천하고 있는 스미스식의 해법에 친근하고, 반면 좌파 성향의 많은 사람들은 자애로운 국가에 대한 백지위임을 예정함으로써 무의식적으로나마 헤겔식의 접근방법에 익숙한 것으로 보인다. 이 두 가지 틀을 놓고 둘 중에 어느 것이 결국은 진실인지 가리고 싶다는 유혹에 빠질 수 있겠지만, 스미스 식인가, 아니면 헤겔 식인가의 질문에는 명확한 답이 없다.

스미스가 자유로운 시장을 낙관적으로 보고, 헤겔이 이성적인 국가에 대하여 야심만만하게 설파할 수 있었던 바탕에는 두 가지 모델 모두 형이상학적 전제에 깊숙하게 깔려 있었기 때문이다. 스미스는 자유로운 시장이 우리에게 정의, 평등, 사회적 결속, 자유를 가져다 줄 것으로 보았고, 헤겔은 시장을 주관적 자유의 영역으로 보면서도 한편으로는 혼란스럽고 해체력을 갖고 있어서 다른 제도들에 의해 길들여질 필요도 있다고 보았다.

하지만 이 그림들은 18세기와 19세기의 텍스트에 기반을 둔 것이다. 따라서 오늘날의 시장에 관하여 그들이 실제로 우리에게 무엇을 말해 줄 수 있는지 묻는 작업이 있어야만 한다. 스미스와 헤겔은 모두 상업사회(commercial society)로 이끌어지는 역사적 전개를 상세하게 설명하고 있는데, 얼핏 보기엔 이들의 설명이 매우 달라 보일 수 있으나 상당한 구조적 유사성을 갖고 있음을 알 수 있다.

스미스와 헤겔의 사고 속에는 각종 제도와 신념 그리고 가치들이 상호 연관성을 갖는 사회경제적 문화 단위들이 연속적으로 이어지는 과정으로서 인류가 밟아온 단계들이 투영되어 있는데, 그들이 본 단계는 서로 달랐다. 스미스는 이 단계를 네 개로 구분하여 수렵–목축–농업– 상업으로 보았고, 반면 헤겔은 세계사적 영역을 동양(Oriental), 그리스(Greek), 로마(Roman), 게르만(Germanic)식 영역으로 분류했다.

스미스와 헤겔의 시대 분류 속에는 모두 자신들이 살던 당대가 포함되었으며 전(前) 시대일 수록 그 시대는 다음 시대보다는 열등한 것으로 규정되었고 따라서 맨 마지막 시대가 모든 시대 중에서 가장 나은 것으로 인식되었다. 두 사람 모두 근대 정신의 옹호자로서 이론 구성에 있어 이러한 목적을 늘 염두에 두고 있었던 것으로 보인다.

이들은 인간의 본질 속에 있는 특징과 인간 사회가 번성하기 위한 핵심적인 조건들이 무엇인지 규명하고, 그 바탕 위에서 양적으로는 그들이 속한 사회의 인구증가를, 그리고 질적으로는 사회의 모든 구성원들에게 혜택이 돌아가도록 하는 방법이 무엇일까 고민하면서 이야기를 이끌어 나갔다.

7.4 경제적 동기로서의 개선(改善) 본능

스미스는 시장의 역사를 이해함에 있어서 당시의 스코틀랜드 지식인들에게 '과학적'이며 '임상적 방법'이라고 알려진 접근 방법을 택했다. 즉 인간은 평균적으로 예측 가능한 방식으로 행위 한다는 전제 하에 지금은 일정한 '인위적이며 정교한(artificial and complicated)' 제도들과 관행들도 처음에는 매우 단순하게 출발하였을 것이며, 그 과정은 사람들이 의도하였건, 의도하지 않았건 간에 모든 행위들이 복합적으로 얽혀서 진행되어 왔다는 것이다.

그래서 역사가들은 시대를 설명할 때 인간을 특징지을 수 있는 원리와 외부적 상황들을 통해 볼 때 그들이 취했을 법한 방식을 예측하게 되는데, 스미스가 파악한 인간 본성의 특징이란 '자신의 상황을 더 낫게 하고 싶은 욕망(desire of bettering [one's] condition)'이었다. 그가 볼 때 이것은 '태에서부터 와서 우리가 무덤에 들어갈 때까지 결코 우리를 떠나지 않는 것'이었다. 이 욕망이 각 개인들을 추동하고, 역사의 전개란 수많은 개인들의 의사결정과 행동들의 종합이므로 그 구성단위인 '나아지고자 하는 욕구'야 말로 역사의 토양이라고 스미스는 보았다.

역사에 관한 스미스의 설명에서 의미를 갖고 있는 인간의 동기들이란 경제적인 것에만 배타적으로 국한되지 않고, 다양한 요소들을 훨씬 더 광범하게 포괄한다. 좁은 의미에서의 경제적 동기만큼이나 야망, 습관, 사회적 규범에의 복종 역시 인간의 행태에 영향을 끼칠 가능성이 높으며,

무엇이 더 영향력을 갖는가 하는 것은 그 행태로 인해 무슨 결과가 나올지는 구체적 상황에 달려 있다. 인간을 사회적 동물로 이해하고 있었던 스미스임을 감안하면 이런 결론은 새삼스러울 것이 없다. 스미스에게 있어 가장 큰 경제적 동기란 '공감, 흡족함, 승인을 통해 타인들로부터 주목받고, 돌봄과 후대를 받고픈' 욕망들의 결과이다.

하지만 자신이 타인들로부터 어떻게 비취는가 하는 것은 물질적 부에만 의존하는 것은 아니다. 충성스럽고, 준법의식이 강하며, 용기 있게 보이는 것도 부자로 보이는 것만큼이나 중요할 수 있다. 스미스는 인간들의 행동의 이유가 이기적인 것들에만 있다고 좁게 보지 않았다. 예컨대, 그는 '뼈대 있는 가문으로서의 긍지' 또한 중요한 동기로 보았다. 또한 스미스가 보기에 인간의 동기들이란 욕망과 신념들이 결합된 산물로서 후자의 경우 인간 행태와 그래서 인간 역사를 설명함에 있어 욕망만큼이나 중요한 역할을 하는 것이었다. 그래서 아마르티아 센과 로쓰차일드(Rothschild)가 강조한 바와 같이 스미스가 이해하였던 합리성(rationality)과 동기(motivation)는 현대 주류 경제학에서 이해하는 그것들과는 매우 달랐다.

합리성이란 이성적 사고, 평가 및 선택의 실행이지, 미리 특정된 효용 극대화를 위한 공식에 따르는 것은 아니다. 그래서 스미스의 〈국부론〉의 기저를 이루고 있는 사익(self-interest)의 개념은 매우 넓게, 결국은 순전한 하나의 감각으로 이해할 때 정확한 의미를 갖게 된다. 이는 사람들은 저마다 자기가 할 만한 최선이라고 생각하는 바에 따라서 행동한다는 것이고, 결국 역사적 맥락과 상황에서 자유롭지 못하다는 것이다.

'자기 상황을 낫게 하고자' 하는 근본적 욕망은 물물교환이나 거래와 같은 인간이 갖고 있는 다른 경향들과 상호 작용을 하거나, 확립된 공권력에 습관적으로 복종하는 등으로, 그 실행의 방식을 복잡한 차원으로 전개시킨다. 이것은 역사란 엄격한 의미에서 사전에 정해질 수 없다는 걸 의미한다. 이와 같은 스미스의 설명은 '연성 결정론(soft determinism)'으로 특징 지워질 수 있는데 각 사회마다의 역사적 전개 과정에서는 압도적인 어떤 일정한 경향이 있지만 그것이 엄격하게 결정된 경로는 아니며 우연성 또한 작동할 수 있는 것이다.

물리적 원인과 같은 경성 결정론(hard determinism)은 사실상 스미스가 분석한 것과 같은 유럽 역사와는 양립할 수 없다. 수렵, 목축 및 농업의 뒤를 이어 교역과 상업이 있고, 기초 생필품 생산에서 사치품으로 이어진다는 단계들은 '자연적' 경로에서는 사뭇 벗어나는 것이다. 단적으로 유럽 역사에서 스미스가 '비자연적이고 퇴행적인 질서(unnatural and retrograde order)'로 불렀던 그리스와 고대 로마의 꽤 성숙했던 사회들은 쇠퇴기를 거쳐 '야만족'들에 의해 몰락하고 말았고, 그 뒤 유럽은 영주가 정치, 경제적 및 군사권까지 통할하는 봉건사회로 되었으니 말이다. 봉건 사회에서는 개인의 여건을 낫게 하고자 하는 욕망은 작동이 불가능해지고 경제는 침체되었다. 소유권이 확보가 되지 않는 상태에서 열심히 일하거나 투자하고 기계를 발명하느리 수고할 만한 가치가 없었다. 오히려 농노들로서 대부분의 사람들은 가능하면 안일한 삶을 추구 하였다. 소도시들이 발흥하고 교역의 도입으로 법치주의가 전 주민들에게 확립되는 과정은 느리고 지루하였다. 그리고 많은 유럽 국가들은 스미스 생전까지도 이런 과정을 다 끝내지 못했다.

사회의 모든 구성원들로 하여금 경제에 참여하게 하여 생산적인 방식으로 그들의 삶을 더 낫게 만들며, '부요함(opulence)'의 수준에 도달하여 사람들로 하여금 안전하면서 일정한 호사를 즐길 수 있도록 하는 것이 스미스의 의도였다. 상업사회에서 '조건을 낫게 하기 위한 열망'은 바른 방향으로 유도된다. 그래서 스미스가 역사를 이 욕망이라는 렌즈를 통해서 본 것도 우연이 아니었다. 사회를 어떤 식으로 조직하여야 그가 역사적 과정을 통해 파악하였던 비생산적이며 인간의 에너지를 바르지 못한 방향으로 이끌었던 여타의 다른 사회 형태들의 전철을 밟지 않고, 제대로 바르게 작동할 수 있는 사회를 만들어 모든 사람이 번성할 수 있을까 하는데 그의 이론의 목적이 있다.

그는 욕망이 시민사회에서 에너지가 될 수 있다는 가능성을 보았다. 그리고 이 시민사회는 욕구들이 진행형인 것처럼 계속 진행형이어야 했다. 시민화 과정(civilizing process)은 또한 경제외적으로도 다른 좋은 것들(goods)도 만들어내는데, 예컨대, 형사 처벌 집행에서의 잔인성을 줄인다든가, 예술과 과학의 발전을 가져 온다든가, 그리고 나아가 이상적으로 볼 때 모든 나라들이 교역을 통해 엮어져 있는 까닭에 국가 간의 긴장을 낮춘다든가 하는 등이 스미스가 걸었던 기대였다.

그러나 무엇보다 그에게 확실한 전망으로 다가오는 건 삶의 조건으로서 사람들의 경제적 여건의 향상이었다. 삶의 조건들을 확보하고 전제적인 폭력으로부터의 보호는 그에 대한 대가를 지불할 만한 능력이 있는 사람들에게만 해당되는 것이 아니라 모든 사람에게 주어지는 쪽으로 이행될 것이었다. 모든 인간이 자신의 조건을 생산적인 방식으로 더 낫게 만들고자 하는 동기를 갖고 있다면 모든 인간적 능력, 재능, 힘들은 잘 발휘될 수 있고, 인간 본성은 가장 고도 수준의 성취를 이룰 수 있다고 스미스는 보았다.

따라서 스미스가 본 이상적 사회에서는 공동체 내의 가장 빈곤한 자라 할지라도 이런 욕구와 장기적 성취에 예외가 아니었다. 일단 이런 에너지들이 방출되기 시작하면 긍정적이고 자기강화적인 과정들이 상업사회의 안정된 틀 안에서 연속적으로 발현될 수 있는 것이다. 이렇게 스미스는 '추측적 역사(conjectural history)'를 통해 '삶의 조건을 더 낫게' 하려는 욕구가 다양한 배경과 상황의 형태로 일어날 수 있다는 사실을 논증하려 하였다.

반면 헤겔의 '철학적 역사(philosophical history)'는 정신적 차원(Geist) 차원에서 일어난다. 그의 역사관이 의도하는 바는 경험적 역사적 사실들을 들여다 봄으로써 역사란 '세계정신의 전개과정을 합리적 필요에 맞춰 구성하는 것'이라는 사실을 증명하는데 있었다. 이것은 헤겔에게 있어서의 역사란 거의 기술적 용어이지, 역사적으로 일어났던 모든 사건들에 대한 완전한 설명을 꾀하려는 것이 결코 아니었음을 의미한다. 이것은 그가 국가라는 공동체의 배경이 없는 사람들, 즉 선사시대와 소위 '인류의 이상적 행복시대', 그리고 역사적 사료가 뒷받침되지 않는 민족들을 연구 대상에서 명시적으로 배제하고, 지역적으로는 세계역사를 지중해와 유럽 일대로 국한시켰던 이유를 말해 준다. 헤겔의 관심은 오로지 정신의 발전에 기여했다고 그가 여겼던 사건들에만 기울어져 있었던 것이다.

정신의 발전은 완전하며 의식적인 자유를 향한 인류의 행보이다. 헤겔이 역사적 사료들을 통해 추적해 낸 것이 이 진행이라는 사고였다. 그는 역사를 '점진적으로 드러나는 일련의 자유 현현'[495] 속에 있는 '자유의식의 진행(progress of the consciousness of freedom)'[496]으로 기술하고 있다.

하지만 이 진행은 평화로운 행보는 아니다. 정신은 자신의 정신적 전개과정 및 관행과 제도라는 외부적 세상의 전개와의 사이에 화해를 모색하는 변증법적 단계를 향해 '자신과 투쟁 한다'.[497] 이 모든 과정은 정신 자신의 일부이기도 하다. 이러한 역사적 변증법의 핵심 축은 그리스 도시국가들의 견고한 일체성 안에 있던 정신에 기원을 두고 전개되는 이야기다.

이것이 분리된 것은 로마 제국에 이르러서였다. 여기서 주관적 자유는 어느 정도 로마법에 의하여 담보되었었다. 그리고 오랜 기간을 거쳐 이 두 가지 형태의 자유는 프로테스탄트 유럽이라는 근대국가에 와서 조화를 이루게 된다는 것이 헤겔의 관점이었다. 하지만 헤겔의 역사 설명은 개인들이 자신의 여건을 향상시키기 위한 차원의 노력을 무시하지는 않는다. 그는 '열정이 없다면 세계에서 어떤 위대한 것도 지금까지 이루어지지 않았을 것'이라고 주장한다. 개인들은 '이성의 영리함'을 발휘하였는데 이것은 그들로 하여금 당초 의도했던 목전의 목표보다 더 큰 무엇을 달성하는 결과를 가져왔고, 이것이 궁극적으로 자유를 향한 행보가 되었다는 것이 그의 분석이었다. 이런 사고는 스미스의 '보이지 않는 손(invisible hand)'과 칸트의 '비사회적 사회성(unsocial sociability)'과 유사하고, 헤겔이 이들로부터 영향을 받았을 가능성이 있음을 보여준다. 하지만 중요한 것은 이런 관념은 회고적으로만 복기(復碁) 될 수 있고, 정작 개인은 자신이 어떤 더 큰 목적을 위해 자신이 봉사하는지 모른다는 것이다. 이것은 심지어 역사적으로 위대한 족적을 남겼다는 개인들의 경우에도 마찬가지여서 그들이 제시했던 일련의 원칙들이 어느 시대, 어느 방향으로 분출될지는 그들 역시 모르고 있었다고 보아야 한다고 헤겔은 평가하였다.

자유를 향한 변증법적 운동은 근대 국가에 와서 멈추었는데 왜냐하면 자유의 주관적 및 객관적 조건들이 안정적 사회질서 속에서 하나로 되었고 이 속에서 모든 시민들의 자유가 확보되고 있기 때문이다. 이것이 헤겔의 유명한 '역사의 종말'에 관한 설명이다. 일단 모든 시민들의 진정한 자유가 성취된 뒤에는 어느 일방에 의한 역동성이나 자유의 실현 과정에서의 불만은 더 이상 전개될 수 없다는 것이 헤겔의 관점이다.

따라서 스미스가 공정한 법률이라는 틀 속에서 사회적으로 생산적인 방법으로 개인들이 자신의 조건을 더 낫게 하도록 하는 기회를 확장시키는데 관심을 갖고 있었다면, 헤겔도 마찬가지로 사회의 모든 구성원들이 가지는 인간적 자유의 확장에 관심을 갖고 궁극적으로 완전한 자유의 실현을 내다 보았던 것이다.[498]

7.5

스미스와 헤겔의 시장관(市場觀) 비교

스미스와 헤겔의 역사에 대한 설명은 깊이 들여다 볼수록 매우 흡사하다는 사실을 알 수 있다. 차이는 그들이 서로 다른 역사를 본 것이었다기보다는 보는 방향에서의 상이함에 있다고 할 수 있다. 스미스가 개인의 조건을 낫게 하기 위한 욕망 및 그것이 가져온 구체적인 사회경제적 결과들에 초점을 두었다면, 헤겔은 자유를 이해하는 다른 형식들 및 이것들이 사회에 따라 달라지는 양상, 그리고 역사적 변화로 어떻게 이어졌는지에 주목한 것이다. 또한 이들의 차이는 시장사회가 여타의 사회적 형태보다 우월하다는 정당화 논리를 제시하는데 있어서 서로 다른 측면을 강조한다는 점이다. 즉, 스미스의 경우엔 경제적 부요, 법치주의, 그리고 개인의 자기 조건 향상을 위한 자유를 시장의 장점으로 꼽고 있고, 헤겔은 주관적 및 객관적 자유의 통합이 시장 사회에서 이루어질 것이라는 전망을 우선으로 삼는다.

하지만 그들에게서 발견되는 공통점은 '무엇을 위해 역사는 진행하는가?'라는 질문에 대한 해답, 즉 사회 전 구성원들의 균등화와 의식의 확장 속에서 찾을 수 있는데, 그 중심에는 인류의 삶의 변성이 있었다.

스미스와 헤겔은 현재 진행형의 서사를 통해 자신들이 추구하는 원리들은 지금까지 인류 역사에 관한 자료들에 대한 관찰을 통해 얻어낼 수 있었던 기타 여러 사회 형태들 속에서는 완전히 전개될 수 없었다는 것을 증명함으로써 당대의 제도들 – 당시로서는 그들이 생존해 있었을 때를 기준으로 하면 현대가 되겠지만 – 에 대한 옹호를 시도하였다. 이들은 대안 모델들이 작동해 오지 않았다는 사실을 보여줌으로써 왜 지금의 근대적 사회 질서가 있는지, 그리고 있어야만 하고, 정책들을 담는데 유용한지 설명하는 한편, 근대사회의 원리들을 완전히 실현해 내기 위해 필요한 것은 무엇인지 설명하는 방식을 통해 자기 논리의 조화를 꾀하였다.

스미스에게 있어서 이런 경향은 그의 수사학적 설명, 예컨대, 봉건주의를 '부자연스러운' 질서로 규정하고 장자상속 제도 같은 것들을 봉건주의 잔재로 보면서 상업사회의 '자연스러운' 질서에 부적합하다고 비판하는 데서 엿볼 수 있다. 헤겔의 경우엔 역사적 이야기도 그의 체계적 이론 정립의 필요성에 맞게 다듬어졌다. 그에게 있어서 '자연스러움'이라는 유형은 그리 큰 비중을 차지하는 것은 아니었다. 대신 정신 그 자체가 역사적이었는데 이는 인간이 자연(스러움)을 보는 방식 역시 시간이 지남에 따라 변한다는 것을 의미한다. 따라서 헤겔의 설명은 자유의 서로 다른 측면들을 독특한 방식으로 안정적으로 묶어내는 근대 사회질서가 갖는 '사리변별(reasonableness)'에 중심을 두고 있다.

이런 사고는 그가 시장을 보는 관점에도 그대로 투영되어 그는 시장과 사회를 전체적으로 자유라는 렌즈를 통해 전망하면서 그 제도들에 대한 평가 기준을 이들이 진정한 자유를 위해 얼마나 기여하고 있는지에 둔다.

그런데 스미스와 헤겔이 그들의 저술에서 상업사회의 역사에 관하여 할애하고 있는 분량과 비교하면 그 미래에 관하여는 거의 언급하지 않았다고 해도 과언이 아니다. 이는 이들이 근대 사회의 안정성과 우월성을 설명하는데 관심이 집중되어 있었다는 사정을 감안하면 그리 놀라운 일은 아니다. 전개란 어차피 이 사회의 틀 안에서 일어날 것이고, 스미스와 헤겔 역시 자신들이 파악한 역사의 흐름에서 크게 벗어나지 않으리라 생각했던 것 같다. 상업사회의 쇠퇴 가능성이나 근대 사회의 가치들을 실현하기 위해 새로운 원칙들로 이행하여야 할 필요성 등에 관하여는 스미스와 헤겔의 저작물에서 거의 다뤄지지 않고 있다. 기껏해야 스미스와 헤겔 모두 북 아메리카를 헤겔의 표현을 빌자면 '약속의 땅'으로 보면서, 이곳엔 봉건적 과거의 잔해 없는 까닭에 근대 사회의 원리들이 실현될 수 있을 것으로 전망한 것이 고작이다.

그러나 그게 그렇게 간단하게 넘어갈 수 있는 일은 아니다. 특히 강력한 이해집단이 있고 시장의 국면이 예측 불가능하고 제어가 되지 않을 경우엔 더욱 그렇다.

스미스는 간단하게 어느 한 국가가 다른 나라와 비교하여 토양, 기후 및 여건이 월등하여 충분한 부를 누리고 이로 인해 다른 나라를 합병할 수 있다는 이론적 가능성을 제시하면서, 이런 경우엔 임금과 이윤이 매우 낮은 수준이 될 것이라고 하였다. 하지만 그는 곧 이 가정을 배척하면서 어떤 나라도 그 정도의 물질적 부요함에 이른 적은 없었다고 주장하였다. 어떤 주석가들은 스미스는 역사를 순환적 관점으로 보고 있었다고도 평가하는데, 그에 따르면 어떤 국가건 언젠가는 쇠퇴할 것이라는 것이다. 하지만 스미스 역시 로크나 흄처럼 상업사회의 미래 전망에 관하여는 낙관적이었다고 보는 편이 더 타당할 것이다.

헤겔에게 근대 사회의 미래에 관한 질문을 던진다는 건 다소 문제가 있어 보인다. 철학이란 '항상 역사의 현장에 늦게 등장 한다'고 주장한 사람이 다름 아닌 헤겔 자신이었기 때문이다. 헤겔의 이 말은 '역사의 종언'과 함께 오랫동안 논쟁거리가 되어 왔다. 헤겔이 말하고 싶었던 것은 단지 역사를 기술하고자 하는 자들에게 마지막 단계를 보지도 않고 성급하게 결론을 내려서는 안 된다고 주의를 환기시켜 주고자 했던 것인가, 아니면 자유를 향한 발전이 그가 살았던 근대 사회 이후로는 더 이상 진전될 수 없다는 과감한 단정을 내리고 싶었던 것일까. 상업사회의 미래에 관하여 이 질문은 좀 더 구체적인 형식을 띤다. 헤겔이 서술한 상업사회는 모든 구성원들이 진정한 자유를 습득하였다는 의미에서 자유를 향한 역사적 발전의 진정한 종언이 될 수 있는가. 이 점에 관하여 헤겔의 시각을 엿볼 수 있는 대목은 폭민(rabble)의 문제인데 그는 이에 관한 어떤 해결책도 제시하지 않고 다만 이 폭민의 규모가 어느 정도로 커질 수 있는가에만 관심을 갖는 것 같다. 이것만 놓고 보면 헤겔이 보는 상업사회의 미래 전망은 암울하게 보일 수도 있다.

비록 그가 명백하게 설명하지는 않았지만 그의 저작물의 전 취지에 의하면 폭민을 통합하기 위해 인류가 다시 자유를 향한 변증법의 새로운 길을 나서야 할 것까지는 요구하지 않는 것 같다. 그렇지만 어떤 경우가 되었건 사회의 모든 구성원들이 완전한 정도의 주관적 및 객관적 자유를 누리지 못하는 한 상업사회를 역사의 종말로 묘사한 헤겔의 주장은 도전을 받게 될 것이고, 심지어 역사를 이해하였던 그의 관점조차 시험대에 오를 공산이 있다.

스미스와 헤겔의 설명에서의 또 하나의 공통점은 상업사회, 또한 시장들은 역사를 갖고 있다는 것이다. 심지어 스미스의 '자연적 자유 시스템' 처럼 몰(沒) 역사적 질서를 상정하고 있으면서 하나의 공식처럼 보이는 것도 오랫동안, 그리고 복잡한 단계를 거쳐 전개되어 온 것이다. 사람들이 그들이 처한 사회의 상태를 개량하기 위해 하는 행위들은 특정 시대에 가능한 것이 무엇인지에 좌우되기도 하지만, 당대의 구성원 개인들이 원하는 것이 무엇인지, 그리고 그들 자신이 자기 자신과 사회에 대하여 그리고 있는 이상이 무엇인지에 달려 있다. 이것은 아담 스미스가 역사를 통해 세상을 보던 렌즈이기도 했다.

이런 요소들에 대한 고려가 있었기에 아담 스미스의 분석은 그 후대에 인간의 동기를 단지 끝없이 돈만을 쫓는 것으로 전락시키고 있는 수많은 경제적 모델보다 훨씬 더 풍성하였다. 그래서 이것이 그의 이론이 후대의 대부분의 이론들과 근본적으로 다른 성격을 지니고 있는 이유이기도 하다.

비록 아담 스미스는 시장의 힘을 믿고 고삐를 자유롭게 해 주었지만 그것은 시장이 가져올 결과가 유익할 것이라고 믿었기 때문이었다. 그는 사람들이 '자신들이 여건 개선(better their condition)'을 위해 하는 의사결정과 행위들은 역사적, 사회적 및 문화적 선험조건들에 달려 있고 따라서 이 조건들을 행태 분석을 위한 이론체계에서 배제해서는 안 된다고 믿었다. 예컨대, 법률가나 의사들에 대하여 사람들이 갖고 있는 높은 존경심, '탁월한 가문으로서의 자랑'은 경제적 이해관계를 앞설 수 있고, 그만큼 사람들을 법의 공정함으로 이끌고 복종하도록 역할을 수행할 수 있도록 하는데 이런 요소들은 시장의 개념을 정립함에 있어 외래적 조건이 될 뿐 아니라 핵심이었다.

이런 관점은 스미스 식으로 상업사회의 미래를 전망하는 것은 가능하지만, 추론을 넘어서 일반화시키기는 왜 조심스러운지 일깨워준다. 경제의 역사는 정치적, 사회적, 문화적, 그리고 심지어 지적 역사와 조밀하게 서로 엮여 있으며, 그래서 스미스는 이들 사이에 일 방향의 인과관계가 있다고 생각하지 않았다.

스미스의 설명에서는 경제발전에 뒤따르는 법과 제도들, 그리고 법과 제도들에 의해 영향을 받는 경제적 발전 두 가지 모두의 사례가 제공되고 있다. 역사의 초기 단계에서는 생존의 필요성이 그만큼 절박했으므로 비경제적 요인들에 대하여 사람들이 그 만큼 여지를 남겨두기가 어려웠기 때문에 정치적 및 사회적 상황들을 어떤 식으로 선택할 수 있을 것인지는 상당히 제한적이었다고 할 수 있다. 하지만 지금처럼 잘 작동하는 상업사회에서는 경제적 요인들과 비경제적 요인들이 극적 복잡성으로 상호 얽혀 있다. 예컨대 우리는 사회가 더 자유로워지고 물질이 더 풍성할수록 더 많은 사람들이 정치적 이상과 문화적 트렌드를 쫓을 수 있을 것이라고 예상할 수 있다.

이들은 '자신의 상태를 낫게 한다는 것'의 의미가 무엇인지 다양한 정의를 택할 수 있으므로 시장에 지향하는 경제발전의 방향과 속도, 규모, 성격에 관한 예측 가능성도 그만큼 낮아진다고 보아야 한다.

헤겔의 관점에서도 경제의 역사와 일반 역사는 유사하게 상호 엮여 있다. 예컨대, 그리스의 도시국가들은 그 정치적 제도만큼이나 그 경제적 구조를 형성하고 있던 노예제로 특징 지워 진다. 이것은 상업사회의 미래 발전상을 예측하는 것을 떠나 인간의 삶을 오직 경제적 측면에만 배타적으로 집중하는 것이 왜 사회의 전반적 실존 상황을 제대로 파악할 수 없는지 그 이유를 설명해 준다.

7.6

시장, 독단과 우연인가, 공정한 보상인가

시장은 자발적 교환의 장소로서 그 결과는 정의적 관점과는 무관하다는 자유주의자들의 주장은 헤겔적인 설명에 더 부합한다. 헤겔에게 있어서 '필요의 체제'는 주관적 자유의 영역에 속하는데, 여기에는 또한 변덕(caprice)이 작용한다. 그의 설명에 의하면 이 영역에는 독단과 우연이 포함되는 데,[499] 그는 '주관적 의견과 개인들의 독단적 의지'를 교환경제에 있어서 '필수불가결하면서 최종적인 결정인자들'로 불렀다.[500]

헤겔에게 있어서 근대 상업사회는 인간이 걸어온 역사 속에서 자유를 찾는 순간이었다. 하지만 그 대가는 자유 교환 체제 하에서는 공적의 일관성을 확립할 수 있는 여하한 규칙성도 발견할 수 없다는 결론이었다.[501] 시장에서의 자유에 대한 이런 강조는 하이예크 및 노직과 같은 자유주의 사상가들에 의해서도 다른 측면으로 공유되었는데, 이들은 정의라는 정형적(patterned) 사고를 시장에 적용하는 것을 거부한다.

예컨대, 공적이라는 사고를 거부하면서 노직은 유명한 농구선수가 높은 연봉을 받는 것은 팬들이 그의 경기를 보기 위해 기꺼이 프리미엄을 지급하는 때문이라고 설명하였다. 노직은 전적으로 자발적인 거래 관계로부터 온 것이라면 그 농구선수가 높은 연봉을 받는 것에 무슨 잘못이 있을 수 있느냐고 의문을 제기한다.[502] 왜 시장이 분배의 결과까지 나서서 챙겨주길 바라야 하는가. 노직과 같은 이들의 사고 속에는 시장이란 따지고 보면 자애로운 의도를 가진 개인들이 아니라 복잡한 사회제도에 불과하다는 인식이 자리 잡고 있다.

시장가격은 두 개 이상의 자유의지들 사이의 합치의 결과라는 헤겔의 말 속에는 재화나 서비스의 내재적 특성에 따라 제한되거나 장기적으로 시장의 경향에 따라 제한되지 않는다는 뜻이 암시되어 있다. 외부적 재산권(external property)은 개개의 인간들은 자신들의 자유를 외적 영역으로 전환할 필요가 있다는 사실에서[503] 나오고, 계약을 통해 자유를 이전할 지 여부, 하게 되는 경우 어느 정도의 가격에 팔고 타인에게 이를 양도할 것인지 결정하는 것 역시 이 자유의지의 산물이라는 것이다.[504]

주석가들이 지적하는 바와 같이,[505] 이 점에서 헤겔과 마르크스는 극명하게 대비된다. 마르크스에게 있어서 시장가격들이란 재화들의 가치의 관계에 의해 결정되는데, 이것은 결국 노동자들이 구체화한 노동의 총액에 뿌리를 두고 있다. 이것이 마르크스의 유명한 착취이론의 기저를 이루는 노동가치설이다.

이와 반대로 헤겔에게 있어 가격들이란 시장 참여자들의 자유의지로부터만 나오는 것이고, 사물에 그 가치를 결정하는 내재적인 '생래성(givenness)'이란 없다는 것이 그의 지론이다. 헤겔적 관점에 의하면 시장 참여자들은 제시된 가격에 동의하거나 동의하지 않을 자유를 갖고 있으며, 협상을 하거나, 그 자리를 떠날 수 있고, 심지어 그들의 숨은 동기를 내보일 필요조차 없다. 참가자들이 타인들에게 얼마를, 언제, 어디서 사거나 팔지 일체 자기의 처방전을 내주지 않는다는 의미에서 시장에서의 교환은 진짜 '자유(free)'이다.

그러나 헤겔은 이런 자발적 요소들이 사회 체제 내로 더 많이 들어오면 올수록, 성과와 보상이 적정하게 맞춰질 수 있다는 정돈된 논리를 펼 수 있는 여지가 줄어든다고 보았다. 능숙하고 훌륭한 솜씨로 만들어낸 장인의 제품을 단지 '변덕'에 의하여 소비자들이 외면하거나, 유행이 바뀌기라도 하면, 그 장인의 받을 만한 자격이 있는 행위에 대한 보상은 어디에서고 이루어질 수 없게 될 수도 있다는 것이다. 인간의 필요가 전적으로 자연적이며 생물학적이라면 자유로운 인간의 의지가 시장에서 어떤 역할을 할 수는 없을 것이다.[506] 다만, 헤겔은 근대 상업사회에서는 인간의 욕망과 이를 달성하기 위한 수단 두 가지는 상당 부분 인간의 창조물로서, '사람은 외적인 필요나 내적인 돌발 사태, 그리고 단순한 변덕 대신에 자신의 의견, 실은 보편성을 띄는 의견에 관심을 갖게 된다'는 점은 인식하고 있었다.[507]

시장에 관한 스미스식의 관점에 의하면 설명이 달라진다. 스미스라면 일정한 조건 아래 유명한 농구선수의 고수입이 정당화되는 것은 그것이 적어도 부분적으로는 그만한 가치가 있기 때문이라고 주장하게 된다. 스미스 역시 헤겔만큼이나 시장 내에서 개인들이 갖는 자유에 확실히 가치를 부여하고 있었다.

하지만 스미스는 가격이란 자유로운 의사들의 합치보다는 시장이 일정한 행위에 대하여 공정하게 보상을 한 결과라고 생각하였다. 그의 사고의 바탕에는 시장 내에서 수많은 개인들의 자유로운 의사결정들은 종국적으론 마치 한 사람의 불편부당한 관찰자(an impartial spectator)가 내리는 판단들과 유사해지는 정형성을 갖게 된다는 인식이 깔려 있었다.

이 관찰자는 공적에 입각한 보상의 수준을 결정하는데 시장에서의 가격은 이에 수렴한다는 것이다. 스미스는 일정한 방식으로 행동한 사람은 그 미덕으로 인해 일정한 보상을 받을 가치가 있다고 주장한다. 공적의 개념을 시장에 적용하는 것을 옹호하는 이런 낙관적인 시각은 밀러, 호넷, 그리고 정형화를 인정하는 범위 내에서는 노직에게서도 찾아볼 수 있다.

하지만 스미스의 경우 시장 구조에 관하여 많은 가정들을 전제로 하고 있는데, 이들 중 상당수가 문제의 소지가 있다는 점을 염두에 두지 않으면 안 될 것이다. 스미스 이론에 대한 분석은 우리로 하여금 공적 개념의 시장에의 적용을 위한 몇 가지 조건들과 그 한계를 파악할 수 있도록 하고, 나아가 위에서 본 바와 같은 상충하는 두 가지 직관을 보다 명확하게 구분하는데 도움이 될 것이다. 그런데 스미스의 주장을 이해하기 위해서는 그가 상정하고 있었던 시장 경제 체제가 갖는 몇 가지 특징에 관한 상세한 논의가 선행되어야 한다. 스미스나 그 이후의 공적에 따른 보상론자들 역시 시장의 불확실성과 우연의 존재를 부인하지는 않기 때문이다.

7.7

아담 스미스의 관심사, 빈곤 탈피

지속 가능한 정의와 관련하여 빼놓을 수 없는 문제는 빈곤과 사회적 배제이다. 이 역시 시장과 관련하여 논의될 때 현실 적합성을 띠게 된다. 가난이 왜 그렇게 문제인가 이해하기 위해서는 여기서 파생되는 각종 비(非)물질적 차원의 영향들을 고려해야 하는데, 이 점에서는 분명히 스미스와 헤겔의 시선이 같았다. 두 사람은 가난은 비록 단지 상대적인 것에 지나지 않은 경우라 하더라도 물질적 박탈의 문제뿐만 아니라 사회적 배제, 타인들로부터의 존중과 자존감, 그리고 사회와 자신을 향한 태도를 결정짓는 포괄적 문제로 이해하였다.

그런데 빈곤에 미치는 시장의 영향을 어떻게 보는가에 관하여 스미스와 헤겔의 입장은 판이하게 대조를 이룬다. 이들은 빈곤의 비물질적 차원의 중요성에 대한 이해를 공유하지만 거기에 대한 반응은 매우 달랐던 것이다. 스미스는 시장이 더 나은 평등을 가져오고, 그래서 상호 존중의 기풍을 갖다 줄 것이며 시장에 그런 힘이 있다고 신뢰하지만, 헤겔은 빈곤 문제는 거의 극복하기 힘든 불가능 수준이며 가난한 자들은 폭민(暴民, rabble)으로 전락하여 이 상황에서는 더 이상 자신의 자유를 누릴 수 없다고 한다. 헤겔에게 있어 빈곤은 단지 물질의 부족만을 뜻하는 것이 아니었다.

스미스는 가난한 자들이 모욕당하고 무시당할 때 느끼는 수치심에 관하여 이야기하면서,[508] 모든 사람들이 수치심을 갖지 않고 '공중 앞에 드

러내기(to appear in pulic)'에 필요한 최소한의 물질을 가져야만 한다고 주장하였다.[509]

헤겔은 스미스보다 빈곤이 초래하는 비물질적 결과에 대하여 더 많은 우려를 표명했다. 시민사회의 빈곤층이 '야만'상태의 사람들보다 더 잘 살 수 있겠지만 가난이란 우세한 형편에 대한 상대적인 개념이며, 삶의 최소 조건의 수준은 나라마다 다 다른 법이다.[510] 그래서 가난한 자들이 자신의 상태를 비교하는 건 전 세대의 상황이 아니라, 당대의 자기 사회 내의 부자층인 것이다.

헤겔이 보기에 시민사회 속에는 빈곤의 쓰라린 역설이 존재하는데, 가난한 자들의 욕구란 상당 부분 부자들의 욕구에 의해 사회적으로 결정된다는 것이다. 빈곤층은 자신들도 얻고, 즐길 수 있었을 것 같은 모든 사치와 호화를 눈으로는 보지만, 손으로는 잡을 수 없다. 타인들 소유이기에 접근이 허락되지 않는다는 걸 알고 있기에[511] 사회적으로 결정된 욕구와 현실의 차이는 매우 구체적으로 다가 온다. 이에 많은 가난한 자들이 그래서 자신들에 대하여 이러한 부(富)에로의 접근을 거부하는 사회에 분개하고, '폭민' 정신을 갖게 되는데, 이것은 '옳고 그름, 정직, 사람으로 하여금 자신의 직업과 일에 전념하도록 하는 자존감 상실'을 특징으로 한다.

헤겔은 이런 폭민 정신을 두 가지 차원에서 바라보고 있는 것으로 생각된다. 우선 시민사회 내에 이런 폭민성이 존재한다는 것은 바람직하지 않으므로 배격되어야 한다는 것은 일관된 헤겔의 입장이다. 그렇지만 다른 한편으로는 가난한 자들은 '시민사회가 주는 더 광범한 자유, 그리고 특히 지적 유익을 누린다는 것'[512]이 불가능하다는 사실을 분명하게 지적하고 있는데, 이런 맥락에서는 폭민들의 분노가 정당화될 수도 있다는 시각이 엿보인다. 시민사회가 갖는 장점으로서 일을 통해 얻게 되는 큰 유익은 직업적 정체성, 명예, 자기수양인데 폭민들의 경우엔 이것이 결여된

까닭에 자신들의 생존을 위해 일할 자발성 또한 없어진다는 것이었다.[513]

스미스는 상업사회의 장점 중 하나로 가난한 자들의 처지도 아울러 좋아진다는 점을 들고 있다. 스미스는 '노동의 자유로운 보상(liberal reward of labour)'을 '국부 증가의 자연스러운 조짐'[514]으로 보았고,[515] '부유함(opulence)'을 가격은 낮고 임금은 높아서 근로계층이 안락하게 살 수 있는 상태로 정의하였다.[516] 그 당시만 해도 가난은 제거될 수 없는 사회적 현실이라는 생각이 여전히 사회에 팽배해 있었을 뿐 아니라 가난은 사회에서 필요한 값싼 노동력을 위해서 반드시 있어야만 한다는 주장이 먹혀 들어가고 있었음을 감안할 때 스미스의 이런 시각은 진보적이었다.[517]

스미스는 사회 속에 가난이 남아 있어야 한다는 주장을 단호히 배격하였다.

"시종들, 노동자들 및 다양한 유형의 일꾼들은 모든 정치적 공동체에서 가장 큰 집단을 이루고 있다. 하지만 가장 큰 집단이 처한 상황을 개선해야 하는 일을 사회 전체의 불편함 정도로 치부할 수는 없다. 구성원들의 대다수를 가난과 비참함에 놔둔 채 어떤 사회이건 번성과 행복을 구가할 수는 없는 것이다. 이는 형평에 맞지도 않고, 나아가 사회 전체를 먹이고, 입히고, 재워주는 사람들이 자신의 노동의 결과를 나눠 갖고 자신들이 어느 정도 먹고, 입고, 자게끔 해야 한다는 건 형평의 문제이다."[518]

스미스는 높은 임금이 가난한 자들을 게으르게 만들지는 않을 거라는 확신을 갖고 있었다. 오히려 '노동의 자유로운 보상'은 '보통 사람들의 근면성을 끌어올리고'[519] 그들의 '육체적 힘(bodily strength)'을 향상시켜[520] 그들을 '더욱 적극적으로, 부지런하며, 신속하게(more active, diligent, and expeditious)' 만들 것으로 생각하였다.[521] 스미스가 염두에 두었던 가난한 자들의 처지 개선은 루소의 근대사회에 대한 비판에 대한 답변의 성격을 갖고 있었다. 스미스는 하향 평준화의 평등 구현에는 분명히 반대하고 있었던 것으로 보인다. 상업사회를 전제하지 않고 더 평등한 사회로 간다는 대안은 결국 사회의 최하 빈곤층들을 방치하는 셈이며, 실제로 나중엔 모든 사람들이 상업사회에 있었을 때 보다 훨씬 더 열악한 지위로 떨어지게 되는 결과를 가져 올 거라는 것이 스미스의 판단이었다.[522]

이 점에서 스미스의 '자연적 자유 체제(system of natural liberty)' 옹호론은 가난한 자들에 대한 관심이라는 측면에서 롤스의 정의론에서 볼 수 있는 일종의 '맥시민(maximin)'으로도 이해될 수 있다. 가난한 자들은 스미스가 상상해 낼 수 있었던 그 밖의 모든 대안 체제들 보다 자유시장에서 가장 좋은 처우를 받게 된다는 것이다.[523]

여기서 우리가 주목해 봐야 할 중요한 사실은 가난한 자들에 대한 이런 식의 삶의 조건 개선은 '엄격한 정의(strict justice)', 다시 말해 개인의 소유권을 해하지 않고도 이뤄진다는 사실이다.[524] 어떤 이들은 스미스가 학교를 통한 공교육 실시의 필요성을 역설하였음을 예로 들면서 그가 국가에 의한 자원 재분배에 관하여도 관심을 표명했었다고 보기도 한다.[525] 하지만 전체적으로 스미스는 소유권은 보호되어야 한다는 점에서 분명한 입장을 취했으며, 다만 불공정과 부자들 일방만 누리는 특권은 폐지되어야 한다는 점을 확실히 하였다. 그의 이론의 전제는 자유로운 시장이 주는 혜택은 가난한 자들에게도 돌아갈 몫을 창출해 줄 것이라는 기대였다. 국가가 시장에 개입해서는 안 된다는 것은 스미스가 가난한 자들의 운명에 무관심했다는 증거가 결코 아니다. 오히려 그의 사상적 전개의 맥락을 살펴보면 그가 어떤 다른 재분배수단들보다 자유로운 시장을 빈곤층의 상황 개선에서 으뜸으로 치고 있었고, 이 사실을 매우 강조하고 있음을 알 수 있다.

7.8

헤겔이 본 시장과 빈곤

그런데 스미스가 본 자유로운 시장은 가난을 극복하는데 유용하였지만, 헤겔에게 있어서 시장은 빈곤을 만들어내는 곳이었다. 이런 시각의 차이는 영국에서 시작되었던 산업혁명 및 빈민대중(mass pauperism)에 의해 영향을 받았을 가능성이 크다. 스미스 이후에 헤겔 시대에는 이 문제가 매우 본격적으로 대두되었는데, 사람들은 이 상태를 가장 '선진화된(advanced)' 경제로 보았었다.[526] 헤겔의 눈으로 볼 때 시장은 성경의 마태복음 13장에서 묘사한 "무릇 있는 자는 받아 넉넉하게 되되 없는 자는 그 있는 것도 빼앗기리라" 말에 딱 들어맞는 것이었다. 헤겔은 1805-6년 사이에 예나(Jenna) 대학 교수 시절에 쓴 그의 원고에서 12절의 전반부를 상업사회의 부자들과 관련하여 인용하였다. 〈법철학강요〉가 출판되었을 때는 후반부 내용까지 들어갔는데 이것은 특별히 가난한 자들의 상태를 염두에 둔 것이었다.

헤겔도 스미스와 마찬가지로 불평등의 필요성을 인정했다. 왜냐하면 시민사회의 특징 중 하나인 '개성(particularity)'의 원리에 따르면 사람들은 자신들의 '주관적 목표, 필요, 독단, 능력, 외부적 환경, 기타 등등'[527]과 관련하여 각기 다르고, 이것은 결과적으로 수입과 부의 불평등한 분배로 연결되기 때문이다.[528] 하지만 헤겔이 우려했던 것은 불평등은 점점 더 큰 쪽으로 기울어지는 자기강화적 경향을 갖는다는 것이었다. 부는 이미 뭔가를 갖고 있는 쪽으로 흐르는 경향이 있다.

예나 대학 시절의 원고에서 헤겔은 부를 물질적 질량에 비교하였다. '더 큰 질량의 물질은 그보다 작은 것들을 끌어 당긴다'는 것이었다.[529] 나중에 강의록을 정리하면서 헤겔은 이 부분의 논거로 많은 자본을 축적하고 있는 사람들은 자동적으로 시장에서 특권을 갖게 되는데, 자본 단위 당 더 낮은 이윤을 시현해도 괜찮은 여유를 갖고 있기 때문이라는 설명을 곁들였다. 헤겔은 부자들에 의해 만들어진 부가 사회의 빈곤층에게도 돌아가는 이른바 낙수효과를 상정하지 않았다는 점에서 스미스와는 한층 확연하게 구분된다.

시민사회란 '사치와 비참함의 장관'이 존재하는 곳이며,[530] 이런 비참함을 감소시켜 줄 작동 기제는 시장 내의 어디에고 없다는 것이 헤겔의 시각이다. 비록 헤겔 자신이 명백하게 설명한 것은 아니지만 그는 아마도 고용주들이 근로자들을 데려가기 위해 경쟁하는 것보다는 노동자들이 일자리를 놓고 경쟁한다는 가정을 우선적으로 염두에 둔 것으로 보인다. 이런 상황은 스미스에게서도 보이지만, 스미스에게 있어 이런 시나리오는 경제가 쇠퇴하거나 정체되었을 때 발생할 수 있는 예외적 현상이었다.

헤겔의 구상 속에서 폭민의 문제는 정부와 기업들에 의해 해결되거나 경감되어야 하는 문제이긴 하지만, 이것이 성공적일지의 여부는 여전히 불명확하게 남아 있었다. 빈곤 문제에 대한 헤겔의 상대적인 침묵은 비록 그가 당시 영국에서의 상황을 알고 있었음에도 불구하고 그러한 '사회적 질문(social question)'이 어떤 식으로 분출될 것인지는 따로 예측을 시도하지 않았음을 시사한다.[531] 사회주의 혁명을 수행할 프롤레타리아 계급을 만들어 내기 위해 자본주의를 이론적으로 묶어낸 사람은 그의 사후 약 이십 년 뒤에 등장한 마르크스였다.

가장 심각한 문제는 시장이 사람들을 극한 빈곤으로 던져버릴 수 있다는 것, 그래서 이들이 재기할 어떤 기회도 갖지 못하게 만든다는 것이다.

헤겔이 이런 일들은 노동자들이 실직했을 때만 일어날 수 있는 것인지 여부에 관해 분명한 설명을 하지는 않았지만, 어쨌건 실직이란 노동자들이 직면하게 되는 가장 큰 위험임에는 틀림없다.

인적 자본 개발을 통해 사람들이 어느 특정 산업에 종사할 수 있는 기량을 갖추도록 할 수 있지만 예컨대 유행이 바뀐다거나 제3국에서의 생산과 대량 유입과 같이 시장력이 예측하기 힘들게 변하는 상황 속에서는 어떤 산업 부문은 고갈될 수도 있다. 이런 위험들은 부자들이 더욱 더 무모하게 되고 위험성이 더 큰 비지니스 기회에 투자할 때도 커지게 되는데, 이런 모험이 실패로 돌아가면 더 많은 노동자들이 절망의 구렁텅이로 내 몰리게 될 것이다.[532]

스미스는 시장이 봉건주의 시대의 불공정한 잔재로부터 해방되기만 하면 빈곤은 극복될 수 있는 것으로 본 반면, 헤겔은 빈곤의 해결은 지난(至難)한 과업이라고 생각했다. 헤겔의 생각은 시민사회란 가족의 유대를 해체해 왔고 앞으로도 그럴 것이기에 '공적 권위가 가족의 지위를 차지' 하고,[533] 따라서 가난한 자들을 돌볼 책무도 공적 주체에 있다고 여겼다. 하지만 그렇게 하기엔 국가와 같은 공기관이 가진 물질적 자원이 충분하지 않다는 점이 여전히 문제였고, 설령 물질적 지원을 한다고 해도 헤겔의 관점에서 그것은 시민사회의 본질에 반하는 것이었다. 왜냐하면 노동에 의해 '조정'되지 않는 수입, 즉 공짜 수입은 '시민사회의 원칙과 개개의 구성원들 사이의 상호존중 및 자존감을 침해'[534]하는 셈이 되기 때문이다. 그렇다고 국가 공적 기관이나 사적 자선단체들이 고용을 창출하기 위해 근로의 기회를 제공한다면, 과잉 생산을 부추기고 결과적으로 빈곤을 경감시키기 보다는 빈곤의 문제를 악화시킬 것이었다.[535]

헤겔의 변증법적 도식에 의하면 과잉생산은 그 시민사회의 탈출구를 다른 사회에서 찾도록 만드는데, 식민지에서 새로운 시장을 찾는 것이 그 대표적인 해결책이라 할 수 있다.[536] 하지만 이것은 궁극적 해결이 아니라 가난의 문제를 그 사회 영역 내에서는 해결할 길이 없다는 점을 선명하게 드러내줄 뿐이다. 헤겔은 영국에서의 극심한 빈곤의 원인 중의 하나로 '길드 기업들의 철폐'[537] 에서 찾았다.

그의 이런 판단은 자연스럽게 빈곤 문제에 대한 유효한 방책으로 시민사회 내의 '제2의 가족'인 기업들에게 눈을 돌리도록 하였다.[538] 헤겔은 이들은 사회적 보험과 같은 역할을 할 수 있을 것으로 기대하였다. 구성원들 중 누군가 곤경에 처하면 보다 부유한 구성원들로부터 도움을 받을 수 있어야 한다는 것이었다. 그런데 유의할 것은 헤겔은 기업에 의한 부조가 필요하다는 설명을 가난과의 전쟁에서 정책적 수단을 언급한 뒤로 미루고 있다는 사실이다. 이는 국가 기관에 의한 개입과 지원이 먼저 이뤄져야 함을 의미한다고 할 수 있다. 하지만 헤겔의 이런 제안에 몇 가지 한계가 있음도 뚜렷하다. 첫째는 이미 일정한 비율의 구성원들이 빈곤으로 추락한 상황에서 당해 기업들을 구조 수단으로 활용하는 것이 현실적으로 가능하겠는가의 문제이다. 예컨대, 노동자들에게 가장 큰 위협 요소인 실직이 구조조정 차원에서 이루어졌다면 이미 그 기업 자체의 경영 여건도 좋은 편이 아니라고 할 수 있는데 해고한 노동자들을 돌볼 여유가 있을는지 의문인 것이다. 이미 이런 상황까지 이르렀다면 그 기업 자체의 건전한 유지도 장담 못할 상태에 있을 확률이 높다.

두 번째는 일용 노동자나 영세 자영업자, 소작농 같이 가난한 자들이 모두 기업에 속한 것은 아니라는 사실이다.[539] 이런 한계를 알고 있었기에 마지막으로 헤겔은 모든 다른 수단들이 실패로 돌아간 경우엔 가장 좋은 해결책이란 가난한 자들 스스로 구걸하도록 놔두는 것이라고 체념하다시피 말한다.[540] 가난을 '근대사회를 뒤흔드는 가장 성가신 문제들 중의 하나'[541] 로 보았던 헤겔에게 있어 이런 결론은 매우 우울한 것이었음에 틀림없다.

7.9

스미스와 헤겔 이후 자본주의의 경로

헤겔이 우려했던 절대적 빈곤이 가지는 물질적인 측면은 역사적으로 어느 정도 사회보장과 복지국가에 의해 극복되어 왔지만[542] 비 물질적 차원에서의 문제는 미해결로 남아 있다.[543] 시장 사회들이 삶의 조건으로 수용 가능한 정도의 기준을 담보하는 방식으로 가난한 자들에게 수입을 재분배하는데 성공하더라도 사회적 배제와 자존감의 결여 해결의 필요성은 여전히 존재한다. 이 문제를 둘러싼 스미스와 헤겔의 답은 다시 갈라진다.

스미스에게 있어 경제적 성장이 보장되는 질서정연한 사회 내에는 이런 문제들을 제어할 수 있는 본성이 내재되어 있다.[544] 위에서 본 바와 같이 낙수효과를 통해 부가 빈곤층에게까지 흘러가는 것 외에 장기적으로 투자 수익을 노린 경쟁이 치열해지면 결국 시민들의 삶을 어렵게 하는 높은 가격 이윤도 낮아질 것이라는 분석이다.[545]

스미스는 임금 인상과 더불어 영국에서 이미 이런 발전 양상이 시작되었다고 주장하면서 앞으로도 계속 진행될 것으로 전망하였다.[546] 경제가 성장하고 활용 가능한 토지가 귀해짐에 따라 토지 임대료가 상승하였었지만,[547] 토지 생산성이 더 이상 증가하지 않자 임대료는 떨어졌다.[548] 스미스의 이런 설명을 부연하여 분석하자면 그는 장기적으로 상업사회는 점점 더 물질적 평등을 향해 나아가는 경향이 있다고 예측하고 있었던 것으로 보인다.[549] 사회에서의 소득의 격차는 자본에 토대를 둔 수입이 상대적으로 감소하고, 상대적으로 공적에 따른 보상이 늘어날 것으로 파악한 것이다. 스미스는 공적에 따른 보상이 확장될수록 구성원들 사이는 평등해 질 것이고, 이렇게 되면 사회 내의 다른 계층 사람들 사이에 더 많은 존중과 더 많은 공감이 이뤄질 수 있다고 생각했다. 왜냐하면 스미스에게 있어 타인들에 대한 공감을 느끼기 위해서는 자신이 '어느 정도는 자기가 평안한(in some measures....at ease [oneself])'[550] 상태에 있어야만 되는데, 이런 상태는 정돈된 상업사회에서는 가장 가난한 사람들도 누릴 수 있는 것이었다.

하지만 이것은 최하 빈곤층과 다른 계층 사이의 불평등이 적당한 경우에만 해당하는 말이었다. 사람들이 매우 불평등할 때는 다른 사람들의 입장에 서는 것이 불가능할 수 있는 것이다.[551] 사람들의 물질적 상태가 점점 더 대등해지면 이들은 다른 이들에 대하여 점점 더 공감을 느끼게 되고, 그 결과 더욱 서로를 존중하게 된다. 여기서 우리는 시장이 제대로 작동하기 위해서는 절대적 빈곤의 추방과 불평등의 해소, 이 두 가지가 스미스 이론의 기본적 정서로 깔려 있음을 확인하게 된다.

스미스의 낙관적인 전망에 따르면 상업사회에서는 빈곤층이라 하더라도 다른 사회의 구성원들보다 물질적으로 더 나은 조건을 누릴 뿐 아니라 또한 인격적으로 독립적이며 교양을 잘 갖춘 사람들이었다.[552] 이들은 제반 사회적 질서로까지 확장되는 존중의 문화 속에서[553] 사회의 동등한 구성원들이자 '책임있는 도덕적 주체들(responsible, moral agents')'[554]로 인정받는다. 결코 완전한 평등은 이뤄지지 않을 것이지만, 어느 누구도 가죽 구두를 신을 여유를 갖지 못해 '공중 앞에 기가 죽어 나타나지는' 않을 것이며,[555] 장기적으로는 더 큰 평등을 지향하면서 모든 시민들 사이의 상호존중과 승인의 폭도 그만큼 더 커질 것이라는 낙관이 스미스를 사로잡고 있었다.

하지만 이 모든 것은 경제가 성장하고, 대중들이 제공하는 노동이 시장에서 소구력을 갖고 있는 환경에서 가능하다. 그래서 임금이 오른다는 긍정적인 가정은 매우 중요하다.[556] 스미스 이론 체계 구축에서 경제 성장이라는 가정은 절대 없어서는 안 될 거대한 주춧돌이다.

자본주의 경제의 역사적 행로는 저마다 다르지만 긴 역사를 일별하면 노조, 공장법, 누진세, 사회보험제 등과 같은 각종 사회정책과 수단들을 통해 물질적 자원의 상당한 부분은 사회의 빈곤층에게 돌아갔다. 그런데 전혀 예외가 없다고 할 수는 없겠지만 이런 결과는 스미스가 예견했던 것처럼 자발적인 낙수효과에 의한 것과는 상당히 거리가 있는 것이었다.

그렇다고 해서 스미스가 주장했던 대로 케이크를 더 크게 만드는 일 없이, 특히 정도의 차이는 있겠지만 1930년대 이후부터 지금까지 전 지구적 차원에서 있었던 경제성장이란 현상 없이도 지금 정도의 재분배가 가능했을 것이라고 주장하는 것도 공정하지는 않다. 가난과 어떻게 싸울 것인가에 관한 논쟁의 축들은 여전히 우리 주변을 맴돌고 있다. 보수적 정치인들과 많은 경제학자들은 이것은 시장을 통해 해결될 필요가 있다고 주장하는 반면, 진보적 입장에서는 재분배 조치를 위한 국가 역할에 주목한다. 스미스와 헤겔식의 지적 접근이 여전히 큰 갈래를 형성하고 있는 것이다.

그러나 과연 우리가 스미스와 헤겔이 의도했던 바를 충실히 이해하고 있을까? 어느 한편에 서서 상대를 극복하거나, 아니면 둘 다 극복하여 제3의 접근을 꾀하기 위한 첫 출발은 이들에 대한 정확한 이해에 있다. 여기서 다음과 같은 중요한 질문을 제기하지 않을 수 없다. 시장에서의 소득의 주된 획득 경로가 노동 수입인가, 아니면 자본 수입인가 하는 점이다.

많은 연구결과들에 의하면 최근 노동 수입으로부터 자본 수입으로의 거대한 이동 경향을 보여주는데, 이것은 소득과 부의 점증하는 불평등과 밀접하게 연관되어 있다.[557] 자본수입은 종종 자격 없는 보상을 받게 되는데 특별히 그 자본 수입이 상속받은 부 위에 터 잡고 있거나 금융 투기의 우연한 결과인 경우에 그렇다. 스미스의 관점에 의하면 자격 없는 자본 수입은 초부유층들이 정치적 과정에 영향을 미칠 수 있다는 점에서뿐만 아니라, 자본주의적 미덕을 실천함으로써 사회 전체에 기여함으로써 받게 되는 부를 상대적으로 감쇄시킴으로써 위험하다. 이것은 점차로 사회의 하층에 있는 사람들로 하여금 자신의 삶의 조건을 향상시키도록 하는 희망을 잃게 하고, 사회에 대한 냉소와 분노를 확산시켜 헤겔이 당시에 보았던 폭민을 양산해 낸다는 걸 의미한다. 사회적 정의를 이야기할 때는 시장사회들(market societies)과 시장(market)에 관한 이론화를 따로 구분할 필요가 있다. 전자에만 주목하면서 시장 및 시장이 빈곤, 정의에 대하여 직접적으로 끼치는 영향을 도외시한다면 문제 해결로는 불충분하다고 할 수 있다. 현대의 (정치학) 이론들은 상당 부분 헤겔식의 전략을 쫓아 시장 내에서의 정의 실현이라는 사고는 포기한 채 시장을 둘러싼 제도에 집중하는 경향을 보여 왔다.

이것은 헤겔이 시민사회의 문제들에 대한 답을 내놓을 때 취했던 방식이다. 하지만 이것이 과연 충분한 해결책인가에 관하여는 의문이다. 국가로부터 받는 자선이나 지원은 직업을 갖고 자신과 가족을 부양하는 것과 같지 않다. 헤겔과 스미스 모두 한 국가 내의 경제적 삶에 참여하는 것은 단지 생계를 위한 벌이 이상의 것으로 보았다. 경제활동에의 참여는 일정한 미덕들의 실천 방식이면서, 또한 직업적 기풍을 습득하고 그럼으로써 동종 직업군 및 지역사회, 고객들로부터 인정받는다는 의미가 있다. 경제적 소외와 불평등이 실제로 정치적 개입을 통해 극복될 수 있는지도 따져봐야 한다.

국가에 대한 헤겔의 설명 속에서 가난한 자들에 대한 승인은 문제 해결 보다는 논의의 원점으로 돌아온다. 그에 의하면 정치적 대표성은 자산과 기업들을 통해 조직되는데,[558] 폭민으로 분류되는 이 사람들이 시급하게 기대하는 것은 정치적 승인임에도 불구하고, 정치적 대표성 구축 과정에서는 정확하게 배제되고 있기 때문이다. 비록 헤겔이 말했던 그 당시의 기업, 길드들은 더 이상 존재하고 있지 않지만, 정치적 영향력, 공익 및 사회적 승인이 경제적으로 성공한 그룹에 의해 독과점되는 현실은 지금도 여전히 우리 곁에 남아 있는 해결과제이다.[559]

---

469. Friedrich August von Hayek (1978), op.cit.,chap. IX.
470. Hayek, op.cit., p. 70.
471. Robert Nozick(1974), op.cit., chap. II.
472. John Rawls(1999), op.cit., p.73,104.
473. Brian Barry(2005), Why Social Justice Matters (Cambridge: Polity), chap. IV.
474. Serena Olsaretti(2004), Liberty, Desert and the Market: A Philosophical Study, Cambridge University Press, p.9.
475. ibid.
476. David Miller(2001), op.cit., chap. VIII – IX.
477. Fraser, Nancy, and Axel Honneth(2003), Redistribution or Recognition? A Political-Philosophical Exchange (London:Verso), p.137.
478. David Miller(2001), op.cit., chap. VII.
479. Lisa Herzog(2013), op.cit., p.88.
480. …..all the different orders of his subjects. Adam Smith, WN, IV.VIII.
481. Stephen Darwall(1999), 'Sympathetic Liberalism: Recent Work on Adam Smith', Philosophy and Public Affairs 28, 133; Thomas J. Lewis(2000), 'Persuasion, Domination and Exchange: Adam Smith on the Political Consequences of Markets', Canadian Journal of Political Science/Revue canadienne de science politique 33(2), 273-89.
482. Lisa Herzog(2013), op.cit., p.104
483. G.W.F. Hegel(1821), Grundlinien der Philosophie des Rechts, (trs.) H.B.Nisbet(1991), "Elements of the Philoshophy of Right", Cambridge University Press, § 200. § 49. (이하, "PR"로 표기)
484. Smith, WN I.I.11; LJ(A) 337, 340. 원문은 〈http://www.estig.ipbeja.pt/~ac_direito/Smith_0141.06.pdf〉에서 볼 수 있는데, 1762-3년까지의 강의를 "LJ(A)"로, 1766년의 강의를 "LJ(B)"로 분류한다.
485. Istvan Hont(2005). The Jealousy of Trade (Cambridge, MA: Harvard University Press), p.92.
486. 로크는 자신의 〈통치론〉과 〈관용에 관한 서신. Letter Concerning Toleration〉에서 아메리카의 크고 비옥한 땅을 차지하고 있는 왕이 영국의 일용 노동자보다 주거와 영양 섭취에서 열악하다고 평가하고 있다.
487. Donald Winch(1996), Riches and Poverty. An Intellectual History of Political Economy in Britain, 1750-1834, Cambridge University Press, p.57. 여기에 관심을 가졌던 인물로는 맨더빌(Manderville), 허치슨(Hutcheson), 흄(Hume) 등을 꼽을 수 있다.
488. Smith, WN II.III.1.

489. Smith, LJ(B) 489.
490. Smith, WN I.I.10, cf. ED I.10.
491. ⋯..the various degrees of capacity, industry, and diligence in the different individuals⋯.
492. ⋯.assistance and co-operation of many thousands⋯
493. Smith, WN I.I.11.
494. Smith, WN IV.III.II.11, LJ(A) 50.
495. ⋯.series of increasingly adequate expressions or manifestations of Freedom. Hegel, PH, 63.
496. ibid., 19.
497. ibid., 73, 55.
498. Lisa Herzog(2013), op.cit., p.153.
499. Hegel(1821), PR, § 200.
500. ibid., § 206.
501. ibid., § 189.
502. Robert Nozick(1974), op.cit., p.156, 161.
503. Hegel(1821), op.cit., § 41.
504. ibid., § 43, § 65.
505. Richard Dien Winfield(1987), 'Hegel's Challenge to the Modern Economy', in William Maker (ed.), Hegel on Economics and Freedom (Macon, GA: Mercer University Press), 32-64
506. Lisa Herzog(2013), op.cit., p.87.
507. Hegel, op.cit., § 194.
508. Adam Smith, The Theory of Moral Sentiments, edited by A. MacFie and D. Rafael (Indianapolis: Liberty Fund,1982). I.III.2.1. 이하 "TMS"로 약칭.
509. Smith, WN V.II.II.IV.3.
510. Hegel, PR § 244Z; Richard A. Davis(1987), 'Property and Labor in Hegel's Concept of Freedom', in William Maker (eds.), Hegel on Economics and Freedom (Macon, GA: Mercer University Press), p.183-208, 201.
511. Hegel, PR § 195.
512. Hegel, PR § 243.
513. Hegel, PR § 244Z.
514. ⋯.natural symptom of increasing national wealth⋯
515. Smith, WN I.VIII.27.
516. Smith, WN I.VIII.36.
517. Gertrude Himmelfarb(1983), The Idea of Poverty (New York: Knopf), ch.2. Himmelfarb는 자신의 위 책에서 스미스를 '진정한 혁명가'로 부르고 있다. p.46.
518. Smith, WN I.VIII.36.
519. increase[s] the industry of the common people
520. Smith, WN I.VIII.44.
521. Smith, WN I.VIII.44.
522. Michael Ignatieff(1985), 'Smith and Rousseau', in The Needs of Strangers (New York: Viking Penguin), 105-31, 116; Dennis Rasmussen(2008), The Problems and Promise of Commercial Society: Adam Smith's Response to Rousseau (University Park PA: Penn State University Press), p.101.
523. Samuel Fleischacker(2004), On Adam Smith's Wealth of Nations: A Philosophical Companion (Princeton: Princeton University Press), p.225.
524. Samuel Fleischacker(2004), A Short History of Distributive Justice (Cambridge, MA: Harvard University Press), p.18, 32.
525. Smith, WN V.I.III.II.55; Fleischacker, On Adam Smith's Wealth of Nations, p.205.
526. Lisa Herzog(2013), op.cit., p.106.
527. subjective aims, needs, arbitrariness, abilities, external circumstances, and so forth
528. Hegel, PR § 49.

529. Jenenser Realphilosophie II, 140.
530. Hegel, PR § 185.
531. Gareth Stedman Jones(2001), 'Hegel and the Economics of Civil Society', in Sudipta Kaviraj and Sunil Khilnani (eds.), Civil Society: History and Possibilities, Cambridge: Cambridge University Press, p. 129.
532. Hegel, PR § 241.
533. Hegel, PR § 241.
534. Hegel, PR § 245.
535. Hegel, PR § 245.
536. Hegel, PR § 246.
537. Hegel, PR § 245.
538. Hegel, PR § 252.
539. Hegel, PR § 252.
540. Hegel, PR § 245.
541. ….one of the most disturbing problems which agitate modern society.
542. Gareth Stedman Jones(2004), An End To Poverty? A Historical Debate (New York: Columbia University Press), ch.2. 사회보장에 관한 생각들은 이미 페인(Paine) 및 콩도르세(Condorcet)와 같은 계몽주의 사상가들이 천착했었던 것이기도 하다. 하지만 그것이 널리 현실적으로 인식되고 실천에 옮겨지기 시작한 것은 19세기 후반에 와서였다.
543. Lisa Herzog (2013), op.cit., p.109.
544. Smith, WN I.VIII.
545. Smith, WN I.IX.2ff.; II.IV.5.
546. Smith, WN I.IX.6.
547. Smith, WN I.XI.Concl.8
548. Smith, WN II.III.9.
549. Eric Schliesser(2005), 'Some Principles of Adam Smith's Newtonian Methods in the Wealth of Nations;, Research in the Histroy of Economic Thought and Methodology 23, p.37. 아담 스미스의 국부론 저술의 방법론은 그의 시장 이론의 사상적 배경을 정확히 이해함에 있어 빼 놓을 수 없는 요소이다.
550. Smith, TMS V.II.9.
551. Smith, LJ(A) 184.
552. Smith, WN IV.VII.III.54.
553. ….culture of respectability which [extends] to all social orders
554. Jerry Muller(1993), Adam Smith in His Time and Ours. Designing the Decent Society (N.Y: The Free Press), p.95. ; Himmelfarb, op.cit., p.63.
555. Smith, WN V.II.II.IV.3.
556. Edwin G. West(1975). 'Adam Smith and Alienation: Wealth Increases, Men Decay?' in Andrew S. Skinner and Thomas Wilson(eds.), Essays on Adam Smith (Oxford: Clarendon Press), p.545.
557. Lisa Herzog (2013), op.cit., p.115.
558. Hegel, § 300.
559. Lisa Herzog (2013), op.cit., p.116.

제8장 미덕은 보상된다.

요약

시장에 관한 스미스의 이론 토대에는 '미덕은 보상한다(virtue pays)' 라는 정서가 강하게 자리 잡고 있다. 불편부당한 관찰자의 지시에 따른 행위들은 보상되어야만 하고, 대부분의 경우 실제로 이것은 일어난다는 것이다. 스미스가 이것이 가능하다고 본 이유는 적어도 일상에서 미덕이란 그 자체에 인력(引力)을 갖고 있다고 가정하였기 때문이다. 이것은 그가 뉴턴의 물리학적 방법론을 차용하고 있었다는 반증이기도 하다. 스미스에게 있어 덕성을 쫓아 하는 행위들은 저승에서뿐만 아니라 바로 이 세상에서 아주 구체적으로 보상을 받게끔 되어 있었다.

그러나 모든 미덕에 대해 시장 내에서의 보상이 보장되는 것은 아니다. 스미스의 이론 체계 속에는 '노동의 분업'을 통해 각기 다른 미덕들이 그들이 속한 각기 다른 사회적 영역 내에서 보상되고 있다는 점이 명백하게 제시되고 있다. 시장에서 보상되는 미덕들에는 근면, 검소, 상대방과의 거래 시 정직 등이 포함되는데, 이들을 다른 말로 자본주의적 미덕이라 할 수 있다. 자본주의적 미덕 중에서도 핵심은 절용, 건강, 재물, 지위, 그리고 개인적 평판에 대한 관리'이다.

스미스에 의하면 자본주의적 보상의 순익에는 '직업에 대한 호불호'와 같은 비물질적 요소들, 전문적 기능을 배우는데 들어가는 비용, 고용의 안정성, '업무현장에서의 신뢰'의 정도, '성공의 개연성'은 포함되지 않는다. 상대적 임금론에서 스미스는 자유로운 시장 내에서의 각기 다른 임금은 직업이 갖는 비 금전적인 성격들도 반영하게끔 되어 있는 것이라고 주장한다. 그렇기 때문에 결국 시장에서 자유로운 개인들은 금전적 요인뿐만 아니라 비금전적 요인까지 다 포함하여 순유리에서의 균등을 이뤄낸다. 순유리는 금전적 순익(net profit)과는 다른 개념이다. 후자는 시장에서 보상되지만, 순유리는 시장과 시장 외적인 것들을 다 고려하여 산정된다. 시장가격들은 인력이 끌어 당기듯 자연적 가격을 향해 끌려가 결국 같은 가격이 되는 데, 이렇게 시장과정(market process)을 통해 서로 다른 직업들과 자본 투자들은 순유리를 따졌을 때 균형을 이룰 수 밖에 없다는 것이 스미스식 사고이다. 이런 비 금전적 요인들까지 고려하여 결정되는 가격의 수준을 스미스는 '자연적(natural)'이라고 불렀고 이들은 또한 행위마다 연계된 비 금전적인 비용이나 이익을 통해 보상이 된다는 의미에서 '응당하다(deserved)'는 평가를 받을 수 있다고 보았다. 그런데 불편부당한 제3의 관찰자의 판정과 시장의 결과가 아주 유사하다고 하기 위해서는 시장 자체가 공정하다는 것이 전제되어야 한다. 그리고 개인들은 언제든지 자신들의 선호에 따라 직업을 자유롭게 선택할 수 있을 만큼 자유로워야 한다. 그러나 스미스 이후 시대에 관찰되었던 개인들은 그가 가정했던 것보다 직업 선택의 폭을 그렇게 다양하게 갖고 있지 못하였다. 예컨대, 헤겔에 의하면 사람들은 한 가지 직업에 종사하는데, 이것은 다른 사람들의 변덕에 취약하게 한다. 헤겔의 경우엔 주관적 자유의 영역으로서의 시장과 시장이 미덕에 대하여 보상해 준다는 신념 사이에 피할 수 없는 긴장이 있었다. 모든 시민들이 자기가 원할 때 언제라도 직업을 바꿀 수 있다면 이 문제는 생기지 않겠지만, 현실은 그렇지 못하다는 것이다. 다시 말해 소비와 투자에 있어서는 주관적 자유가 결합될 수 있지만, 사람들의 직업 선택에 있어서의 완전한 자유가 제한되는 결과 시장에서 공적에 따라 보상을 한다는 사고를 그대로 받아들일 수만은 없다는 것이다.

스미스가 그리고 있는 상업사회에서는 거시적으로 보면 대부분의 경우, 그리고 대부분의 사람들에게 있어 '미덕은 보상한다'라는 말은 거의 신정론(神正論)적 차원의 요구이기도 한 것이다. 그런데 그 공적주의 전제가 된 기반이 이미 부식되어 버렸음에도 불구하고 우리는 지적 타성에 젖어 그대로 머물러 있는지도 모른다.

잘 정돈된 상업사회에서는 모든 사람은 법에 의해 보장될 수 있는 소유권(property rights)을 가진다. 이것은 자본주의 미덕들은 보상받는 다는 제반 주장들의 법적 기초를 형성하고 있다. 공정한 법적 체제 내에서는 근면과 절약은 단순한 교환적 정의의 차원에서도 보상이 이루어진다. 시장에 더 많이 내놓는 사람은 그 대가로 더 많이 가져가고, 지금 적게 소비하는 자들은 장래에 이 미덕들을 통한 결실을 기대할 수 있다.

그럼 가난은 악덕에 대한 보상인가? 가난은 개인의 권리들을 지켜주기에 충분하지 않은 사회 제도에 기인한 것일 수도 있다. 그렇다면 소득과 부가 정당화될 수 있다는 말이, 가난도 정당화된다는 말과는 동의어가 아님을 알 수 있다. 개인의 권리들을 지켜주지 않은 것의 결과로 인해 나온 가난은 명백하게 불공정하다. 시장이 구조적으로 악덕을 소유한 자들의 번성을 가져오고 미덕을 가진 자들을 몰락시킨다면 그 시장은 공정한 것이 될 수 없다. 스미스가 말했던 자본주의 미덕의 목록들에 우리가 완전히 동의할 필요는 없다 하더라도, 적어도 시장에서 가장 성공을 거두는 것들이 악덕이어서는 안 된다는 기본적인 동의는 할 수 있을 것이다. 그리고 그런 일이 벌어질 때 시장의 규칙들을 바꿈으로써 악덕이 보상을 받는 것을 어렵게 만드는 것이 정의에 부합하는 일이다.

8.1. 스미스의 미덕에 대한 신뢰
8.2. 시장 외에서 보상되는 미덕들
8.3. 자본주의적 미덕이 보상되는 방식
8.4. 아담 스미스의 순유리의 균등
8.5. 순유리의 균형을 위한 전제
8.6. 대등하고 자유로운 행위자들에 대한 가정(假定)의 현실성
8.7. 자본주의 미덕의 현실적 한계
8.8. 악덕이 보상을 받아서는 안된다

8.1

스미스의 미덕에 대한 신뢰

헤겔식의 설명에 따르면 시장은 독단과 '변덕(caprice)'을 포함한 주관적 자유가 자리 잡고 있는 곳이다. 이와 대조적으로 스미스의 설명에서는 공적이라는 개념이 어떤 식으로 노동시장결과물을 설명하는데 쓰일 수 있는지 이론적 바탕을 제공한다.[560]

스미스 식 관점에서 정돈된 시장(well-ordered market)은 고결하다고 묘사될 수 있는 일정한 행위, 즉 우리가 미덕 혹은 도덕성을 갖추었다고 부르는 행태에 대하여는 보상을 하게 되고, 그렇게 나온 결과들은 '응당하다(應當, deserved)'고 불릴 수 있다. 하지만 미덕에 대한 보상은 노동시장의 성격에 관하여 상당한 수준의 가정들이 전제되지 않으면 안 된다. 아래에서 논의를 진행하면서 보겠지만 스미스식의 모델은 현실의 시장에서는 종종 일어나기 힘든 이상적 상황을 바탕에 깔고 있는 것으로 보인다.

시장에 관한 스미스의 이론 토대에는 '미덕은 보상한다(virtue pays)'[561] 라는 정서가 강하게 자리 잡고 있다. 불편부당한 관찰자의 지시에 따른 행위들은 보상되어야만 하고, 대부분의 경우 실제로 이것은 일어난다는 것이다. 스미스는 그의 저서 〈도덕감정론〉에 '미덕의 특징에 관하여(Of the Character of Virtue)'라는 장을 추가하였는데, 여기에 보면 '극기(self-command)', '개인적 성품(character of the individual)', '자신의 행복에 영향을 주는 한', '다른 사람들의 행복에 영향을 미칠 수 있는 한'이라는 표현들이 등장한다.

이 내용들은 불편부당한 관찰자의 입장에서 지시하는 미덕의 계율을 따르기 위한 요건들이다.[562] 이 뿐 아니라 〈도덕 감정론〉의 다른 부분들에도 덕성이 바탕이 되는 행위들에 관한 많은 진술들이 산재해 있다.

미덕에 대한 보상을 설명함에 있어 스미스는 중요한 가정을 하고 있는데, 유사한 행위양식들이 대규모로 집적되면 시장에서 자본주의 미덕들에 대하여 보상하는 것이 불합리하지 않다는 것이다. 스미스는 그 이유를 다음과 같이 설명한다.

"우리가 이 땅의 삶에 공통으로 분포되어 있는 외부적인 번성의 조건과 역경의 조건들을 통해 일반적인 규칙성을 캐내기로 한다면, 비록 세상만사가 불규칙하고 뒤죽박죽인 것처럼 보여도, 모든 미덕들은 자연스럽게 그에 합당한 보상을 받으며, 그 덕을 장려하고 촉진하기에 가장 적합한 방식으로 보상이 이뤄지고 있음을 알게 될 것이다. ....근면, 절용, 신중함을 길러주기에 가장 적합한 보상은 무엇인가? 어떤 일을 하건 간에 성공을 거두는 것이다. 그리고 삶의 전 과정을 통틀어 놓고 보았을 때 이런 미덕들이 그에 합당한 무엇을 거둬서는 안 된다는 말이 가당키나 한 말인가. 부와 외부의 명예란 이 미덕들에 따르는 적절한 보상이며, 보상이 되지 않는 경우란 거의 없을 것이다."[563]

시장경제는 그래서 자본주의 미덕들에게 보상을 해주며, 이를 통해 사람들은 미덕에 합당한 행위를 하도록 하는 유인동기를 얻게 되고, 더욱 정돈되고 기품 있는 행위를 하도록 자극을 받는다.[564] 적어도 스미스에게 있어서 이것은 사회의 '중, 하류층의 사람들'의 경우엔 타당한 주장이고, 그곳에서는 '미덕으로 가는 길과 재물로 가는 길은 행복하게도 대부분의 경우 거의 동일한 경로'이다.[565] 따라서 스미스의 노동시장은 각자에게 그에 합당한 무엇을 줄 수 있다는 전제를 깔고 있음을 알 수 있다. 미덕과 그것이 사회에서 갖는 지위에 대한 스미스의 사고는 그가 지녔던 낙관적

이신론(理神論)의 맥락에서 이해되어야 한다. “우리는 이런 경우뿐만 아니라 많은 다른 경우에 있어서도 인간의 연약함과 어리석음 속에라도 있는 신의 지혜를 경외할 수 있는 것이다”[566]라는 그의 말 속에는 이런 이신론적 사고가 드러난다. 그렇다고 그가 미덕을 유일한 가치 결정 요인으로만 본 것은 아니었다. 비록 그는 미덕을 개인들이나 사회를 위한 유용한 도구 정도로 전락시키는 사고를 맹렬히 반대하였지만 그에게 유용함이란 또 하나의 존재 의의가 분명한 시장 가격결정인자였다.

유용함이 있을 때 그 미덕이 지닌 본래의 가치에 더하여 아름다움과 적절성이 드러난다는 것이었다.[567] 그리고 질서정연 사회에서는 대부분의 개인들이 비록 가장 고상한 형태로 행동하지는 못한다고 하더라도, 다수의 사람들이 보이는 행동의 경향은 결국은 공동의 기준으로 수렴하게 될 것이라는 것이 스미스의 예상이었다.[568]

스미스가 이것이 가능하다고 본 이유는 적어도 일상생활에서 미덕이란 그 자체에 ‘인력(pull)’을 갖고 있다고 가정하였기 때문이다. 이것은 그가 뉴턴의 물리학적 방법론을 차용하고 있었다는 빈증이기도 하다. 스미스에게 있어 덕성을 쫓아 하는 행위들은 저승에서뿐만 아니라 바로 이 세상에서 아주 구체적으로 보상을 받게끔 되어 있었다.[569]

미덕에 부합하는 행위란 사람들이 자격을 주장하는 근거로서 기능하며, 세상은 미덕이 통상적으로 보상을 받을 수 있게끔 구조화되어 있다는 것이다. 다만 ‘미덕은 보상한다’는 원칙이 적용되는 범위는 실제로 그 미덕을 실천에 옮긴 사람들에게로 제한되어야 한다는 점을 유념할 필요가 있다. 막대한 부를 상속받은 부자와 같이 단지 재산이 많다거나 미덕이 포함될 여지가 있는지 따질 만한 어떤 행위도 보여주지 못하는 사람들은 이 원칙의 적용 대상이 될 수 없다.

8.2

시장 외에서 보상되는 미덕들

하지만 삶의 모든 영역에서 이뤄지는 모든 미덕에 대해 시장 내에서의 보상이 보장되는 것은 아니다. 스미스의 이론 체계 속에는 '노동의 분업'을 통해 각기 다른 미덕들이 그들이 속한 각기 다른 사회적 영역 내에서 보상되고 있다는 점이 명백하게 제시되고 있다. 예컨대, 가족 및 친구들과 관련된 덕성을 지닌 행위들은 결과적으로 '사랑 받고, 사랑 받을 만한 자격이 있다는 걸 알아주는'[570] 방식에 의해 보상이 되는데, 스미스에게 이것은 행복의 핵심 요소였다.[571]

시장에서 보상되는 미덕들에는 근면, 검소, 상대방과의 거래 시 정직 등이 포함되는데, 맥클라스키(Deirdre McCloskey, 1942-)의 표현을 빌자면 이들은 '자본주의적 미덕(bourgeois virtues)'이다.[572] 자본주의적 미덕 중에서도 핵심은 절용(prudence) 및 '건강, 재물, 지위, 그리고 개인적 평판에 대한 관리'이다.[573] 모든 미덕들이 아닌 오직 일부의 미덕들만이 시장에서 보상을 받는 것이라고 함으로써,[574] 스미스는 처음부터 현대의 연구자들이 제기하는 문제, 즉 시장이 보상하는 것들은 도덕적인 수준에서 보면 공적이 아니라는 비판을 피할 수 있었다.

몇몇 주석가들은 스미스의 〈국부론〉에 등장하는 행위자(agent)는 〈도덕감정론〉에 나오는 절용의 사람(prudent man)이 갖는 특징을 보인다고 한다.

시장 사회에서 이루어지는 분배의 모든 측면에 이 공적주의 사고가 적용된다고 여기는 것은 확실히 사리에 맞지 않는다. 수입과 부의 분배에 있어서 공적주의 형태에 따르지 않는 것들이 존재한다는 것은 시장에서의 정의를 논함에 있어 시장이 일관된 기준으로 보상하지는 않는다는 사실을 인정할 필요가 있음을 말한다. 다시 말해 사회 구성원 중 누가 부유하고, 누가 가난하다는 사실로부터 단순히 그만한 자격이 있어 그렇게 되었을 것이라고 쉽게 단정 짓고 넘어갈 수는 없다는 것이다. 누군가의 소유가 자본주의 미덕의 실천에 대한 대가로 보상으로서 주어진 것인지, 그래서 누릴 자격이 있는지 여부를 판단하기 위해서는 더 많은 내용들을 파악할 필요가 있다.

하이예크가 지적하듯 시장이 보상해 주는 내용은 그것이 무엇이건 간에 윤리적 가치나 인간적 중요성과는 거리가 멀다. 하지만 시장에서의 보상이 적당하지 않은 지혜나 도덕적 가치들은 삶의 다른 영역에서 보상될 수 있고 보상되어야만 한다.[575] 스미스의 주장에 의하면 불편부당한 관찰자는 그 차이, 예컨대 평생을 열심히 살아온 사람들과 로또가 당첨되었거나 거대한 부를 유산으로 상속받은 사람들의 차이를 간파하고 있겠지만, 대다수의 대중은 이런 질문을 제기하는 데는 관심이 없고, '부와 위업(wealth and greatness)'을 부러워하고 따라갈 뿐이다. 그래도 이건 전혀 중요하지 않다. 인력(引力)을 의식하고 살건, 의식하지 않고 살건 간에 그 법칙이 미치는 바는 동일하다. 사람들이 의식을 하고 살건 간에 이들이 미덕을 쫓아 산다면 그 결과가 보상으로 이어질 것임에는 다를 바 없으리라는 것이 스미스의 생각이었다.

8.3

자본주의적 미덕이 보상되는 방식

스미스가 본 시장사회의 두 번째 특징은 사람들은 '항상 다양한 차원에서의 협력과 조력의 필요'에 놓여 있다는 것이다.[576] 법적으로는 평등한 까닭에 시장참가자들은 타인들을 힘으로 강제하기 보다는 상대방으로 하여금 그렇게 행동함으로써 얻게 되는 이익이 무엇인지 일깨워주는 것이 훨씬 설득력이 높고 효율적이다. 그래서 이들은 고객들, 공급자들, 종업원들 및 동료들을 찾아나서고, 이들을 대함에 있어 거래관계가 성공하길 염두에 두고 대하여야 하는 것이다.[577] 이 과정은 그들로 하여금 다른 사람들의 입장에 서보도록 만든다. 즉 상대의 관점을 갖고 그들의 필요를 어떻게 하면 가장 잘 충족시켜 줄지 생각해 보게 되는데 스미스는 이것이 일종의 반복적 훈련과 같은 효과를 거두게 된다고 보았다. 예컨대, 노동자들의 경우 "직업을 잃지는 않을까 하는 두려움으로 인해 노동자들은 고용주를 기만할 생각을 자제하고 자신의 태만함을 교정하게 된다."[578]

스미스는 시장 참가자들이 특히 사회의 중, 하류층인 경우 그들이 미덕이 시장에서 적정하게 보상받을 확률은 훨씬 높다고 보았다. 시장에 참여하고 있는 동안 이들은 동등하게 판단을 받는다. 이들의 성공은 '거의 언제나 이들의 이웃 및 동료들의 호의와 좋은 평가에 달려 있는데, 어지간한 일관성 있는 행위가 없이는 이런 성공이란 좀처럼 얻어질 수 없는 것'이다.[579] 동네에 사는 고객들은 푸줏간 주인, 양조장 주인, 빵 가게 주인이 행실이 어떤지 잘 알고 있으며 어느 가게에 들러서 물건을 사고, 누구와 협력할지 결정함에 있어서 상대방의 성품을 고려 대상에 포함시키게 된다. 따라서 사람들로부터 믿을 만하고 정직하다는 판단을 받을 수 있도록 좋은 평판을 쌓는 것은 매우 중요하다.

스미스는 '거래가 잦아지면(dealings are frequent)' 사람들의 마음속엔 상대방에게 '괜한 의심의 여지(any ground for suspicion)'을 줄 때 보다는 '정직과 정확성(probity and punctuality)'을 고수하는 길이 장기적으로 보면 더 큰 이득을 얻는 결과로 이어지기 때문에 정직과 신용이 자기의 '진정한 이익(real interest)'이라는 사실이 각인된다고 한다.[580] 따라서 거래 당사자는 '평판을 잃지나 않을 까하는 두려움을 갖고, 그래서 매 약속을 준수함에 있어 세심하게 되는 것'[581]이다. 행위자들이 더 세심하고 믿을 만한 거래를 할수록 더 큰 경제적 성공을 거두는 것은 이런 자본주의적 미덕들을 실천한 데 따르는 보상으로 이해될 수 있다.

이 결과는 불편부당한 관찰자의 입장에서 기대하였던 것과 동일한 결과인 것이다.

모든 참가자들이 동등한 법적 지위를 갖고 있는 완전 경쟁적인 시장에서는 어떤 미덕을 제공한 사람이 그에 상응하여 받는 것이란 객관적 시각에서 기대하는 바와 크게 다를 바 없고, 따라서 그들이 받는 보상이란 불편부당한 관찰자의 판단과 매우 유사하게 된다. 어떤 목적물을 놓고 누구는 지나치게 높게 평가하고, 다른 이들은 지나치게 낮게 평가할 수도 있지만 평균적으로 내려지는 판단은 – 이것이 시장가격이 될 것이다 – 은 전반적으로 바른 방향으로 수렴될 것이다.

8.4

아담 스미스의 순유리의 균등

물론 이에 대한 반론도 있을 수 있다. 시장이 공급과 수요라는 익명적 힘에 의하여 결정되는 이상 그 결과는 개인들이 어떤 책임 있는 행동을 하였건 그것과는 무관하다는 것이다. 예컨대, 한 경쟁자가 시장에 진입하여 기존의 특정 산업 부문에 종사하던 사람들의 임금과 이윤을 떨어뜨리게 되면 이것은 미덕에 대한 보상을 훼손하는 것이고, 불편부당한 관찰자의 입장에서는 상상할 수 없는 일이 벌어진 것이라 하지 않을 수 없다.[582] 그러나 스미스는 자신의 가격이론에서 이런 시나리오가 일어나지 않을 것이라고 단언하면서, 그 이유를 만일 시장 가격이 자연적 가격(natural price), 다시 말해 일정한 지역에서 '통상적(ordinary)'인 임금, 임대료 및 이윤으로 지급되는 가격보다 낮거나 높으면 어떤 생산자들은 진입하거나 혹은 떠날 것이고, 시장에서 재화의 양은 자연적 가격이 도달하는 수준에서 그 수량이 조절되고 맞춰질 것이기 때문이라고 한다.[583]

한편 특정 산업 부문에서 미덕을 발휘하여 일하고 있는 사람들이 경쟁이 증대됨으로 인하여 위협을 받는 상황에 놓일 수도 있는데, 스미스는 이 경우에 이들은 다른 직종으로 전환하기만 하면 되고, 그곳에서 이들의 근면성과 정직은 계속 보상을 받게 될 것이라고 한다. 이런 관점에서 보면 자연적 가격이란 불편부당한 관객이 얼마든지 보증할 수 있는 것이고, 시장이 완전하게 유연성을 갖는다면, 시장가격들은 인력이 끌어 당기듯 자연적 가격을 향해 끌려가 결국 같은 가격이 되는 것이다.[584] 이렇게 시장과정(market process)을 통해 서로 다른 직업들과 자본 투자들은 순유리(net advantages)를 따졌을 때 균형을 이루게 된다는 것이 스미스식 사고이다.

순유리는 금전적 순익(net profit)과는 다른 개념이다. 후자는 시장에서 보상되지만, 순유리는 시장과 시장 외적인 것들을 다 고려하여 산정된다. 스미스에 의하면 자본주의적 보상의 순익에는 '직업에 대한 호불호'와 같은 비물질적 요소들, 전문적 기능을 배우는데 들어가는 비용, 고용의 안정성, '업무현장에서의 신뢰'의 정도, '성공의 개연성'은 포함되지 않는다.[585] 상대적 임금론에서 스미스는 자유로운 시장 내에서의 각기 다른 임금은 직업이 갖는 비 금전적인 성격들도 반영하게끔 되어 있는 것이라고 주장한다. 왜냐하면 그렇지 않을 경우 사람들은 그 직업을 떠나 다른 직업을 택하게 되기 될 것이기 때문이다.

"노동과 자본(labour and stock)의 각기 다른 조건에서 오는 유, 불리를 전체적으로 계산하면 동일한 시장 내에서는[586] 완전히 대등하거나 지속적으로 대등해지는 쪽으로 가게 되어 있다. 동일한 시장 내에서 어느 한쪽의 고용 조건이 더 유리하거나 불리한 것이 명백하게 드러난다면 많은 사람들은 불리한 쪽을 버리고 유리한 쪽으로 몰려가서 그곳에서 보상을 받게 될 것이고, 그 유리한 쪽의 보상은 곧 다른 고용의 수준에까지 영향을 미치게 될 것이기 때문이다."[587]

결국 시장에서 개인들은 자유로운 존재이기 때문에 금전적 요인뿐만 아니라 비금전적 요인까지 다 포함하여 순유리에서의 균등을 이뤄낸다.[588] 이런 비금전적 요인들까지 고려하여 결정되는 가격의 수준을 스미스는 '자연적(natural)'이라고 불렀고 이들은 또한 행위마다 연계된 비 금전적인 비용이나 이익을 통해 보상이 된다는 의미에서 '응당하다(deserved)'고 일컬어질 수 있다는 것이다. 즉, 불편부당한 관찰자는 '굴뚝 수리공이나 시체를 염하는 사람, 혹은 야간 근무자에 대한 할증 보상'을 전적으로 지지할 수 있는 것이다.[589] 이런 사고는 현대 경제학자들에 의해 시장의 결과는 자격에 따라 이뤄진 것이므로 정당하다는 논리의 근거로 이어졌다. 종종 이것은 좀더 공식적으로는 시장에서의 임금은 한계생산성을 반영하는 것이라는 식으로 표현되기도 한다.

8.5

순유리의 균형을 위한 전제

임금이 한계생산을 반영하고 있다는 논리가 타당해지기 위해서는 이보다 더 한발 더 나간 전제들까지 요구된다. 불편부당한 관찰자의 판정과 시장의 결과가 아주 유사하다고 하기 위해서는 시장 자체가 '불편부당(impartial)'하다는 것이 전제되어야 한다. 그리고 개인들은 언제든지 자신들의 선호에 따라 직업을 자유롭게 선택할 수 있을 만큼 자유로워야 한다. 이것은 노동 시장의 경우 노동자들이 언제든지 마음 내키는 곳으로 전직할 수 있어야만 한다는 걸 의미한다.

여기에는 두 가지가 전제되어야 하는데 첫째는 선택할 수 있는 직업들이 언제든지 충분해야 하고, 어떤 직업에 종사하더라도 노동자들 자신이 갖고 있는 인적 경험과 기능, 지식이 그에 적응할 수 있을 만큼 유연해야 한다는 것이다. 이 점에 관해 스미스 자신도 일찍이 순유리의 평형화는 오직 '모든 사람들이 자기가 적당하다고 생각하는 직업을 선택하고, 또 적절하다고 여기는 바에 따라 전직할 수 있는 두 가지 측면에서 완전히 자유로울 때' 달성될 수 있다고 강조한 바 있다.

시장이 유연하면 개인들은 자신들이 착취를 당하거나 비도덕적으로 취급 받는 상황에서는 언제든지 그곳을 떠날 수 있고, 고용주들도 이런 사실들을 알고 있기에 부당한 처우를 하는 것을 사실상 금지하는 효과를 기대할 수 있다. 예컨대, 자유로운 어느 한 시장에서 제빵가게 운영자가 이윤을 늘이기 위해 고객들에게 지위를 남용하고 자신의 견습 종업원들을 착취한다고 가정해 보자. 이 두 가지 일이 발생하면 그 종업원은 다른 고용주를 찾게 되고 – 실정법을 위반한 경우에는 형사고소까지도 가겠지만 – , 이웃 사람들은 빵 가게 주인의 행태에 분노하여 등을 돌리고 그의 경쟁자들로부터 빵을 살 것이다. 이 점이 우선 그 빵 가게 주인으로 하여금 자신의 종업원들을 존중하도록 만드는 유인동기를 제공한다.[590] 이런 상황에서 빵 가게 주인은 종업원을 착취해서는 더 많은 돈을 벌 수 없게 된다.

그렇지만 종업원이 법적으로 그 지위가 완전하지 않아 고용주와 대등하지 않고, 따라서 '그들 중의 한 명(one of them)'으로 취급되지 않는 까닭에 완전히 고용주에게 의존적일 수밖에 없고, 고객들 역시 고용주의 편이라면 이야기는 달라진다. 이 대표적인 예로 도제훈련 규제와 같은 것들을 들 수 있다. 이들은 시장력의 자유로운 활동(free play of market forces)에 장애물을 조성하고 있는데, 이것은 미덕이 제대로 보상되지 못하도록 한다. 다시 말해 이런 상황 속에서 발생되는 수입이란 그 공적에 마땅한 만큼 획득된 것이라 할 수 없다. 인적 자본의 유연성(flexibility of human capital)은 운(運)이 시장결과에 미치는 영향을 감소시킨다.

스미스는 시장가격이 자연가격을 향해 인력 작용을 통해 끌려가는 경우란 오직 '통상적인 때(in the ordinary)'[591]이며, 종종 비상한 상황(extraordinary events)에서는 가격을 왜곡시킨다는 사실을 알고 있었다. 하지만 개인적 역량이 유연성을 띄고, 한 직업에서 다른 직업으로 쉽게 이동이 보장된다면 예외적 상황이 현실로 다가올 가능성은 그만큼 낮아진다. 어떤 직업에서는 운이 좋을 수 있고, 다른 직업에서는 불운할 수도 있지만, 평균적으로 덕성을 갖춘 행위들은 악덕의 행위에 비해 더 많은 보상을 받을 것이라는 판단이다.[592] 그런 여건 하에서는 시장결과라는 것이 유전적인 재능이나 상속과 같은 우연성 보다는 수고(effort)와 선택(choice)과 같이 사람이 통제할 수 있고, 또 책임을 질 수 있는 요소들에 더 크게 좌우된다는 것이 스미스의 관점이다.

8.6

대등하고 자유로운 행위자들에 대한 가정(假定)의 현실성

공적주의에 대하여 비판적인 많은 사람들은 인간의 통제와 책임 밖에 있는 요소들이 과연 시장 내에서 작용하고 있지 않은가 의문을 제기한다. 스미스는 이 문제에 관하여 직접 언급하고 있지는 않다. 그러나 우린 그가 왜 이 문제를 오늘날 대두되고 있는 것만큼 시급한 문제로 보지 않았었는지 나름대로 그 이유를 추론해 볼 수 있다.

첫째, 그는 사람들은 천품에서 매우 유사하며, 국가는 이런 사람들 모두를 상대로 기초적인 교육을 제공해야 한다는 것이 그의 주장이었는데, 그렇게 되면 어느 누구도 상업사회에서 요구하는 읽기, 쓰기 및 산수라는 기본적 능력을 습득함에 있어서 뒤처지는 일은 없을 것이라고 확신하고 있었다.[593] 다시 말해 역량에서의 대등함이 확보되는 것이다.

둘째, 그는 인적 자본이 쉽게 습득될 수 있고 사람들이 직업 간 자유이동을 원활하게 할 수 있는 한 그들의 성공을 결정하는데 상당한 역할을 하는 것은 선택과 수고가 사실상 전부라고 믿었다. 자신의 금전적 및 인적 자본을 바른 방향으로 투자하는 것은 시장이 보상하는 방향과 일치하므로 스미스의 생각에는 이것은 한 사람의 생애 주기 동안 지속적으로 일어나는 일련의 과정으로서, 사람들이 종국적으로 상당 부분은 자신이 그에 대하여 책임을 지는 것이 옳다는 견해를 갖고 있었다.

하지만 시장에서 경쟁이 약화되고, 당사자들 사이에 누리는 힘에 다양한 불균형이 존재할 때 이런 이상적인 그림은 위험에 처하게 된다.[594] 스미스 자신도 일찍이 이 문제를 고용주와 종업원들 사이의 임금 협상과 관련하여 다루면서 위험성을 지적한 바 있다.[595]

종업원들이 고용주 없이 버티는 것, 즉 실직 상태에서 견디는 것보다는 고용주가 종업원들 없이 더 오래 버틸 수 있고, 여기에 더하여 고용주들은 숫자가 적어 '매우 쉽게 결탁할 수 있다는 점(combine much more easily)', 그리고 종종 법이 그들의 편이 될 수 있다는 것이었다.[596] 스미스는 이럴 경우 임금은 시장력의 자유로운 작동에 의하여 결정되기 보다는 다른 당사자들 사이의 '협상력(bargaining power)'에 의해 결정될 수 있다고 우려하였다.[597] 이런 과정 속에서 결정된 가격이란 불편부당한 관찰자의 입장 혹은 한계생산이라는 관점, 어느 쪽에서 보건 불합리할 수 밖에 없음은 스미스도 인정하였다.

임금 협상에 관한 스미스의 이런 우려는 자유로운 시장에서 벌어지는 '실랑이와 흥정(haggling and bargaining)' 보다는 봉건 영주와 그 신민들 사이에서 벌어졌던 옛날 이야기에 더 가까운 것이다. 그렇지만 여전히 스미스에게 이것은 경우의 수가 적은 최악의 시나리오였다.

하지만 직설적으로 말한다면 가격을 왜곡시키는 일방적 힘이 존재한다는 현실만을 놓고 보았을 때 오늘날의 시장은 왜곡이 예외적으로 존재 한다기보다는 일반적으로 존재한다고 보는 것이 사리에 더 합당하다. 따라서 지금의 시장결과 놓고 미덕에 대한 보수로 볼 수 있다거나 공적주의에 따라 정당화할 수 있다는 논리는 오늘날의 시장 구조에서는 타당하지 않은 것이다.[598] 일례로 스미스가 상정하고 있는 시장에서의 노동자들은 상당히 여유 있는 편이다. 왜냐하면 이 모델에서는 노동자들이 직업을 놓고 경쟁하는 것만큼 고용주들도 노동자들을 놓고 경쟁을 해야만 하기 때문이다. 이것은 스미스 당대의 미국 식민지와 같이 경제가 성장하던 시기에는 어느 정도 맞는 분석이었다.[599] 노동자들이 상이한 옵션들 중에서 의미 있는 선택을 할 여지가 있다면, 임금 결정 체계는 노동자들이 생활고로 인한 필요로 인해 고용주가 제시한 첫 번째 제안을 덥썩 물거나, 고용주들의 저임금 획책 담합에 끌려 다닐 때 보다는 불편부당한 관찰자의 판단에 훨씬 더 가깝게 될 것이다.

그러나 스미스 이후 시대에 관찰되었던 개인들은 그가 가정했던 것보다 직업 선택의 폭을 그렇게 다양하게 갖고 있지 못하였다. 헤겔에 의하면 사람들은 한 가지 직업에 종사하는데, 이것은 다른 사람들의 변덕에 취약하게 한다.[600] 그리고 그는 사람들의 직업선택은 매우 제한적인데 여기엔 분명히 운과 불운은 물론 집안 배경이 상당히 작용할 수 있고,[601] 스미스와는 달리 개인들이 살아가면서 이 직업을 전직하는 것은 자유롭지 못하다고 보았다.

이것은 소비와 투자에 있어서의 주관적 자유의 결합이지만 사람들의 직업선택에 있어서의 완전한 자유가 제한되는 결과 시장에서 공적에 따라 보상을 한다는 사고에 문제의 소지가 많이 있을 수 있음을 의미한다. 헤겔의 경우엔 주관적 자유의 영역으로서의 시장과 시장이 미덕에 대하여 보상해 준다는 신념 사이에 피할 수 없는 긴장이 있었다. 모든 시민들이 자기가 원할 때 언제라도 직업을 바꿀 수 있다면 이 문제는 피해갈 수 있다. 하지만 실제로는 그렇지 못하기 때문에 이것은 매우 현실적으로 다가오는 긴장이다. 주관적 자유는 보장되어야 하고, 수입은 공적에 의해 담보되어야 한다는 생각, 이 상충되는 두 가지 요구가 헤겔에게는 큰 고민거리였던 것이다.

8.7

자본주의 미덕의 현실적 한계

스미스에게 있어 미덕에 대한 보상의 문제는 그의 전반적인 경제체제 구축의 중심과제였는데, 상업사회에서는 이것이 이상적으로 해결되었다. 스미스의 낙관은 상업사회를 자연적 질서로 이해하고, 특히 모든 시민들이 불편부당한 관찰자의 시각에 보았을 때 법적인 평등을 누리고 있는 사회로 의제하고 있는 사실에서도 드러나고 있다.

스미스는 개인들이 시장에 참여할 때 그들이 가지는 자연적 도덕 감정은 물질적 이윤을 최대화하려는 욕구에 의하여 번복되지 않는다고 가정한다. 스미스가 상정하는 시장에서 사람들은 지고의 미덕을 추구하지는 않지만 정직, 신뢰 및 정의라는 자본주의 미덕에 관심을 갖는다. 스미스가 말하는 시장의 참가자들은 이런 미덕들을 갖추고 있으며 다른 사람들에 대하여 신경을 쓴다. 이들은 겸손하며, 정직하고, 기품과 존중이라는 사회적 규범은 물론 법을 준수하고, 자기들의 평판을 귀하게 생각한다.[602]

그런데 이런 가정이 성립되지 않는다면 자본주의 미덕을 시장이 보상해 준다는 전반적인 논리 체계는 와해되고 마는 것이다. 따라서 오늘날 시장에 있는 개인들은 기본적인 도덕적 신조들을 시장에서 실행하는가, 아니면 순전히 효용 극대화에 따라 행동하는가 따져봐야 한다. 현실적으로는 후자의 가능성이 더 높다고 보는데 여기에는 세 가지 이유가 있다.

첫 번째는 사회이론이 갖는 자성예언적 성격(self-fulfilling character) 및 그리고 거의 한 세기 이상 유지되어 온 도덕에서 자유로운 시장의 모델에서 그 이유를 찾을 수 있다. 이 이론과 모델은 시장 내의 사람들에게 일정 한 기준처럼 영향을 미쳤을 것으로 봐야 한다. 두 번째는 오늘날 시장에서 가장 강력한 행위 주체들은 자연인이 아닌 기관들, 특히 기업들인데, 이들이 타인들에게 공감을 느끼는지는 불분명하다. 어떤 사람은 기업의 행태는 기업에 대한 요구, 특히 주주들의 도덕적 감정에 따라 좌우된다고 말할 수 있을 것이다. 종종 이 말은 맞을 수 있지만 기업의 구조는 그 자체 조직 논리로 무장되어 있으며 주주들의 의사와는 상당한 거리가 있을 수밖에 없다. 그리고 주주 자체가 기관들, 예컨대 연기금인 경우 자연인 개인들에게까지 미치는 도덕적 감정의 사슬의 연결고리는 박약할 수 밖에 없다. 이것은 우리에게 세 번째 문제, 즉 현대 시장들이 갖고 있는 복합성과 글로벌 차원의 문제를 생각하지 않을 수 없도록 만든다. 오늘날과 같이 글로벌화 되고, 이윤 추구가 유일의 목적이 된 시장에서 사람들의 도덕적 감정이 작동하고, 그래서 자본주의 미덕들에 대한 시장의 보상이 타당하다고 단정하는 것은 명백히 불합리한 주장이라 할 것이다.[603]

8.8

악덕이 보상을 받아서는 안된다

정돈된 상업사회에서는 모든 사람은 법에 의해 보장될 수 있는 소유권(property rights)을 가진다. 이것은 자본주의 미덕들은 보상받는다는 제반 주장들의 법적 기초를 형성하고 있다. 공정한 법적 체제 내에서는 근면과 절약은 단순한 교환적 정의(commutative justice)의 차원에서 보상이 이루어진다. 시장에 더 많이 내놓는 사람은 그 대가로 더 많이 가져가고, 지금 적게 소비하는 자들은 장래에 이 미덕들을 통한 결실을 기대할 수 있다.

소유권이 확보된 상태에서는 사람들은 눈앞의 즐거움을 쫓아 허비하기보다는 긴 시간을 두고 자신들의 이익을 추구하는 것이 합리적이다. 반면 언제라도 범죄자들 혹은 탐욕스러운 지주들에 의해 갖고 있는 것들을 털릴 위험성에 놓여 있다면 당장 써버리는 것이 사실상 가장 이성적인 선택이 될 것이다. 이렇게 소득과 부는 근면과 절약의 실천이라는 미덕에 대한 보상의 결과로 이해될 수 있다.

그렇다면 가난은 악덕에 대한 보상인가? 그렇지는 않을 것이다. 방금 전에 본 것처럼 가난은 개인의 권리들을 지켜주기에 충분하지 않은 사회제도에 기인한 것일 수도 있다. 그렇다면 소득과 부가 정당화될 수 있다는 말이, 가난도 정당화된다는 말과는 동의어가 아님을 알 수 있다. 개인의 권리들을 지켜주지 않은 것의 결과로 인해 나온 가난은 명백하게 불공정하다. 이 사회에서도 부와 지위에서의 차이가 인정되지만, 그 배분은 불편부당한 관찰자에 의해 승인될 수 있는 방식으로 이루어지는 것이다.

평균 이상의 보상은 사회 질서를 지지하고 안정화시키는 사람들, 다시 말해 덕 있는 삶을 사는 사람들에게 돌아가거나, 적어도 덕이 있으면서 재산을 상속받거나 횡재를 한 사람들에게 돌아가야 한다. 그렇지 않으면 모든 과다 보상은 가장 악한 자들의 몫이 될 것이고, 평화와 번영을 추구함에 있어 시민들이 신뢰해야 할 품성 기반은 와해되고 말 것이다.

또 시장이 구조적으로 악덕을 소유한 자들의 번성을 가져오고 미덕을 가진 자들을 몰락시킨다면 그 시장은 공정한 것이 될 수 없다.

그래서 스미스가 그리고 있는 상업사회에서는 거시적으로 보면 대부분의 경우, 그리고 대부분의 사람들에게 있어 '미덕은 보상한다'라는 말은 거의 신정론(神正論)적 차원의 요구이기도 한 것이다.

그렇다면 우린 그 공적주의 전제가 된 기반은 이미 부식되어 버렸음에도 불구하고 지적 타성에 젖어 그대로 머물러 있는 것인가. 아니면 헤겔의 생각처럼 시장은 일방적인 의존성과 예측 불가능한 결과로 훼손당하고 그래서 공적이라는 개념과 관련한 어떤 정형성도 찾아 볼 수 없다고 보아야 하는가. 혹자는 공적주의 사고란 하나의 이상에 불과한 것으로서 조만간 폐기되어야만 하는 것이라고 말할 수 있지만, 이런 결론은 성급하며 스미스가 파악했던 공적주의가 갖고 있는 가치들을 경솔하게 포기하는 우를 범하게 된다.

공적의 개념을 완전히 포기하게 되면 규범적 관점에서 시장에서 어떤 행위들이 보상받게 되는지 평가할 수 있는 가능성을 놓치게 된다.[604] 오늘날 시장이 과연 미덕을 보상하는 능력을 갖고 있는지 평가한다는 건 매우 조심스러운 일이지만 그 배후에 있는 규범적 직관을 포기해서는 안 되고, 시장이 보상해 준다고 하는 행위들이 옳은 것들인지 따져보아야만 한다.

이를 위해 우리가 스미스가 말했던 자본주의 미덕의 목록들에 완전히 동의할 필요는 없다 하더라도, 적어도 시장에서 가장 성공을 거두는 것들이

'악덕(vices)'이어서는 안 된다는 기본적인 동의는 할 수 있을 것이다. 그리고 그런 일이 벌어질 때 시장의 규칙들을 바꿈으로써 악덕이 보상을 받는 것을 어렵게 만들 수는 있다. 예컨대, 사람들을 오도하거나 폭력과 선정을 내용으로 하는 광고를 보자. 이처럼 타인의 욕구를 조종하는 능력은 확실히 스미스의 관점에 의하면 자본주의 미덕의 부류에 속하지 않는다. 이것은 악덕이며 시장에서 성공을 거둬서는 안 되는 것이다. 정의의 관점에서 시장에서의 성공 원인이 미덕인지, 악덕인지, 공동체가 성공의 요인으로 무엇을 더 명시적, 묵시적으로 장려하고 있는지 들여다 볼 필요가 있는 것이다.

---

560. Lisa Herzog(2013), op.cit., p.85.
561. Knud Haakonssen(1981), The Science of the Legislator. The Natural Jurisprudence of David Hume and Adam Smith , Cambridge University Press), p.73.
562. Smith, TMS VI.
563. Smith, TMS III.V.8.
564. 아담 스미스 당시를 연구했던 어떤 학자는 일찍이 스미스 시대에는 개인의 사익 추구와 그 보다 큰 사회의 공익 간에는 가장 이상적인 조화가 이뤄질 수 있도록 사회적 제도와 문화들이 작동하고 있었다고 분석하고 있다. Nathan Rosenberg(1960), 'Some Institutional Aspects of the Wealth of Nations', Journal of Political Economy 18(6), p.559.
565. Smith, TMS I.III.3.5.
566. Smith, TMS VI.III.30.
567. Smith, TMS VII.II.2.13.
568. Smith, TMS I.I.5.9.
569. Smith, TMS VI.III.11.
570. Smith, TMS III.I.7.
571. Smith, TMS III.I.7.
572. Lisa Herzog (2013), op.cit., p.91.; Deirdre McCloskey(2006), The Bourgeois Virtues: Ethics for an Age of Commerce (Chicago, IL: University of Chicago Press); Ryan Patrick Hanley(2009), Adam Smith and the Character of Virtue (New York: Cambridge University Press).
573. …care of the health, of the fortune, of the rank and reputation of the individual. Smith, TMS VI.I.5. Christopher Berry(1992), 'Adam Smith and the Virtues of Commerce', NOMOS XXXIV, Virtue, 69–88.
574. Smith, TMS III.V.9.
575. David Miller (2001), op.cit., p.180.
576. Smith, WN I.II.2.
577. Lisa Herzog (2013), op.cit., p.94.
578. Smith, WN I.X.II.31.
579. Smith, WN I.X.II.31.
580. Smith, LJ(B) 539.

581. Smith, LJ(B) 538.
582. Serena Olsaretti(2004), op.cit., p.70.
583. Smith, WN I.VII.1ff.; LJ(A) 357ff.
584. Smith, WN I.VII.1ff., cf. LJ(A) 357ff.
585. Smith, WN I.X.I.1.
586. 스미스의 표현에 의하면 "in the same neighbourhood"이다. 우린 여기서 스미스가 상정하고 있는 시장은 서로에 대한 정보가 공개되어 있는 좁은 시장임을 알 수 있다.
587. Smith, WN I.X.1.
588. Lisa Herzog (2013), op.cit., p.96.
589. Smith, WN I.VIII.I.25.
590. Lisa Herzog (2013), op.cit., p.98.
591. Smith, WN I.VIII.I.44.
592. Smith, TMS II.II.3.12, III.II.12; TMS III.V.10.
593. Smith, WN V.I.III.II.16.
594. Smith, WN I.VIII.12.
595. Smith, WN I.VIII.12.
596. Smith, WN I.XI.
597. Joseph Cropsey (1957), Polity and Political Economy: An Interpretation of the Principles of Adam Smith (The Hague: Nijhoff), p.75.
598. Debra Satz(2007), 'Liberalism, Economic Freedom, and the Limits of Markets', Social Philosophy and Policy 24(1), p.120-40; Teun J. Dekker(2010), 'Desert, Democracy, and Consumer Surplus', Politics, Philosophy and Economics 9(3), p.315-38.
599. Smith, WN I.VIII.22.
600. David Miller(2001), op.cit., p.133.
601. Serena Olsaretti(2004), op.cit., p.73.
602. Smith, TMS VI.I.7ff.
603. 스미스는 일찍이 우리는 외국인 보다는 내국인에 쉽게 공감하고, 그것도 가까운 사람들에 대한 공감이 더 잘 된다고 보았다. 그의 생각을 빌자면 재화가 제3국으로부터 들어 오는 경우 구매자들은 거래의 사슬 속에 들어 있는 모든 개인들에게 공감할 수는 없는 까닭에 그 생산여건이나 조건들에는 관심을 갖지 않을 가능성이 높다. Smith, TMS III.III.4.
604. Lisa Herzog (2013), op.cit., p.114.

제 4 편

시장과 자본주의에 대한 오해와 진실

제 9 장

시장의 행위자, 공감하는 인간

요약

자유 시장의 이론적 토대를 제공했던 로크, 흄, 스미스 등 고전적 자유주의자들은 결코 공동선 혹은 공익을 무시하지 않았다. 흄, 스미스, 밀의 사고 전반을 살펴보면 순전히 자기의 이익만을 쫓는 인간관이 근대적 시장에서 상정하고 있던 합리적 인간이 아님을 알 수 있다. 아마르티아 센은 오직 경제적 이익만을 추구하는 소위 '합리적' 인간관에 대하여 직접적으로 의문을 제기한다. 센은 "순전히 경제적인 인간은 사회적 바보에 가깝다"라고 한다. 센은 심지어 자신의 이기적 행위와 효용 극대화가 결국은 사회 전체적으로는 비극을 초래할 수도 있다고 지적한다.

시장에게 허용되는 자율성의 토대는 합리적 인간이 갖는 이익(interest)의 추구이다. 각자가 추구하는 이익들이 맞물리면서 평형이 이뤄진다는 이 전제는 자유시장 경제의 바탕이다.

그런데 지금까지 시장과 관련한 논의는 추구되는 '익'을 중심으로 이야기하면서 자연스럽게 그렇게 할 수 있는 자격, 즉 '권리'라는 개념이 핵심이 되었지만, '해'를 피하고자 하는 욕구, '해'를 당하지 않아야 할 당위에 관하여는 상대적으로 언급이 없었다. 'interest'는 엄격히 보자면 이익이 아닌 이해(利害)로 읽혀야 한다. 그리고 이 때 '이해를 추구한다'는 말은 정확히 말하자면 틀린 것이다. 익(益)은 추구하지만, 해(害)는 피하는 것이다.

이것은 권리인가. 그렇다면 누구의 권리인가. 누군가의 '익'에 대한 추구가, 타인의 '해'를 입지 않아야 할 것을 넘어선다면 그 추구는 허용되지 않을 것이다. 엄밀히 따지면 스미스의 적절성, 자기절제는 "interest" 안에 이미 자리잡고 있는 것이다.

스미스는 관찰과 경험을 통해 인간이 사익을 추구하는 존재라는 점을 알고 있었지만, 사익추구 자체를 목표로 설정하거나, 그것을 최고의 가치로 치켜세우지는 않았다. 시장과 사회의 활력의 근거가 주로 (혹은 전적으로) 이기심의 추구에 있다고 보는 현대 주류 경제학의 시선과는 다른 것인데, 이는 스미스 뿐만 아니라 흄과 허치슨, 후대의 스튜어트 밀 역시 마찬가지였다. 스미스는 인간행동이 적절하기 위해서는 이기적 감정보다는 사회적 감정이, 자기이해 추구보다는 박애가 더 많이 필요하다는 점을 분명히 밝히고 있다.

스미스에게 있어 행위의 적절성(propriety)은 공감 역량에 달려 있는데, 이것은 불편부당한 가상의 관찰자에 의해 키워진다. 스미스는 어려운 상황 속에서도 공감을 하거나 일반적으로 기대되는 수준 이상으로 공감하는 사람들을 쾌활한 덕성들을 소유하고 있는 사람들로 표현하고, 반면 감정을 극도로 압살하거나 무디어져 다른 사람들과 공감하기 어려운 사람들은 끔찍한 덕성을 갖고 있다고 평가하였다. 그는 쾌활한 덕성이건 끔찍한 덕성이건, 공감의 기준에서 보면 넘치거나 모자라는 것이어서 적절성을 벗어난 것이라고 보았다.

공감은 크게 두 가지 의미를 갖는다. 하나는 안녕(well-being)이 위협을 받고 있거나 어떤 장애에 부딪쳐 곤경에 빠져 있는 사람을 돌보고 염려한다는 의미를 갖고 있다. 여기서 공감은 연민(compassion)과 같은 의미를 쓰인다. 두 번째 공감의 개념은 흄, 스미스, 스튜어트 밀, 막스 쉘러의 저작물에서 볼 수 있는데, 이들에 의해 전개된 공감의 개념은 감정이입(empathy)과 유사하다. 여기서 감정이입은 다른 사람과 같이 느낀다는 뜻이다. 감정이입을 통해 나는 내 감정적 반응이 타인의 그것과 일치하게 된다는 의미에서 그 사람의 감정을 느끼게 된다는 것이다.

스미스에게 모든 형태의 공감은 상상 속에서 타인들과의 처지를 바꾸고, 그 느낌을 통해 사고하거나 영향을 받는 특별한 역량에 달려 있다. 공감 능력이 고도로 발달되면 이것이 내면에 자리를 잡고 우리로 하여금 자신의 욕망을 거스르며, 사회적으로 널리 받아들여지는 타성에 젖은 규범이나 관행에 맞서도록 한다. 우리의 사고와 행위를 살피고 고도의 발달된 양심을 통해 우리 행위가 비도덕적일 때는 내면의 제재자로, 또한 행동방침이 불분명하거나 의도나 행동이 애매한 경우에는 권위 있는 조언자의 역할을 하는 것이 바로 내면의 관찰자이다.

스미스가 공감을 강조하였다는 것은 그가 인간을 단지 시장에서 법칙에 따라 움직이는 원자들과 같은 존재로 보지 않았고, 시장 역시 기계적 법칙에 따라 움직이는 것에 그 본질이 있는 것으로 이해하지 않았다는 것을 말해 준다.

또한 스미스의 주장 속에는 우리 인간의 본성, 욕망은 균형을 잃고 있을 가능성이 많다는 점이 암시되어 있다. 이는 그러한 개인들이 모여서 만든 사회적 제도 역시 건전한 작동을 위해서는 주기적인 점검과 정비의 필요성이 있다는 사실을 강력하게 시사한다.

9.1

경제활동을 나타내는 두 가지 용어

우리가 살고 있는 경제체제는 자본을 바탕으로 한 자유주의 시장경제이다. 따라서 분배적 정의는 이 시장경제의 특징과 전제를 파악하는 데서 출발하지 않으면 안 된다. 전통적으로 인간의 경제활동을 묘사할 때 고대 그리스인들은 두 가지 단어를 사용했다. '오이코노미아(oikonomia)'와 '크레마스티케(chrematistke)'가 그것이다. '오이코노미아'는[605] 청지기의 행위를 지칭하는 것으로서, 그의 임무는 자기에게 위탁된 자산을 잘 관리하되 계속 열매를 맺게 하여 거기서 일하는 모든 사람들의 생계를 유지시키는 것이다. 따라서 이 개념의 핵심은 거기에 속한 모든 이들을 위해 소유물을 생산성 있게 유지하는 일이었다. 반면 '크리마스티케'는 전혀 다른 의미를 가지고 있었다. 이 단어는 필요하다면 다른 이들을 희생시키면서까지 더 많은 돈을 벌려는 혼자 만의 부를 추구하는 행위를 지칭했다. 서구 문명에서 '경제'라는 단어가 시간이 흐를 수록 '크레마스티케'와 동의어가 되어 왔다는 점은 주목할만한 현상이다. 달리 말하면, 자기에게 맡겨진 것을 다른 이들을 위해 청지기로서 신중하게 관리하는 행위, 곧 '오이코노미아'의 의미를 점차 잃어버렸다는 뜻이다.

9.2

"Interest", 이익인가, 이해인가

시장에게 허용되는 자율성의 토대는 합리적 인간이 갖는 이익(interest)의 추구이다. 각자가 추구하는 이익들이 맞물리면서 평형이 이뤄진다는 이 전제는 특히 자유지상주의자들에게는 절대적이다. 여기서 우리는 오늘날 무한한 자기이익의 추구라는 이미지를 갖고 있는 용어인 '사익(interest)'에 관하여 그 성격을 좀 더 자세히 규명하고 넘어갈 필요가 있다. 허쉬만에 의하면 18세기에 이르러 금전적 이득에 대한 이해가 인간본성에 대한 담론에 있어 가장 중요한 주제가 되면서 일단 "돈 벌기는 이해되는 일" 이라는 사회적 승인을 받고 이러한 옷을 입은 채 다른 감정들과 경쟁을 다시 시작하자마자, 돈 벌기는 칭찬받을 것이 되었다.[606] 그리고 나아가 여타의 도덕적 감정들을 상쇄하기 위해 선정된 감정으로서의 이해(interest)는 좀 더 좁은 의미, 즉 전통적으로 물질욕, 탐욕 혹은 금전적 이득에 대한 욕심으로 알려져 있는 감정들과 동일시되고 말았다는 것이다.

그래서 사익을 지칭하는 'interest'는 18세기에 들어와 "이성에 의해 한 단계 발전된 그리고 이성에 의해 규제되는 자기 사랑이라는 감정이면서 또 그 감정에 의해 방향과 힘을 받는 이성"[607]이 되었고, 이후의 인간 본성에 대한 논의에 있어 새로운 패러다임을 제공하였는데, 신고전파 경제학의 개인들 역시 이 범주에 바탕하고 있었다.[608]

그러나 적어도 자유 시장의 이론적 토대를 제공했던 로크, 흄, 스미스 등 고전적 자유주의자들이 결코 공동선 혹은 공익을 무시하지 않았음은 다양한 문헌을 통해 입증된다. 설령 그들이 공익 혹은 공동선을 강조하기 보다는 사익의 중요성을 강조했다 하더라도 그것은 그들이 공동선의 중요성을 부인했다기 보다는 공동선의 추구라는 명목 하에 행해진 개인의 권익에 대한 부당한 횡포에 대한 전략적 대처로 이해하여야 한다.[609]

공동체로부터 분리되고 독립된 존재로서 인간을 상정하면서, 인간의 가장 강력한 자연적인 행위 동기가 자기보존과 사익 추구라고 강변한 것은 사실상 인간이 공동체 혹은 사회 없이도 살 수 있는 존재라거나 인간이 이타적이며 사회적인 성격을 결여하고 있다는 것을 주장하기 위한 것이 아니다. 그와 같은 설명 방식은 인간의 본성 속에 내재하는 사회적 본능을 무시하고 사회 혹은 국가가 인위적으로 이 도덕감정의 역할을 대신하고자 할 때 개인과 사회 전체가 불이익을 당한다는 것에 대한 강력한 정치적, 도덕적 비판의 전략인 것이다.

그렇기 때문에 비록 로크가 사회계약을 이행하는 국가권력의 필요성을 강조했을지라도 그것을 계약을 이행하는 개인들의 자발적 신뢰성을 전제하고 있었다.[610] 그리고 합리적인 사익의 자유로운 추구가 사회 전반에 걸쳐 복지를 극대화할 것이라는 스미스의 주장은, 공익을 위해 사익의 추구를 절제하며 사회의 비참한 자들을 자발적으로 돕는 개인들의 자애의 감정 – 감정이입 혹은 동정적 판단에 따라 작용하는 – 의 보편적 관철을 전제로 한 것이라 할 수 있다.[611] 국가의 인위적인 간섭은 신뢰의 문화와 도덕감정의 발현을 위축시킬 뿐만 아니라, 자유롭고 합리적인 사익의 추구에 의해 산출될 수 있는 사회적 부의 총량을 감소시키는 이중적 손실을 가져다 줄 뿐이기 때문에 최소화되어야만 한다는 것이다.[612]

위와 같은 이유에서 “interest”를 우리가 이익으로 번역하는 것이 옳은지도 따져봐야 한다. 엄격히 보자면 이익이 아닌 이해(利害)로 번역되어야 맞다. 그리고 이 때 ‘이해를 추구한다’는 말은 정확히 말하자면 틀린 것이다. 익(益)은 추구하지만, 해(害)는 피하는 것이다.

지금까지 시장과 관련한 논의는 추구되는 '익'을 중심으로 이야기하면서 자연스럽게 그렇게 할 수 있는 자격, 즉 '권리'라는 개념이 핵심이 되었지만, '해'를 피하고자 하는 욕구, '해'를 당하지 않아야 할 당위에 관하여는 상대적으로 언급이 없었다. 이것은 권리인가. 그렇다면 누구의 권리인가. 누군가의 '익'에 대한 추구가, 타인의 '해'를 입지 않아야 할 것을 넘어선다면 그 추구는 허용되지 않을 것이다. 엄밀히 따지면 스미스의 적절성, 자기절제는 "interest" 안에 이미 자리잡고 있는 것이다.

9.3

인간행위의 동기와 박애

자기이해는 인간 행동 바탕의 가장 강력한 동기임에는 틀림없지만 '공정한 경기'에 근거한 타인들의 평가를 의식하는 욕구는 또 다른 강력한 동기를 제공한다. 그것은 박애(benevolence)와 정의(justice)이다. 경제주체들이 경쟁적으로 욕구의 무한한 추구를 하도록 놔두면 물리적 법칙에 따라 정확하게 끌고 당기는 힘에 의해 돌아가는 태양계처럼 시장도 작동할 것이라고 시장이론의 선구자들이 생각한 것은 결코 아니었다. 예컨대, 스미스가 영향을 받았던 흄은 인간의 모든 행위 동기가 이기적이라는 것을 부정하며, "모든 도덕감정을 자기애(self-love) 원리에 의해 설명하는 이론을 버려야만 한다"고 주장한다.[613] 흄은 도덕이 인간의 마음 구조 속에 근거하고 있다고 주장한다.[614]

〈도덕원리연구, Enquiry Concerning the Principles of Morals〉에서 흄은 인간 본성에 관하여 다음과 같이 분명하게 언급하고 있다.

"왜 우리가 인간애 혹은 동료애를 가지고 있는가를 물을 정도까지 우리의 연구를 추진할 필요는 없다. 그것은 인간본성에 있는 원리로서 경험된다는 말만으로 충분하기 때문이다. 어떤 사람도 타인들의 행복과 비참함에 절대적으로 무관심할 수는 없다."[615]

스미스는 '인간행동의 적절성(propriety)과 부합하는 여러 감정들의 정도'를 다루면서 사회적 감정, 비사회적 감정, 그리고 이기적 감정을 구분한다. 이것들을 구분하는 것은 그 감정에 들어가 있는 공감(sympathy)의 정도이다. 공감의 정도가 가장 높은 감정은 사회적 감정이며, 스미스는 인간행동이 적절하기 위해서는 이기적 감정보다는 사회적 감정이 더 많이, 자기이해 추구보다는 박애가 더 많이 있어야 함을 분명히 밝히고 있다.[616] 이 점은 아담 스미스가 〈도덕감정론〉에서 밝히고 있는 아래 내용을 통해서도 확인된다.

"자연이 인간을 사회에 적합하도록 만들었을 때, 자연은 인간에게 자신의 이웃 형제들을 기쁘게 해주고 싶다는 본원적인 욕구와 그들을 불쾌하게 하는 것에 대한 본원적인 혐오를 부여하였다....인간은 이웃 형제로부터 인정받고 싶다는 욕구뿐만 아니라 인정을 받아 마땅한 존재가 되고 싶다는 욕구를, 다시 말하면 다른 사람들 속에서 그 자신이 스스로 인정할 그런 존재가 되고 싶다는 욕구를 자연으로부터 부여 받았다.[617]

9.4

감정 일치로서의 공감

공감은 도덕 심리학(moral psychology)과 윤리학, 사회 및 정치이론의 바탕을 제공하는 윤리학 상의 중요한 개념이다. 공감이라는 용어는 철학적으로는 몇 가지 의미를 갖고 있다.

하나는 흔히 안녕(well-being)이 위협을 받고 있거나 어떤 장애에 부딪쳐 곤경에 빠져 있는 사람을 돌보고 염려한다는 의미를 갖고 있다.[618] 내가 공감을 한다는 것은 다른 사람을 위해 그처럼 느낀다는 것이다. 여기서 공감은 '연민(compassion)'과 같은 의미를 쓰인다.[619]

두 번째 공감의 개념은 흄, 스미스, 스튜어트 밀, 막스 쉘러(Max Ferdinand Scheler, 1874–1928)의 저작물에서 볼 수 있다.[620] 이들에 의해 전개된 공감의 개념은 "감정이입(empathy)"과 유사한데, 여기서 감정이입은 다른 사람과 같이 느낀다는 뜻이다. 감정이입을 통해 나는 내 감정적 반응이 타인의 그것과 일치하게 된다는 의미에서 그 사람의 감정을 느끼게 된다는 것이다.[621]

두 번째 의미의 공감은 첫 번째 경우와 달리 다른 이들의 불행이나 곤경에 대한 반응에 국한되지 않고, 기쁨, 분노, 열광 등과 같은 다른 여타의 모든 감정들을 그 대상으로, 상대가 느끼는 감정적 상태와 내 감정을 일치시키는 것이다.[622] 이런 뜻에서의 공감을 할 때 나는 다른 이의 감정에 내 감정이 일치하고 있음을 인식(awareness)한다.

이 인식은 감정적 전염(emotional contagion)과는 구분된다. 감정적 전염은 내 자신도 모르게 일어나지만 나와 함께 한 누군가의 분위기에 맞춰진 내 반응을 통해 뚜렷이 나타난다. 예컨대, 침울한 사람과 함께 하면 내 자신의 기분 상태가 어떻게 변하고 있는지 나도 자각하지 못하는 사이에 자신 역시 침울해 지는 걸 쉽게 볼 수 있는 것과 같다. 마찬가지로 내가 들어갈 방안에 사람들이 있다면 나는 무의식적으로 그들의 감정상태가 어떤지 알 수 있는 단서들을 끌어 모으기 시작한다. 그리고 의식하지 못한 채 우리는 우리가 수집한 감정의 단서들에 따라 느긋해지고 명랑한 기분이 되거나, 혹은 긴장하거나 불편한 기분을 갖게 되는 것이다.

9.5

아담 스미스와 〈도덕감정론〉

아담 스미스의 도덕철학의 주저작인 〈도덕감정론〉이 처음 출간된 것은 1759년이었다. 이 책은 스미스 자신이 가장 아꼈고 스코틀랜드 계몽주의가 낳은 주요한 지적 자산의 하나이면서 18세기 도덕철학에서 가장 중요한 저작물로 인정받고 있다. 스미스의 도덕철학은 통상적으로 흄 및 프란시스 허치슨(Francis Hutcheson, 1694-1746)과 함께 정서주의 도덕론(sentimentalist moral theories)의 랜드 마크로 간주되고 있다. 세 명의 철학자들 모두에게 있어 도덕적 승인(moral approval)과 도덕적 불승인(moral disapproval), 그리고 도덕적 동기(moral motivation)에 관심을 가졌는데, 이 현상은 마음과 동떨어진 사실이나 이성에 근거를 둔 것이 아니라 격정(passions), 정서(affects), 감정(emotions) 또는 정서(sentiments)라는 용어로 설명되었고, 이 용어들은 서로 교환적으로 쓰이기도 하였다.

세 사람 모두 이 격정과 정서에 인간 감정의 모든 것들, 즉 우리가 줄타기 곡예사가 흔들거리는 걸 볼 때 절로 움찔거리는 반사적 본능에서부터 분노, 사랑, 거미에 대한 공포와 같은 원초적 감성, 그리고 더 나아가 미덕을 추구하고자 하는 세련된 정서나 덕성에 대한 탐구에서 유래되는 도덕적 승인의 정서에 이르는 모든 것을 포함시키고 있다. 이들은 도덕성에 대한 정확한 설명을 위해서는 도덕적 심리 상태가 엄밀하게 규명되어야 한다는 입장을 취한다.

스미스는 1723년 스코틀랜드의 키르칼디(Kircaldy)에서 출생하였고 처음엔 여기서 교육을 받고 나중에 글래스고우와 옥스포드에서 수학하였다. 글래스고우에서는 프랜시스 허치슨 밑에서 공부하였는데, 허치슨은 당시 스코틀랜드에서 부상하기 시작한 중도적 종교 및 지성문화(Moderate religious and intellectual culture)의 선도적 인물로서 스미스의 도덕철학에 많은 영향을 끼쳤다. 스미스는 옥스포드가 지적으로 빈곤하다고 판단하여 그곳을 떠나 스코틀랜드로 돌아와 에딘버러 대학에서 수사학을 강의하였다.[623] 그 후 1751년 글라스고우 대학의 논리학 학과장으로 부임했다가 나중엔 도덕철학 학과장이 되었는데 이 자리는 허치슨이 거쳐간 곳이기도 했다.

스미스는 1763년 버클루 공작(Duke of Buccleuch)의 개인 교사로 유럽을 여행하기 위해 1763년 사임하였다. 그는 1776년 〈국부론. Wealth of Nations〉을 써서 큰 호평을 받았다. 스미스는 또한 자연법에 관한 저술을 계획하였는데, 이를 통해 도덕이론인 〈도덕감정론〉과 정치경제학인 〈국부론〉 사이의 가교를 마련할 생각이었다. 하지만 1790년 그가 죽은 뒤 법학 관련 원고들과 노트들은 파쇄 되었고, 대신 스미스가 자연법에 관하여 대학에서 강의한 내용들을 학생들이 필기한 내용들이 지금까지 남아있다. 〈도덕감정론〉은 스미스의 글라스고우 대학에서의 도덕철학 강의에서 나온 것이다. 강의 내용들을 정리하여 책으로 출간하는 일은 당시에 흔한 관행이었다. 실제로 허치슨도 자신의 강의를 정리하여 〈도덕철학의 체계. System of Moral Philosophy〉라는 제목으로 책을 출간하려 하였으나 미완에 그쳤다. 스미스의 후임자인 토마스 리드(Thomas Reid, 1710-1796) 역시 자신의 강의를 정리하여 출간하려 하였다.

스미스의 책은 대체적으로 출판계에서 매우 인기 있는 편이었다. 실제로 흄은 편지를 통해 앵글리칸 성직자들 사이에서 스미스의 책들이 인기가 높은 것을 놓고 점잖게 놀리기도 하였다고 한다.[624]

〈도덕감정론〉은 스미스 생전에 이미 수차례 프랑스와 독일어로 번역이

되었고, 생전에 6판까지 나왔는데, 이 최종판은 상당한 수정과 증보를 거쳐 스미스가 죽던 해에 출간되었다. 〈도덕감정론〉 상의 도덕철학과 〈국부론〉 상의 정치 및 도덕적 차원 간의 관계는 아담 스미스에 대한 연구 중 단골 메뉴였는데, 특히 〈국부론〉의 출간 이후에도 〈도덕감정론〉이 제6판까지 대폭 증보와 수정을 거쳤다는 점에서 언뜻 보기에 인간 및 시장의 본질을 놓고 상충되는 두 가지 견해를 각각의 책에 담은 듯한 스미스의 본심은 과연 무엇인가라는 논란이 이어졌던 것이다.

이것이 19세기 독일의 학자들을 중심으로 유명했던 이른바 "아담 스미스의 문제(Adam Smith's Problem)" 였다. 그러나 사익 중심적 경제적 동기를 담고 있는 〈국부론〉과 불편부당한 관찰자와 공감을 본질로 하는 〈도덕감정론〉이라는 두 책은 점차적으로 상호 보완적이며 변증법적 연계성을 갖고 있다고 평가되고 있다.[625] 〈국부론〉에서 제시하고 있는 가난한 자들에 대한 교육, 노동자들의 노동의 원자화가 가져오는 해악, 권리의 대두 등에 관한 스미스의 관심은 〈도덕감정론〉에도 나타나 있는 그의 관심 사항들이기도 하다.[626]

〈도덕 감정론〉은 다음과 같은 두 가지 질문을 둘러싼 도덕철학적 체계 논쟁으로 매듭짓는다. 미덕은 무엇을 요소로 하는가.[627] 두 번째, 미덕을 승인하는 마음의 힘이나 기능은 무엇인가.[628] 스미스는 정서주의(sentimentalism)적 접근으로 고대와 근대의 다양한 도덕철학을 탐구하여 이런 질문에 대한 답을 가늠할 수 있는 큰 밑그림을 그려 주었다. 스미스는 관찰과 경험을 통해 인간이 사익을 추구하는 존재라는 점을 알고 있었지만, 사익추구 자체를 목표로 설정하거나, 그것을 최고의 가치로 치켜세우지는 않았다. 시장과 사회의 활력의 근거가 주로 (혹은 전적으로) 이기심의 추구에 있다고 보는 현대 주류 경제학의 시선과는 다른 것인데, 이는 스미스 뿐만 아니라 흄과 허치슨, 후대의 스튜어트 밀 역시 마찬가지였다.

9.6

불편부당한 관찰자

세 명의 철학자들 모두 하나의 기준으로서, 그리고 도덕적 판단의 정당성을 담보하기 위한 것으로서 불편부당한 관찰자(impartial spectator)를 요한다는 입장을 취하고 있긴 하지만, 이 개념은 특히 스미스의 〈도덕감정론〉의 핵심을 차지하고 있다.

흄과 허치슨의 경우와는 대조적으로 스미스의 저작물들에는 우리가 형이상학이라 부르는 것을 둘러싼 분명한 논의가 거의 없는 편이다. 스미스의 논의는 거의 전적으로 도덕 심리학 및 규범윤리학의 수준에 머물러 있다.[629] 스미스의 불편부당한 관객은 공감(sympathy)으로 불리우는 가상의 특별한 역량에 의존하는데,[630] 이 공감을 통해 행위의 적절성(propricty)이라는 규칙이 만들어 진다. 스미스는 불편부당한 관찰자를 나중에 '양심(conscience)'으로 부르기도 하는데, 타인들의 동기와 행위를 판단한다는 점에서 흄이 상상과 공감 과정에서 둔 '교정(correctives)'과 유사한 역할을 한다.[631]

〈도덕 감정론〉 제6판에서 스미스는 "미덕의 성격에 관하여(Of the Character of Virtue)"라는 긴 내용을 추가하여 논지를 전개하였다.[632] 여기서 그가 분명하게 주장하는 것은 불편부당한 관찰자는 단지 행위와 의도만을 대상으로 하여 승인과 불승인을 결정할 뿐 아니라, 미덕, 특히 자기절제의 미덕을 통해 자신도 평가 받는 대상이 된다는 것이다. 자기절제는 성숙한 객관적 관찰자를 통해 우리의 순간적 사욕을 제어하는데, 이는 다른 미덕들에게서는 볼 수 없는 것이다. 그래서 자기절제는 주어진 성품 내에서 불편부당한 관찰 능력이 어느 정도 개발되었는지 보여주는 특별하고도 분명한 지표라는 것이다.

어느 행위자가 불편부당한 관찰자의 자질을 발전시키면 나중엔 자신의 행위를 불편부당하게 판단하는데 이르게 되고 내면의 중립적 관찰자에 의해 용납되지 않는 행동을 하게 되었을 때는 후회와 죄책감 같은 복잡한 인지적 도덕 감정이 초래된다. 후회와 죄책감은 양심, 즉 불편부당한 관찰의 능력이 잘 발달된 결과물이다. 이런 양심을 갖고 있는 사람은 단지 외부에서 도덕적으로 불승인되지 않고 있다는 사실만으로 자기 행위의 기준을 삼는 것이 아니라 거기에 권위를 부여할 것인지 여부를 불편부당한 관찰에 따라 결정한다.

이렇게 공감과 결합한 적절성의 규칙들은 차례로 도덕적 정서, 도덕적 승인과 불승인, 도덕적 의무와 책무, 미덕 및 정의로 이어진다. 이런 복잡한 도덕적 성취의 발달은 우리가 불편부당한 판단 역량을 어떻게 발전시키는가 하는 문제와 궤를 같이 한다.

그래서 스미스는 〈도덕감정론〉에서 불편부당한 관찰자의 시각으로부터 단순한 관습과 적절성의 규칙이 어떻게 작동하며, 결국 복잡한 수준의 도덕적 성취가 가능한지 설명한다.

그 후 스미스는 〈국부론〉에서 인간 심리에 내재된 단순한 거래와 교환 욕구로부터 국가, 기술 및 부가 창출되는 고도의 과정을 같은 논리를 빌어 설명한다. 두 저작물을 통해 스미스는 단순한 심리적 도토리 하나가 어떻게 거대한 참나무가 되는지 보여주는 것이다.

나중에 다시 보겠지만 도덕적 승인과 불승인의 정도를 적절하게 설명하기 위해 스미스는 적절(propriety), 의무(duty), 그리고 정의(justice)를 구분한다. 스미스에 의하면 우리는 모두 관찰자들로 끊임없이 우리의 행위와 다른 이들의 행위를 탐색하고 있다. 그 탐색의 결과 하나의 기준을 찾아내어 거기에 일치시키려고 시도한다. 하지만 적절성의 기준들, 가치와 반가치, 행위자에게 부여된 복잡한 도덕적 요구들, 운 사이에는 갈등들이 있다. 많은 경우 적절한 정보가 결여되어 있기도 하고, 권위를 주장하는 관점들 사이에 충돌이 빚어지기도 한다.

이런 갈등들은 어린 시절 동일한 사안을 놓고 부모의 의견이 일치하지 않을 때 어린 아이가 불편부당한 관점에서 대립하는 부분적 견해들을 조율하고자 시도할 때부터 시작된다. 이런 상황에서 공감과 일치를 향한 욕구로 인해 대부분의 사람들은 '불편부당한 관찰자' 혹은 '양심'이라고 불리우는 특별한 능력을 개발하게 되는데, 이 능력은 다름 아닌 우리의 행동, 그리고 타인들의 행동을 이상적인 혹은 불편부당한 관점에서 보는 능력을 말한다.

이런 능력이 고도로 발달되면 이것이 내면에 자리를 잡고 우리로 하여금 자신의 욕망을 거스르며, 사회적으로 널리 받아들여지는 타성에 젖은 규범이나 관행에 맞서도록 한다. 우리의 시고와 행위를 살피고 고도의 발달된 양심을 통해 우리 행위가 비도덕적일 때는 내면의 제재자로, 또한 행동방침이 불분명하거나 의도나 행동이 애매한 경우에는 권위 있는 조언자의 역할을 하는 것이 바로 내면의 관찰자이다.

스미스는 중립적 관찰 능력이 어떻게 공감에서 사회화로, 그리고 도덕적 권위로 이어지는지 설명한다. 우리는 공감 대상인 모든 이들과 일치를 모색하듯 불편부당한 관찰자와도 일치하길 원한다. 왜냐하면 인간은 내가 단지 승인되었으면 좋겠다고 희망하는 정도에 그치는 것이 아니라 승인된 '존재'로서 살기를 원하는 까닭에 이런 갈망이 불편부당한 관찰자의 판단에 권위를 부여하고 그에 행동을 일치시키는 방식으로 불편부당한 관찰자와 나 사이의 일치를 모색하게 한다.[633]

그런데 흄에게 있어서와 마찬가지로 타인과의 관계에 있어서 불편부당성을 확보하기 위해 우리의 공감을 어떻게 확장시킬 것인지는 스미스에게 있어서도 쉬운 문제는 아니었다. 공감의 정도는 우리와의 친소관계에 따라 확연히 달라지는 것이어서, 공감을 도덕적 의무의 근거로 그냥 단정하기는 어려웠다.[634] 결국 그는 보편적 자비(universal benevolence)라는 개념을 받아들이고, 인간은 자신을 분리되고 떨어져 있는 존재가 아니라 "세상의 한 시민으로서, 자연의 거대한 공동체의 일원"[635]으로 봐야 한다는 스토아학파의 견해에 동의하였다.[636]

도덕성의 핵심에 치우침 없는 판단을 놓고 불편부당한 이성과 스토아적 미덕을 강조하고 있다는 점에서 스미스는 순수 이성을 주창한 칸트, 그리고 불편부당함을 그 설명체계의 중심에 놓았던 흄의 합성자라는 평가를 받기도 한다. 스미스의 이러한 통합적 성격의 도덕론은 나름의 체계를 통해 현대의 도덕철학에도 많은 영향을 끼치고 있다.[637]

9.7

데이비드 흄과 공감

스미스의 공감은 직접적으로는 흄의 영향을 받았다고 알려져 있다. 흄은 그의 저서 〈인간 본성에 관한 논고, A Treatise of Human Nature〉 제2권과 제3권에서 정서 전달 및 많은 복잡한 격정들과 도덕 정서를 구성하는 메커니즘에 대한 설명의 기본 수단으로서 가상으로 조율된 공감이란 개념을 이용하였다. 공감은 흄의 주요 윤리 저작물들에서 모두 중요한 역할을 하고 있고, 나아가 도덕 심리학, 윤리학 및 사회 정치철학이라는 더 큰 체계의 일부를 이루고 있다. 흄의 방법론은 선험적 사고가 아닌 관찰 경험과 추론에 기초한다는 점에서 경험주의적이다. 인간의 삶에서 공감이 차지하는 역할 및 사회적 덕성을 만들어내는 기능에 관한 그의 사색은 그의 경험주의적 방식과 일치한다.

흄은 그의 〈도덕의 원리에 대한 질문〉에서 정서주의자(sentimentalist) 입장에서 미덕에 대한 세밀한 방어 논리를 제공하고 있다. 칸트처럼 이성을 도덕의 기초로 삼는 이론들과 달리 흄은 미덕들은 감성 속에 자리 잡고 있기 때문에 미덕을 자세히 관찰하게 되면 승인하는 부분과 승인하지 않는 부분이 있음을 알게 된다고 주장하였다.[638]

전자가 미덕이라면 후자는 악덕이다. 악덕은 불승인, 즉 반감을 자아낸다. 그런데 이런 승인과 불승인의 뿌리는 어디에서 비롯될까? 흄은 그것은 우리 마음 상태에 미치는 긍정적 영향뿐만 아니라 어떻게 타인들에게도 긍정적인 상태를 촉진하는지 우리가 생각하는데 달려 있다고 한다. 예컨대, 우리가 관용, 자비, 명랑함 및 기타 특성들을 좋게 평가하는 것은 우리에게 미치는 그것들이 가져다 주는 긍정적 효과 때문만 아니라 다른 이들과 사회에도 전반적으로 유용하다고 판단하기 때문이다.[639]

흄은 〈질문〉에서 자기애(self-love)만이 인류를 자극하는 유일한 심리적 원리라고 주장하는 홉스 류(類)의 견해에 반대하였다. 흄은 인간에게는 자기애뿐만 아니라 타인들에게 우리가 공감하고 사회적 느낌(social feelings)을 가질 수 있도록 하는 또 다른 기본적 심리 원리가 있다고 주장하였다.

공감이 바로 그것인데, 흄은 이것을 '자비(benevolence)', '인간성(humanity)' 및 '동류의식(fellow-feeling)' 등과 유사한 것으로 생각했다. 그에 따르면 공감은 자기애로 기울기 쉬운 우리의 경향을 반듯하게 균형 잡아 준다. 예컨대, 적에 대한 공감적인 동류의식은 우리로 하여금 비록 적의 행동이 우리에게 유익한 것은 아니지만, 그 용감한 행위 자체에 대한 인정과 경의를 표하게끔 한다. 공감이나 동류의식은 관용(generosity), 우정(friendship) 및 감사(gratitude)를 만들어낸다.[640]

그러면 공감이 존재한다는 건 어떻게 알 수 있는가? 이에 대하여 흄은 경험을 답으로 내세웠다. 우리가 인간성과 관련된 현장에서 맞닥뜨리는 사실들을 관찰해 보면 일정하고도 단순한 원리가 있음을 부정할 수 없다는 것이다.[641] 흄은 자신이 관찰한 바에 의하면 인간의 공감 능력은 우리와 공감 대상자들과의 거리에 따라 명백히 달라진다고 한다.[642] 이것은 흄과 흄의 생각에 동조했던 그 후의 많은 철학자들을 괴롭혔던 문제이기도 한데, 우리의 공감은 다양할 수 있지만 도덕적 의무란 그렇지 않다는데 문제의 뿌리가 있었다.

공감이 도덕적 정서의 기초이고, 이성이 아닌 도덕적 정서가 우리의 도덕적 의무의 근간을 이루는 것이라면 공감이 고갈되었을 때에 우리는 무엇을 해야 하는가. 우리는 우리와 가깝고 친한 사람들에게만 도덕적 의무를 지는가. 그 필요성의 정도에 있어서는 같거나 오히려 더 절박하게 우리의 도덕적 의무 이행을 바라는 사람들이 단지 멀리 떨어져 있는 세상에 있다는 이유만으로 우리의 도덕적 의무의 대상에서 제외되어야 하는가.[643] 흄은 이 문제를 놓고 도덕적 승인과 불승인에 관한 우리의 감정은 인류의 보편적인 선을 촉진하기 위해 적당하게 조율되어야 하고 이것들이 우리의 공감이 바르게 작동할 수 있도록 하는 근거가 될 수 있다고 주장했다.[644] 국지적 틀의 시각에서 보다 보편적 틀로 우리의 시각을 옮겨야만 한다는 것이다.[645] 그리고 흄은 믿을만한 도덕적 지침을 제공할 수 있도록 공감은 하나의 심리적 원리로서 사회적 유용성이라는 보편적 기준에 근거하여 교정되고 정제되어야 한다는 결론을 내렸다.[646]

9.8 스미스의 역지(易地)의 상상

공감은 흄과 스미스의 도덕이론 모두에서 설명의 핵을 담당하고 인과적 메커니즘이지만 가상의 역할, 공감의 기쁨, 공감의 대상이 정확히 무엇이냐에 대하여는 서로 달랐다. 공감을 설명하기 위해 스미스는 땅 위의 관객들이 줄 위에 선 곡예사가 흔들거리면 자신들이 마치 줄 위에서 균형을 잡기 위해 애쓰는 곡예사 마냥 자신들도 모르게 곧바로 반대 방향으로 움찔하는 반응을 예로 든다. 스미스는 공감을 "여하한 형태의 격정과도 더불어 가는 동류감정"[647]으로 정의하면서 이것은 인간의 삶, 어쩌면 동물들의 삶의 저변까지 깔려 있는 것으로 생각했다. 여기엔 또한 사회적으로 복잡하고도 규범적인 도덕적 및 심미적 감정들을 평가하고 판단하는 기능도 내재되어 있다.

스미스는 흄을 따랐지만 강조하는 부분에서 미묘하지만 중요한 차이를 보인다. 흄에게 있어서와 마찬가지로 스미스에게 있어서도 공감은 도덕심리학, 윤리학, 사회 정치철학의 체계를 전개하는데 있어 핵심적인 역할을 수행하지만, 우리가 공감할 때 무엇을 해야 하는가에 관한 설명은 흄의 경우와 다르다. 흄에게 있어 공감은 관찰과 추론에 의해 이뤄지고, 상상의 도움을 받는다.[648]

반면 스미스에게 있어 우리 자신을 다른 사람의 입장에 놓도록 상상하는 것은 공감을 하기 위한 필수이다. 스미스에게 모든 형태의 공감은 상상 속에서 타인들과의 처지를 바꾸고, 그 느낌을 통해 사고하거나 영향을 받는 특별한 역량에 달려 있다. 다른 말로 하면 공감은 2인칭의 관점을 전제로 한다. 이런 입장 바꾸기는 줄타기 곡예사의 경우에서처럼 거의 자동적일 수도 있고, 아니면 도덕적 판단에 도달하기 위해 불의의 희생자의 입장이 되어보는 것과 같은 의도적인 복잡한 인식 획득일 수도 있다.

"우리는 다른 사람들이 느끼는 것을 생각할 수 없기 때문에 그들이 느끼는 것처럼 생각할 수 없고, 다만 우리 자신이 그와 같은 상황에 있다고 상상함으로써만 그렇게 할 수 있다."[649] 다시 말해 우리 자신을 다른 사람들이 처한 상황 속으로 상상에 의해 투사하고 그가 느끼고 있다고 생각하는 것을 느끼는 것이다. "우리는 약간 그와 동일한 인간이 되고, 그의 감각기관들이 되었다는 생각을 함으로써 비록 정도는 약하고 그와 완전히 같지는 않지만 뭔가를 느끼는 것이다."[650]

스미스가 자신의 공감에 대한 설명에서 상상에 의한 "입장 바꾸기(changing of places)"를 핵심으로 삼은 것은 성공회 성직자였던 조지프 버틀러(Joseph Butler. 1692-1752)가 강조하였던 연민(compassion)에서 영감을 얻었을 가능성이 있다. 버틀러는 연민을 동질감(fellow feeling) 또는 "타인들을 우리 자신으로 대체"하는 주요 수단으로 역설하였다.[651] 스미스 역시 버틀러처럼 상상을 통해 입장을 바꿔보거나, 타인들을 우리 자신으로 대체할 때 즉각적인 반응이 가능할 뿐 더러 단순한 향락주의에 빠지지 않는다고 하였다.[652]

스미스의 공감이 누구로부터 영향을 받은 것인지는 사실 그리 중요하지 않다. 정말 중요한 것은 스미스가 인간을 단지 시장에서 법칙에 따라 움직이는 원자들과 같은 존재로 보지 않았고, 시장 역시 기계적 법칙에 따라 움직이는 것에 그 본질이 있는 것으로 이해하지 않았다는 사실이다.

그런데 왜 우리는 공감을 하는데 상상적 투사(imaginative projection)이라는 메커니즘을 통해야만 하는가. 그 증거로 스미스는 우리에게 익숙한 신체적 흉내를 예로 든다. 사람을 쓰러뜨릴 정도의 바람이 다른 사람에게 불어 닥치는 걸 목격하면 우리는 그걸 피해 몸을 움츠린다. 곡예사가 줄 위에서 비틀거릴 땐 관객도 아래에서 절로 움찔댄다. 이가 득실거리고 종기가 덕지덕지 난 거지들을 거리에서 맞닥뜨렸다면 좀 예민한 사람들은 자신의 머리에 이가 있거나 뭔가 근질거리고 불쾌한 느낌을 갖게 된다.[653]

스미스는 이런 감각들과 신체적 흉내가 바로 우리가 다른 이들의 상황에 우리를 상상을 통해 투사하고, "다른 이들이 느낀다고 생각하는 바를 느끼는(feel what we surmise the other feels)" 증거가 된다고 생각했다.[654] 스미스가 볼 때 인간은 통상적으로 자신의 처지와 같은 입장에서 상상한다.

우리는 A의 입장에서 X를 느끼는 것이 어떤 것일지 상상하고, 실제로 X를 느끼는 A가 되지만, 그에 대한 책임과 판단은 자신의 관점으로 묶어 둔다는 것이다. 그래서 미친 사람과 공감할 때 우리는 미친 사람이 되는 것이 무엇인지 상상해 보지만, 정상적인 관점에서 생각하기 때문에 정작 미친 사람 본인은 완전히 행복해 할 수 있음에도 우리 자신은 결과적으로 동정과 슬픔을 갖게 된다는 것이다.[655] 미친 사람은 자신의 비참한 상태를 자각하지 못하기 때문에 비참함을 느끼지 못한다.

따라서 스미스는 "관찰자의 연민은 자신이 그와 같은 불행한 처지에 놓이게 되었을 때 어떻게 느낄 것인가를 생각하는 데서 나와야만 한다. 그리고 동시에 이 연민을 현재 상태의 이성적 판단과 일치하는 것으로 생각하는 것은 불가능할 것이다."라고 설명한다.[656]

스미스는 "역지(易地)의 상상(imagining as)"은 그 자체로 가치가 있다고 보았다. 예컨대, 상대가 지금 겪고 있는 슬픔은 비록 자체로서는 내게는 불쾌한 감정이지만 위로와 그 감정의 공유는 동의할 만한 것이다. 이렇게 상상에는 즐거움이 따르기 때문에 어떤 형태의 감정이건 대부분의 감정에 공감이 가능하다고 한다. 그러나 분노의 감정처럼 어떤 감정들은 공감하기 어려울 수 있고 공감에 고통이 수반될 수도 있다. 이 점 때문에 흄은 대부분 또는 모든 감정에 기꺼이 공감할 수 있다는 스미스의 주장을 비판하면서 스미스 식의 공감의 즐거움은 우리에게 하등 호감의 대상도 아니고 유익한 것도 아닌 것들임에도 공감을 요구한다고 비판하였다.

이에 대하여 스미스는 고통을 겪고 있는 사람들에 대한 우리의 공감이 어떤 과정을 거치는지 설명하면서 흄의 지적에 대하여 답변한다. 인간은 고통을 겪는 이들의 침울함과 슬픔에 공감할 뿐 아니라 그들이 입은 피해가 불의하게 이뤄졌을 때는 가해자들을 향한 그들의 분노와 적개심을 느끼고, 그 무도한 공격행위를 물리쳤을 때 느끼는 기쁨과 정서를 나누지만, 피해자들이 갖는 분개에 대하여 공감할 때는 일종의 도덕적 점검 과정이 뒤따른다. 그리고 피해를 야기한 사람의 동기에 도덕적으로 승인할 만한 사정이 없다면 상대가 설령 고통을 받고 있다 하더라도 그것에 공감하지는 않는다는 것이다.

9.9

공감을 위한 적절성의 규칙

하지만 흄이 지적하듯이 모든 공감이 적당한 것(agreeable)이라면 우리는 환자들의 고통과 공감하는 즐거움을 위해 병원에 가지 않아야 하는 걸까? 이에 대하여 스미스는 공감을 위한 일치 과정에서 적절성(propriety)을 모색해야 한다고 답한다.

극한의 감정들, 예컨대 분노나 병원에 있는 환자들이 느끼는 육체적 고통은 공감하기 어렵다. 왜냐하면 감정의 일치를 가져오기 위해 우리의 감정을 분노하는 사람이나 환자들의 고통과 같은 정도의 극적 단계로까지 끌어 올리는 것은 사실상 어렵기 때문이다.

그래서 비록 일치가 바람직하지만 그 일치를 만들어내는 감정적 고조 상태를 지속하는 것은 어렵다. 우리는 또한 우리에게 생경한 감정들에도 공감하기 어렵다. 사랑하는 사람이 상대에게 느끼는 감정을 연인과 아무런 관계가 없는 제3자가 세밀한 것까지 공감한다는 것은 어려운 일이다. 이런 점에서 예술은 공감의 즐거움을 누리는 방식을 익히도록 함으로써 높은 수준의 감정 이입과 공감능력을 키워주는 역할을 한다.[657] 스미스에게는 타인과의 공감적 상호소통을 규율하는 기준이 적절성의 규칙(rules of propriety)이다. 적절성은 보통의 인간이 보통의 심리와 보통의 반응에 따라 공감하는 능력에 의해 결정된다. 적절성의 규칙들을 통해 이 기준에 도달하지 못하는 것들, 예컨대, 지나치게 냉담하거나 공감을 방해하는 사욕 몰입, 또는 심지어 웃기지도 않는 농담에 크게 웃는 것까지 도덕적 불

승인을 가져오는 다양한 요소들이 평가된다.[658]

우리는 이런 규칙들을 충족시키지 못하는 행위들에 대하여는 승인하지 않고, 충족하는 행위들만을 받아들인다. 하지만 이 수용 과정은 고정되어 있지 않다. 우리는 계속적으로 도덕적 승인 가능한 행위들 속에서 일치점을 찾기 위한 시도를 하면서 상대와 협상하는데, 이렇게 내면에서 작동하는 역동적인 과정을 통해 적절성의 규칙에 부합하는 공감이 만들어진다. 스미스에 의하면 보통의 행위자들은 테이블 매너에서부터 친구에게 생긴 가슴 아픈 일에 공감하는 것까지 적절성의 규칙들에 맞게 공감하는데 큰 어려움을 겪지 않으며, 공감 과정에서 갈등은 드러나지 않는 것이 일반적이라고 한다.

스미스는 어려운 상황 속에서도 공감을 하거나 일반적으로 기대되는 수준 이상으로 공감하는 사람들을 "쾌활한 덕성들(amiable virtues)"을 소유하고 있는 사람들로 표현하고, 반면 감정을 극도로 압살하거나 무디어져 다른 사람들과 공감하기 어려운 사람들은 "끔찍한 덕성(awful virtues)"을 갖고 있다고 평가하였다. 그는 쾌활한 덕성이긴 끔찍한 덕성이건, 공감의 기준에서 보면 넘치거나 모자라는 것이어서 적절성을 벗어난 것이라고 보았다.[659] 아울러 스미스는 규범들은 통상적인 인간들이 공감 및 일치를 하고 싶다는 바램에서 비롯되며, 여기서 나온 규범들이 도덕적 덕성(美德)과 부덕(不德)을 가르는 기준이 된다고 하였다.

그런데 과연 평균적인 사람이란 어느 시대, 어느 장소의 사람을 지칭하는 것인가? 만일 스미스가 말하는 보통의 사람들이 지금의 사람들과 다르다면, 우리는 규범을 다시 만들어야 할 필요성이 있을 것이다. 하지만 스미스는 전반적으로 어떤 행위가 도덕적이며, 어떤 행위가 비도덕적인가 하는 도덕적 감각 문제는 비교적 설명을 상세하게 하지 않았다.

9.10

인간의 욕망은 불균형에 빠질 위험이 크다

그러나 도덕과 비도덕의 경계선을 분명하게 하지 않았다는 이유만으로 스미스가 도덕적으로 승인될 수 있는 행위와 불승인 대상 행위들을 경중에 따라 구분하는 일에 무관심했다는 것을 의미하지는 않는다. 큰 소리로 웃는 것이나 콩을 나이프로 찍어 먹는 것은 적절성에 반하는 것이긴 하지만 도덕적 불승인을 가져올 만큼 심각한 것은 아니다. 하지만 살인은 심각한 도덕적 불승인의 대상이다. 동기에 대한 승인과 불승인은 불편부당한 관찰자에 의하여 이뤄진다. 스미스는 가해자들의 동기에 우리가 반감을 갖는 경우에 피해자들이 갖는 분개에 공감하는 것은 정당화된다고 한다. 이것이 스미스가 말하는 정의라는 미덕의 기초이다.[660]

정의는 타인에 의해 피해를 입은 자가 느끼는 자연적 분개로서 보복을 위한 열망을 토대로, 공감적 분노를 포함해 피해자들에 대한 제3자들의 공감에 의해 확장되고 깊어진다. 이런 식의 정의감에 대한 설명은 나중에 밀(Mill)이 사용하기도 하였다.[661]

한편 스미스는 가치와 반 가치에 대한 논의에서 상당한 부분을 '운(運)'에 할애하고 있는데, 이것은 현대의 철학자들이 다루고 있는 이른바 도덕적 운(moral luck)의 효시로 간주되고 있고 있다.[662] 실제로 스미스는 그 현상을 설명하기 위해 상당히 많은 주식(stock)의 사례들을 제시한 바 있다. 스미스는 운을 효용과 의도 사이의 갈등을 유발하는 것으로 보았다. 일반적으로 어느 행위자의 도덕적 승인이나 불승인의 유일한 근거는 그의 의도(意圖)이어야지, 운과 기회로 우리의 평가가 바뀌어서는 안 된다.[663] 하지만 누군가 (혹은 어떤 무엇이) 나쁜 의도는 갖고 있지 않지만 충분히 나쁜 상태를 만들어내는 원인으로 작용하고 있다면, 우리는 그것을 비록 악의는 없지만 도덕적으로 비난할 수 있는 것이라는 판단을 내릴 수 있다. 예컨대 번(番)을 서는 보초가 잠을 잤다면 그에게 악의가 없었더라도 우리는 그를 비난하고 총살시킬 수 있는 것이다.

스미스에게 있어 보상 및 처벌에 대한 욕망은 자연적이었다. 왜냐하면 그것은 감사(gratitude)와 분개(resentment)라는 자연적 정서와 밀접하게 연결되어 있기 때문이었다. 우리가 잘못된 행위로 인해 피해를 입은 누군가를 공감하고 그 잘못을 저지른 사람의 동기에 공감하지 않는다면, 우리는 그 잘못된 행위의 피해자를 대신하여 분개를 느끼고 잘못을 저지른 자를 처벌할 길을 모색하게 된다. 이 같은 원리는 감사와 보상에도 똑같이 적용된다.[664] 그래서 정의는 분개라는 쉽지 않은 정서를 매개체로 하여 사회의 법과 처벌이라는 제도를 만들어 낸다.

〈도덕감정론〉에서 스미스는 정의에 관하여 설명하고 있는데 그 시각은 흄과는 달랐다. 많은 저작물에서 흄은 정의와 자산의 취득 및 이전을 규율 하는 규칙과의 밀접한 관계를 강조하였지만,[665] 〈도덕감정론〉에서 정의와 자산의 관계는 거의 언급되지 않았다. 대신 위에서 본 바와 같이 정의는 주로 폭력으로 인한 피해에 대한 분개, 즉 불행을 초래한 데 대한 보복이라는 설명에 집중하는 경향을 보인다. 흄의 정의가 인위적 정의라면 스미스의 정의는 자연적 감정인 분개에 토대를 둔다.[666]

정의에 관한 이런 입장은 권리의 중요성에 보다 큰 방점을 두고 있는데 스미스 이후의 존 스튜어트 밀의 〈공리주의, Utilitarianism〉에서 이런 시각이 공유되고 있는 것으로 평가된다.[667]

스미스의 주장 속에는 우리 인간의 본성, 욕망은 균형을 잃고 있을 가능성이 많다는 점이 암시되어 있다. 이는 그러한 개인들이 모여서 만든 사회 역시 건전한 작동의 전제로 불편부당한 관찰자들이 전제되지 않으면 정당성이 담보되지 않는다는 것이고,[668] 그 사회가 만들어낸 각종 제도 역시 주기적인 점검과 정비의 필요성이 있다는 사실을 강력하게 시사한다.[669]

9.11

스튜어트 밀의 공감과 센의 사회적 바보

밀은 공리주의 입장에서 타인의 효용에 대한 공감의 필요성을 역설한 바 있다.

"사회적 유대를 강하게 하는 모든 것들, 사회의 건전한 성숙은 각자가 다른 이들의 안녕을 실제로 고려할 때 개인적 이해관계도 더 강력해지는데, 이로 인해 타인들의 효용에 내 감정은 더욱 일치된다......다른 이들의 효용은 우리가 살아가는데 필요한 여타의 물리적 여건들과 마찬가지로 자연스럽고도 필수적으로 우리와 관련되지 않으면 안 되게끔 되어 있다."[670]

밀은 흄과 스미스를 괴롭혔던 거리에 따른 공감 친화성의 문제와 도덕적 의무 사이의 불일치 문제를 해소하기 위하여 공익 대(對) 사익의 효용을 구분하였다. 그리고 사람들이 공리주의를 세상 전반을 놓고 폭넓게, 아주 넓은 범주의 사회 차원에서 접근하는 이론으로 생각하는 건 오해라고 주장하였다. 그는 대다수의 사람들은 공익적 효용에 영향을 미칠 처지에 있지 않으며, 그들이 영향을 미치는 것은 한정된 범위 내의 개인들이 갖는 행복에 국한되므로, 행복을 극대화할 의무는 그 지위의 특성상 자신의 행위가 공익적 효용에 영향을 미치는 사람들에게만 있고, 나머지 사람들은 자신과 가까운 사람들의 행복을 증진하기 위한 공리주의적 요구를 충족하면 된다고 보았다.[671]

흄, 스미스, 밀의 사고 전반을 살펴보면 순전히 자기의 이익만을 쫓는 인간관이 근대적 시장에서 상정하고 있던 합리적 인간이 아님을 알 수 있다. 아마르티아 센은 오직 경제적 이익만을 추구하는 소위 '합리적' 인간관에 대하여 직접적으로 의문을 제기한다. 〈합리적 바보들-경제학 이론의 행태적 기초에 대한 비판, Rational Fools-A Critique of the Behavioral Foundations of Economic Theory〉에서 센은 "순전히 경제적인 인간은 사회적 바보에 가깝다"라고 한다. 센은 심지어 자신의 이기적 행위와 효용 극대화가 결국은 사회 전체적으로는 비극을 초래할 수도 있다고 지적한다.[672]

그에게 있어 인간은 자신의 가치판단에 따라 자유롭게 행동하면서도 자신에게 주어진 사회적 기회를 이용하여 적극적으로 자신의 운명을 개척하고 서로 돕는 존재라는 점에서 다른 목적을 위해 자신의 복리를 희생시킬 수 있는 존재이다. 전통적인 경제학에서 행위의 기반으로 간주하고 있는 경제적 인간(homo economicus)과는 달리, 사람들은 보통 이기적으로 행동하지만 다른 한편으로는 지속적으로 타자를 배려하고 공감하기도 한다고 보았던 것이다.

---

605. 여기에서 economics라는 단어가 나왔다.
606. 박만섭(2003), op.cit., p. 144. FN 5.
607. ibid., FN 6.
608. ibid., p.145.
609. 김비환(2000), op.cit., p.233.
610. ibid.
611. ibid., p.232.
612. ibid., p.233.
613. Norton(1993), "Hume, human nature, and the foundations of morality," IN Norton(eds.) The Cambridge Companion to Hume, Cambridge University Press, p.155 : ibid., p.230에서 재인용.
614. ibid.
615. ibid., p.231.
616. 박만섭(2003), op.cit., p.150, FN12.
617. 김비환(2000), op.cit., p.231.
618. Stephen Darwall(1998), 'Empathy, Sympathy, Care', Philosophical Studies, vol.89, p.261.
619. Nancy E. Snow(2013), "Sympathy," IN Hugh LaFollette eds, The International Encyclopedia of Ethics, Wiley-Blackwell, p.5101.
620. 흄의 〈인간성에 관한 연구. A Treaties of Human Nature.1739-40〉, 〈인간이해 및 도덕의 원리에 관한 질문. Enquiries Concerning Human Understanding and Concerning the Principles of

Morals.1772〉, 스미스의 〈도덕감정론. 초판1759, 제6판1790〉,밀의 〈공리주의. Utilitarianism.1861〉, 셸러의 〈공감의 본질. Zur Phanomenologie und Theorie der Sympathiegefuhle und von Liebe und Hass, 1913〉가 그것들이다. 그 밖에도 공감은 쇼펜하우어와 칸트에 의해서도 분석이 시도되었고, 맹자 사상에서 보이듯 동양의 유교적 윤리에서도 중심적 역할을 한다. 그러나 무엇보다 그 뿌리는 기독교의 사랑과 은혜, 불교의 자비와 같은 종교적 정서에 있다고 봄이 타당할 것이다. 여기서는 스미스의 공감에 대한 이해에 초점을 맞추어 흄과 밀을 중심으로 보도록 한다.

621. Darwall(1998), op.cit., p.261.
622. Nancy E. Snow(2013), op.cit., p.5101.
623. Aaron Garrett(2013), op.cit., p.4930.
624. D.D. Raphael et al.(eds.)(1977), The Glasgow Edition of the Works and Correspondence of Adam Smith (Oxford: Clarendon Press), VI:42. 이 대목은 아담 스미스의 개인적인 가치관과 정서적 배경에 청교도 정신이 깊이 영향을 주고 있음을 암시하고 있는데, 당시 스코틀랜드의 종교적 분위기와 정서는 따로 보기로 한다.
625. Knud Haakonssen(1981), The Science of a Legislator: The Natural Jurisprudence of David Hume and Adam Smith(Cambridge: Cambridge University Press); Samuel Fleischacker(2004), On Adam Smith's "Wealth of Nations": A Philosophical Companion(Princeton: Princeton University Press)
626. Emma Rothchild(2001), Economic Sentiments: Adam Smith, Condorcet and the Enlightenment(Cambridge, MA: Harvard University Press) ; Samuel Fleischacker (2004), op.cit.
627. 예컨대, 자비(benevolence), 신중(prudence), 자기 이해(self-interest) 등
628. 예컨대, 자기애(self-love), 이성(reason), 감정(sentiment) 등
629. 스미스는 거의 모든 점에서 칸트와 유사하며, 다양한 감각이라는 점에서는 흄의 접근 방식을 차용하였다. 그래서 그에 대한 평가는 대체로 도덕 상대주의(moral relativist), 2인칭 관점에서의 도덕적 의무론(second-person account of moral duty), 도덕적 균형론(moral equilibrium theorist), 신학적 섭리론(theistic providential moralist), 기술적 도덕적 심리주의(descriptive moral psychologist)로 해석되어 왔다. Aaron Garrett (2013), op.cit., p.4938.
630. 공감은 다른 이들이 갖는 모든 격정과 감정에 같이 끼어 느낄 수 있도록 하는 상상의 도구(vehicle of the imagination)이다. 우리가 다른 이들의 얼굴에서 슬픔이나 행복을 볼 때, 혹은 고통이나 즐거움에 가득한 소리를 들을 때 우리 속에 떠오르는 즉각적인 고통이나 기쁨의 느낌과 비슷한 것이다.
631. Nancy Snow(2013), op.cit., p.5104.
632. 미덕의 성품에 대한 이 내용은 스미스가 생각하는 시장 참여 주체의 행위와 그 동기, 그에 대한 보상을 다루고 있는 것으로 스미스의 도덕감정론과 국부론을 이어주는 가교와 같은 역할을 하고 있다.
633. Smith, TMS III.i.10. 스미스가 명백하게 따로 부연 설명을 하고 있지는 않지만 이런 권위 부여와 일치가 있을 때 인간은 안도와 평안, 행복을 느끼는 것으로 보았던 것 같다. 그런데 문제는 과연 인간이 스미스가 이야기하는 것만큼 이 관찰자와의 일치를 모색하고 있으며, 무엇보다 이 관찰자에 관심을 갖고 능력을 키울만한 존재인지 근본적인 물음을 던져봐야 한다. 더구나 현대의 주류 심리학에서 후회와 죄책감은 거의 금기시되고 극복되어야 할 대상이다. 스미스가 제시했던 인간상이 당위적으로 바람직한 인간의 모습인지는 별론으로 하고, 과연 '현실적 인간'인지 의문을 갖지 않을 수 없다.
634. Adam Smith([1959] 1976), The Theory of Moral Sentiments, D.D. Raphael and A.L.Macfie (eds.) (Oxoford: Clarendon Press), p.136.
635. "..but as a citizen of the world, a member of the vast commonwealth of nature." Smith(1976), p.140.
636. Smith(1976), p.235-7.
637. Stephen Darwall(2002), Welfare and Rational Care (Princeton: Princeton University Press),51-63; Stephen Darwall(2006), The Second-Person Standpoint: Morality, Respect, and Accountability, Harvard University Press, p.43-55; Thomas Scanlon(2010), Moral Dimensions: Permissibility, Meaning, Harvard University Press, p.158-60; Samuel Fleischacker(1999), A Third Concept of Liberty: Judgment and Freedom in Kant and Adam Smith (Princeton: Princeton University Press); Amartya Sen(2009), The Idea of Justice(Cambridge, MA: Harvard University Press)

638. David Hume ([1748/1951] 1975), Enquiries Concerning Human Understanding and Concerning the Principles of Morals, L.A.Selby-Bigge(eds., 3rd ed.) revised by P.H.Nidditch(Oxford: Clarendon Press), p.261.FN 1.
639. Nancy Snow(2013), op.cit., p.5102.
640. Hume(1975), op.cit., p.177-8.
641. ibid., p.219, FN 1.
642. ibid.
643. Nancy Snow(2013), op.cit., p.5102. 이 문제는 시장 참여자들의 익명성과 격지성이 주류를 이루는 현대 시장경제 하에서 참가자들 사이의 공감과 도덕적 의무 문제로도 연결된다. 흄과 그로부터 영향을 받은 스미스 시대의 시장은 공감이 가능한 거리의 시장 참가자들로 이루어져 있었다. 스미스가 예로 들고 있는 시장의 규모가 바로 그런 것들이었다. 따라서 흄과 스미스가 파악한 대로 공감이 행위자들간의 거리에 반비례한다면 이들의 이론을 지금 그대로 적용하는 것에 보다 신중할 필요가 있다는 결론에 이르게 된다.
644. Hume(1975), op.cit., p. 229, FN 1.
645. ibid., p.272.
646. Nancy Snow(2013), op.cit., p.5102.
647. "Fellow-feeling with any passion whatever" Smith, TMS I.1.i.5
648. David Hume([1738] 1978), A Treaties of Human Nature, L.A. Selby-Bigge(eds., 2nd ed.) revised by P.H.Nidditch (Oxford: Clarendon Press), p.317-19. 이 말에는 상상에 의하여 자극되고 촉진될 수는 있지만, 상상이 관찰과 추론에 있어 꼭 필요한 요소는 아니라는 의미가 내포되어 있다.
649. Smith(1976), p.9.
650. ibid.
651. Joseph Butler(1729), Fifteen Sermons(London: Knapton), FN85.
652. Aaron Garrett(2013), op.cit., p.4933.
653. Smith(1976), p.10.
654. ibid.
655. Aaron Garrett(2013), op.cit., p.4933.
656. Smith(1976), p.12.
657. Aaron Garrett(2013), 4934. 이 점은 사회의 DNA로서의 정의감의 향상과 예술이 깊이 연관될 수 있음을 보여준다.
658. ibid.
659. 이런 관점은 과유불급(過猶不及)이라는 동양 사상의 중용(中庸)에 가깝다고 할 수 있을 것이다.
660. Smith(1976), p.79, 83-4.
661. John Stuart Mill([1863] 1979), Utiliatarianism, George Sher(eds.)(Indianapolis: Hackett), p.51-2.
662. Thomas Nagel(1979), Moral Questions, Cambridge University Press), p.31-2
663. Aaron Garrett(2013), op.cit., p.4936.
664. 스미스식의 시각에서 보면 사회에 분개하고 처벌해야 할 것에 둔감하고, 감사하고 보상해야 할 것에 무감각하다면 불의가 만연하다는 증거가 될 것이다.
665. 현대 자유주의자들 중의 대표적 인물로 꼽히고 있는 노직(Nozick)의 자산 초기의 공정 및 이전과 양도에서의 자발성은 이런 점에서 흄의 사상에서 어느 정도 영감을 얻은 것으로 볼 여지가 있다.
666. Aaron Garrett(2013), op.cit., p.4936.
667. ibid., p.4937.
668. 특히 사회계약설에 대하여 이런 측면에서 불편부당한 관찰자들이 작동하는 개인들 사이의 합의에 의한 것이었는지 의문을 던져보는 것도 가능할 것이다.
669. 자유주의자들의 경우 자산의 주기적 재분배에 대하여 깊은 반감과 우려를 표명하고 있는데, 그것이 제도의 주기적 점검과 정비의 필요성까지 부정하는 것은 아니라고 본다. 스미스를 자신들의 이론적 선구자로 내세우는 사람들의 경우 그가 방법론에서 뉴턴과 마찬가지로 '열린 종결형' 사고를 갖고 있었다는 사실을 상기할 필요가 있을 것이다.
670. John Stuart Mill([1863] 1979), p.31.
671. ibid., p.18-19.
672. 김대근(2010), op.cit., p.206, FN 101

제 10 장

아담 스미스의 시장 이해 방법론

요약

오늘날 자유시장경제의 틀을 세운 대표적인 인물 중 한 명인 아담 스미스의 시장 이해 방법론과 그 전승의 실체에 대한 바른 이해는 시장은 어떤 존재이며, 어떤 역할을 해야 하는가를 알기 위한 첫걸음이다.

뉴턴주의적 사고와 일련의 체계는 일반적으로 알려진 것보다 훨씬 더 아담 스미스가 살았던 스코틀랜드 계몽주의 하에서 인문학의 틀을 형성하는데 지대한 영향을 끼쳤다.

아담 스미스는 시장 경제의 시스템 건축자로서 현대 물리학으로부터 영감을 얻었을 뿐 아니라 뉴틴의 방법론에 상당히 의존했다. 스미스는 뉴턴의 위대한 작업들을 참조하였을 뿐 아니라, 여러 번에 걸쳐 뉴턴에 대한 존경심을 표하였다. 스미스 뿐만 아니라 프랑스의 경제학자로 일반균형이론의 창시자로 알려진 왈라스 같은 사람도 뉴턴의 천체역학을 사회 과학을 보는 시각의 모델로 삼았었다는 사실은 스미스의 방법론에 대한 이해에 앞서 뉴턴주의에 주목해야 할 필요성을 일깨워 준다.

아담 스미스는 공급과 수요의 법칙들에 따라 규율 되는 하나의 경제적 질서 속에서 사익을 추구하는 개인들의 집합이 바로 사회라고 설명함에 있어 물체의 운동은 법칙에 구속된다는 뉴턴의 자연에 관한 개념을 모델로 가져왔다.

스미스의 관찰과 결론이 시장 참여자들의 사익 추구에 의해 작동되는 인력(引力)들의 상호 작용, 그리고 이로 인한 균형의 달성에만 초점을 두고 있었다는 식으로 알려짐으로 인해 스미스는 뉴턴의 계승자로, 그리고 신(新) 고전경제학파의 아버지로 이해되고 있는 것이다.

그런데 과학의 공리 연역적 모델은 뉴턴에 기원을 둔 것도, 아담 스미스의 유산도 아니다. 뉴턴은 이론이란 달리 증명되기 전까지 부분적 진실일 뿐이라고 주장하면서 법칙들이란 중력의 보편법칙까지 포함하여 이러한 연속적 근사화(近似化) 과정의 일부로서 수정 조율 될 가능성은 늘 열려 있어야 한다고 보았다. 뉴턴은 과학 이론을 연속적인 근사치를 통한 잠재적 개방형 종결 과정으로 이해하였다. 그렇기 때문에 뉴턴은 인력을 설명하기 위해 중력이론을 제시했지만 이 힘에 미치는 인과론적 메커니즘은 고려하지 않았다. 그에게는 중력이 실재(實在)하는 것으로 충분했다. 뉴턴에게서 초자연의 영역에 기꺼이 양보할 용의가 있어 보이는 이러한 신학적 사고가 엿보인다는 것은 방법론적으로 중요한 시사점을 준다. 뉴턴의 관찰철학이 갖는 의미를 열린 시각으로 확장시켜 줄 뿐 아니라, 인간의 학문에서 고차원적인 것은 '존재'라는 점을 암시하는 것이다.

뉴턴의 영향을 받은 스미스 역시 과학 발전의 조건과 지속적 성격을 강조하고 있다는 점에 주목할 필요가 있다. 그는 심지어 뉴턴이 발견한 과학적 성과들 조차 과학적 진리로 단정하는데 신중했다. 뉴턴의 발견을 과학적 정점 그 자체로 간주하고 있던 시대에 스미스는 '중력이다'라고 보지 않고 '중력일 수 있다'라고 하였는데, 이는 인과관계를 단정짓지 않는다는 관점을 드러낸 것이다. 왜냐하면 스미스에게 과학은 뉴턴의 방법론적 유산과 유사하게 연속적 근사화의 열린 과정이기 때문이다.

스미스의 교환 욕구의 개념과 뉴턴의 중력 간에 어떤 공통점이 있다면 양자 모두 단순히 존재하고 있다는 점인데, 전자는 거래여부를 결정함에 있어 내면의 사고를 거친다는 점에서 심리학적이고, 후자는 물리적이라는 차이가 있다. 이런 차이는 우리로 하여금 뉴턴이 발견한 우주 공간에서의 중력의 존재와, 스미스가 관찰해 낸 시장 공간에서의 교환 동기(사익추구)의 존재가 법칙의 엄격성에 있어서 같은 비중을 갖는지 의문을 갖도록 하기에 충분하다. 21세기의 중력과 18세기의 중력에 양과 질의 차이가 있다고 생각하기는 어렵지만, 인간의 욕구는 그와 같이 동일하다고 보기 어렵다. 인간은 사회, 문화적 조건에 따라 영향을 받기도 하고, 그 조건에 영향을 주는 존재이기도 하기 때문이다.

중력의 현실성, 단순히 존재하는 사실로서 관찰 가능한 현상이라는 것은 데카르트주의에 대한 뉴턴주의식 대응을 반영한다. 기계론적 철학에서는 수학이 현실을 능가하였지만, 스미스에게는 현실이 우선이었다. 아마도 이 사실은 수학적으로 설명되는 시장만을 염두에 두면서 스미스의 후계자를 자처하는 현대의 경제학자들에게는 당혹스러운 발견일 수 있다.

10.1

스미스에게 미친 뉴턴주의

아담 스미스의 세계관에는 인간이 사회적 및 정치적으로 어떤 속성을 갖고 있는지에 관한 명확한 인식이 담겨있다. 스미스는 '사회적 현상이 갖고 있는 카오스적 혼돈의 영역에 일정한 질서를 가져오기 위해 애썼으며'[673] 뉴턴의 성공적 모델을 쫓아 자신도 그렇게 함으로써 "사회과학"에 일조할 것으로 생각했던 인물로, 확실히 뉴턴을 존경하고 그의 지적 전통을 물려받은 사람 중의 하나였다.

스미스의 관찰과 결론이 시장 참여자들의 사익(self-interest) 추구에 의해 작동되는 인력(引力)들의 상호 작용, 그리고 이로 인한 균형의 달성에만 초점을 두고 있었다는 식으로 알려짐으로 인해 스미스는 뉴턴의 계승자로, 그리고 신(新) 고전경제학파의 아버지로 이해되고 있다.[674]

그러나 현대의 경제학자들이 아담 스미스의 학문적 방법론을 이런 식으로 파악한다는 것은 스미스는 물론 그에게 절대적으로 방법론적 영감을 주었던 뉴턴을 오해한 것이라 하지 않을 수 없다. 시장은 몰가치적이어서 정의와 같은 요소는 들어설 여지가 없으며 시장은 오로지 물리학적 법칙과 같은 시장력(market force)에 의해서만 평형을 유지할 뿐이라는 주장은 성급한 결론이다. 왜냐하면 〈도덕감정론〉과 공감에 대한 스미스의 사상에서 보듯이 공동체 내에서의 상호관계가 굳이 "수요와 공급 법칙에 의해 규율되는 경제적 질서 내에서 사익을 추구하는 개인들"만에 의해 구축될 필요는 없었고 스미스 자신도 이를 잘 알고 있었기 때문이다.[675]

비록 그가 경제학의 아버지로 기억되고 있긴 하지만 그의 정치경제학은 윤리학, 법학, 역사학, 수사학 및 방법론을 망라하였다. 인간이 공동체로부터 고립된 개인들이 아닌 공동체의 구성원들로 살고 있는데, 후자는 스미스의 공감 과정이라는 틀 속에서 사회적 상호 의존관계를 염두에 두는 바탕이 되었다.

18세기 뉴턴의 방법론과 혁명적인 발견은 자연철학뿐만 아니라 도덕철학에까지 영향을 미쳤다. 뉴턴은 그의 책 〈광학. Opticks〉의 제31번째 질문(query 31)에서 "...이런 방법을 택함으로써 자연철학 및 그 다양한 부문들을 완전하게 세워야 하고, 이런 방식은 도덕철학의 경계 역시 확장시킬 것이다"[676]라고 하여 자신의 방법론이 도덕철학에 까지 미칠 수 있다는 자신감을 피력한 있었다.

이런 주장은 18세기 학자들에게 진지하게 받아들여졌다. 예컨대, 스코틀랜드 계몽주의의 선구자라고 불리는 프란시스 허치슨은 '수학적 도덕(mathematical morals)'을 시도했는데[677] 뉴턴의 도덕철학에로의 방법론 확장 주징에 영감을 받은 것으로 보인다. 조지 턴불(George Turnbull, 1698–1748)도 그의 책 〈도덕철학의 원리. The Principles of Moral Philosophy. 1740〉 초판 제목 아래에서 뉴턴의 말을 인용하여 도덕세계의 중요성을 강조하였는데, "우리는 물리적 세상에 그랬던 것처럼 똑같은 방식으로 도덕적 현상에 대하여도 질문을 던져야 한다"고 기술함으로써[678] 뉴턴의 사고가 어떤 식으로 도덕철학에 까지 이르고 있는지 잘 보여주고 있다. 뉴턴의 방법론이 도덕철학, 수학, 정치경제학, 생리학, 의학에 미친 영향은 지대하고 복합적이었다.

스미스 사상에 직, 간접적으로 많은 영향을 끼쳤던 데이비드 흄의 경우엔 뉴턴의 실험 방식을 이용하여 자신의 저술활동을 통해 '인간학(Science of Man)'을 만들어 보려고 하기도 하였다.

이런 지적 토양과 문화에서 스미스도 예외가 아니었다. 그는 자신의 저서에서 '이삭 뉴턴 경의 위대한 결실'을 칭송해 마지않았다.[679] 그런데 막상 뉴턴이 스미스에게도 영향을 미쳤다는 점은 많은 사람들이 인정하고 있지만,[680] 스미스를 자신의 경제관의 옹호자로 내세우는 현대의 사람들이 과연 그게 무엇이었는지 두 사람의 방법론과 그 전승의 실체를 제대로 이해하고 있는지도 의문이다.

왜냐하면 뉴턴의 발견이 과학 패러다임의 혁명이긴 하였지만 뉴턴주의가 무엇인지도 아직 논쟁의 대상으로 남아있기 때문이다. 18세기 뉴턴의 유산에 대한 수용은 다면적이었다. 계몽주의 시대를 관통하고 있던 과학적 방법론들은 종종 베이컨주의자들(Baconian), 라이프니츠주의자들(Leibnizian), 데카르트주의자들과 뉴턴주의(Newtonianism)으로 구분할 수 있는데, 이런 분류를 시도했던 사람들은 "뉴턴주의는 위와 같은 여러 가지 유형들 중의 단순한 하나로 볼 수 없다"는 결론을 내리고 있다.[681]

"뉴턴의 저작들은 사람마다 매우 다르게 해석되었던 탓에 도덕과학에서 통일된 뉴턴적 전통을 구별해 내기란 어렵다"는[682] 말은 결국 18세기 철학자들이 뉴턴의 성공적인 발견을 하나의 패러다임으로 채택하긴 하였지만, 그들 중 어떤 이들은 그 방법론을 잘못 해석하였다는 것에 다름 아니다. 그런 점에서 시장을 포함하여 현대의 시장경제 체제 전반을 관통하는 이론적 배경인 스미스 이론의 본질을 제대로 알기 위해서는 뉴턴주의에 대한 정확한 이해가 필요하다.

10.2

뉴턴, 근대과학의 영웅

계몽주의는 인간이성이 가진 힘에 대한 자신감을 특징으로 하고 있다. 칸트는 그의 책 〈계몽이란 무엇인가? 라는 물음에 대한 답변. Beantwortung der Frage: Was ist Aufklarung, 1784〉[683]에서 계몽주의의 모토를 '지혜를 향한 담대함(sapere aude)'으로 규정한 바 있는데, 뉴턴이란 인물은 자연에 대한 이성의 승리를 대표하는 근대 과학의 영웅이었다.[684] 영국 빅토리아 시대의 사람들에게 뉴턴은 '이성의 시대(Age of Reason)'의 아버지와 같은 존재였다. 〈인간에 관한 단상. An Essay on Man〉이란 시를 통해 뉴턴을 다음과 같이 칭송하였던 알렉산더 포프(Alexander Pope, 1688-1744)라는 시인의 말에서 뉴턴에 대한 그 시대 사람들의 존경심이 얼마나 컸는지 짐작할 수 있다.

"자연과 자연법칙이 어둠 속에 숨어 있을 때
신이 말씀하시길, 뉴턴이 있으라.
그리고 만물은 빛으로 드러났다네."[685]

성서 창세기의 첫 구절을 패러디 한 이 시는 시인만의 과장된 정서가 아니었다.

조지 턴불은 뉴턴을 일컬어 "자연적 세상의 빛으로 불릴 만한 충분한 자격이 있는 사람이다. 왜냐하면 그가 자연을 관통하고 들어가 그것을 펼쳐 보일 때까지 자연의 상당한 부분은 어둠 속에 철저히 알려지지 않은 상태에 있었기 때문" 이라고 평가하였다.[686]

뉴턴의 〈자연철학의 수학적 원리, Principia, 1687〉[687]에서 언급되고 있는

'현상으로부터 파생되는' 중력이라는 보편적 법칙과 운동의 법칙, 그리고 〈광학〉[688]에서 담겨 있는 관찰과 추론은 근대성을 대표하는 과학 정신에 깊숙한 영향을 주었다.[689]

뉴턴의 〈자연철학의 수학적 원리〉와 〈광학〉은 그의 학문적 방법론에 관하여 가장 잘 보여주는 공적 자료인데,[690] 뉴턴은 운동의 현상들에 대한 관찰에서 자연력을 유추하고, 다른 현상으로부터 이런 힘이 동일하게 작용하는지 연역해내는 방식으로 이론을 전개하였다.

10.3
뉴턴주의 확산의 배경

영국 내에서[691] 뉴턴주의가 확산됨에 있어서 결정적인 공헌을 한 세력은 스코틀랜드 대학들이었다.[692] 스미스 역시 그 일원이었으므로 뉴턴과 스미스의 사상적 연계를 파악하기 위해서는 당시 스코틀랜드 학풍이 전반적으로 뉴턴주의와 어떤 관련을 맺고 있었는지 살펴보는 일이 필요하다.

스코틀랜드는 17세기 말과 18세기 초에 자연철학에서 상당한 발전 수준을 보였는데,[693] 여기에는 1660년대부터 1720년대까지 거의 지속적으로 세인트 앤드류스 대학과 에딘버러 대학에서 강단을 지켰던 두 명의 그레고리(Gregory) 교수의 역할이 지대하였다.[694]

심촌 제임스 그레고리(James Gregory, 1638–75)와 조카 데이비드 그레고리(David Gregory, 1659–1708)가 그들이었다.[695] 제임스와 데이비드 모두 뉴턴의 학문이 초기에 널리 수용되도록 하는데 역할을 하였던 저명한 수학자들 세대를 양성하는 기초를 쌓은 인물이다.

제임스가 영감을 주는 인물이었다면, 그레고리는 그의 친구인 물리학자 알치발드 피트케른(Archibald Pitcairne, 1652–1713)과 함께 수리 의료학(mathematical physick)의 주창자로서 뉴턴의 연구성과를 전파하였다. 또 데이비드 그레고리와 함께 수학한 스코틀랜드인 존 케일(John Keill, 1671–1721)은 1699년 옥스포드에서 뉴턴의 자연철학 강의를 시작했다. 그는 뉴턴 물리학의 실험 과목을 개설했고, 수학적 방법에 의한 실험으로 뉴턴 물리학을 가르친 첫 번째 인물이었는데,[696] 1712년에는 옥스포드 대학의 사빌리안(Savilian) 천문학 석좌교수가 되었다.

대학에서의 뉴턴의 영향력은 18세기 전반을 거치면서 대중에게로까지 확산되었다. 여기에 큰 기여를 한 인물은 뉴턴이 죽고 나서 일년 후인 1728년 출간된 〈이삭 뉴턴 경의 철학의 관점. A View of Sir Isaac Newton's Philosophy〉을 쓴 헨리 펨버튼(Henry Pemberton, 1694-1771)과 그로부터 10년 후에 〈이삭 뉴턴 경의 철학의 요소들. The Elements of Sir Isaac Newton's Philosophy. 1738〉을 쓴 볼테르(Voltaire, 1694-1778)이다.

하지만 콜린 맥클로린(Colin MacLaurin, 1698-1746)의 〈이삭 뉴턴 경의 철학적 발견에 관한 설명. An Account of Sir Isaac Newton's Philosophical Discoveries, 1748〉이야말로 뉴턴주의에 관하여 18세기 전반에 쓰여진 가장 탁월한 책이라 할 수 있다. 열 다섯 살에 뉴턴의 중력법칙을 자세히 풀어 쓴 논문을 써서 인정받을 정도로 비범한 스코틀랜드 출신의 수학자였던 맥클로린은 뉴턴의 계산방식을 매우 빨리 완전히 소화하였고, 18세기 전반 스코틀랜드는 물론 영국을 통틀어 가장 역량 있고 활동적인 뉴턴주의자로 평가받고 있는 인물이다. 그는 뉴턴주의를 스코틀랜드 학계에 안착하도록 하는데 기여하였을 뿐 아니라 스코틀랜드 계몽주의에서 과학의 대중화를 이끌기도 하였다.[697]

맥클로린은 자신의 책에서 뉴턴주의를 다음과 같이 설명하고 있다.

"[이삭 뉴턴 경은] 자연을 탐구함에 있어 분석과 종합이라는 방법은 적정한 순서에 따라 이뤄져야 할 것을 제시하고 있다. 시작은 현상 또는 결과이다. 그리고 나서 자연 속에서 그 결과를 가져오는 힘이나 원인에 관하여 탐색해 본다. 그리고 나서 특정 원인들에서 출발하여 좀 더 일반적인 원인들로 이행하여야 한다. 우리의 주장이 가장 보편성을 띨 때까지 말이다. 이런 원인들을 일단 다 파악한 뒤에는 반대의 순서로 나가야 한다. 그리고 나서 거기에서 원리들을 정립하고 원인과 결과로 이어지는 일련의 현상을 설명하고, 우리의 전개 과정을 입증한다. 이를 일컬어 정립되었다고 한다.......분석이라는 방식은 구성을 하거나 정립 단계 보다 우선 되어야만 하는 것이다."[698]

중요한 것은 "뉴턴주의적 사고와 일련의 체계는 일반적으로 알려진 것보다 훨씬 더 스코틀랜드 계몽주의 하에서 인문학의 틀을 형성하는데 지대한 영향을 끼친 탓에[699] 이런 일반적인 움직임들이 실제로 각자가 뉴턴주의를 이해할 때 어떤 식으로 받아 들여졌는가 하는 점이다."

10.4

뉴턴의 과학적 실재주의

그런데 뉴턴에게는 '아직 알려지지 않은 원인들'에 의해 야기되는 '특정한 인력'도 있을 것이라는 의심이 떠나지 않았는데, 이 '미지의 힘'은 계몽주의 영웅도 어쩔 수 없는 것이었다. 그래서 뉴턴은 철학화 방식을 통해 또는 간단하게 '보다 진리에 가까운 무엇'에 가탁함으로써 이 난제를 해결하길 원했다. 여기서 진리 또는 실체에 가까운 '무엇'에 대한 뉴턴의 승인은 두 가지 점에서 중요한 의미를 갖고 있다고 할 수 있다.

첫째는 뉴턴이 자신의 방식을 최종적인 진리로 생각하지 않았고, 오히려 그의 속에는 사물의 실질적인 본질을 밝혀내려는 진지한 욕구가 여전하였다는 것이다.

그리고 둘째는 그가 이룬 현재의 발견은 과정의 일부이지 종국이 아니라는 점을 전제하고 있다는 것이다. 이것은 과학적 진전을 더 하도록 허용하는 과학적 실재주의를 밝혀주는 것이기도 했다. 이런 식으로 방법론적 한계를 인정하면서 '진리에 가까운 무엇'의 끈을 놓지 않았던 탓에 반대파들로부터는 초자연적 원인(occult causes)에 이론의 바탕을 두고 있다는 비판을 받기도 하였다.

학문적 신용을 잃어가고 있던 아리스토텔레스적인 사고 사이에 공유부분이 많다는 건 이성의 유일성을 고집하던 완고한 계몽주의자들에게는 용납될 수 없는 일이었기 때문이다. 하지만 뉴턴은 현상에서 신(神)을 발견하는 것을 자연철학의 일부로 보았다.[700] 그에게 중력의 원인이 무엇인지 모른다는 것은 중요하지 않았다. 정말로 중요한 것은 중력이 "존재한다는 것"이었다.

이는 뉴턴이 갈릴레오와 그 뒤를 잇는 데카르트 및 호이겐스(Huygens, 1629-95)에 의해 대표되는 기계적 철학(mechanical philosoph) 전통, 즉 어떤 힘을 일으키기 위해서는 접촉 메커니즘을 요구한다는 도식에서 벗어났음을 의미했다.

뉴턴은 인력을 설명하기 위해 중력이론을 제시했지만 이 힘에 미치는 인과론적 메커니즘은 고려하지 않았다. 그에게는 "중력이 실재(實在)하는 것으로 충분"했다. 뉴턴에게서 초자연의 영역에 기꺼이 양보할 용의가 있어 보이는 이러한 신학적 사고가 엿보인다는 것은 방법론적으로 중요한 시사점을 준다. 뉴턴의 관찰 철학이 갖는 의미를 열린 시각으로 확장시켜줄 뿐 아니라, 인간의 학문에서 고차원적인 것은 '존재'라는 점을 암시하는 것이다. 진리란 반드시 명확하게 드러날 필요는 없다는 사고는 신뿐만 아니라 중력이라는 자연에도 똑같이 적용된다. 원인이 알려지지 않는다고 해서 그 것이 존재하지 않는다는 것을 의미하는 것은 아니다. 반대로 그것은 단순히 존재하며, 우리는 원인을 잘못 유추하는 우를 범하는 대신 그것을 드러내는데 힘써야 한다는 것이 뉴턴의 기본적 사고였다.[701]

이에 반하여 기계적 철학론의 가장 대표 주자라고 할 수 있는 라이프니츠(Gottfried Leibniz. 1646-1716)는 중력을 설명하기 위해서는 접촉 메커니즘(contact mechanism)이 필요하다고 주장하였다. 이 입장은 중력이 '단순히 존재한다'라는 뉴턴 식의 사고는 받아들일 수 없는 지적 포기였다. 라이프니츠 식의 주장 속에는 신의 역할에 대한 형이상학적 질문이 포함되어 있었다. 그는 뉴턴을 향해 명확한 기계론적 근거를 제시하지 못하고 대신 '초자연적 특질'을 주창하는 아리스토텔레스적 개념으로 회귀하였다고 비판하였다.

하지만 뉴턴주의자들은 세상이 하나의 완전하고도 자족적인 기계처럼 간주되어야 한다는 사고를 받아들이지 않았다. 비록 프린키피아에서 기계적 법칙들을 다루고 있긴 하지만 이것이 자연현상의 시원(始原)과 그 지속적 실존을 모두 다 설명해지는 못한다는 것이다.

10.5

뉴턴의 개방형 종결 방식

정의의 문제를 다루면서 뉴턴적 사고와 라이프니츠식의 사고를 들여다보는 이유는 이른바 과학적 사고를 한다는 사람들에게서 종종 모든 이론은 현상은 물론 그 배후의 존재 원인까지 다 담을 수 있다고 생각하는 경향이 발견되기 때문이다.

이런 사고는 자칫하면 설명되지 않는 부분은 애써 회피하거나 그 의미를 축소하려는 시도로 이어지는데, 정의는 그 대표적인 기피 대상일 수 있다. 그래서 정의를 탐색하는 작업에서 뉴턴 식의 방법론이 갖는 의미는 결코 작지 않다.

〈프린키피아〉 초판 제3권은 '세상의 체계'를 이홉 개의 가정에서 출발시키는데 뉴턴은 제2판과 제3판에서는 이를 규칙과 현상으로 전환시켰다. 여기서 등장하는 자연철학 연구를 위한 규칙들 중 첫 번째 네 가지는 뉴턴의 경험철학을 이해함에 있어 상징과도 같이 되었다.

특히 아래의 규칙 4가 프린키피아 제3판에 와서 추가되었다.

"경험철학에서 현상들을 통해 귀납적으로 추출된 공리들은 그와 반대되는 어떤 가정이 있다고 하더라도 다른 현상들을 통해 그러한 공리들이 좀더 정확하게 된다던가 아니면 예외에 노출되기 쉽다던가 하는 점이 드러나기 전까지는 진실 혹은 매우 진실에 가까운 것으로 취급되어야만 한다."[702]

이 선언이 중요한 이유는 이것은 흔히 우리가 일반적으로 뉴턴의 유산으로 이해하고 있는 통상적인 관점과는 매우 다르기 때문이다. 이론이 갖고 있는 필연적 정당성이나 항구적인 논증구조에 관하여 강조하는 대신 뉴턴은 이론들을 개방형으로 종결 지었다.

경제학자들 중에 널리 퍼져 있는 뉴턴주의적 사고방식 특히 스미스적 뉴턴주의를 고수하면서 일반적인 경제적 평형이론에 토대를 두고 있는 사람들은 뉴턴의 이 규칙이 갖고 있는 내용에 주목해야만 한다.[703] 과학의 공리 연역적 모델(axiomatic-deductive model)은 뉴턴에 기원을 둔 것도, 아담 스미스의 유산도 아니다. 뉴턴은 이론이란 달리 증명되기 전까지 부분적 진실일 뿐이라고 주장하면서 법칙들이란 중력의 보편법칙까지 포함하여 이러한 연속적 근사화(近似化) 과정의 일부로서 수정 조율 될 가능성은 늘 열려 있어야 한다고 보았다.

뉴턴은 과학 이론을 연속적인 근사치를 통한 잠재적 개방형 종결 과정으로 이해하였다.[704]

스미스는 뉴턴의 이러한 방법론과 관점을 잘 이해하고 있었다. 뉴턴은 "자연철학에서는 분석방법에 의해 난해한 문제를 탐색해 들어가는 것이 구성방식에 우선해야만 한다."는 확실한 입장을 갖고 있었는데, 이는 프린키피아 일반주석(Principia's General Scholium)에서 자신의 경험철학을 "공리들은 현상으로부터 연역되고 귀납에 의해 일반화된다"고 설명한 것과 같은 맥락으로 볼 수 있다.

이것은 뉴턴의 방법론에서 상대적으로 많이 간과되고 있는 부분인데, 이론의 종합에 앞서는 것은 분석이며 그 지위에 있어서도 확실히 우위에 있다는 것이다. 따라서 다른 파생적 현상이 없다면 우리의 결론은 확고할 것이지만, 현상으로부터 돌발적인 무엇이 드러난다면 후속적으로 이어지는 새로운 이론 정립을 위해 반복적 분석을 하여 과학적 진실에 접근해야 하는 것이 뉴턴 식 방법이다.[705]

뉴턴은 그의 실제적인 분석과 정립 방식(analytical-syntheticmethodology)이 암시하는 바를 다음과 같이 설명하고 있다.

"현상으로부터 예외가 발생하지 않는다면 결론은 일반적인 것으로 선포될 수 있다. 그러나 그 후 언제라도 어떤 예외가 실험을 통해 드러난다면 그러한 예외가 있을 수 있다는 점이 공표되어야 한다. 이런 분석방식으로 진행하면서.....일반적인 결과로부터 원인들을, 특별한 원인들로부터 보다 일반적인 원인들을 추론하고 결국엔 주장이 가장 일반적인 것으로 매듭지어진다. 이것이 분석방법이다. 그리고 이론적 정립은 원인들이 일차로 발견되어 원칙으로 확정되고, 초래되는 현상들을 원인을 통해 설명할 수 있으며, 그 설명을 원인들이 입증할 수 있음을 전제로 하는 가운데 가능한 것이다."[706]

뉴턴은 진리 혹은 실체에 대하여 매우 신중하였고, 추가적인 분석을 할 여지가 있다는 사실을 결코 부정하지 않았다.

10.6

스미스식 뉴턴주의

스코틀랜드 계몽주의의 전반적인 특징 중의 하나는 지적 변혁이 다방면에 걸쳐 복합적으로 집중적으로 일어났다는 것이다. 전통적인 철학은 논리학, 도덕철학 및 자연철학으로 분화와 확장을 거듭했고, 당시의 스코틀랜드 학자들은 출발 지점은 다르지만 넓은 의미의 다양한 현상을 하나로 꿰어내 일관성 있는 틀로 지식과 세계관을 구축하려 하였다.

그래서 "당대의 스코틀랜드 학자들에게 대한 최고의 찬사는 다양한 방면의 주제에 관하여 폭넓게 알고 있다는 말"[707]이었다. 모든 유형의 현상을 관통하는 몇 가지 단순하면서도 근본적인 철학적 원리들을 탐구하여 체계화하는 일부가 지식이었고, 그 지식에는 경계가 없었다.

따라서 스미스가 형이상학, 자연의 역사, 윤리학, 정치경제학, 천문학, 수사학, 법학에 관한 저술을 하였고, 그리스어와 라틴어에 능하였으며, 수학과 물리학에도 관심을 갖고 있었다는 것은 전혀 놀라운 일이 아니다.[708]

아담 스미스는 '시스템 건축자(system-builder)'로서[709] 현대 물리학으로부터 영감을 얻었을 뿐 아니라 뉴턴의 방법론에 상당히 의존했다. 스미스는 뉴턴의 위대한 작업들을 참조하였을 뿐 아니라,[710] 여러 번에 걸쳐 뉴턴에 대한 존경심을 표하였다. 스미스가 그의 저술에서 묘사한 "그 위대한 인물(뉴턴을 지칭)의 평정심"은 현실과는 거리가 멀긴 하지만 이성의 시대의 아버지로서의 이미지를 갖고 있는 뉴턴에 대한 스미스의 숭배의 정도를 엿보게 하는 대목이다.

〈천문학의 역사〉에서 스미스는 "이삭 뉴턴 경의 탁월한 천재성과 총명함은 대부분의 사람들에게 기쁨을 주었고, 지금도 우리는 철학에서 가장 위대하고 경이로운 진전을 가져왔던 분으로 말할 수 있다"고 한 바 있다. 아울러 뉴턴의 방법론을 도덕철학의 영역으로 확장시키기 위해 그는 〈광학〉의 질문 31번을 원용하여 "뉴턴주의적 방식은 의심할 바 없이 가장 철학적인 것이며, 도덕철학이건 자연철학이건 모든 학문에 통용된다"고 가르쳤다.[711] 이런 자료들을 종합하면 스미스는 자신의 체계를 뉴턴주의적 방식 위에 세우려 시도하였음을 알 수 있다.

〈국부론〉의 글라스고우 대학 초판에서 편집진의 저자 소개란에는 "스미스는 복잡한 문제들을 몇 가지 단순한 원칙들에 입각하여 설명하려 시도하였고, 이런 원리들은 각기 넓은 의미에서 뉴턴주의적 방법론적 요건에 부합하는 것"[712]이라는 내용이 등장하는데, 이를 보더라도 스미스의 경제학이 "뉴턴 물리학에 그 뿌리를 두고 있다"는 평가는 그리 과장이 아님을 알 수 있다.

〈국부론〉뿐만 아니라 스미스의 주저인 〈도덕감정론〉도 뉴턴의 영향 아래 있는데, 스미스와 뉴턴의 방법론을 연구한 어느 학자는 〈도덕감정론〉에서의 '공감(sympathy)'의 핵심적인 역할과 〈국부론〉에서의 '사적 이해(self-interest)'는 스미스가 뉴턴주의 방식을 처음엔 윤리학에 그리고 나서 경제학으로 적용해가는 정교한 일련의 시도에서 나온 것으로 보아야만 한다고 주장한다.[713]

예컨대, 아담 스미스는 공급과 수요의 법칙들에 따라 규율 되는 하나의 경제적 질서 속에서 사익을 추구하는 개인들의 집합이 바로 사회라고 설명함에 있어 물체의 운동은 법칙에 구속된다는 뉴턴의 자연에 관한 개념을 모델로 가져왔다는 것이다.[714]

프랑스의 경제학자로 일반균형이론의 창시자로 알려진 왈라스(Marie Esprit Leon Walras. 1834-1910)와 스미스 모두 뉴턴의 천체역학을 사회 과학을 보는 시각의 모델로 삼았다는 점에서[715] 스미스를 일반 균형론의 선도자로 보기도 한다.

하지만 인간을 역학관계 속에서 파악하면서 사회 속에서 상호 소통하는 사익(self-interest)이라는 원자로서의 그 이상도, 그 이하도 아닌 존재로 이해하는 것은 스미스의 인간관은 아니었다. 왜냐하면 그는 인간을 사회 속에서 도덕적 및 경제적으로 상호 소통하는 사회적 동물로 보았기 때문이다. 이는 "스미스식 뉴턴주의(Smithian Newtonianism)"를 보다 입체적인 관점에서 파악할 필요가 있다는 점을 시사한다. 문제는 뉴턴의 방식을 차용하여 스미스가 세운 것이 무엇이며, 그가 실제로 뉴턴을 얼마나 이해하고 있었는가 하는 점이다. 스미스는 "뉴턴의 방법론에 대하여 소박한 관점을 갖고 있었다"고 보는 견해도 있지만,[716] 우리가 뉴턴을 이해하는 것보다 스미스가 뉴턴을 더 정확하게 이해하였으며, 스미스의 관점이 매우 원형에 가깝다고 할 수 있다.

실제로 〈천문학의 역사〉에는 스미스가 뉴턴적 체계가 어떻게 데카르트식의 이론보다 뛰어난지 나름대로 잘 이해하고 있음을 보여 주고 있다. 이 책은 아마도 스미스가 옥스포드에서 공부하고 있을 무렵인 1758년 이전에 쓰여졌을 것으로 보이는데, 스미스식의 뉴턴주의를 이해하는 중요한 배경을 제공한다.

이 저술의 원 제목은 〈철학적 질문으로 이끌고 지도하는 원칙들: 천문학의 역사를 통한 사례〉[717]로 스미스의 뉴턴식 방법론의 수용을 잘 보여주는데, 데카르트에 대한 "그 기발하고 상상력이 풍부한 철학자"란 약간 냉소적인 표현에서 알 수 있듯이 기계론적 철학에 동의하지 않음을 분명히 하고 있다.

이 책은 과학적 진보를 심리적 차원에서 설명하면서 시작한다. 천문학적 발견의 다양한 단계들에 대한 탐색에 앞서 스미스는 심리적 원리들이 과학적 시도를 어떻게 이끌어가는지 설명한다. 놀람(surprise. 기대하지 못했던 것들에 대하여), 경이(wonder. 새롭고 특이한 것), 그리고 찬탄(admiration. 위대하고 아름다운 것)이라는 상이하면서도 서로 연계된 일련의 정신적 단계를 거쳐 이루어진다.

첫 번째로 놀람은 어떤 유형의 감정이 갑자기 촉발될 때 일어나는 마음속의 격렬하면서 급격한 변화이다.[718] 그리고 경이란 "특이한 현상 및 그가 지금까지 관찰해 왔던 여느 모든 대상들과의 차이에 의해 고조되는 애매하고도 간절한 열망이 어린 호기심"이다.[719] 놀람을 통해 경이는 신선함을 맛보는데, 이 경이가 바로 인류로 하여금 철학을 공부하도록 이끈다.[720]

마지막으로 찬탄은 "자연의 작동 현상들을 공통으로 묶어내고 있는 실질적인 연결고리들을 발견할 때" 얻어진다.[721] 놀람, 경이 및 찬탄, 이 3인조는 과학적 전개과정이라는 연속선상에 있는 단계들이다. '기대하지 않았던 것'에서 시작하여, '새롭고 특이한' 것을 거쳐 '위대하고 아름다운' 마무리로 끝나는 일련의 과정은 추상적인 정신 과정으로서 자연과학 이해의 토대를 제공한다. 〈천문학의 역사〉의 근거가 되고 있는 이런 추상적 관념은 사실 이미 전통적인 사고방식에도 존재하고 있는 것이었지만, 스미스가 이를 자신의 이론체계를 세움에 있어 어떻게 활용하였는지 주목해야 한다.

10.7

뉴턴과 스미스의 공통점, "만약 ~라면"

그런데 스미스는 단지 이런 심리적 현상과 단계를 분석, 설명하려는데 목적을 두었던 것이 아니다. 그는 이러한 감정들(sentiments), 즉 놀람-경이-찬탄을 통해 자연 및 사회적 현상의 성격과 원인들이 규명되어야 한다고 생각했다. 따라서 과학 발견의 시작으로서의 이런 심리적 현상과 전개는 실체적으로 심미성을 가질 뿐 아니라 방법론적으로도 의미가 있었다.

그렇기 때문에 데카르트처럼 이성을 통해 연역하거나, 스콜라 학파처럼 숨겨진 원인들을 찾아내는 것이 아니라 광범하게 현실 속에 들어가 관찰과 탐색을 반복함으로써 현상에 영향을 미치고 있는 사회적 중력을 찾아내야 한다는 것이 스미스의 지론이었다.[722] 그리고 스미스는 철학을 "서로 부딪치며 부조화스럽게 보이는 혼돈 현상 속에 질서를 가져오기 위한 시도"를 통해 "자연의 원리들을 연결하는 과학"[723]으로 정의하는 한편, 철학의 목적을 "자연의 다양한 외형을 일관성 있게 묶는 숨겨진 연결고리들을 드러내는 것"[724]에 둔다.

이를 위해 스미스는 다음과 같이 제안한다.

"그 근원을 거슬러 올라가 보자. 맨 처음 상태에서부터 시작하여 그 현상이 완전히 발현되어 만개되어 있다고 생각되는 그 정상의 지점까지 샅샅이 상상해 보자. 정상이란 과거에도 그만큼 도달할 수 있었을 것이라고 생각되는 수준을 말한다. ...이렇게 모든 다른 제도들을 검증해 보

자. .....지식인들과 탁월한 이들에 의해 지속적으로 시도되어 왔던 것들을....."[725]

이 부분에서 스미스가 과학 발전의 조건과 지속적 성격을 강조하고 있다는 점에 주목할 필요가 있다. 그는 뉴턴이 발견한 과학적 성과들을 정점으로 단정하는데 신중했다. 뉴턴의 중력법칙에 관하여 스미스는 "뉴턴 경은 연결이라는 자연 속의 원리들을 행성들에게도 적용하여 이들의 움직임을 묶어 낼 수 있다는 사실을 발견했다. 이렇게 함으로써 지금까지 인간의 상상의 한계로 인해 초래되는 난관을 거의 제거한 것이다.....그렇게 함으로써 행성의 궤적들을 한 데 엮는 연결 원리가 중력일 수 있다(might be)는 사실을 보여주었고, 다음 번엔 현실적으로 타당한지 검증을 시도했다."고 평가한다.[726]

뉴턴의 발견을 과학적 정점 그 자체로 간주하고 있던 시대에 '중력이다'라고 보지 않고 '중력일 수 있다'라고 한 것은 인과관계로 보지는 않는다는 관점을 드러낸 것이다. 왜냐하면 스미스에게 과학은 뉴턴의 방법론적 유산과 유사하게 연속적 근사화의 열린 과정[727]이기 때문이다.

스미스는 뉴턴의 발견에 대한 소감을 다음과 같은 말로 마무리하고 있다. "이삭 뉴턴 경의 체계에서는 각 구성부분들이 다른 어떤 철학적 가설들보다 더 밀접하게 엮여있다."[728] 여기서도 스미스는 연결 원리들에 대하여 더 이상 인과관계를 사용하지 않는다. 단순히 뉴턴의 체계가 지금까지 인류의 경험에 비춰 가장 정확하다는 내용을 표현하고 있을 뿐이다. 하지만 그렇다고 이것이 최종적인 진리는 아니다.

스미스는 "그 원리들이 과연 자연 현상 속의 몇 가지 작동들을 한데 묶을 수 있는 진짜 사슬들이라면"[729] 우리가 그 원리들을 채택해야만 한다는 것이다. 다시 한번 여기서 강조되는 것은 "만약 ~ 라면(as If)"이다.

스미스는 과학적 탐구가 갖는 개방형 종결적 성격(open-ended nature)을 이해하였다. 이것은 뉴턴주의의 가장 뚜렷한 부분이다. 스미스는 뉴턴의 발견에 대하여 18세기의 사람들이 보였던 존경을 갖고 있었고, 사회적 실재에도 지속적으로 근접하여 어떤 원리를 발견할 수 있을 것으로 알았는데, 이것이 스미스가 이해하고 있던 뉴턴주의였다.

철학의 목적을 "자연의 연결원리들"을 찾아내거나,[730] 혹은 "자연의 다양한 현상을 통일적으로 연결하는 숨은 고리들을 드러내는 것"[731]이라고 파악했던 스미스의 눈에 과학적 전개는 끊임없는 발전과정이었다. 스미스는 이런 열린 시각을 바탕으로 사회 현실을 묶어 주는 인력을 발견할 수 있을 것으로 기대하였다.

"자연현상에 대한 설명을 상상을 통해 추상적으로 시도하는 것이 아니라, 하나의 기본적인 실재, 다시 말해 우리가 일상적으로 경험하는 현실 안에 있는 무엇을 중심으로 모두 상호 밀접하게 연결되어 있다는 사실, 그리고 그것을 발견하여 인류가 전반적으로 완전하게 동의하도록 하자는 데 이의를 제기할 수 있을까?"[732]

중력의 현실성, 단순히 존재하는 사실로서 관찰 가능한 현상이라는 것은 데카르트주의에 대한 뉴턴주의식 대응을 반영한다. 기계론적 철학에서는 수학이 현실을 능가하였지만,[733] 스미스에게는 현실이 우선이었다. 아마도 이 사실은 수학적으로 설명되는 시장만을 염두에 두면서 스미스의 후계자를 자처하는 현대의 경제학자들에게는 당혹스러운 발견일 수 있다.

10.8

중력은 불변이지만, 인간의 욕구는 변한다

우리가 유념해야 할 것은 스미스의 〈천문학의 역사〉는 스미스가 뉴턴을 이해했던 방식을 보여주는 하나의 사례일 뿐이라는 점이다. 뉴턴이 스미스에 미친 영향은 〈국부론〉과 〈도덕감정론〉에서도 얼마든지 발견할 수 있다. 그리고 중요한 건 원인을 있게 한 것이 무엇이냐가 아니라, 그 원인이 '존재한다는 사실'이라는 뉴턴 식의 사고가 스미스의 이론체계 전반에 배어 있다는 점이다. 예컨대, 스미스의 경우 시장에서의 교환이란 마치 뉴턴에게 있어서의 중력과도 같은데, 중력이 단순히 존재하듯이, 스미스에게 있어서 거래나 물물교환을 위한 사익 추구에서 나오는 인력(引力)들은 단순히 존재 하는 것으로 충분했다. 그것이 인간 본성의 원초적인 어떤 원리들 중의 하나라던가, 좀 더 개연성이 높은 사회 운영 체제라던가, 이성과 언어의 구사에 따른 결과라던가 하는 점은 논외인 것이다.[734]

그런데 스미스의 교환 욕구의 개념과 뉴턴의 중력 간에 어떤 공통점이 있다면 양자 모두 단순히 존재하고 있다는 점인데, 전자는 거래여부를 결정함에 있어 내면의 사고를 거친다는 점에서 심리학적이고, 후자는 물리적이라는 차이가 있다. 이런 차이는 우리로 하여금 뉴턴이 발견한 우주 공간에서의 중력의 존재와, 스미스가 관찰해 낸 시장 공간에서의 교환 동기(사익추구)의 존재가 법칙의 엄격성에 있어서 같은 비중을 갖는지 의문을 갖도록 하기에 충분하다. 21세기의 중력과 18세기의 중력에 양과 질의 차이가 있다고 생각하기는 어렵지만, 인간의 욕구는 그와 같이 동일하다고 보기 어렵다. 인간은 사회, 문화적 조건에 따라 영향을 받기도 하고, 그 조건에 영향을 주는 존재이기도 하기 때문이다.

스미스가 오늘 지금 이 자리에서 시장을 관찰하면서 발견하는 '존재'와 그 시대의 '존재'가 같지 않다면 어떤 입장을 취할까? 과학적 전개과정을 진행형으로 파악하고 열린 종결형 사고를 갖고 있었던 스미스가 그의 이론 체계에 대한 재검증에 나서지 않을까.

---

673. G. Bryson([1945] 1968), Man and Society: The Scottish Inquiry of the Eighteenth Century (New York: Kelley), p.20.
674. Leonidas Montes(2013), 'Newtonianism and Adam Smith' in The Oxford Handbook of Adam Smith Oxford University Press), p.50.
675. N.S. Hetherington(1983), 'Isaac Newton's Influence of Adam Smith's Natural Laws in Economics', Journal of the History of Ideas 44, p.498.
676. Isaac Newton([1704] 1979), Opticks: or, a Treatise of the Reflections, Refractions, Inflections and Colours of Light (London: William Innys), p.405.
677. 1725년에 출간된 허치슨의 〈미와 덕성의 기원에 관한 탐구.An Inquiry into the Original of our Ideas of Beauty and Virtue〉 초판의 첫 페이지에는 저술의 목적을 도덕적 주제에 대한 수학적 계산의 시도를 목표로 한다는 내용이 들어 있었다. Francis Hutcheson([1725] 1726), An Inquiry into the Original of our Ideas of Beauty and Virtue, London: J. Darby.
678. George Turnbull([1740] 2003), The Principles of Moral Philosophy. An Enquiry into the Wise and Good Government of the Moral World (London: Printed for John Noon), p.12.
679. Smith, TMS III. 2.20, 124; Leonidas Montes(2013), op.cit., p.37.
680. 스미스에게 미친 뉴턴의 영향은 그의 저술 〈천문학의 역사.History of Astronomy〉에서 찾아 볼 수 있다. Aadm Smith([1982]), A History of Astronomy in Essays on Philosophical Subjects, edited by W. Wightman (Indianapolis: Liberty Fund)
681. R.E. Schofield(1978), 'An Evolutionary Taxonomy of Eighteenth-Century Newtonianisms', Studies in Eighteenth Century Culture, vol. 7, p.177.; S. Schaffer(1990) 'Newtonianins', IN R. Olby, G. Cantor, J. Christie, and M. Hodge (eds) Companion to the History of Modern Science (London: Routledge), p.610-26.
682. Paul Wood (2003), 'Science, Philosophy, and the Mind', IN R. Porter (eds.) The Cambridge History of Science, Eighteenth Century Science, Cambridge University Press) vol. 4, p.802.
683. Immanuel Kant ([1784] 1996), 'An Answer to the Question: What is the Enlightenment', IN M. Gregor (tr. and ed.) The Cambridge Edition of the Works of Immanuel Kant, Practical Philosophy, Cambridge University Press.
684. C.J. Berry(1997), Social Theory of the Scottish Enlightenment (Edinburgh: Edinburgh University Press), p.3. Berry는 뉴턴을 "계몽주의의 영웅(Newton is the hero of the Enlightenment)"이라고 묘사한다.
685. Nature and nature's laws lay hid in night: God said, Let Newton be! And all was light. Leonidas Montes(2013), op.cit.,p.37.에서 재인용.
686. George Turnbull([1740] 2003), op.cit., p.323.
687. 원제는 Philosophiae Naturalis Principia Mathematica이나 흔히 "프린키피아(Principia)"로 간략하게 불리는데, 여기에서도 "프린키피아"로 표시한다.
688. 원제는 a Treatise on the Reflexions, Refractions, Inflexions and Colours of Light로 이 역시 "광학(Opticks)"으로 간단하게 불리우고, 이 글에서도 "광학"이라고만 한다.

689. 위 두 책의 평판에 힘입어 뉴턴은 나중에 캠브리지 루카 석좌 교수의 자리에 오르게 된다. 1703년에는 왕립아카데미의 의장이 되는데 그 이후 뉴턴은 영국 과학계에서 독재자(a kind of scientific dictator)같은 존재였다. 그러나 사후에는 영향력이 더욱 커져서 전 세계의 과학적 입법자(world's scientific legislator)가 되었다. 18세기 과학의 발전과정에서 "뉴턴은 18세기 자연철학이 수행되어야 할 활동 영역을 지정하는 지적경계선을 설정하였다" J. Gascoigne(2003), 'Ideas of Nature: Natural Philosophy', IN R. Porter(eds.) The Cambridge History of Science, Eighteenth Century Science, Cambridge University Press, vol. 4, p.289.
690. 뉴턴의 프린키피아 원제인 〈Principia, Philosophiae Naturalis Principia Mathematica〉은 이 책 보다 43년 전에 먼저 나온 데카르트의 〈철학의 원리. Principia Philosophiae. 1644〉와 상당히 유사하다. 하지만 내용면에서는 서로 상반되어 뉴턴의 중력 법칙과 대조적인 데카르트의 물리학적 및 형이상학적 가정은 오랫동안 논쟁거리가 되어 왔다.
691. 보다 정확하게 지리적 명칭으로 쓰자면 브리튼(Britain)이 맞겠지만 보다 친숙한 의미로 영국이란 명칭을 그대로 쓰기로 하고, 만일 지리적으로 구분할 경우엔 잉글랜드, 스코틀랜드, 웨일즈 식으로 표기하기로 한다.
692. Paul Wood(2003), 'Science, Philosophy, and the Mind', IN R. Porter(ed.) The Cambridge History of Science, Eighteenth Century Science, Cambridge University Press, vol. 4, p. 810. Wood에 의하면 1690년대 이래 스코틀랜드 대학들은 "뉴턴주의 체제의 제도화를 이끌었다(…led the way in the institutionalization of the Newtonian system)." 이런 점에서 스미스는 가장 효과적이며, 영향력있게 뉴턴 방법론의 사회적 실천을 이뤄낸 사람으로 꼽을 수 있다. 그의 시장의 작동이론의 틀은 뉴턴의 중력법칙과 인력을 기본으로 한 것이었기 때문이다.
693. Christine Shepherd(1982), 'Newtonianism in Scottish Universities in the Seventeenth Century', IN R. Campbell and A. Skinner(ed.) The Origins and Nature of the Scottish Enlightenment(Edinburgh: John Donald Publishers Ltd), p.83.; L.Brockliss(2003), 'Science, the Universities, and Other Public Spaces: Teaching Science in Europe and the Americas', IN R. Porter(ed.) The Cambridge History of Science, Eighteenth Century Science, Cambridge University Press, vol. 4, p.47. Brockliss는 1690년 무렵이 되면 스코틀랜드 대학들에서 철학 교수들 사이에서는 뉴턴의 보편적 중력이론과 광학이론이 논쟁의 중심을 차지하고 있었다고 설명한다.
694. Leonidas Montes(2013), op.cit., p.42.
695. 제임스는 이른바 그레고리안 반사망원경을 디자인한 사람으로 뉴턴과 계속 교류를 가졌다. 그는 1668년 세인트 앤드류스 대학의 수학교수가 되었고, 1674년에는 에딘버러 대학에 신설된 수학과 교수가 되었다. 그의 조카 데이비드는 뉴턴의 제자로 뉴턴 주변의 핵심 그룹의 일원이었다. 그는 삼촌의 뒤를 이어 1683년 에딘버러 대학의 수학과 교수가 되었가 뉴턴의 후원으로 옥스포드 대학의 Balliol 칼리지 교수가 되었고, 나중엔 옥스포드 대학의 사빌리안(Savilian chair) 천문학 석좌교수가 되었다.
696. H. Guerlac(1981), Newton on the Continent , Cornell University Press, p.118.
697. Paul Wood(2003),op.cit., p.102.
698. [Sir Isaac Newton] proposed that, in our enquiries into nature, the methods of analysis and synthesis should be both employed in a proper order; that we should begin with phenomena, or effects, and from them investigate the powers or causes that operate in nature; that, from particular causes, we should proceed to the more general ones, till the argument end in the most general: this is the method of analysis. Being once possest of these causes, we should then descend in a contrary order; and from them, as established principles, explain all the phenomena that are their consequences, and prove our explications: and this is the synthesis … the method of analysis ought ever to precede the method of composition, or the synthesis. Maclaurin, C.([1748] 1750), An Account of Sir Isaac Newton's Philosophical Discoveries(London: Printed for A), p.9; Paul Wood (2003),op.cit., p.44에서 재인용.
699. Paul Wood (2003),op.cit., p.107.
700. 뉴턴이 재판(再版)에서 경험철학과 관련하여 이를 언급하였다 제3판에 이르러 그 개념을 자연철학으로까지 확장하였다. Isaac Newton([1687] 1999), Mathematical Principles of Natural Philosophy, edited by I. Cohen and A. Whitman(Berkeley: University of California Press), p.943.
701. Leonidas Montes(2013), op.cit., p.39.
702. In experimental philosophy, propositions gathered from phenomena by induction should be considered either exactly or very nearly true notwithstanding any contrary hypothesis, until yet other phenomena make such propositions either more exact or liable to exceptions.

Newton([1687] 1999), op.cit., p.796.
703. Leonidas Montes(2003), 'Smith and Newton: Some Methodological Issues Concerning General Economic Equilibrium Theory', Cambridge Journal of Economics 27, p.723-47.
704. George Smith(2002), 'The Methodology of the Principia', IN I. Cohen and G. Smith(eds) The Cambridge Companion to Newton, Cambridge University Press, p.159, 162.
705. Leonidas Montes(2013), op.cit., p.41.
706. And if no Exception occur from Phenomena, the Conclusion may be pronounced generally. But if at any time afterwards any Exception shall occur from Experiments, it may then begin to be pronounced with such Exceptions as occur. By this way of Analysis we may proceed … in general, from Effects to their Causes, and from particular Causes to more general ones, till the Argument end in the most general. This is the Method of Analysis: And the Synthesis consists in assuming the Causes discover'd and establish'd as Principles, and by them explaining the Phenomena proceeding from them, and proving the Explanations. 광학, 404-5.
707. D.A. Redman(1993), 'Adam Smith and Isaac Newton', Scottish Journal of Political Economy 40, p. 221. 우리가 말하는 소위 "박사(博士)"의 의미에 가장 충실 하려던 사람들이라고도 볼 수 있다.
708. Leonidas Montes(2013), op.cit., p.46.
709. A. Skinner(1976), 'Adam Smith: The Development of a System', Scottish Journal of Political Economy 23, p.111-32.
710. Smith, TMS V.II.9. III.2.2: 124.
711. Leonidas Montes(2013), op.cit., p.47.
712. Adam Smith(1981), An Inquiry into the Nature and Causes of the Wealth of Nations, edited by R. Campbell and A.Skinner (Indianapolis: Liberty Fund), intr.: 4; A. Skinner(1979) 'Adam Smith: An Aspect of Modern Economics?', Scottish Journal of Political Economy 26, 110.
713. Mark Blaug([1980] 1992), The Methodology of Economics or How Economists Explain, Cambridge University Press, p.52.
714. N.S. Hetherington(1983), op.cit., p.498.
715. W.Jaffé, W.(1977) 'A Centenarian on a Bicentenarian: León Walras' Eléments on Adam Smith's Wealth of Nations', Canadian Journal of Economics 10, p.19-33.
716. Mark Blaug([1980] 1992), op.cit., p.53.
717. 원문 제목은 "The Principles Which Lead and Direct Philosophical Enquiries; Illustrated by the History of Astronomy"으로, 슘페터는 이 글을 "백미(the pearl of the collection)"로 꼽을 정도로 높이 평가하였다고 한다. J. A. Schumpeter([1954]1994), History of Economic Analysis(Routledge: London), p.182.
718. HA I.5: 35.
719. HA II.4: 40.
720. HA III.3: 51.
721. HA IV 76: 105.
722. Leonidas Montes(2013), op.cit., p.48.
723. the science of the connecting principles of nature
724. HA III.3: 51.
725. HA II.12: 48.
726. HA IV.67: 98.
727. open-ended rocess of successive approximations
728. HA IV.76: 104.
729. HA IV.76: 105.
730. HA II.12: 45.
731. HA III.3: 51.
732. HA IV. 76: 105.
733. 스미스가 수학의 사용에 신중하였다는 사실을 기억해 둘 필요가 있다. 그는 도덕감정론에서 "그러한 학문들(고등수학들의 일부)을 개인이나 공적 영역에 적용하는 것이 그렇게 명확한 것은 아니다"라고 하고 있다. TMS IV.2.7: 189.
734. WN I. ii.1:25; Leonidas Montes(2013), op.cit., p.49.

제 11 장

자본주의, 그리고 자본주의 정신

요약

자본주의는 시장경제와 민주주의를 뒷받침하기에 가장 적합한 경제 메커니즘이다. 자본주의라는 용어는 프랑스의 학자인 블랑이 19세기 중반에 처음 사용하였고, 독일의 좀바르트와 막스 베버를 거치면서 학문적 명성을 얻기 시작한 개념이다. 자본의 목적은 소비가 아니라 도구적 지배력에 있다. 자본은 어떻게 이용하는가에 따라 '사회결합적'이 될 수도 있고, '사회해체적' 내지 '개인주의적'이 될 수도 있는 것이다.

자본주의는 순전한 악도, 순전한 미덕도 아니다. 인플레이션, 경기침체, 실업 등의 경기 변동을 자본주의 역사 속에서 드물지 않게 찾아 볼 수 있고, 부패로부터 자유스럽지도 않으며, 환경에 대한 위협 요소로 지적 받기도 한다. 그러나 이런 결함과 비판은 비단 자본주의에 국한된 것이 아니라 다른 경제체제 하에서도 동일한 지적이 가능하다. 자본주의의 장점으로 들 수 있는 것은 잘 설계된 자본주의 체제는 장기적으로 경제 성장이라는 성과를 보여주는데, 이 성장이 바로 삶의 질을 전반적으로 높여주는 원동력이면서 빈곤을 감소시켜준다는 것이다. 이것은 역사적으로 비춰볼 때 여타의 경제체제에서 찾아 보기 힘든 긍정적인 경험이다.

자본주의 경제는 명령이나 협박, 강제보다는 자발적인 협동에 기초한다는 점에서 도덕적으로 우월하고, 또한 결과적으로 부작용이 발생하더라도 그 오류를 경제적 과정을 통해 해소할 수 있다는 장점을 지니고 있다. 물론 이는 자본주의가 이상적으로 작동하고 있을 때를 전제로 한다. 자본주의의 결과적 오류가 절차적으로 시정될 수 있는 여지를 가지려면 건강한 민주정치가 뒷받침되어야 한다. 이는 자본주의와 민주주의가 상호 보완적으로 작용할 수 있고, 또 그래야만 한다는 것을 말해 준다. 다만, 여기서 말하는 민주주의는 공화적 정신이 뒷받침되는 민주주의여야 한다. 민주적 절차가 윤리적 합리성을 자동으로 담보해 주지는 않는다. 그런데 한편으로 민주주의와 자본주의는 병존하면서도 상호 갈등의 소지도 내포하고 있다. 왜냐하면 민주주의의 본질인 자유를 추구하면서, 동시에 평등도 달성해야 할 때 사후적 내지 보정적 평등을 실현하는 과정에서는 자유와 상충될 수 있고, 이것이 자본주의적 정신을 억제하는 효과를 가져올 수도 있기 때문이다.

자본주의의 장점은 부의 극대화에 있지만, 단점은 극대화된 부가 편중된다는 것이다. 자산에 대한 권리에 비례하여 자산을 활용한 생산의 기회도 늘어나고, 따라서 자산이 많으면 많을 수록, 그것으로 창출할 수 있는 부도 그만큼 많아진다. 문제는 가난하여 자산에 접근할 기회를 갖지 못하는 사람은 좀처럼 그 악순환의 굴레에서 벗어날 수 없다는 사실이다. 결과는 빈부의 격차 심화이며, 생산 수단과 분리된 일단의 계층들을 만들어낸다는 것이다.

자본주의는 불합리한 충동을 억제하거나 적어도 합리적으로 조절하는 것을 그 핵심으로 한다. 자본주의는 지속적이고 합리적인 혁신적 기업 활동을 통해서 이윤을 그것도 영원히 새로운 이윤을 추구하는 것이다. 베버는 우리가 지금 흔히 자본주의적 특성으로 이해하는 것들을 엄격하게 자본주의와 구분하였다. 많은 사람들이 자본주의의 속성을 소유욕 내지 탐욕과 동의어로 본다. 자본주의를 비판하는 사람들도 그렇고, 자신의 탐욕을 정당화하려는 사람들도 이 점에서 마찬가지이다.

그러나 베버는 제어되지 않는 탐욕은 자본주의와는 거리가 멀며, 자본주의 정신은 지속성에 있다고 보았다. 그는 근대적 자본주의에 성공했던 동력은 탐욕(greed)이 아니라고 단정한다. 소유욕과 탐욕을 자본주의적 특성으로 보아서는 안 된다는 것이다. 베버에게 있어 탐욕은 오히려 자본주의의 장애물이었다. 이런 정신의 소유자들은 자본주의적 역동성과는 거리가 먼 그룹들로서 베블런의 경우 유한계급 또는 부재소유자로 불렀는데, 이 새로운 형태의 경제인은 경쟁적 협력보다는 이기려는 심리, 파괴적 소비심리, 전체 사회에 대한 무력감 등에 입각하여 오직 재산소유에만 광분하고 재화와 여가의 과시적 소비를 통해 자신의 사회적 우월성을 나타내는 것 등을 그 특징으로 한다.

초기 자본주의 경제의 발전은 경제 주체들의 이기적 합리성과 윤리적 합리성의 적절한 조화에 의해 가능하였지만, 19세기말 이후 자본주의 생산력이 비약적인 발전을 거듭하면서 윤리성은 사라지고 인간을 지배하는 동기는 오로지 이기적 합리성만이 전부라는 사고가 전반적으로 자리잡게 되었다. 욕망의 추구만을 정당화하고 이것이 유일한 동기로서 다른 동기들을 압도하게 된 것이다.

원형 자본주의에서 상정되고 있는 경제인은 부를 추구하지만 근검, 절약, 정직을 행동전략으로 취하고, 모험정신에 따라 영리활동을 하는 존재였다. 그리고 그 경제인의 바탕에는 합리성, 소명, 신 앞에서의 겸손, 섭리, 방종과 사치로부터의 절제 등이 있었다. 원형 자본주의로의 복귀에는 자본가성(性) 회복, 즉 금융 투기꾼에서 혁신을 도모하는 기업가로의 제자리 찾기, 절제와 합리적인 노동 윤리가 바탕이 되는 시민 정신의 확립이 필요하다. 모두를 위한, 모두에 의한 정의가 필요한 것이다.

슘페터는 일찍이 '자본주의는 존속할 수 있는가'라는 아주 근본적인 물음을 던진 뒤, 하부구조의 모순 때문에 자본주의가 종말을 고할 것이라는 마르크스 주장과 달리 자본주의를 가능하게 했던 상부구조인 "자본주의적 심성(capitalist mentality)" 때문에 자본주의는 망할 수박에 없다고 답한 바 있다. 슘페터가 보기에 자본주의는 그 자신을 권좌에 올려주었던 일등 공신인 합리수의의 반역으로 멸망한다.

자본주의가 종말에 이르렀다거나 소진되었다고 보기에는 무리가 있지만 2009년 금융위기 등에서 보여준 바와 같이 상당한 문제점을 노정하고 있는 것만큼은 사실이다. 원래 자본주의는 절대 빈곤 문제를 해결한 다음에는 질적 자본주의의 단계로 이행해야 한다. 절대 빈곤 문제가 해결되었다고 해도 정의의 관점에서 충분한 것은 아니다. 분배적 정의의 해결은 여전히 남아 있으며 상대적 빈곤과 박탈, 불평등 해소의 과제는 남아 있는 것이다. 문제는 이 단계에서 질적 자본주의를 해결하지 못하면 사회의 활력 저하, 갈등의 증폭, 양극화로 인한 반목 등이 지속적 발전을 저해함으로써 현상 유지도 못하고 퇴행하여 결국은 다시 절대 빈곤의 문제를 해결해야 하는 지경에까지 떨어지게 되는 것이 역사가 보여주는 자본주의 경험이다.

자본주의, 시장경제, 민주주의는 그 어느 것도 그 자체로서 목적이 될 수 없다. 목적은 개인과 공동체의 안녕 및 행복이다. 하지만 자본주의, 시장경제, 민주주의는 각기 다른 개념임에도 불구하고 이 목적 달성을 위한 사실상 가장 이상적인 짝짓기가 가능한 조합이다. 이렇게 되기 위해서는 각자 불순물을 떨쳐버리고 순결한 원형으로 돌아오거나, 전제의 오류를 교정한 모습이 되어야 한다.

11.1

자본의 특징

자본이란 소비를 통한 만족을 위해서가 아니라 다른 효용과 부를 생산하기 위해 사용되는 생산품이다. 따라서 자본의 목적은 소비가 아니라 도구적 지배력에 있다. 따라서 '재화가 재화를 낳는' 셈이다. 이러한 자본은 다양한 방식으로 사용될 수 있고, 그래서 다양한 사회적 결과들을 빚어낼 수 있다. 예를 들면 금융자산은 사람들로 하여금 자율적 존재로 설 수 있도록 돕고 지지해 주는 수단이 될 수 있다. 아니면 반대로 '사회적 접착제(social glue)'의 역할을 함으로써 사람들을 다른 사람에게 밀접하게 의존하도록 만들 수도 있다. 자본을 어떻게 이용하는가에 따라 '사회결합적'이 될 수도 있고, '사회해체적' 내지 '개인주의적'이 될 수도 있는 것이다.

자본주의의 전형적인 특징들을 들자면 일반적으로 아래와 같을 것이다.

첫째, 어떤 경제가 물품, 토지, 서비스를 배분하는데 시장 제도라는 수단을 - 가령 물물교환이나 권위적인 할당과 같은 수단 보다 - 더 많이 사용할수록 더 자본주의적이라고 할 수 있다. 여기서 시장제도는 사회 전체를 지탱하고 유지하는 메커니즘이다.

둘째, 어느 경제에 속한 기업들이 시장에서의 판매를 통해 이윤을 얻는 것을 목표로 삼으면 삼을수록(다른 조건이 모두 같다고 가정할 때), 그 경제는 더 자본주의적이라고 할 수 있다.

셋째, 어느 경제가 임금을 제공함으로써 노동을 확보하는 정도가 더 클수록 자본주의적이라고 할 수 있다. 더 많은 노동이 시장의 품목에 포함되어 '노동 시장'이 더 커지는 것을 말한다.

넷째, 생산과 분배의 과정에 자본이 더 많이 들어가면 갈수록 더 자본주의적이라고 할 수 있다. 자본이란 사람들(혹은 기업들)이 소유권을 지니는 물품으로서, 재화나 서비스의 생산 및 판매 과정에 사용되어 소유주는 그 물품의 유용성으로 인해 소득을 차지할 권리를 갖게 된다.

다섯째, 그 경제에 참여하는 사람들이 자본에서 얻은 소득을 다시 자본으로 사용될 물품에 대한 권리를 얻는데 더 많이 사용하면 할수록 더 자본주의적이라 할 수 있다.

그리고 마지막으로 공적 기관보다 사적 주체가 자본을 더 많이 소유하면 할수록 그 경제는 더 자본주의적이라 할 수 있다.

그런데 자본주의의 궁극 목적은 시장경제와 민주주의와 다름없이 인간의 행복에 있으므로 구성원에게 기회를 주는 자본을 굳이 돈이나 자산에 국한할 필요가 없다. 개인의 역량을 키워줌으로써 시장에서 자기를 구현하고, 정치적 질서에서 자존감을 유지할 수 있는 수단이라면 그 모든 것이 자본에 포함되어야 한다는 것이다. 이러한 자본을 협소한 의미에서 물적 자본에 대응한다는 뜻에서 굳이 이름을 붙이자면 '인적 자본'이 될 것이다.

한편 자본주의의 제도적 핵심인 사유재산제와 계약의 자유가 어디까지나 시장을 통해, 민주적 정치 과정을 통해 자기를 구현하는 수단에 불과한 만큼 이 수단이 제도로서 인정되고, 이 제도를 유지하기 위한 과정에서 불리한 처지에 놓인 사람들에게는 이를 보충할 방안을 마련해 줄 필요가 있다. 그 방식은 시장에서 의미 있는 거래를 할 수 없을 정도의 무산(無産)계층이 없도록 해주는 사전적 보충과[735] 일정한 자본을 갖고 자율적으로 경제활동을 하다가 열악한 수준으로 몰려서 독자적 생존이 어려운 사람들에 대한 사후적 부조(扶助)로 나눌 수 있다. 전자가 정의의 요청이라면, 후자는 복지에 해당한다고 할 수 있다.[736]

11.2

'자본주의' 용어의 등장

자본주의라는 용어는 프랑스의 학자인 블랑(Louis Blanc, 1811-1882)이 19세기 중반에 처음 사용하였고, 독일의 베르너 좀바르트(Werner Sombart, 1863-1941)와 막스 베버(Max Weber, 1864-1920)를 거치면서 학문적 명성을 얻기 시작한 개념이다.[737] 그러나 보다 엄밀히 말한다면, 블랑이 썼던 것은 '자본주의'이고, 좀바르트와 베버는 나중에 보겠지만 이 자본주의를 구성하는 원리가 무엇인가에 대하여 주목하고 그 '정신'을 분석하였다는 점에서 차이가 있다.[738]

슘페터(Joseph Schumpeter, 1883-1950)에 의하면 자본가라는 명칭은 20세기 초에 이르면 대중에게 익숙한 용어가 되었고, 그 이전에도 경제학자들 사이에서 일반적으로 쓰이는 말이었으나, 자본주의라는 용어는 19세기 내내 마르크스주의자들과 마르크스주의에 직접 영향을 받은 저자들을 제외하면 거의 사용되지 않았다고 한다.[739] 자본주의라는 용어는 19세기 중반에서 20세기 초까지는 긍정적인 의미보다는 부정적인 사회 비판적 의미, 특히 산업화로 인한 여러 사회적 모순들을 비판하기 위한 논쟁적이고 정치적인 표어로서 사회 비판의 슬로건으로 쓰였다.[740]

그런데 자본주의라는 용어는 당초 사회주의자들뿐만 아니라 부르주아들로부터도 공격과 비판의 대상이었다. 사회주의자들은 산업화의 과정에서 보여주는 생산수단의 사적 소유와 임(賃) 노동 사이의 긴장된 생산 양식에 대한 비판으로서 자본주의를 공격하였고, 보수적인 부르주아들에게 자본주의는 경제적 자유 방임을 전면에 걸고 나서는 배금주의, 특히 불로 소득을 얻으면서 이윤을 창출하는 대신 독일 노동자들을 착취하는 유태인 유산계급이 선호하는 경제체제로 인식되었다.[741]

실제로 좀바르트는 자본주의를 논하면서 반(反) 유태주의 정서를 드러내 보이기도 하였다.[742] 자본주의라는 용어가 사회 비판의 슬로건으로, 특히 초기에 사회주의자들에 의해 주로 사용되었기 때문에[743] 이 용어를 사용하는 사람에 대하여 부르주아 대중 사이에서는 사회주의자로 분류되는 낙인 현상도 있었다. 좀바르트가 대표적인 인물인데, 그는 자신의 저서를 통해 자본주의 정신에 최초로 주목하여 학술적인 전개를 펼쳤지만 부르주아 민족주의 경제학자들로부터는 마르크스(Karl Marx, 1818-1883)에 가까운 인물로 평가되어 당시의 주류 경제학계에서 외면 당하는 결과를 초래하고 말았다고 한다.[744]

한편으로 자본주의라는 개념에는 사회 경제적으로 역동적으로 발전하는 새로운 시대라는 역사철학적 함의가 강하게 내포되어 있기도 한데, 이런 의미에서의 자본주의는 이념과 계급을 초월한 하나의 사회경제적 현상을 지칭하는 시대 구분으로서의 기능을 한다고 할 수 있다.[745]

그런데 좀바르트는 정치적 투쟁개념이었던 '자본주의'를 학술적인 개념으로 전개하면서 자본주의의 원리로서 영리추구성과 합리성에 주목하였다. 그리고 이와 함께 자본주의를 여러 경제제도 중의 하나로 이해하고, 그 발생을 근대 초 유럽으로 규정하면서 다른 경제 체제들과 경쟁하여 승리함으로써 인류가 발전해 나가는 보편적 역사의 한 단계를 차지하였다고 평가하였다.[746]

하지만 슘페터같은 사람은 좀바르트와 달리 우리가 습관적으로 자본주의라는 모호한 말에 결합시키는 대부분의 현상들, 즉 대기업, 주식과 상품투기, 고도금융(high finance) 등이 그 모습을 드러낸 것은 15세기 말로 보았다. 이미 그 이전인 14세기 지중해 연안에서 자본주의적 생산과 교역을 뒷받침하는 양도성 어음이나 인위적 예금을 둘러싼 법과 관행이 있었기 때문에 이 현상들이 전혀 낯선 것은 아니었지만, 슘페터가 주목했던 것은 이것들이 경제활동에서 차지하는 비중이 전 시대에 비하여 상대적으로, 그리고 절대적으로 커졌다는 사실이었다.[747]

어쨌건 좀바르트에 이어 그의 친구였던 막스 베버가 2년 뒤 〈프로테스탄트 윤리와 자본주의 정신, The Protestant Ethic and the Spirit of Capitalism〉을 내 놓으면서 자본주의는 그 전까지의 비판적인 정치, 사회적 슬로건에서 한 사회의 경제 현상과 동인을 설명하는 개념으로 자리잡게 되었다.

11.3

자본주의 특성

자본주의는 순전한 악도, 순전한 미덕도 아니다. 인플레이션, 경기침체, 실업 등의 경기 변동을 자본주의 역사 속에서 드물지 않게 찾아 볼 수 있고, 부패로부터 자유스럽지도 않으며, 환경에 대한 위협 요소로 지적 받기도 한다. 그러나 이런 결함과 비판은 비단 자본주의에 국한된 것이 아니라 다른 경제체제 하에서도 동일한 지적이 가능하다. 자본주의의 장점으로 들 수 있는 것은 잘 설계된 자본주의 체제(a well-designed capitalist regime)는 장기적으로 경제 성장이라는 성과를 보여주는데, 이 성장이 바로 삶의 질을 전반적으로 높여주는 원동력이면서 빈곤을 감소시켜준다는 것이다. 이것은 역사적으로 비춰볼 때 여타의 경제체제에서 찾아 보기 힘든 긍정적인 경험이다.[748]

그런데 자본주의가 이러한 성과를 보여줄 수 있는 저력은 어디에서 오는 걸까. 이에 대한 답이 자본주의 정신이다. 이에 대한 설명은 사람들 마다 조금씩 다르다.

피터 버거(Peter Ludwig Berger, 1929-2017)는 자본이라는 어원 탐구를 통해 자본주의 현상이 갖는 핵심적 요소를 추려내고자 시도한 사람이다. 그는 자본주의는 '돈에 뿌리를 두며 또한 생산을 조직하는 특정한 방법'으로 요약하면서, 대체로 베버를 따라 근대 산업자본주의의 특징들로 1) 합리적 이윤 추구, 2) 생산수단의 사유재산을 통한 전유, 3) 시장의 자유, 4) 예측 가능한 법률 체계, 5) 자유로운 노동, 6) 유가증권의 거래를 포함한 금융거래의 자유 등을 꼽았다.

이 중에서 두어 가지를 더 부연하자면 합리적 이윤추구란 자본주의 출현 이전까지 터부시되던 이윤 추구가 완전히 새로운 의미로 해석되어 오히려 장려되는 반전을 이루면서 사고방식의 전환을 가져왔다는 것을 의미하고, 시장의 자유란 봉건적 신분 사회에서의 속박에 반대되는 의미에서의 자유를 뜻하는 것이었다. 이런 자유는 곧 자신을 임(賃) 노동자로 자유롭게 시장에 내놓을 수 있는 환경으로까지 이어진다. 즉, 자유로운 노동의 토대가 되는 것이다. 그리고 유가증권의 거래는 자본에의 능동적 참여 기회가 담보되어야 한다는 것을 말한다.[749] 피터 버거가 꼽는 자본주의 특징들은 사회가 제대로 자본주의를 작동시키기 위하여 구성원들에게 확보해 주어야 할 환경이 무엇인지 역으로 잘 말해준다.

좀바르트는 무한한 욕구 추구 정신인 기업가 정신에다 영리주의, 개인주의 및 합리주의가 결합된 것이라고 한다. 좀바르트가 말하는 영리주의는 근면, 절약, 중용, 신의 등을 중요시하는 시민정신의 뒷받침을 전제로 하고 있는데, 자본주의 정신으로서의 영리욕은 시민적 덕성의 혼합물이어야 했다.[750] 코슬로프스키(Peter Koslowski, 1952-2012)는 자본주의의 구조적인 특성을 생산수단에 있어서의 사유재산, 생산자 혹은 소비자 측 경제활동의 동기로서 이윤 내지 이익의 극대화, 그리고 경제활동의 중개와 조율을 담당하는 수단으로서의 '시장가격'으로 설명한 바 있다.[751] 조지 길더(George Gilder, 1939-)는 자본주의 정신을 창조적 정신으로 이해하는데, 이것은 자본가의 경영 능력이나 기업가 정신과 같은 '볼 수 있는 도전적인 손'에 의해 구현된다고 보았다.

아담 스미스가 시장에서의 불특정 다수의 사람들이 집합적으로 경제주체로서 활동하는 과정에서 '보이지 않는 손'이 작용하여 균형을 이뤄간다고 본 반면, 길더는 상대적으로 소수인 기업가들, 창의적이고 도전적인 정신의 구현자들에 주목하였다. 그는 기업가적 도전과 창의성은 신앙과 믿음의 산물이며 자본주의 발전과정은 계산할 수 있는 물질적 총량이나 분배보다 인간의 도덕과 정신에 의하여 결정된다고 보았다. 즉, 광대한 생산시설 속에서도 보이지 않는 이념과 정서, 미래에 대한 희망과 비전이 존재하므로 경제 성장은 부(富)라는 자본에 의해서만 이루어지는 것이 아니라 시민이 가지고 있는 이념과 윤리에 의해서 결정된다는 것이다.[752] 나아가 그는 소망, 믿음, 사랑이 인생의 기본법칙으로 부와 빈곤의 숨은 비결이 여기에 있다는 결론을 내린다. 위 세 가지 용어는 사실상 기독교 사상의 핵심이랄 수 있는데,[753] 이렇게 보면 길더는 자본주의 정신을 파악함에 있어 베버 식의 프로테스탄티즘 윤리와 슘페터에 기반한 혁신적 기업가 정신을 한데 묶은 것으로도 볼 수 있다.

11.4

자본주의와 민주주의의 상호보완성

초기 자본주의 경제의 발전은 경제 주체들의 이기적 합리성과 윤리적 합리성의 적절한 조화에 의해 가능하였지만, 19세기말 이후 자본주의 생산력이 비약적인 발전을 거듭하면서 윤리성은 사라지고 인간을 지배하는 동기는 오로지 이기적 합리성만이 전부라는 사고가 전반적으로 자리잡게 되었다. 욕망의 추구만을 정당화하고 이것이 유일한 동기로서 다른 동기들을 압도하게 된 것이다.

하지만 그럼에도 불구하고 자본주의 경제는 명령이나 협박, 강제보다는 자발적인 협동에 기초한다는 점에서 도덕적으로 우월하고, 또한 결과적으로 부작용이 발생하더리도 그 오류를 경제적 과정을 통해 해소할 수 있다는 장점을 지니고 있다.[754] 물론 이는 자본주의가 이상적으로 작동하고 있을 때를 전제로 한다. 즉, 겉으로는 자발적 협동이지만 사회, 경제적 조건상 선택의 여지가 없다면 그 거래는 자발적인 것이라 할 수 없고, 이를 일컬어 협동이나 협력이라 할 수 없기 때문이다.

또한 자본주의의 결과적 오류가 절차적으로 시정될 수 있는 여지를 가지려면 건강한 민주정치가 뒷받침되어야 한다. 이는 자본주의와 민주주의가 상호 보완적으로 작용할 수 있고, 또 그래야만 한다는 것을 말해 준다. 자본주의와 민주주의의 관계에 대하여 어떤 이들은 자본주의 체제 이념의 발생은 민주주의라는 정치체제와 동일한 역사적 맥락에서 이루어졌다고 본다.

이들은 민주주의와 자본주의 체제는 병존한다고 본다. 정치적으로 자유스러운 개인들은 경제적 자유를 추구하기 마련이며, 경제적 자유가 있는 상태에서 정치적 독재는 장기화될 수 없다는 것이 그 이유이다. 이 때문에 일시적으로는 둘 중 하나가 결여된 상태가 가능하겠지만 양자가 공유하는 논리의 동질성으로 인해 양자 간의 괴리는 오랫동안 지속될 수는 없다고 본다.[755] 창의와 혁신, 도전, 합리적 영리 추구를 자본주의의 특징으로 이해한다면 민주주의가 없는 곳에서 자본주의가 지속할 가능성은 낮은 것이 사실이다.

다만, 여기서 말하는 민주주의는 공화적 정신이 뒷받침되는 민주주의여야 한다.[756] 민주적 절차가 윤리적 합리성을 자동으로 담보해 주지는 않는다. 다수의 힘을 빙자한 명령, 담합, 선동 등이 민주성이라는 이름으로 경제과정에 영향을 미치게 되면 윤활유 대신 썩은 식용유를 넣은 꼴이 되어 그나마 작동하던 자본주의라는 자동차는 멈추게 될 것이기 때문이다.[757] 경제 행위 동인에서 간과된 윤리적 합리성이 민주적 절차와 제도를 통해 시장 내로 들어오기 위해서는 유덕한 시민들의 능동적 참여가 필수적이다.

그런데 한편으로 민주주의와 자본주의는 병존하면서도 상호 갈등의 소지도 내포하고 있다. 왜냐하면 민주주의의 본질인 자유를 추구하면서, 동시에 평등도 달성해야 할 때 사후적 내지 보정적 평등을 실현하는 과정에서는 자유와 상충될 수 있고, 이것이 자본주의적 정신을 억제하는 효과를 가져올 수도 있기 때문이다.[758] 즉, 자본주의의 가장 큰 장점인 혁신과 성장의 기회가 날아가게 되는 것이다.[759]

11.5 자본주의 유형

어떤 체제가 자본주의에 해당하는지 여부를 판정하는 기준 중의 하나는 이윤을 추구함에 있어 생산수단의 실질적인 부분이 사적으로 소유가 되고 운영이 되고 있는지 여부이다. 이것을 엄격히 적용한다면 실제로 어떤 경제도 완전히 자본주의적이라고 할 수는 없을 것이다. 왜냐하면 어느 경우에건 일정한 정도의 생산 수단은 정부에 의해 소유되고 운영되고 있으며, 그러한 생산수단의 일부는 이윤 외에 다른 것을 목적으로 할 수 있기 때문이다.[760] 이런 기준에 따라 자본주의 유형에 대한 구분을 해 보자.[761]

우선 정부 주도형 자본주의(State-Guided Capitalism)는 정부가 강력한 권한으로 경제를 주도하는 형태를 말하는데, 사회주의 계획경제가 아니더라도, 즉 실질적 자본의 상당부분이 사적 소유 하에 놓여 있는 경우에도 이런 형태의 자본주의는 가능하다. 2차 대전 이후 대한민국이 그러한 모델을 보여주었고, 지금은 중국을 대표적 사례로 들 수 있다. 이 체제 하에서는 중앙정부와 지역, 지방 차원에서 주로 은행과 같은 금융 정책 결정과 같은 수단을 통해 상당한 통제권을 보유한다. 정부주도형 자본주의는 민간 자본이 제대로 형성되어 있지 않은 낙후되고 정체된 상태에서 일대 전환을 모색하여 새로 출발하기 위한 시도로서는 적절하고, 경제 성장에 기여할 수 있지만, 과거의 경험이 보여주는 바에 의하면 자본의 배분과 주도 과정에서 생기는 정부 결정의 왜곡이 장기적으로 성장의 발목을 잡는 경향을 보인다. 이런 부작용들은 특히 경제가 고도 기술 집약 형태로 나아갈 때 심각성이 점점 드러나는데, 정부 관료들에게 지금까지와는 다른 새로운 상품, 서비스 및 공정을 개발하고 상업화하는 역량이 없으면 안 된다.[762]

두 번째로 꼽을 수 있는 것은 과두적 자본주의(Oligarchic Capitalism)이다. 이 유형의 자본주의는 생산수단을 형성하고 있는 설비와 장비, 즉 경제의 실질적인 자본(real capital)의 상당 부분이 개인의 수중에 들어 있지만 그 소유자들이 매우 적은 경우를 말한다. 부를 자랑하는 몇몇 가문들이 주된 부를 소유하고 있으며 그 나라의 경제정책이나 경제 활동에 대한 사실상의 통제도 이들에게 달려 있는 경우이다. 라틴 아메리카, 아프리카, 중동, 러시아 등이 이러한 과두정적 자본주의의 대표적인 사례라 할 수 있다. 전통적으로 이러한 경제 하에서 대다수 국민은 빈곤에 시달리며 개인적인 삶의 향상을 위한 기회를 좀체 갖지 못한다. 또 국민들 중 많은 사람들이 과두정에 속한 그룹의 의사결정을 수행하는 일에 종사함으로써 먹고 산다. 이 과두정 그룹은 종종 정부 내에 직접 자리를 차지하거나 정부 활동의 상당 부분을 자신들의 충복(their minions)에게 위임하기도 한다. 이런 식의 과두적 자본주의는 성장의 측면에서 볼 때 매우 저조하거나 정체, 심지어 후퇴로까지 이어지는데, 그 이유 중의 상당 부분은 과두 그룹이 변화에 적대적인 정서를 갖기 때문이다. 왜냐하면 성장은 필연적으로 변화를 가져오고, 이런 변화는 어떤 형태로건 기존의 과두 그룹이 갖고 있는 우월적 지위를 위협하기 때문이다.[763]

세 번째는 대기업 자본주의(Big-Firm Capitalism)를 들 수 있다. 이것은 국가 경제활동의 상당부분이 시장지배력을 갖고 있는 소수의 대기업들에 의한 독과점 형태로 수행되는 경우인데, 이 때 정부의 시장 통제에는 제한이 있고, 생산자본 상당부분은 이들 소수 대기업의 사적 소유에 놓여 있게 된다. 오늘날 이런 독과점 기업들의 규모는 어마어마하여 이들의 매출은 웬만큼 잘사는 소국 전체의 GDP와도 맞먹는다. 이런 거대기업들은 어느 날 반짝 급조된 것이 아니라 시장에서 오랜 역사를 통해 형성되었고, 조직과 경영방식 또한 일응 잘 정립된 것처럼 보인다. 그럼에도 불구하고 최근의 사례들은 이런 기업들의 규모와 역사가 지속적인 성공을 보장해주는 것은 아니라는 사실을 보여준다. 이런 자본주의 하에서는 대기업들이 성장을 방해하지는 않지만 사회가 최첨단의 생산 혁신을 할 수 있도록 하는 것을 은연 중 방해하기도 한다. 2차 대전 이후의 일본의 사례에서 볼 수 있듯이, 거대 기업들이 생산과 성장을 독려하는 긍정적 역할을 하지만, 이런 순기능은 독과점적 기업들이 기업가 정신이 충만한 자본주의자들과 조합을 이루는 복합적 경제 배치(hybrid economic arrangement)가 될 때 가장 효과적으로 발휘된다.[764]

네 번째는 혁신형 자본주의(Entrepreneural Capitalism)이다. 이 유형의 자본주의야 말로 혁신적 자본주의 정신으로 대표되는 어쩌면 가장 오랜 역사를 갖고 있는 자본주의의 원형일 수 있다. 중소 기업들을 위주로 경제활동이 전개되며 그 나라의 경제성장도 이들이 대부분의 혁신을 담당하면서 견인하게 된다. 이 체제하에서는 정부나 과두정적 기업이 아니라 중소 사업가들이 기민하게 사회적으로 유망한 발명을 시장에 내놓고, 혁신적인 조직을 선보이게 되는데, 슘페터와 키르즈너(Israel Kirzner, 1930-) 등이 이런 특징에 주목하였었다.[765]

그리고 마지막으로 혁신적 과두형의 혼합경제(The Mixed Entrepreneurial -Oligopolistic Economy)를 들 수 있다.

이들 중에서 어느 한 유형이 혁신에 가장 가깝다고 일률적으로 말하기는 어렵지만, 경제적 생태계의 다양성이 혁신에 비례하고, 또한 혁신은 필연적으로 다양성을 가져온다는 점을 감안하면 혁신적 과두형 혼합 자본주의가 원형 자본주의를 회복하는데 바람직하다고 생각된다. 실제로 19세기 말 미국, 독일 등에서는 혁신적 기업들과 대규모 과두적 기업들이 공존하면서 이들 사이에 경쟁이 있었고, 시장은 이 두 유형의 기업들이 각기 다른 부문에서 혁신의 양과 질, 성격을 특화하고 보완해 주는 경향을 보인 바 있다.

예컨대, 파격적인 발명들과 매우 창의적인 사고들이 좀 더 작고 젊은 혁신적 기업들에서 나왔다면, 대기업들은 종종 그러한 혁신의 결과물들을 시장에서 구매하거나 그 지적 소유권을 획득하고 응용하는 식이었다. 혁신적 조직들의 획기적인 사고의 전환, 창의성이 없었다면 전반적인 기술발전의 정도나 성장은 상당히 지체되었을 것임에 틀림없고, 반면 기존의 대기업들이 제공할 수 있는 자본으로 혁신적 성과들을 지속적으로 개선, 시장에 적응시켜 나가는 일들이 없었다면 – 예컨대, 라이트 형제의 비행 모델에서 보잉 777로 이어지는 일련의 기술적 발전 단계처럼 – 대부분의 혁신적인 상품이나 서비스들이 상업화에 실패하였거나 거기서 큰 경제적 이익들이 실현되지는 않았을 것이다.[766]

11.6

자본주의의 장단점

자본주의의 장점은 부의 극대화에 있지만, 단점은 극대화된 부가 편중된다는 것이다. 자산에 대한 권리에 비례하여 자산을 활용한 생산의 기회도 늘어나고, 따라서 자산이 많으면 많을 수록, 그것으로 창출할 수 있는 부도 그만큼 많아진다. 문제는 가난하여 자산에 접근할 기회를 갖지 못하는 사람은 좀처럼 그 악순환의 굴레에서 벗어날 수 없다는 사실이다. 결과는 빈부의 격차 심화이며, 생산 수단과 분리된 일단의 계층들을 만들어 낸다는 것이다.

로크는 한 사람이 어떤 것에 대한 권한을 갖게 되는 것은 "그것에 자기 노동을 섞기" 때문이라고 주장했다. 자본주의는 이런 로크 적 시각에서 볼 때는 가장 동떨어진 경제제도라고 할 수 있다.

자본주의 법 체계에 따르면 한 쪽이 어떤 사업에 노동을 제공하고, 다른 쪽이 '생산 수단'의 형태로 자본을 제공할 경우, 후자는 자본을 제공했다는 이유로 그 사업의 정책을 좌우할 수 있는 법적 권리를 갖게 되고 사업으로 얻은 수익도 모두 차지하게 된다. 반면에 전자는 노동을 제공했다는 이유로 정책 결정이나 수익 면에서 아무런 권리도 갖지 못한다. 노동과 자본(생산 수단의 형태로)이 만나는 곳이면 어디에서나 자본 측이 법적으로 보장된 권한을 확보하는 것을 볼 수 있다.

이런 문제에 대한 대응조치로 종종 나오는 것은 국가에 의한 규제와 조세를 통한 부의 재분배를 통해 과도한 빈곤을 경감시키는 것이다.

한편 집단적 소유체제를 취하고 있는 마르크스주의는 국가가 모든 것을 소유함으로써 (대부분의 사람들이 이론적으로는 생산 수단에 접근하도록 되어 있긴 하지만) 개인, 가족 단위에서 자산의 이점을 최대한 활용하려는 인센티브를 말살함으로써 전반적인 만성적인 낮은 생산성의 문제를 안고 있다. 이 체제 하에서는 비록 빈부의 격차는 다소 적을지 몰라도 모두가 가난함을 벗어나지 못한다. 소비자들로부터 생산자들에 이르는 정보의 교환체계, 즉 시장 작동이 안 된다는 점은 자원의 적정한 배분에 큰 장애가 된다.

11.7
자본주의와 혁신성

자본주의의 가장 확실한 특징 중의 하나는 그 등장 이후에 보여준 놀라운 기술적 변화와 진보, 이를 통하여 양과 질적인 측면에서의 소비자들에 대한 상품과 서비스 공급의 확대이다. 이것은 역설적으로 마르크스와 엥겔스(Friedrich Engels, 1820-1895)의 1848년 공산당 선언(Communist Manifesto)에 잘 함축되어 있다.

"부르주와(마르크스의 용어에 의하면 자본가 계급)는 인간이 활동을 통해 무엇을 이뤄낼 수 있는지 보여준 첫 번째 사례를 제시하였다. 이들은 이집트인들의 피라미드 공사, 로마인들의 송수로와 고딕 성당 건축을 훨씬 능가하는 이적들을 성취해냈다. 이들은 그 이전에 있었던 이스라엘 민족의 출애굽과 십자군 전쟁을 무색하게 하는 원정을 이끌었다. 부르주와는 생산수단들에 대한 끊임없는 대 혁신을 하지 않으면 존재할 수 없다. ....부르주와는 지난 백 년 간의 역사를 통해 전의 어떤 세대들도 보여주지 못했던 점점 더 거대한 생산능력을 창출해왔다. 자연력을 인간과 기계에 복속시키고, 화학적 지식을 산업과 농업에 접목시킴으로써 증기 기관, 철도, 전신, 경작지 개량, 운하 등을 대지로부터 이끌어 냈다. 그 전 세대 같으면 이러한 생산력이 사회적 노동 속에 응축되어 있었을 것이라고 감히 상상이나 했을까."[767]

사회에 지속적인 삶의 수준 향상을 가져오는 자본주의의 긍정적 성과, 즉 성장은 주로 쉼 없이 쏟아져 나오는 혁신에 기인한다. 물론 다른 경제

체제 하에서도 괄목할만한 발명이 있고 상대적으로 번영을 누린 적도 있으나 지금까지 경험한 부의 증가 속도를 보면 자본주의만큼 성공적인 경우는 없다고 할 수 있다. 하지만 모든 형태의 자본주의가 경제적 성공으로 이어지지는 않는다. 자본주의 형식을 빌고 있는 나라들 중에서 상당한 국가들이 지속적으로 주목할 만한 정도의 성장을 이뤄내는데 실패하고 있음도 부인할 수 없다.[768]

이는 자본주의를 일률적으로 선악(善惡) 또는 호오(好惡)로 갈라서는 안 된다는 사실을 말해준다.

1960년대 소련에서 유행했던 재치 있는 말 중에 이런 것이 있다. "자본주의는 사람에 의해 사람이 착취당하는 것(exploitation of man by man)이고, 공산주의는 그 역이다."

자본주의가 문제가 없는 것은 아니지만 – 예컨대, 저임금의 경우 착취로 보일 수 있고, 심각한 경기침체와 불황, 비자발적 실업 등이 그런 문제로 보일 수 있다 – 자본주의가 보여주는 우월한 역동적 성과, 특히 기회와 유인동기를 자극한 자유로운 시장은 자본주의적 기업가 정신을 고취하여 기술, 기업의 조직과 운영에 발전을 가져오고, 이로 인해 신상품과 서비스로 소비자 후생을 증대하고 전반적인 삶의 수준을 향상시킨다는 점을 부정할 수 없다. 따라서 공공적 관점에서의 과제는 자본주의가 갖고 있는 역동성을 확보하면서 그 부작용을 최소화하는 것이다.[769] 그런데 왜 많은 사람들이 '자본주의'를 말할 때면 정치적 입장에 따라 극단적으로 배척하거나 맹목적으로 수용할까?[770] 이는 자본주의에 대한 뿌리 깊은 오해와도 관계가 있다.

11.8

혁신적 활동과 기업가적 활동은 구분해야

자본주의의 본질을 혁신으로 파악하였던 슘페터는 혁신적 활동(innovative activities)과 기업가적 활동(Entrepreneurial activity)을 구분하였다. 후자는 보다 포괄적인 개념으로 전자를 포함한다. 슘페터는 기업가적 활동 모두가 기술 분야에서 일어나는 것도 아니고, 사회에 효용을 가져다 주는 것도 아니며, 어떤 경우에는 비생산적인 기업가적 정신도 있을 수가 있음을 유념하지 않으면 안 된다고 강조한다. 슘페터는 혁신적인 기업을 조직할 능력이 있는 동일한 인물이 혁신적으로 조직된 사병(私兵) 내지 용병(傭兵) 조직을 만들거나 범죄조직을 고안해 낼 수도 있다고 하면서 기업가적 정신과 태도가 바로 자본주의적 특징을 나타내는 것은 아니라고 한다.[771]

슘페터가 보기에 사병을 거느린 군사 지도자들, 중세의 호전적인 귀족들, 현대의 범죄조직의 수괴들 모두 기업가적 재능(entrepreneurial talents)이 있지만, 이들이 사용한 방식은 부를 창출하여 얻기 보다는 타인의 재산, 권리를 강제로 빼앗아 재분배하는 방식[772]을 취하였다는 점에서 경제 성장에 대한 기여와는 거리가 멀었다. 경제적 부의 창출, 즉 성장에 대한 기여로 평가 받을 수 있기 위하여는 이를 시도한 자에 대한 사회적 보상이 불투명한 상황에서 이뤄진다는 특징을 갖는다. 앞에서 든 재분배는 사회 전체적으로는 제로섬 게임에 불과하다. 또한 그 결과는 빼앗거나, 빼앗지 못하거나 둘 중의 하나이므로 이를 시도하는 측에서 지게 되는 위험부담은 예측 가능성의 면에서 상대적으로 낮으며, 설령 위험이 현실화된다 하더라도 그 위험을 통해 사회가 얻게 되는 결실이란 없다.

그러나 혁신을 통한 부의 창출 시도는 그 실패를 통해서 학습이 되고 시행착오를 줄임으로써 다음 혁신에 들어가는 사회적 비용을 줄인다는 점에서 위험 자체가 사회적 이득이라는 근본적인 차이를 보인다. 다시 말해 재분배 게임에서는 사회적 부가 기껏해야 유지되거나 그 과정에서 축소될 뿐(물리적 손실과 심리적 위축으로 인한 소극과 포기 등)이지만, 혁신은 사회적 부를 새로 만들어내는 데 기여한다는데 핵심이 있다. 모험적 기업가 정신이 자본주의의 전유물이 아니며, 때로는 자본주의에 반할 수도 있다는 슘페터의 시각은 오늘날 우리가 너무 쉽게 기업가 정신을 예찬하면서 정작 그 속에 있어야 할 그 무엇을 놓치고 있지 않은가 생각하게 한다.

11.9

자본주의 바탕은 종교적, 도덕적 헌장

우리가 아는 자본주의는 과연 서양에서 이해하고 있던 전통적인 자본주의인가. 일단 자본주의는 불합리한 충동을 억제하거나 적어도 합리적으로 조절하는 것을 그 핵심으로 한다. 자본주의는 지속적이고 합리적인 혁신적 기업 활동을 통해서 이윤을 그것도 영원히 새로운 이윤을 추구하는 것이다.

마르크스의 선언과는 정반대로 자본주의 사회는 단순한 생산과 생산을 위한 수단간의 관계라는 물질적 요소에만 터잡은 것이 아니라, 영적 토대 위에 자리잡고 있다고 보아야 한다. 자본주의 바탕은 종교적 도덕 헌장이라는 포기(G.Poggi)의 말은 우리가 현재 잊고 있거나 오해하고 있는 자본주의와 자본가 상(像)에 대하여 다시 한번 진지하게 생각하도록 만든다. 그는 베버의 강령은 기업가 없이는 자본주의의 발달은 없고, 도덕 헌장 없이는 기업가란 없으며, 종교적 전제 없는 도덕 헌장은 없다고 단언한다.

자본주의 정신은 태만과 향락과는 거리가 멀다. 베버가 원형(原形) 자본주의[773]를 한 시대의 시민 계급으로서 유의미하게 성취하고 지구촌에 경제 메커니즘으로서의 자본주의를 안착시켰다고 평가한 사람들은 프로테스탄트 개신교도들이었다. 이들은 소유에 안주하고, 부를 향락의 도구로 삼아 그 결과 태만과 육욕에 빠짐으로써 '거룩한' 삶의 추구에서 이탈하는 것을 윤리적으로 금기시하였다. 이들이 소유를 경계해야 하는 이유는 바로 이러한 안주의 위험을 수반하기 때문이었다. 원래 성도들의 영원한

안식이란 내세에 있으므로, 이 지상에서 인간이 해야 할 일은 자신이 받은 은혜를 확인하고 누리기 위해 "낮 동안에는 그를 보내신 이의 일을 하여야" 하는 것이다. 이런 점에서 태만과 향락은 기피의 대상이고, 시간 낭비야말로 모든 죄 가운데 제일가는 그리고 원칙적으로 가장 무거운 죄가 된다. 인간에게 주어진 삶의 시간은 각자의 소명을 '굳건히 잡기에'에 너무나도 짧고 소중하다. 베버가 보기엔 이들 프로테스탄트들에게는 사교, '쓸모 없는 잡담', 사치를 통한 시간 낭비, 그리고 심지어 건강 유지에 필요한 시간 - 6 시간에서 아무리 길어도 8시간 - 이상의 수면에 따른 시간낭비도 절대적인 도덕적 비난의 대상이 되고 있었다. 왜냐하면 낭비한 모든 시간은 신의 영광에 봉사하는 노동의 기회를 놓치는 것을 의미하기 때문이다.[774]

베버가 보기에 심리적 장벽 없이 균등하게 주어진 환경 속에서 자본주의 정신을 구현한 대표적인 인물이 벤자민 프랭클린(Benjamin Franklin, 1706-1790)이었다. 베버는 자본주의 정신을 구현한 대표적인 인물로 프랭클린을 꼽으면서 그가 사람이 부유해지는 것을 단순한 축재술(蓄財術)이나 처세술의 문제로 보지 않고 윤리적인 생활원칙을 실천하는 결과로 자연히 따라오는 것으로 보고 있음에 주목하였다.[775] 신의 명령에 부응하는, 즉 소명의식에 따른 직업 윤리를 갖고 이 과정에서 수확되는 물질이나 지위의 성공을 자신의 향락이나 사치를 위하여 쓰는 것을 엄격히 통제하는 태도야 말로 베버가 보기엔 자본주의 정신의 정석이었던 것이다.

베버는 우리가 지금 흔히 자본주의적 특성으로 이해하는 것들을 엄격하게 자본주의와 구분하였다. 많은 사람들이 자본주의의 속성을 소유욕 내지 탐욕과 동의어로 본다. 자본주의를 비판하는 사람들도 그렇고, 자신의 탐욕을 정당화하려는 사람들도 이 점에서 마찬가지이다. 그러나 베버는 제어되지 않는 탐욕은 자본주의와는 거리가 멀며, 자본주의 정신은 지속성에 있다고 보았다. 그는 근대적 자본주의에 성공했던 동력은 탐욕(greed)이 아니라고 단정한다. 소유욕과 탐욕을 자본주의적 특성으로 보아서는 안 된다는 것이다. 그에 따르면 "금전욕"은 우리에게 알려진 인류의 역사만큼이나 오래된 것이기 때문에 돈에 대한 어떤 "충동"이 어느 정도로 발전했느냐에 따라 자본주의를 정의할 수는 없다.[776]

"가능한 가장 많은 돈을 벌고, 이윤을 얻고자 하는 충동은 그 자체로는 자본주의와는 관계가 없다. 이런 충동이란 웨이터, 의사, 마부, 예술가, 창녀, 타락한 공무원들, 장교들, 선원들, 노름꾼들 그리고 거지들에게도 존재하고, 또 존재해 왔다. 이것은 지구상의 동서고금을 통틀어 어떤 유형의, 어떤 여건에 있는 사람들이건 공통적으로 보이는 현상이라고 말할 수 있다. ...문명사를 가르칠 때 유치원에서부터 자본주의에 대하여 이런 식의 순진한 사고는 없어져야 할 것으로 가르치지 않으면 안 된다. 이윤을 위한 제어되지 않는 탐욕은 결코 이런 자본주의와는 어떤 점에도 동일시되지 않으며 정신이라 부를 수도 없는 것이다. ...오히려 (내외부의 수단을 통해) 불합리한 충동을 억제하거나 적어도 이를 누그러뜨리는 것을 자본주의 정신이라 할 수 있다. 그러나 이 자본주의 정신은 이윤 추구라는 말과 동일시되거나, 지속적이고 타산적이며 자본주의적 진취성이라는 수단을 통해 영원한 이윤재개(renewed profit)와 똑같이 볼 수 있는데, 왜냐하면 전반적으로 자본주의적 질서를 갖고 있는 사회 내에서 한 개인 혹은 기업이 이윤달성이라는 기회를 활용하지 못한다면 이것은 곧 멸종에 이를 것이기 때문이다."[777]

베버는 약간은 풍자적으로 인간에게 내재된 원천적인 욕구를 다음과 같이 기술하고 있다.

"중국의 관료, 고대 로마의 귀족, 근대 농민은 소유욕에 관한 한 아무런 차이도 없다. 더욱이 나폴리의 마부나 선원, 또는 그와 유사한 직업에 종사하는 아시아인들, 그리고 남부 유럽이나 아시아 여러 나라의 수공업자들에 이르기까지 그 '금전욕'은 누구나 쉽게 겪어 보듯이, 예컨대 동일한 상황에 처한 영국인들보다 훨씬 더 투철하며 특히 파렴치하게 나타난다. 이렇게 돈벌이 과정에서 절대적으로 파렴치하게 자기의 이익을 관철시키는 행태가 보편화되어 있는 것은 시민적 자본주의 발전의 척도에 비추어 볼 때 상대적으로 뒤처진 나라들에서 드러나는 독특한 특징이다. 공장주라면 누구나 인정하는 바와 같이 독일과 달리 이태리 같은 곳에서는 노동자들의 '양심'이 결여되어 있으며, 이것이 그 국가의 자본주의 발전을 저해하는 주요 요인 가운데 하나였고 지금도 어느 정도 그렇다."[778]

베버에게 있어 탐욕은 오히려 자본주의의 장애물이었다. 그는 "자본주의는 자유의지(liberum arbitrium)의 원리에 따라 살기는 하되 훈련되지 않는 사람들을 노동자로 사용할 수 없으며, 그 외적 행동이 전적으로 파렴치한 사업가를 사용할 수 없다" 고 단언한다.[779] 임(賃) 노동을 제공하는 노동자나, 생산수단을 갖고 있는 자본가나 파렴치한 자들은 자본주의를 저해할 뿐이라는 것이다.

이런 현상 속에서 출현한 새로운 경제인들은 원형 자본주의에서 생각할 수 없었던 부류로서 투자와 생산 활동을 통해 기술혁신을 도모하고 기업의 창의성을 높이려고 노력하기 보다는 금융부문에서 보다 많은 이득만을 얻는데 힘을 쏟았다. 이러한 형태의 경제인을 베블렌(Thorstein Veblen, 1857-1929)은 유한계급 또는 부재소유자로, 케인즈(John Maynard Keynes, 1883-1946)는 사업가(business class)에 대응하는 투자가(investing class)로 불렀다.[780]

베블렌에 따르면 이 새로운 형태의 경제인의 특징은 경쟁적 협력보다는 이기려는 심리, 파괴적 소비심리, 전체 사회에 대한 무력감 등에 입각하여 오직 재산소유에만 광분하고 재화와 여가의 과시적 소비를 통해 자신의 사회적 우월성을 나타내려는데 사로잡혀 있다는데 있다. 이런 부류의 경제인은 합리적인 자본주의 정신이 아닌, 약탈 정신을 경제행위의 에토스(ethos)로 삼고 있으며, 대규모의 판매술과 사기술, 돈놀이를 행동전략으로 삼는다. 이들은 사회의 위계질서를 돈놀이에 입각하여 구조화하고 금융적 수단으로 영리를 추구하려는 제도들을 점차 자신들의 주위에 포진시키며, 상업성은 다소 떨어지지만 사회에 유익한 것을 만들어 보려는 기술자, 창의적 생산의지를 갖고 있는 기업가 등을 자기들에 종속시키는데 몰두한다. 그리하여 결국 소비적 금융투기를 쫓는 영리적 행위가 생산적인 산업활동을 압도하는 현상이 초래되고 말았다는 것이 베블렌의 분석이다.[781]

11.10

베버의 자본주의 윤리와 벤저민 프랭클린

다시 베버로 돌아가보자. 앞서 본 바와 같이 베버는 자본주의 정신에 영향을 미친 프로테스탄트 윤리의 중요한 예시를 프랭클린의 자서전에서 찾았다. 따라서 우리는 프랭클린의 자서전을 통해 베버가 자본주의적 정신의 특징으로 무엇을 중시하고 있었는지 추론해 볼 수 있다.

아담 스미스가 자유로운 시장 내에서 이뤄지는 평형을 관찰하였음은 분명하지만, 집단이 아닌 개인으로서의 시장 내에서의 인간 성취의 모습을 예시해 준 바는 없다. 이런 점에서 베버가 프랭클린을 자본주의 정신을 구성하는 프로테스탄티즘의 구현자로 예를 든 것은 스미스의 관찰 방식을 다른 점에서 보완해 준다는 점에서 의미가 있다 할 수 있다.[782]

프랭클린의 자서전은 1790년 그가 죽은 뒤에 그의 유고를 모아 출판한 것이기 때문에 1776년에 출간된 〈국부론〉의 저자인 스미스가 프랭클린으로부터 어떤 시장적 미덕의 증인으로서의 자격을 보았을 것 같지는 않지만,[783] 스미스와 프랭클린, 두 사람 모두를 후대에서 관찰한 베버의 입장에서는 "미덕은 보상한다"는 스미스의 주장을 검증하는 수단으로 프랭클린의 인생관과 삶을 가져왔을 가능성이 높다.

프랭클린이 쓴 부모의 묘비에서 강조된 것은 근면과 섭리이다. "미덕은 보상한다"는 말을 아마도 프랭클린은 "시장은 배신하지 않는다"는 것으로 이해했을 수도 있다.

묘비는 죽은 자의 삶의 요약이지만, 보다 정확하게는 산 자가 죽은 자를 통해 하고 싶은 말이라 할 수 있다. 특히 부모의 묘비를 남기는 자식의 입장에서는 더욱 그러할 것이다. 이런 점에서 프랭클린이 자신의 부모 묘지에 남긴 기록은 그의 인생관을 함축해서 보여준다고도 할 수 있다.

"조사이어 프랭클린과 그의 처 어바이어가 여기 묻히다. 그들은 50년 동안을 다정하게 해로하다. 재산도 없고, 그렇다고 수입이 많은 직업이 있었던 것도 아니지만 언제나 부지런히 노동하면서, 하느님의 축복을 받으며 대 가족을 편안히 살게 하다. 아이는 열 셋을 키우고 손자는 일곱을 두어 세상 사람의 존경을 받았다. 이것을 귀감으로 삼아 독자들이여! 그대들은 실망하지 말고 부지런히 일하고, 하느님의 섭리를 의심치 말라. 남편은 독실한 신앙심을 가진 성실한 남자. 그의 아내는 사려 깊은 정결한 여자. 그들의 막내아들은 양친을 추모하며 자식된 도리로서 이 비를 세우다. 조사이어 프랭클린. 1655년생. 1744년몰. 89세. 어바이어 프랭클린, 1667년생. 1752년몰. 85세."[784]

베버가 프로테스탄티즘의 특징으로 강조해 마지 않던 '섭리'가 여기에 등장하는 것에 주목할 필요가 있다. 그 섭리는 의문의 내상도, 이해의 대상도 아니다. 인간의 몫은 그 섭리의 존재를 단지 믿으며, 내가 할 수 있는 근면과 성실로 오늘을 살아가는 것뿐이다. 베버가 설파하였던 자본주의 정신으로서의 프로테스탄티즘이 이 묘비에 압축되어 있다고 할 수 있다.

베버는 프랭클린의 성장 배경에 주목하여 칼뱅주의자인 프랭클린의 아버지가 들려주었다는 성경의 구절이 프랭클린의 윤리에 지대한 영향을 미치고 있음을 지적한다.

"네가 자신의 직업에 충실한 사람을 보았느냐, 그러한 사람은 왕 앞에 서리라."고 프랭클린이 회상하는 이 구절이 합법적으로 돈을 버는 한 근대적 경제질서 아래에서 직업상 유능함의 결과인 동시에 표현이라고 보았던 것이다.

베버는 자본주의를 가능케 하는 노동의 특징이 있다고 설명한다. 그가 보기에 이 요소는 종교 교육, 특히 소명 의식에 절대적으로 좌우된다. 소명으로서의 노동은 중세적 관점과 프로테스탄트의 관점을 확연하게 가르는 기준이 된다.

중세의 신학자 토마스 아퀴나스도 사도 바울의 "누구든지 일하기 싫어하거든 먹지도 말게 하라"(데살로니가 후서 3장 10절)는 가르침에 따라 노동의 중요성을 강조하였지만, 이 때의 노동은 단지 개인과 전체의 삶을 유지하기 위해 필요한 자연의 이치(naturali ratione), 즉 원칙론적 선포일 뿐으로, 만일 특정인이 노동을 하지 않고도 사는데 지장이 없다면 노동이 필수적인 것은 아니었다. 그러므로 중세적 관점에서는 노동하지 않고도 재산으로 살아갈 수 있는 자에게는 이 계명이 무관하며, 또한 그와 동일한 논리에서 묵상과 기도는 노동보다 우위였다.

그러나 베버가 보기에 프로테스탄트의 윤리에서는 노동에서 면제될 수 있는 자는 아무도 없었다. 왜냐하면 성경에 입각한 새로운 해석 하에서는 노동은 더 이상 욕구충족이 아니라 누구에게나 차별 없이 주어지는 것이므로 각자는 그것을 인식하고 하나님의 영광을 위해 일을 해야 할 명령의 이행이기 때문이다. 그는 자신의 주장에 대한 논거로 종교적 배경이 있는 젊은 여성 노동자들과 그렇지 못한 여성 노동자들을 비교한다. 그는 독일 처녀들을 고용한 사업주들의 말을 빌어 보통 노동자들이 지니고 있을 법한, 그리고 고용주라면 할 법한 불평을 나열한다. 즉, 젊은 여성 노동자들이 전통적인 노동방식을 고수하면서 새로운 것을 배우거나 적응하는데 매우 소극적이라는 것이다. 심지어 임금을 올려주는 유인책도 적극적으로 무엇을 새로 배우거나 이해하려 들지 않는 태도 앞에서 무력하다는 것이다. 그런데 이와 달리 일반적으로 특별히 종교적 교육을 받은 노동자들, 그 중에서도 특히 경건주의적인 배경을 가진 젊은 여성들만은 다른 모습을 보이는 경향이 있었다고 한다. 이들에게서는 생각을 집중하는 능력과 '노동을 의무로 여기는' 절대적으로 중요한 태도를 찾을 수 있는데, 이들은 자신의 노동과 수입의 상관관계를 계산하는 엄격한 경제적 사고를 갖고 작업능력을 올리기 위한 자기통제와 절제에 상당한 신경을 쓴다는 것이다. 이런 점은 경제적 교육을 받고 그 장점을 살릴 수 있는 유리한 기회로 이어지게 되는데, 베버는 이를 통계조사를 통해서 확인할 수 있었다. 자본주의가 요구하는 노동을 자기 목적, 즉 '소명'으로 파악하는 태도가 확립될 수 있는 가장 유리한 토대는 바로 이들에게서 찾을 수 있으며, 전통주의적 구습을 극복할 수 있는 가장 큰 기회는 다름 아닌 종교적 교육의 결과로서 결과로서 주어졌다는 것이 베버의 결론이다.

베버의 분석을 보면서 한 가지 생각을 하게 된다. 한국 사회를 오랫동안 지배해 왔던 전통적인 유교 윤리, 민간에 뿌리 박힌 체념과 노장 사상, 지족(知足)과 안일(安逸)의 관점에 비춰보면 우리 역시 베버가 지적했던 종교 교육을 받지 않은 독일 처녀들과 같거나 그 이상으로 자본주의에 적합하지 않은 노동 관념을 갖고 있었다고 해도 과인이 아닐 것이다.

그럼에도 불구하고 1960년대 이후 경제발전 과정에서 보여주었던 일반적인 남다른 노동 – 강제가 아닌 자발적인 학습과 적용, 근면 – 의 동인을 무엇으로 설명해야 하는가 하는 문제가 남는다. 필자는 베버의 분석처럼 당시 급속도로 성장했던 개신교의 역할이 이런 노동 문화와 무관하지 않다고 보지만, 무엇보다 중요한 것은 가족에 대한 책임과 헌신, 그리고 남들만큼 나도 잘 살아보자는 비교의식이 큰 요인으로 작용했다고 본다. 실제로 이런 요인들이 어떻게 작용하였는지에 관한 실증적 연구는 필자의 연구 범위를 넘어서는 것이긴 하지만, 구한말, 일제, 해방후의 정정 혼란과 6.25 동족 상잔, 휴전 이후의 정국 불안과 경제 침체로 대변되는 집단적 무기력과 안주에서 전세계가 놀랄만한 한강의 기적을 이룬 배경에 이 두 가지를 떼 놓고는 설명이 불가능할 것이다. 물론 여기에는 그렇다면 그 이전에는 가족이 없었으며, 비교의식이 없었는가 반론을 제기할 수도 있다. 핵심은 현실에서 탈출할 가능성, 비교 우위에 서고 싶다는, 적어도 남들만큼은 살아보겠다는 생각을 생활로 구현해 낼 수 있도록 교육이 개방되고, 공직과 비즈니스에 접근할 기회가 열리도록 제도로 보장하고, 실제로 성공 사례들이 쏟아져 나오는 상황을 만들어 냈다는 것이다. 이런 사회 경제적 분위기가 자본주의 정신이라 불릴 만한 양질의 노동을 자발적으로 끌어내는데 일조하였다고 보아야 한다. 여기서 우리는 오늘날 우리 사회가 다시 지향해야 할 정의가 무엇인지 생각하게 된다. 심리적 장벽과 지레 포기하지 않도록 하는 사회적 분위기를 만드는 것이야 말로 자본주의 정신이 제대로 작동하도록 만드는 지름길이라는 사실을 말이다.

11.11

원형(原型) 자본주의에서 이탈한 현대 자본주의

또한 베버가 보기에 자본주의는 항상 저비용으로 이윤을 추구하는 것과도 거리가 멀었다. 베버는 임금이 많이 지불되면 그만큼 이윤은 감소할 수밖에 없으며 자본주의도 그 시초부터 이러한 방법을 끊임없이 반복해 사용해왔으며, 저임금이 '생산적'이라는 생각, 즉 저임금이 노동성과를 높인다는 생각이 수백 년 동안 자본주의의 신조로 통용되어왔지만, 이런 사고에 한계가 있음을 지적한다.[785]

대중은 오직 빈곤하기 때문에 그리고 빈곤한 한에서만 노동한다는 생각을 거침없이 펼친 사람은 아담 스미스 보다 반세기 전에 태어났던 맨더빌(Bernard Mandeville, 1670-1733)이었다. 맨더빌은 그의 책 〈꿀벌의 우화〉에서 이렇게 주장한다.

"가난한 사람들은 꼭 일하도록 해줘야 하며, 이들의 가난을 덜어주는 것은 속 깊은 일이지만 가난을 없애주는 것은 바보짓이다. …무지는 사회에 꼭 필요한 구성요소이다."[786]

때로는 맨더빌의 이런 사고가 아담 스미스의 것으로 오해되어 스미스를 비판하는 쪽에서 비난의 소재로 쓰기도 하고, 저임금을 통한 사실상의 강제 노동 유인 동기를 주장하는 쪽에서 스미스의 이름을 빌어 악용하기도 한다.[787]

베버는 저임금의 부작용을 부적자생존(不適者生存)이라는 말로 경고한다. 즉, 예비군의 과다는 상황에 따라서 자본주의의 양적 팽창을 촉진할지 모르나 자본주의의 질적 발전, 특히 노동을 집약적으로 이용하는 기업 형태로의 이행을 저해한다. 왜냐하면 저임금은 싸구려 노동과 결코 동일한 것이 아니기 때문이다. 순전히 양적으로만 생각해 보더라도, 어떠한 상황에서든 생리학적으로 불충분한 임금은 노동성과를 저하하며 그와 같은 임금이 지속되면 결국에는 때에 따라서 심지어 부적자생존(不適者生存)이 초래될 수도 있다는 것이다.[788] 즉, 인적 자원이 효율적으로 배분되지 못하고 양질의 노동을 확보하지 못하여 조악한 자원들만 후보자들로 남겨두고 선택의 여지가 없게 되는 상황이 벌어지게 되는 것이다.[789]

여기서 우리는 자본주의는 사회주의자들이 비판하듯이 탐욕스러운 '수전노 정신'에 기초해 있는 것이 아니라, 합리적인 이윤추구 정신에 그 토대를 두고 있음을 알 수 있다. 베버에게 있어서 이 자본주의 정신은 사업가만이 아닌 노동자, 그리고 생산자만이 아닌 소비자에게도 해당되는 것이다. 즉, 자본가에게는 천민주의적인 투기적 태도가 아닌 합리주의적 방식으로 이윤을 추구하려는 영리심으로, 노동자에게는 자신의 일을 소명으로 생각하고 최선을 다하려는 노동윤리, 직업윤리로, 그리고 생산자에게는 최소의 비용으로 최대의 생산량을 산출하려는 합리적 생산 태도와 변화를 늘 추구하는 혁신의 정신으로 구체화된다.[790]

역사가 에릭 홉스봄(Eric Hobsbawm, 1917-2012)은 "자본주의는 자본주의적이기만 했던 것이 아니었기 때문에 성공했다." 고 평가한다.[791] 그의 말은 일면 맞지만 한편으로 그의 시각은 우리가 자본주의 및 자본주의 정신에 대하여 흔하게 저지를 수 있는 오해를 보여주는 대표적인 사례라 할 수 있다. 그는 자본주의가 발전해온 역사 속에서 역설적이게도 자본주의적이지 않은 요인들의 중요성을 발견했다고 하면서, 자본주의가 성공적으로 발전하기 위해서는 이윤 추구와는 직접 관련이 없는 다양한 요인들, 예컨대, 일하는 습관, 당장의 만족을 연기하는 태도, 미래의 보상을 위한

절제력, 성취감, 상호 신뢰 등이 바로 자본주의의 성공을 위한 조건들이 필요하였다고 한다.[792]

그러나 홉스 봄이 들고 있는 위와 같은 요인들은 원형 자본주의에 대한 몰이해에서 나왔다고 보아야 한다. 이미 원형 자본주의에는 이러한 요인들이 포함되어 있는 것이고, 만일 이것들이 결여되어 있다면 이는 자본주의가 원래의 모습에서 멀어졌기 때문이다.[793]

그렇다면 원형 자본주의는 어떤 모습인가. 원형 자본주의에서 상정되고 있는 경제인은 부를 추구하지만 근검, 절약, 정직을 행동전략으로 취하고, 모험정신에 따라 영리활동을 하는 경제인이었다.[794] 부와 이윤을 추구하는 것을 경멸스럽게 보는 중세적 윤리관에서 탈피하여 자기 정체성을 확인하고 유지하려는 동기만큼이나 이익 추구 역시 자연스러운 인간 본성의 발로라는 것을 인정하는 사조 속에서 탄생한 경제인은 확실히 중세인과는 달랐다.

그러나 그 경제인의 바탕에는 합리성, 소명, 신 앞에서의 겸손, 섭리, 방종과 사치로부터의 절제 등이 있었다. 이것은 중세의 부자연스러운 속박이 여전히 남아 있었다는 것이 아니라, 자유의 정원을 향해 나오면서 인간이 입고 있어야 할 최소한의 자기를 위한 보호장구였고, 각자의 입장에서 상호 보호장구이기도 하였다.

베버가 보았을 때 청교도주의적 금욕주의의 특징은 동기를 지속화, 내면화한다는데 있었다. 즉 인간으로 하여금 일시적인 감정에 대항하여 자신의 항구적인 동기를 훈련시키고 극기를 통한 동기가 계속 유지되고 관철되는데 필요한 역량을 뒷받침하고 인격체로 교육하는 것이 청교도주의적 금욕주의였다.[795]

그런데 베버 자신이 살던 그 당시에 이미 자본주의에서 세속적 금욕주의라는 '정신'은 빠져나가고 있었다. 그 원인으로 노박(Michael Novak,

1933–2017) 같은 사람은 민주적 자본주의에 대하여 풍요로움에서 오는 타락, 무절제한 광고 속에 있는 도덕성의 결핍, 상식을 넘는 구조적인 무책임성, 야심적인 욕망에 사로잡힌 반대 계급, 전통 사회에서 보여 주었던 책임 있는 귀족주의의 타락과 격하, 물질적 보상체계로만 이뤄지는 사회평가에 대한 지식인들의 불만과 질투, 부르주아적 내지 저속한 취향 등을 들기도 하였다.[796] 그러나 위와 같은 개인, 집단적 정서, 문화적 요인보다도 중요한 것은 자본주의 사회의 나침반이 되어야 할 학문, 특히 경제학에서 윤리가 배제되고 그것이 당연한 것처럼 여겨져 왔던 지난 한 세기의 사조가 가장 큰 원인으로 꼽혀야 한다.

1870년대에 영국의 제본스(William Stanley Jevons, 1835–1882), 스위스의 왈라스(Léon Walras, 1834–1910), 오스트리아의 멩거(Carl Menger, 1840–1921) 등은 각 개인이 주어진 여건 하에서 합리적으로 판단하게 되면 시장에서 수요와 공급을 통해 가격이 조정되는 방식으로 경제가 잘 작동한다고 생각하고, 이를 이론으로 정립하기 시작했다. 이러한 사조는 20세기 초엽에 이를 즈음에는 북유럽과 미국까지 상당히 널리 전파되어 점차 학문적 대세를 이루어 가게 되는데 이를 고전파적 시장원리를 새롭게 분석해냈다고 하여 신(新) 고전학파(the Neo-classical school)라고 불리게 되었다.[797]

이들은 사회 자원 배분의 효율성은 수요와 공급을 통해 조절되는 가격기구가 얼마나 잘 작동하는가에 달려 있다고 보았다. 신 고전학파가 자본주의를 무조건 지지한 것은 아니었다. 이들도 구조상 사회적 갈등이 있음을 인정하였지만, 시장 가격을 통한 경제적 흥정이 비교적 쉽게 조정된다는 것에 착안하여 자산 불평등과 같은 사회적 갈등 문제를 공동의 과제로 삼아 적극적으로 규명하기 보다는 우선 쉽게 동의할 수 있는 가격에 의한 자원배분 문제로 초점을 맞추기 시작했다. 그리고 이 과정에서 경제학자 개인의 정치적 입장과 견해는 일단 젖혀 두고[798] 시장에 의한 자원 배분

방식이 효율적이라는 사실에 대한 동의가 이뤄졌고, 그 바람에 경제학의 범위가 한정되는 경향이 발생하였다.[799]

위에서 본 사람들 중에서 특히 왈라스는 신고전파 경제학 연구방법에 관하여 많은 영향을 미친 학자로 1874년에 발간된 자신의 저서 〈순수경제학요론〉을 통해 재산권의 문제는 도덕과학과 윤리학의 문제이지만 산업 활동에 관한 문제는 응용 과학, 경제학의 문제라고 천명하였다. 재산권 이론에 의해서 결정되는 조건은 정의의 전제에 의해서 도출되는 도덕적 조건인데 반해, 산업 이론에 의해 결정되는 조건은 물질적 복지의 전제에서 도출되는 경제적 조건이라는 것이다.[800] 이제 정의와 같은 가치는 경제학에서 더 이상 발붙일 곳이 없게 된 것이다. 경제와 윤리와의 상호 연관성이 완전히 분리되고 경제에 있어서 탈 도덕화 현상이 가속화되어 인간관계가 상품 관계에 예속되는 분위기가 확산되고, 독점적 대기업과 같은 거대조직이 등장하면서 이들을 전문적으로 관리할 필요성이 증대하면서 이른바 소유와 경영의 분리가 시작되었다.[801]

11.12

자본주의 합리성의 한계

영리만을 추구하는 '합리적 인간'만이 자본주의적 미덕으로 남고 원형 자본주의를 구성하는 요소들이 사상되면서 자본주의는 현실적으로 많은 문제와 한계에 봉착했는데, 이것은 일찌감치 자본주의 경로에 대한 탐구자였던 슘페터의 눈에 띄었다.

슘페터는 1942년에 출간된 〈자본주의, 사회주의, 민주주의〉를 통해 아주 근본적인 물음을 던진 바 있다. "자본주의는 존속할 수 있는가?" 그리고 이에 대하여 다양한 논거를 통해 부정적인 답을 내놓았다. 슘페터는 자본주의 과정은 그 경제적 역학관계와 그 심리, 사회학적 효과에 의해서 자신을 옹호하는 주인을 제거하기에 이를 것으로 전망했다. 자본주의 진화는 그 자신이 봉건사회의 제도적 골조를 파괴했던 것과 매우 비슷한 방법으로 자신의 제도적 골조 토대도 마찬가지로 훼손한다.[802] 즉, 자본주의 이전 자신의 진보를 저지한 장벽들뿐만 아니라 자본주의의 붕괴를 막은 지지대까지도 파괴하고 마는데, 이 가차 없는 필연성은 단순히 제도상의 죽은 숲을 제거하는 것뿐 아니라 자본주의의 동반자들 – 실은 이 동반자들과의 공생이 자본주의 도식의 본질적인 요소였음에도 불구하고– 도 제거하기에 이르는 것이다.[803]

슘페터는 하부구조의 모순 때문에 자본주의가 종말을 고할 것이라는 마르크스 주장과 달리 자본주의를 가능하게 했던 상부구조, 즉 "자본주의적 심성(capitalist mentality)" 때문에 망할 수밖에 없다고 보았다.[804] 슘페터는 자본주의가 존속할 수 없을 것이라는 마르크스의 주장과 아주 유사한 결론에 도달한다.

그러나 자본주의가 존속할 수 없는 이유로 그가 내세운 것은 마르크스가 내세웠던 이유와 전혀 달랐다.[805] 슘페터가 보기에 자본주의는 그 자신을 권좌에 올려주었던 일등 공신인 합리주의의 반역으로 멸망한다. 합리주의는 계산적, 비판적 정신의 모태가 되어 중세의 권위주의와 전통을 무너뜨리고 자본주의를 등장시킨 일등공신이지만 자본주의 하에서 더욱 더 널리 퍼지게 되면서 자본주의의 근간인 재산권 제도와 사적 통제권을 해체시키는 반란을 일으킨다. 어떻게 이것이 가능한가. 자본주의적 합리성은 합리적이지 못하거나 초합리적인 충동을 제거하는 데까지는 이르지 못한다. 자본주의적 합리성이 할 수 있는 것은 신성하거나 신성에 가깝게 여겨졌던 전통의 속박을 제거하는 것인데, 결과는 위와 같은 충동들을 다루기 힘겨운 것으로 만들 뿐이다. 이를 통제하고 지도할 수단은 말할 것도 없고 이렇게 할 의지조차 없는 문명에서는 이런 충동들은 점차 반역을 도모하게 되는 것이다.[806] 베버가 자본주의의 저해 요인으로 보았던 탐욕은 제어되지 않는 대표적인 충동인 까닭에, 자본주의의 쇠망은 합리주의 정신의 발전이 초래하는 "논리적" 귀결이기도 하다.[807] 자본주의는 이제 호주머니에 사형선고 주문(主文)을 미리 넣어 두고 온 판사들 앞에서 재판을 받는 신세로 전락한다. 이 판사들은 법정에서 어떤 훌륭한 변론을 듣는다 해도 정해진 판결 선고로 가게 될 것이다.[808] 슘페터는 자본주의는 점차 진행되면서 그 과정에서 "사적" 경제활동의 필요와 방법을 구현해 주던 모든 제도, 특히 재산제도와 자유계약 제도를 뒷전으로 내몬다고 분석한다.[809]

11.13

사유재산제와 계약 자유의 위기

슘페터는 자본주의에 간여하는 행위 주체들이 어떤 식으로 자신을 존재하도록 하는 자본주의 지지대들을 파괴해 나가는지 설명한다. 자본주의는 그 발전 과정에서 자신의 제도적 근간인 사유재산제와 계약의 자유도 공격한다. 그는 우선 소유와 소유에 따른 이익이 물리적이고 가시적인 범위를 벗어남으로써 각자의 소유에 대한 애착이 전보다 약화된 것을 주요한 원인 중의 하나로 꼽는다.[810] 우선 전문경영진과 관리자들, 그 아래의 실무자들은 주인 의식과는 거리가 멀다. 자신들의 이익과 기업의 이익이 동일시되는 상황에 있어서도 자신들과 주주의 이익을 동일시하는 경우란 거의 없다. 무엇보다 합리성의 증대는 혁신적인 기업가의 행동으로 추동 되던 경제를 관료기구에 의해 효율적으로 운영되는, 거대기업과 거대 국가가 핵심적 역할을 담당하는 관리경제로 뒤바꾸어 놓는다. 거대 기업이 등장하면서 혁신행위는 일상적인 제도로 자리잡게 되었고, 기술 개발 담당자들의 몫으로 되고 말았다.

이 과정에서 개인의 혁신은 동기를 잃게 되고 거대기업을 운영하는 경영자는 기본적으로 "또 다른 사무직원"에 지나지 않게 되었다. 개인적인 혁신 기업가들이 점점 없어져간다는 것은 슘페터에 의하면 자본주의가 쇠퇴하는 명백한 징조이다.[811]

대주주들이라고 해서 크게 다를 바 없다. 기업과 자신의 이해관계를 영속적이라고 생각한다 하더라도 소유자로서의 역할이나 태도에서는 한 걸음 물러나 있다. 자기의 소유물을 원하는 대로 처분할 수 있는 법적 권리와 실제적 능력이란 의미에서의 장악력이 없어진 상태에서는 "내" 공장과 내 공장에 대한 나 자신의 지배를 위해서 경제적, 물리적, 정치적으로 투쟁하고, 필요하다면 공장계단 위에서 죽을 수도 있다는 강력한 의지가 상실되고 만다.

물리적 실체로서의 자산에 대한 접근과 소통, 다시 말해 육안으로 볼 수 있고 체감할 수 있는 실체로서의 자산보다는 권리증서로만 남아 있는 소유관계는 그 소지인들이 자기 소유를 바라보는 태도뿐만 아니라 노동자 및 일반 대중의 행태에도 영향을 미친다.[812] 물적 실체를 상실한, 기능을 상실한 또 부재자 형태의 소유권은 과거 활력이 넘치는 자산 소유 형태가 했던 것처럼 깊은 인상을 심어주지도 못하고 도덕적 충성심도 환기시키지 못한다.[813]

세 번째 집단인 소액 주주들의 경우 회사의 경영에는 사실상 관심이 없고, 오히려 평소에 회사 지배구조로부터 소외되었고 자주 푸대접을 받는다는 생각으로 인해 거의 대부분의 경우 자신의 기업에 대하여, 또 기업경영 활동 전반이나 심지어 상황이 자신들에게 불리하다 싶으면 자본주의 질서 그 자체에 대해서 알게 모르게 적대적인 태도를 갖게 된다.[814]

슘페터는 계약의 자유도 자본주의 원형 상태에서 작동하는 것과는 다르게, 사실상 쇠퇴하고 있다고 진단한다. 계약의 자유가 충분한 활력을 발휘하는 동안은 그것은 무수한 가능성들 사이의 개인적 선택이 좌우하는 개별적인 약정들을 의미했다. 그러나 지금 선택의 자유는 제한되어 있고, 대체로 계약의 자유란 선택할 것인가, 하지 않을 것인가로 단순화되는 몰개성적이며 관료적 경직성을 가질 뿐이라는 것이다.[815] 그러면서 그는 노동시장에서의 자유계약 폐기를 예로 든다. 이렇게 자본주의 과정에서 폐기된 자유계약의 공간을 왕성하게 성장하는 새로운 법률조직이 채

우고 있다고 분석한다.[816]

한편 자본주의 과정은 불가피하게 소(小) 생산자와 소(小) 상인의 경제적 존립기반을 공격한다. 자본주의 과정은 전(前) 자본주의적 계층에게 자행했던 것을 동일한 경쟁 메커니즘을 통해서 자본주의적 산업의 하위 계층에게도 자행한다. 부르주아지는 자본주의 질서의 지속성이 갖는 중요성에 거의 관심을 보이지 않는데, 생산조직의 합리화, 즉 생산과 유통을 통해 소비자에게 상품이 전달되는 과정에서의 비용을 줄임으로써 오는 이윤이 기업가들의 입장에서 너무나 큰 매력이기 때문이다.[817] 한 국가의 정치적 구조는 많은 중소기업이 제거됨으로써 심각하게 영향을 받게 되는데, 왜냐하면 이 기업들의 소유자 겸 관리자는 그들의 부양가족, 추종자와 연고자들과 함께 사회 구성원의 절대 다수를 차지하고 있기 때문이다. 가장 활력에 차 있고, 가장 구체적이며, 가장 의미 있는 혁신적 유형이 사라지는 국가에서는 사유재산과 자유계약의 기초 그 자체도 사라져 버리는 것이다.[818]

11.14

부르주아의 무기력과 자본주의 쇠퇴

자본주의의 종말을 앞당기는 것은 부르주아 자신의 무기력과 안일함에도 그 원인이 있다. 오늘날의 부르주아는 자신들의 권리를 위해 싸울 준비가 되어있지 않으며, 주눅이 들어 마땅히 해야 할 말도 하지 못한다.[819] 부르주아 질서 자체가 더 이상 부르주아들에게는 의미가 없어졌으며, 결론적으로 자본주의의 핵심 수호자인 부르주아 계급은 해체 단계에 이른다고 슘페터는 주장한다. "자본주의의 발전으로 말미암아 부르주아지의 존재근거가 파괴되었고, 합리주의적 세계에서 존재근거를 잃은 상층계급은 궁극에 가서 소멸하게 마련"이다.[820] 부르주아지의 정치적 영향력은 과대평가되어 있고, 실제의 모습은 겁 많고 무능하며 자기 말도 제대로 못하는 소극적인 존재이다. 슘페터는 약간의 비부르주아적 그룹에 의한 옹호가 없다면, 부르주아는 정치적으로 무력한 존재이고 자신의 국가를 지도할 수 없을 뿐만 아니라 자신의 특수한 계급적 이익을 챙기는 것조차도 할 수 없다고 한다. 슘페터는 그래서 부르주아지에게는 주인이 필요하다고 한다.[821]

"….부르주아지는 자신들이 벌어들이는, 혹은 갖고 있는 부를 통해 타인들에 대하여 나름대로 좋은 인상을 줄 수도 있고, 경제적 이득으로 유혹이나 협박을 할 수도 있다. 때로는 정치인들이나 자기들의 이익에 부합하는 전략을 제공할 수 있는 사람들, 언론인들을 이용할 수도 있다. 그러나 여기까지가 전부이다. 그리고 이런 것들은 정치적 가치에서 과대평가

되고 있다. 따지고 보면 부르주아지가 일상에 보여주는 삶의 모습은 개인적 매력을 신장시키는 그런 유형은 아니다. 사업에서는 천재일 수 있는 이들은 자기 사업장을 나서면 사교 모임이나 연단에서 겁이 많아 할 말도 못할 정도로 극도로 무능할 수도 있고, 가끔 그렇기도 하다. 이것을 알기 때문에 부르주아는 홀로 있기를 원하고 정치에 관여하기를 꺼린다. ….예외적으로 부르주아지의 정치적 영향력이 실제로 컸었던 때가 있다. 대내외적인 환경이 그들에게 유리하였던 때인데 베네치아 공화국이나 제노바 공화국, 그리고 알프스 이북의 벨기에, 네덜란드, 룩셈부르크의 경우가 이런 경우에 해당한다. 그러나 이러한 사례들은 우리에게 특별한 교훈을 남겨주는데, 상인 공화국은 국제정치라는 커다란 경기장에서는 늘 번번히 패배하고 말았다. 결론은 명백하다. 극히 예외적인 경우를 빼고는 부르주아 계급은 보통의 국가라면 으레 직면하게끔 되어 있는 국내외 현안에 직면하여 이를 해결할 능력을 잘 갖추고 있지 못하다. 부르주아 자신들도 겉으로는 아니라고 하지만 그 모든 큰 소리에도 불구하고 자신부터 그걸 느끼고 있고, 대중도 그렇게 느끼고 있다."[822]

11.15

가족 개념의 경시와 자본주의 토대의 위기

또한 슘페터는 사유재산과 자유계약의 기초가 소멸하게 되는 주요한 원인으로서 도덕적 시야에서 사라지는 국가 내에서의 가족 제도가 쇠퇴하고 중소기업들이 없어지는 현상을 들기도 한다. 셀리에르 같은 사람은 "가족적이지 않은 자본주의는 없다."는 말로 자본주의적 요소가 아니면서 자본주의를 가능케 하였던 것으로 가족을 꼽는다.[823] 경제사가들은 가족 기업이 보여주는, 이른바 "전문 소유주 역량(professional ownership)"이나 "가족 기업가 역량(family entrepreneurship)"에 주목할 필요가 있다고 한다.[824] 기업사를 연구하는 콜리(Andrea Colli)에 의하면 숫자의 측면에서 보면 가족 기업의 수가 절대적이며, 질적인 측면에서도 가족기업은 보수적이고 근시안적인 경영에서 탈피하여 대규모 하이테크 기업의 발전을 선도할 정도로 우수한 경영 능력을 보여준다고 주장한다.[825]

유럽 경제사를 연구하는 제임스(Harold James)도 역시 자본주의적 경제 발전은 가족, 국가, 제도들의 상호작용을 통해 이루어졌다. 가족 기업은 정보의 불확실성 속에서 작동하는 시장을 '보이는 손'으로 거래를 내부화하여 그 통제력을 극대화할 수 있었다고 한다.[826] 역사적으로 혈연과 결혼, 애정과 친밀함으로 묶인 가족은 기술과 노하우의 안전한 보관소이자 자금을 융통하는 은행이면서 원거리에서 이뤄지는 거래를 위한 믿을 만한 파트너로서 시장의 불확실성을 극복하는 기업을 이뤄낼 수 있었던 것이다.[827] 그런데 과거의 부르주아지는 화려한 대가족을 이루고 부르주아적 가치를 후대에 전수하는 일을 상당히 중시했으나, 슘페터의 눈에 비친 부르주아는 합리성과 계산적 행동을 존중하는 자본주의적 심성 때문에 가족을 중시하지 않고 자기세대의 영광이 후대로 이어지는 것을 대수롭지 않게 생각한다. 그들은 만인이 평등하다는 사상을 믿으며, 호화로운 대저택에 살기보다는 소박한 아파트 생활을 더 선호한다. 가족을 통한 번성과 전승의 욕구의 감소는 이윤 추구에 대한 갈망을 약화시킨다. 자녀가 없다면 이윤을 축적하고 기업가 왕조를 세울 야망이 감퇴할 것이라는 것이다.[828]

11.16

슘페터의 자본주의 소진과 종말

슘페터에 따르면 자본주의가 스스로 소진된다는 것은 자본주의의 경제적 잠재력이 모두 다 실현되었다는 것을 의미한다. 경제는 몇몇 거대 기업에 의해 구성되고 이들 대기업은 효율적이고도 기계적인 방식으로 모든 것들을 경영한다. 혁신기업가는 일상적인 경영자가 되고 혁신은 거대기업 내의 기술개발 부서에 의해 관례적으로 행해진다. 이자율은 0으로 수렴해가고 경제는 균형 상태에서 벗어나지 않는 정태적 상황에 처하게 된다. 이러한 경제에서는 더 이상 변화란 초래되지 않는다. 이것이 바로 슘페터가 의미하는 성숙 상태, 혹은 '자본주의가 스스로 소진된 상태'이며 이 상황이야말로 사회주의 도래의 최적기이다. 이는 "삼라만상"이 모두 사회주의를 맞을 준비가 되어있는 상태이다.[829]

모든 사회계층에 속하는 대다수의 사람들이 사회주의로의 이행에 평화적으로 협력할 것이며 폭력적 혁명은 일어나지 않을 것이다. 사회주의로의 이행은 "확고하고, 안전하고, 원활하게" 이루어질 것이며 "에너지의 손실과 문화적 경제적 가치의 희생은 최소한에 그칠 것이다."[830]

그러나 자본주의의 잠재력이 아직 소진되지 않았을 경우, 상황은 엄청나게 달라진다. 미성숙 상태에서 사회주의로의 이행은 사회주의 정당의 힘에 의한 권력 찬탈을 초래할 가능성이 높다. 이행의 과정에서 강제가 불가피해진다. 반대자에 대한 무자비한 학대와 야만적 범죄가 자행될 것이다. 슘페터가 보기에 미성숙 상태에서 사회주의로의 이행을 강행한 가장 전형적인 예가 바로 소비에트이다. 볼셰비키가 정권을 잡았다는 것은 "우연한 횡재"일 뿐이며 흔하지 않은 "역사의 변덕"의 일례일 뿐이다.[831]

그런데 자본주의의 종말에 불을 붙이는 것은 슘페터에 의하면 지식인이다. 자본주의에 대한 공격의 호기나 실제적인 또는 공상적인 불만도 그것이 아무리 강력하게 작동한다 해도 그것만으로는 사회질서에 대한 적극적인 적의를 불러일으키기에는 충분하지 않다. 그러한 분위기가 성숙되기 위해서는 원망을 부추기고, 조직하고, 배양하며, 말을 퍼뜨리고 앞장 서서 이끌어가는 그룹이 있어야 한다. 시민 대다수는 결코 자신이 먼저 나서서 주도적으로 명확한 의견들을 전개하지 않는다. 이들에게 일관된 태도와 행동으로 자신의 의견을 표명해 줄 것을 요구하는 것은 더욱더 기대하기 어렵다. 이들이 할 수 있는 것은 가시적인 것에 국한되며, 적의를 표현하고 설명하는 그룹의 리더십에 추종할 것인지 여부를 결정하는 것뿐이다.[832] 슘페터가 볼 때 자본주의 질서는 지식인 부문을 효과적으로 통제할 의지도 능력도 없다. 여기에 지식인의 본질은 비판에 달려 있는 까닭에 공개토론의 자유 속에 자본주의 사회의 토대를 잠식할 자유까지 포함되는 것은 장기적으로 불가피하게 된다.[833]

"다른 한편으로 지식인 그룹은 자본주의 사회의 토대를 잠식하지 않을 수 없다. 왜냐하면 지식인은 비판을 먹고 살기 때문이며 그의 모든 지위는 따끔하게 쏘는 비판에 달려 있기 때문이다. 모든 것이 신성불가침하지 않은 상황에서는 인물과 현 시국에 관한 비판은 숙명적으로 계급과 제도에 관한 비판이 될 것이다."[834]

이렇게 현실을 진단하면서 슘페터는 비(非) 부르주아적 성격의 정부와 비(非) 부르주아적 교의를 가진 정부 – 현대의 상황에서는 오직 사회주의 정부나 파시스트 정부만이 – 지식인들을 통제할 정도로 충분히 강력하다고 자조한다.[835]

그러면서 슘페터는 고등교육의 확충이 대규모 산업단위의 발전과 마찬가지로 불가피했고 또 현재에도 불가피하다는 점을 인정하면서도 여기에서 초래되는 부문별 실업과 불만, 그리고 고용 불균형 역시 자본주의의 미래에는 비관적으로 작동할 것이라고 보았다.[836]

슘페터는 고등교육 확장이 초래한 문제들을 다음과 같이 분석하고 있다. 첫째, 고등교육은 전문적 내지 준(準) 전문적 계통의, 그리고 결국은 모든 "화이트칼라" 계통의 서비스의 공급을 증가시키기 때문에 부문별 실업이란 특별히 중요한 문제를 제기할 수 있다. 둘째, 고등교육의 결과 거기에 걸 맞는 표준 이하인 환경에서 고용을 감수하거나 고등교육 이수자가 육체 노동자보다 더 낮은 임금을 받게 됨으로써, 비록 실업은 아니지만 불만족스러운 고용 조건을 만들어내게 된다. 셋째, 높아진 눈에 맞춘 직업을 쫓다가 생기는 실업이다. 예컨대 칼리지나 대학교를 졸업한 사람은 이른바 자기 전문직에 취업할 가능성을 먼저 쫓게 되고, 육체노동을 요하는 직업에 취업하는 것은 심리적으로 꺼리기 쉽다. 그런데 높은 학력과 전문직에 종시하지 못하게 되는 것은 개인의 타고난 능력이 부족하거나 – 자격이 부족함에도 고등교육 기관 입학 시험에 합격은 할 수 있음 – 교육의 부적절함에 기인할 수도 있다.

슘페터는 이런 실업을 가리켜 '황당한 실업'이라고 하는데, 고등교육 선발에 있어서 사회가 소화할 수 있는 교사와 학생의 숫자가 얼마인지 고려하지 않고 의무 수업 시간만을 늘인다면[837] 이런 황당한 실업은 더 빈번하게 발생할 것이다.[838]

11.17

금융축적 주도적 자본주의 위기, 정책실패인가, 구조적 실패인가

슘페터의 예측은 어느 정도 타당한가. 자본주의가 종말에 이르렀다거나 소진되었다고 보기에는 무리가 있지만 2009년 금융위기 등에서 보여준 바와 같이 상당한 문제점을 노정하고 있는 것만큼은 사실이다. 많은 사람들이 자본주의가 지나치게 금융화(financia1ization)되어 가고 있음을 우려한다. 비단 이 현상은 영미(英美)형 자유시장경제에만 나타나는 것이 아니라 유럽의 조율된 시장경제에서도 폭넓게 확대, 강화되고 있는데, 이러한 '금융주도적 축적체제(finance-led regime of accumulation)'가 현대 자본주의의 주요한 현상이자,[839] 문제이기도 하다.

자본주의, 특히 금융주도적 축적체제가 실패하였다고 보는 견해들 중에서도 실패의 원인과 정도, 교정의 가능성에 따라 여러 입장으로 나뉜다. 먼저 들 수 있는 것은 '정책실패론'인데, 이것은 그린스펀과 같은 과거 제도권 정책결정과정에서 경험을 갖고 있던 신 자유주의 주류의 사고 방식이라 할 수 있다. 지금 보이는 자본주의의 불안정한 현상은 안정적 금융환경이 급속도로 진보하는 기술을 적절히 통제하는데 실패함으로써 빚어진 일시적 궤도 이탈이므로 IMF의 기능 강화, G8의 적극적 역할, G20의 활용 등 국제사회와 단위 국가의 적정한 개입과 기술 통제로 자본주의가 다시 정상 궤도에 들어설 수 있다고 보는 관점이다.[840]

반면 스티글리츠(Joseph Stiglitz, 1943-), 크루그만(Paul Krugman, 1953-), 라이쉬(Robert Reich, 1946-) 등 주로 케인즈주의자들은 자본주의의 문제점을

'구조실패론'을 통해 지적한다. 스티글리츠는 지금 보이는 자본주의 문제들은 특정 기업가나 정책결정권자의 문제가 아니라 시장자본주의체제의 근본적 결함에 기인한다고 역설한다. 그가 보는 금융은 산업의 수단이지 그 자체가 목적이 아님에도 불구하고 과도한 리스크를 감수하고 자기증식을 거듭하고 있는 중이다. 그리고 그 결과 자금이 생산적인 곳으로 흘러가기 보다는 '위험감수의 문화(culture of risktaking)' 속에서 왜곡되어 분배되고, 과도한 부채가 조장되었다는 것이다. 스티글리츠는 이런 시스템이 높은 사회적 비용을 초래하였다고 지적하면서, 미국의 경우, 20% 정도가 실업이거나 비 정규직이며 사회적 약자의 경우는 특히 심해서 흑인의 경우 공식적 실업률이 48%에 달한다고 비판한다. 그리고 미국경제 전반이 부의 불평등 심화, 정치 및 기업지도자들의 책임의식 결여, 장기적 관점 보다는 단기적 이윤추구 등에 매몰되어 있으며, 미국이 지난 수십 년간 불균형 모델을 전 세계에 강요하였다고 주장하였다.[841]

이와 같은 입장에서 스티글리츠는 자유 시장은 반드시 실패할 운명에 있으므로 시장의 역할과 국가의 역할간의 균형이 이뤄져야 한다고 강조한다. 크루그만은 미국 레이건 대통령 이래 탈규제가 만병통치약이라 믿는, 이른바 자유 시장 근본주의(free-market fundamentalism)에 문제의 근원이 있다고 보았다. 탈규제 정책에 따라 번성한 파생상품들로 인해 금융시스템이 강화될 것이라 믿었지만, 정반대의 결과를 가져왔는데, 시장 기능에 대한 과도한 믿음이 위기를 초래하였다고 지적한다.[842]

라이쉬는 금융위기의 원인, 즉 자본주의의 위기를 소득분배의 왜곡에 의한 중산층의 붕괴와 소득 최상위계층의 정치적 동원능력에 있다고 파악하였다. 소득분배가 왜곡되는 상황에서 중산층은 빚을 내서라도 현재의 생활 수준을 유지하려 하였고, 월 스트리트는 파생상품을 개발하여 부채를 제공함으로써 잠시 동안은 공전의 호황을 누릴 수 있었다는 것이다.

하지만 중산층의 부채는 지속 가능한 것이 아니어서 결국은 붕괴될 수 밖에 없었고 위기가 초래될 수 밖에 없었다. 소득분배가 왜곡됨으로써 생기는 문제를 라이쉬는 두 가지로 파악하였다. 우선 경제적 측면에서는 중산층의 구매력 저하로 인해 경제전체의 공급(생산)을 흡수할 곳이 없다는 구조적 문제이고, 둘째는 정치적 측면에서 소득 최상위계층의 정치적 영향력이 비대해져 민주적 의사결정 과정을 왜곡하고 소득분배의 왜곡을 시정할 정치적 동력을 찾기 어려워진다는 것이다. 그래서 라이쉬는 일종의 중산층을 위한 뉴딜 정책을 통해 케인즈주의적 재분배 정책을 추진, 재균형(rebalancing)을 잡아 주어야 한다고 주장한다.[843]

세 번째는 좀 더 근원적으로 자본주의의 지속적인 금융화(financialization)가 문제의 본질이며, 따라서 신 자유주의 담론에 깔려 있는 사회적 권력관계 구조를 타파해야만 문제가 해결될 수 있다고 본다. 이런 해법이 나오지 않는 이상 현대 자본주의 체제에서 위기는 항상 있게 되고, 그것이 오히려 정상이라는 것이다. 이른바 "상시적 위기론"이다.[844] 고도로 복잡한 금융기법의 고안을 통해 평범한 일반 가계로부터 이윤을 탈취하는 것이 금융화의 본질이라는 것이 상시적 위기론자들의 관점이다. 금융업이 대중도 금융화에 의해 제공되는 부채로 내 집을 마련하고 부를 증식시킬 수 있다는 환상을 심어주었지만, 그것은 미끼였고 실제로 그 과정에서 금융가들만 막대한 이윤을 보장받았다는 것이 이들의 비판이다. 금융화란 자본주의 이윤 창출의 원천에 주목하여 무역이나 상품생산 보다는 점차 금융 부문이 주된 통로로서 역할을 현상을 말한다.

금융화는 두 가지 면에서 고찰될 수 있는데, 우선 전체 경제 활동에서 나오는 이윤을 부문별로 비교할 경우 제조업 기타 비 금융서비스업을 다 합한 이윤보다 금융 부문에서의 이윤이 차지하는 비중이 크다는 것이고, 두 번째는 제조업과 같은 비금융권 기업이라 하더라도 그 수입을 전체적으로 놓고 보았을 때 생산 활동으로 얻어진 수입에 비해 이른바 '포트 폴리오 수입', 즉 이자, 배당금, 자본 수익과 같은 데서 나오는 이윤의 비율이 점차적으로 증가한다는 것이다. 이것은 기업가(사업가)가 투기꾼으로 변할 수 있다는 케인즈의 지적과 맞아 떨어지는 현상이라고도 할 수 있다.

예컨대, 크리프너의 조사에 따르면, 전체 미국경제에서 비 금융부문의 이윤 대비 금융부문 이윤의 비율은 1950년 10%수준에서 2001년 70%로 급상승한 것으로 나타났다. 미국 비 금융기업의 전체현금흐름에서 포트폴리오 수입의 비중은 1970년대까지는 10% 이하에 불과했으나 이후 지속적으로 증가하여 2000년에는 전체 수입의 50% 수준으로 급격하게 상승하였다. 비 금융기업들에서도 금융수입의 비중은 점차 늘어나고 있다. 이는 주로 이자, 주식투자 등에서 연유하는 것이기도 하지만, 제조업과 금융이 연계되고 있는 것이 가장 큰 원인이랄 수 있다. 일례로 미국의 가전기업인 GE가 자사 제품판매를 확장할 목적으로 할부금 대출 등 소비자신용을 담당토록 하기 위해 설립한 GE 캐피탈은 2003년 GE그룹 전체 이윤의 42%를 벌어 들였다. 또한 GM의 금융자회사인 GMAC도 2004년 29억 달러를 벌어들여 GM 총수입의 80%를 차지한 바 있다.

자본주의 금융화 편중 현상은 유럽에서도 예외가 아니다. 예컨대, 프랑스의 경우에도 1985년을 기점으로 금융업의 이윤율이 비 금융업을 추월하여 2000년에 이르러서는 비 금융기업의 이윤율을 4배 이상 압도하였다. 프랑스의 대기업들의 자산보유 내역에서도 1980년대 중반 이후로 금융자산이 비 금융자산 비중을 추월하여 그 격차가 두 배 가까운 수준으로 벌어졌다는 통계가 있다. 이 과정에서 금융업과 비 금융업 사이의 불균형뿐만 아니라 개인간 소득불평등이 더 심해지고 양극화가 초래됨으로써 자본주의에 대한 우려와 회의가 커지고 있다.

원래 자본주의는 절대 빈곤 문제를 해결한 다음에는 질적 자본주의의 단계로 이행해야 한다. 절대 빈곤 문제가 해결되었다고 해도 정의의 관점에서 충분한 것은 아니다. 배분적 정의의 해결은 여전히 남아 있으며 상대적 빈곤과 박탈, 불평등 해소의 과제는 남아 있는 것이다. 문제는 이 단계에서 질적 자본주의를 해결하지 못하면 사회의 활력 저하, 갈등의 증폭, 양극화로 인한 반목 등이 지속적 발전을 저해함으로써 현상 유지도 못하고 퇴행하여 결국은 다시 절대 빈곤의 문제를 해결해야 하는 지경에까지 떨어지게 되는 것이 역사가 보여주는 자본주의 경험이다.[845]

금융업의 비중이 큰 국가들이 급여 소득자들 간의 소득 편차가 크다는 것은 금융화와 불평등 심화 사이에 어떤 상관관계가 있을 수 있음을 시사한다. 그래서 자본주의의 지나친 금융화를 지적하는 사람들은 위기의 해법을 "금융의 민주화(democratization of finance)", "리스크의 시장화(marketization of risk)"를 통해 제도권 엘리트를 위한 제도를 해체하는 국가의 역할에서 찾는다.[846]

11.18

예정된 조화의 실현 (harmonia praestabilita)

프랑스의 사회학자 기 소로망(Guy Sorman, 1944)은 자본주의 초기에서는 물질적인 면이 중시되어 사유재산제도, 재산권, 계약제도 등 외적 경제규율 내지는 경제윤리만으로 충분하지만, 시장경제가 지속적으로 발전해 가기 위해서는 문화와 정신이라는 용기(容器)에 시장경제를 다시 담는 노력이 필요하다고 주장한다.[847] 자본주의는 악도 선도 아니지만, 원형 자본주의가 보여주었던 역사적 경험을 통해 알 수 있듯이 시장경제와 민주주의를 뒷받침하기에 가장 적합한 경제 메커니즘이다. 한가지 잊지 말아야 할 것은 자본주의, 시장경제, 민주주의는 그 어느 것도 그 자체로서 목적이 될 수 없다는 사실이다. 목적은 개인과 공동체의 안녕 및 행복에 있다.

이 목적에 적합한 삶의 방식이 정치적으로는 민주주의, 경제적으로는 시장경제와 자본주의인데, 흔히 생각하듯 시장 경제와 자본주의는 동의어가 아닐 뿐 더러 어떤 이는 나아가 시장을 비(非) 자본주의적 성격을 가진 것으로 보기도 한다.

예컨대, 프랑스의 역사가 브로델(Fernand Braudel, 1902-1985)은 물질생활과 시장경제, 그리고 자본주의의 역사에 대한 고찰을 통해 자본주의를 일종의 투기나 지배적 성격이 강하여 투명하고 규칙적인 시장 거래를 교란하는 반 시장적 존재로 이해하였다.[848] 이런 분석은 원형 자본주의에서 멀어질수록, 즉 금융기법을 이용한 몰가치적 영리 추구가 자본가의 모든 것처럼 인식되고, 자본주의의 본질인 양 인식되는 상황에서는 상당한 설득력이 있다고 하지 않을 수 없다.

시장경제는 '더 낫게 살고자 하는(betterment)' 인간의 속성에 부응하면서 개인의 자율과 책임, 협력을 바탕으로 하고 있기에 민주주의라는 정치적 토양을 건전하게 지켜줄 수 있다. 그리고 공화적 정신이 바탕이 된 민주주의는 공동체 내에서의 개인의 정체성을 확인시켜주고 정치적 자기결정의 연습을 통해 자존감을 높여주는 역할을 하면서, 이를 통해 연습된 자율성이 경제적 활동에서도 실질적인 자유와 책임으로 나타나도록 한다.

생산수단의 사적 소유와 계약의 자유를 핵심으로 하는 자본주의는 사유(私有)를 통해 공화적 시민의 근거를 마련하여 정치적 의사 형성에 능동적이고 책임 있는 시민으로 참여할 수 있는 토대를 만들어 주고, 한편으로는 시장에서의 경제활동을 주체적으로 할 수 있도록 함으로써 민주주의, 시장경제를 실질적으로 가능케 한다. 이렇게 보면 자본주의, 시장경제, 민주주의는 각기 다른 개념임에도 불구하고 사실상 가장 이상적인 짝짓기가 가능한 조합이다.

물론 이렇게 되기 위해서는 각자 불순물을 떨쳐버리고 순결한 원형으로 돌아오거나, 당초 전제의 오류를 교정한 모습이 되어야 한다. 원형 자본주의, 보완적 시장경제, 공화적 민주주의가 자리를 잡을 때 이른바 '예정된 조화(harmonia praestabilita)'라는 것이 실현된다. '예정된 조화'는 모든 사람들이 각자 자기의 발전과 이해를 충실히 유지할 경우 전체로서 최고의 번영이 반드시 가능할 뿐 아니라 스스로 달성된다는 하나의 공리이다.[849]

이것은 아담 스미스가 행성들이 각자 고유한 힘으로 서로를 끌어당기는 과정에서 우주의 질서가 유지되듯, 시장의 균형도 그렇게 이뤄질 것이라고 본 것과 같다. 그런데 이 공리가 달성되기 위한 대 전제는 행위 주체들이 대등한 힘과 의지로써 합리적 판단 하에 스스로 경쟁에 뛰어들 수 있음을 전제로 한다. 그리고 그 경쟁의 장에서 자유로운 의사에 따라 계약, 즉 거래 행위를 할 수 있어야 한다. 그래야만 사유재산제와 계약의 자유를 근간으로 하는 자본주의가 윤리적 정당성을 가질 수 있다. 시민들이 합리적 경제인들이 되도록 하기 위해서라도 이런 전제를 마련해 주는 일에 인색해서는 안 된다.

그런 점에서 원형 자본주의의 개념은 시장과 민주절차의 사이에서 훌륭한 연결고리를 맺어 줄 것이며, 마르크스의 비난이나 슘페터의 우울한 전망에서 벗어날 수 있을 것이다. 원형 자본주의로의 복귀에는 자본가성(性) 회복, 즉 금융 투기꾼에서 혁신을 도모하는 기업가로의 제자리 찾기, 절제와 합리적인 노동 윤리가 바탕이 되는 시민 정신의 확립이 필요하다. 모두를 위한, 모두에 의한 정의가 필요한 것이다.

---

735. 시장에서 경쟁의 원천적 불평등을 더 심화시키는 것 중의 하나는 신용을 통한 자본 조달에서의 차별이다. 기본적 자산 없이 피고용인, 즉 월급쟁이가 아닌 자신만의 사업을 하고, 혁신을 해 보려는 사람들은 오르막길을 오르는 것과 같은 처지에 놓이는 것이 현실이다. 신용 시장이 완벽하다고 해도 이런 불리함은 극복되지 못하며, 오히려 어떤 면에서 신용시장이 완벽할수록 가진 것 없이 무엇을 해보려는 사람들의 시도는 더욱 힘들어질 수 있다. 따라서 국가는 자기의 잘못 없이 자기 자본이나 타인 자본 조달 모두 막힌 이들에게 이를 보증해주어야 한다. Robin Hahnel (2009), "Why the Market Subverts Democracy," American Behavioral Scientist, vol.52, p.1013.
736. 정의와 복지를 구분하는 실익을 필자는 권리의 성격을 갖는지 여부에 있다고 본다.
737. Peter Koslowski, "Kapitalismus", in Staatslexikon (Freiburg: Herder, 1987), B.3, p.302-3 ; 강두호(1995), 현대 자본주의의 윤리적 범형, 윤리연구 제34권, p.4. FN 17.에서 재인용
738. 자본주의 정신이라는 용어는 학술적으로는 1902년 독일의 국민경제학자 베르너 좀바르트(Werner Sombart)가 〈근대 자본주의, Der moderne Kapitlismus〉에서 사용하였다. 그리고 그보다 2년 뒤에 막스 베버 (Max Weber)가 〈프로테스탄트 윤리와 자본주의 정신, Die protestantische Ethik und der "Geist" des Kapitalismus〉을 통해 다시 체계적 설명을 꾀한 바 있다. 나인호 (2004), "자본주의 정신-독일 부르주아지의 근대비판 담론", 서양사론 제80호, p.168.
739. 〈팔그레이브 사전, Palgrave's Dictionary〉에는 '자본주의'라는 항목이 없다. 조셉 슘페터, 경제분석의 역사(History of Economic Analysis) 제2권, 김균 외 역 (2013), 한길사, p.310, FN 44.
740. 나인호 (2004), op.cit., p.169, FN 3.
741. ibid., p. 170.
742. 자본주의가 나치 이전 반 유태주의 정서에 기초하여 배금주의와 동일시되어 비판 받았던 사례에 관하여는 다음을 참조 ibid., p.179, FN 35.
743. 대신 부르주아들이 산업화로 인한 사회적 문제를 지적하는데 동원하였던 용어는 산업주의라는 개념이었다.
744. B. vom Brocke(ed.), Sombarts 'Moderner Kapitalismus'(Munchen 1987),p.42 p.84 : ibid., p.170-1, FN 6
745. ibid., p. 170, FN 5.

746. ibid., p. 186, FN 58.
747. 조셉 슘페터, 경제분석의 역사(History of Economic Analysis) 제1권, 김균 외 역 (2013), 한길사, p.169면.
748. William J. Baumol, Robert E. Litan, and Carl J. Schramm (2012), "The Four Types of Capitalism, Innovation, and Economic Growth", IN Dennis C. Mueller (eds), The Oxford Handbook of Capitalism, Oxford University Press.
749. 강두호(1995), op.cit., p.4.
750. 김관수(2012), 한국의 천민자본주의 가치관과 경제개혁의 한계: 교육적 해결방안, 한국 통합교육과정학회. 통합교육 과정연구 제6권 제1호, p.63.
751. Peter Koslowski, "Kapitalismus", in Staatslexikon (Freiburg: Herder, 1987), B.3, p.302-3 : 강두호(1995), op.cit., p.4.에서 재인용.
752. 김관수(2012), op.cit., p.64, FN 15.
753. '믿음, 소망, 사랑, 이 세 가지는 항상 있을 것인데 그 중의 제일은 사랑이라' 성서 고린도전서 13장 13절
754. 권영경 (1997), 자본주의 경제윤리와 경제적 정의에 대한 고찰, 한국경제학보 제4권 제1호, p.74, FN 1.
755. 김광두 (1989), 자본주의체제의 발전조건과 영국의 경험, 시장경제연구 제17권, p.49.
756. 존 롤스는 자본주의자들은 그들이 가진 상대적인 정치적 힘을 이용하여 출생시의 사회적 지위의 격차에 따른 직업 획득 편차가 상당히 줄어들 정도로 복지와 소득의 격차를 제한하려는 정도로 까지 제도가 진전되는 것은 막을 것이라고 예상한다. Ian Hunt (2009), "Why Justice Matters", Philosophical Papers 38(2), p.173.
757. 자본주의와 민주주의의 공존을 추구했던 역사적 사례는 서유럽 자본주의에서 찾을 수 있다. 파시즘은 민주주의를 거부하였고, 공산주의는 자본주의를 거부하였다. 김미경(2015), 자본주의 다양성과 유럽 민주적 자본주의의 위기-1986년 이후, 서양사연구 제52권, p.147면.
758. 김광두(1989), op.cit., p.49.
759. 그러나 이미 본 바와 같이 우리가 알고 있는 원형 자본주의 정신이 추구하는 영리성이 시민적 덕성의 혼합물적 성격을 갖고 있음을 감안한다면 이런 갈등은 그리 크지 않을 수 있다. 만일 그 갈등이 크다면 이는 그만큼 원형 자본주의에서 벗어났다는 점을 보여주는 것이라 할 수 있다.
760. William J. Baumol, Robert E. Litan, and Carl J. Schramm (2012), op.cit. 자본주의 네 가지 유형에 관한 보다 상세한 내용은 Baumol, William J., Robert E. Litan, and Carl J. Schramm (2007), Good Capitalism, Bad Capitalism, and the Economics of Growth and Prosperity (Conn.: Yale University Press) 참조.
761. 자본주의 경제 모델에 관하여는 자본주의 발전단계에 따른 분류, 기업금융시스템에 따른 분류, 복지에 따른 분류 등 다양한 시도가 있다 윤상우(2010), 자본주의 다양성과 비교자본주의론의 전망, 한국사회 제11집 제2호, p.4-8; / 제프리삭스 (2009), op.cit., p.328 김미경(2015), op.cit., p.147. 이 글에서는 원형 자본주의 정신의 핵심인 혁신을 기준으로 한 유형 구분을 쫓았고, 정의론적 차원에서 다루는 자본주의 모습으로는 이것으로 충분하다고 생각된다.
762. William J. Baumol, Robert E. Litan, and Carl J. Schramm (2012), op.cit.
763. ibid.
764. ibid.
765. ibid.
766. ibid.
767. ibid.
768. ibid.
769. ibid.
770. 어떤 사람들은 만악(萬惡)의 뿌리로서 사회적 불평등, 빈곤의 모든 원인을 자본주의에서 찾는 반면, 어떤 사람들은 명백한 사회 구조적 부조리와 불합리를 보면서도 "어차피 자본주의 사회 아닌가?" 냉소하면서 공공악의 제거와 개선에 나서지 않으려 하는 태도를 보이기도 한다.
771. ibid.
772. ..through redistributing wealth, rather than creating…
773. 베버는 자신이 관찰하고 있는 당대의 자본주의는 사회학자로서 뿌리를 거슬러 올라가서 캐낸 자본주의 모습과는 매우 달라져있다고 지적한다. 그래서 필자는 베버가 자본주의 발아기에 이를 의미 있게

가능케 하였던, 베버나 좀바르트가 보기에 이전의 경제 메커니즘과 구별되도록 하는 정신이 깃들어져 있는 자본주의를 "원형(原形) 자본주의"라고 부르기로 하였다. 원형 자본주의는 이 시대에 자본주의라는 이름으로 횡행하는 다양한 형태의 변종들이 돌아갈 고향이자 다림줄이다.

774. 막스 베버, 프로테스탄티즘의 윤리와 자본주의 정신 (Die Protestantische Ethik und der Geist des Kapitalismus), 김덕영 역(2015), 도서출판 길, p.336.
775. 강두호(1995), op.cit., p.6.
776. 또한 자유 교역만 해도 해적들도 역시 같은 이해관계를 가지며, 금융이나 모험 정신은 자본가들에서뿐만 아니라 용병대장이나 관료들에게서도 얼마든지 찾아 볼 수 있다는 것이 베버의 분석이다. 심지어 자본가가 아니면서도 전통과 결별하는 대담함을 갖고 있는 개인이나 집단을 찾는 것도 어렵지 않다. 한마디로 난다고 해서 모두 새는 아닌 것이다. 파리와 모기도 날기로 치면 어느 새에 못지 않은 법이니까. 막스 베버, op.cit., p.81.
777. Stackhouse, 14: 317-8
778. 막스 베버, op.cit., p.80.
779. ibid., p.81.
780. ibid., p.82.
781. ibid.
782. 물론 모든 사람들이 벤저민 프랭클린이 설파하는 시간과 신용의 관리, 근면에 대하여 동의하지 않는다. 이런 생활태도가 개인적으로는 훌륭할지 모르지만 그 이면에 담긴 동기, 그리고 개인적인 덕성이 상실된 상태에서의 부의 축적으로 이어지는 결과만을 사회가 추구할 때 초래될 부작용에 대하여는 비판도 따른다. 예컨대, 오스트리아의 작가였던 페르디난드 쿠른버거 (Ferdinand Kurnberger, 1821-79) 같은 사람은 〈미국에 지친 사람들〉이라는 책을 통해 프랭클린의 자서전을 양키의 신앙고백이라고 비꼰다.
783. 그러나 이 때만 해도 프랭클린은 70세의 노년으로 프랑스와 영국에도 상당히 알려진 신대륙의 정치인이자 사업가, 문필가로 이름이 알려져 있었으므로 스미스가 프랭클린의 존재를 몰랐을 것 같지는 않다.
784. 프랭클린, 후회없는 생애 (The Autobiography of Benjamin Franklin), 최종률 역(1973), 삼성문화문고, p.21.
785. 막스 베버, op.cit., p.84, FN 14.
786. 버나드 맨더빌, 꿀벌의 우화 (The Fable of the Bees), 최윤재 역(2010), 문예출판사, p.179.
787. 막스 베버, op.cit., p.84, FN 14.
788. ibid., p. 85, FN 9.
789. 예컨대, 어느 조직에서 저임금 정책을 실시하여 양질의 신입사원들을 확보하지 못하게 되는 경우 그 조직의 문화는 하위, 저질 문화로 어느새 채워지게 되고, 이제는 거기에 들어오는 자원이 기존 인력보다 더 낫다 하더라도 그 수준에 맞춰지거나 왕따가 되고, 결국 그 조직 자체는 장기적으로 역량이 후퇴하거나 경쟁력 없는 집단으로 전락하고 말 것이다.
790. 권영경 (1997), op.cit., p.88.
791. 장문석(2015), "이탈리아의 가족 자본주의와 부덴브로크 신드롬- 롬바르디아의 경우를 중심으로", 서양사연구 제52권, p.80.
792. 에릭 홉스봄, 극단의 시대-20세기 역사, 이용우 역(까치글방, 1997), p.474 : 장문석(2015), op.cit., p.79.에서 재인용
793. 그렇다고 자본주의 사회에 비자본주의적 성격이 없다는 것이 아니다. 자본주의 사회에 내재하는 비자본주의성에 대해 인식할 때만, 비로소 자본주의에 대한 보다 심층적 이해가 가능하다는 사실은 슘페터(Joseph A. Schumpeter), 베블렌(Thorstein B. Veblen), 폴라니(Karl Polayni) 등이 자본주의에 대한 분석을 통해 공통적으로 내린 결론이다. 김미경(2015), op. cit.
794. 권영경 (1997), op.cit., p.81.
795. 막스 베버, op.cit., p.206, FN 44.
796. 강두호(1995), op.cit., p.15.
797. 홍기현(1998), op.cit., p.154.
798. 예컨대, 왈라스는 토지국유화를 주장하는 등 개혁적 인물이었고, 멩거는 보수적인 인물이었으나 양자는 모두 시장에 따른 경제의 운용, 다시 말해 상품을 사고 팔거나 기업을 하거나 직업을 선택하는 것과

같은 경제적 행동에 대해서는 각자 판단에 따라 경제행위를 하도록 하는 것이 사회적으로 바람직하다는 점에 대해서는 의견을 같이 하였던 것이다. ibid., p.155.
799. ibid., p.154.
800. L. Walras. Elements of Pure Economics. translated by W. Jaffe (1954). p. 63: ibid., p.155.에서 재인용.
801. 권영경(1997), op.cit., p.82.
802. 조셉 슘페터, 자본주의, 사회주의, 민주주의(Capitalism, Socialism, and Democracy), 변상진 역(2011), 한길사, p.272.
803. ibid.
804. Robert Heilbroner(1986, 6th ed.), The Worldly Philosophers (London: Penguin Books), p.302: 이택면(2001), 슘페터, 평민사, p.166.에서 재인용
805. ibid.
806. 슘페터/변상진 역, op.cit., p.279.
807. 이택면(2001), op.cit., p.166.
808. 슘페터/변상진 역, op.cit., p.279.
809. ibid., p.276.
810. ibid., p.274.
811. ibid., p.164.
812. 슘페터/변상진 역, op.cit., p.276.
813. ibid.
814. ibid., p.275.
815. ibid.
816. 슘페터는 이러한 사례로 기업의 지배구조와 관련하여 주식회사, 합자회사, 공개회사나 폐쇄회사와 같은 다양한 회사의 형태들의 정형화된 계약구조(엄밀히 말하면 정관이 이에 해당한다고 하겠다)를 들고 있다. 본문에 명확하게 나와 있지는 않으나 과거엔 기업 조직 하나를 만들어도 참가자들의 자유로운 계약의 덩어리로서의 탄생하였다면, 지금은 표준화된 지배구조에 따라 회사설립자들의 개별적 의사와 무관하게 표준적인 조직을 따라야 하는 현상을 의미하는 것으로 보여진다. ibid., p.276.
817. ibid., p.274. 한편 이 대목에서 우리는 슘페터가 이윤을 추구하는 것을 원래의 자본주의를 형성하던 기업가적 정신으로 보는데 부정적이었음을 알게 된다. 그에게 중요한 것은 혁신이었지, 이윤이 아니었다. 이윤은 혁신의 결과로 주어지는 것일 뿐이다. 따라서 이윤만을 기업가의 유일한 관심이고, 자본주의적 속성의 본질로 이해하는 것은 잘못이다.
818. ibid.
819. 이택면(2001), op.cit., p.165.
820. ibid.
821. 슘페터/변상진 역, op.cit., p.271.
822. ibid.
823. 장문석(2015), op.cit., p.80.
824. ibid., p.82.
825. ibid., FN 9.
826. ibid., p. 81, FN 7.
827. ibid.
828. 이택면(2001), op.cit., p.165.
829. ibid., p.167.
830. ibid., p.168.
831. ibid.
832. 슘페터/변상진 역, op.cit., p.282.
833. ibid., p.291.
834. ibid.
835. ibid., p.290.
836. ibid., p.293.

837. 여기서 슘페터는 도제 교육에 가까운 전문 직업 교육의 질을 말하는 것으로 보임.
838. 슘페터/변상진 역, op.cit., p.294.
839. 손열(2013), 세계금융위기 이후 자본주의 담론의 변화–한국과 일본의 경우, 동아연구 제64권, p.25.
840. ibid., p.10.
841. ibid., p.11.
842. ibid.
843. ibid., p.12.
844. ibid., p.13.
845. 김광두(1989), op.cit., p.53.
846. 손열(2013), op.cit., p.13.
847. 권영경(1997), op.cit., p.83, FN 14.
848. 장문석(2015), op.cit., p. 80, FN 5.
849. 강두호(1995), op.cit., p.18.

제 5 편

에필로그 –

모두를 위한, 모두에 의한 정의

제 12 장

신(新) 사회계약으로서의 생애기반자산[850]

요약

정의는 공동체의 안정적이며 지속적인 유지를 위한 조건이다. 롤스 식으로 표현하면 이는 한 세대로부터 다음 세대로 자유롭고 평등한 시민들 사이의 사회적 협력을 얻어 내기 위한 것이다. 분배적 정의를 보다 구체적으로 보면 크게 세 가지로 나눌 수 있다. 동일하게 나누는 1/n로 형식적, 기계적으로 나누는 등분(等分), 기여의 정도에 비례하여 몫을 주는 균분(均分), 그리고 개별적 사정을 고려하여 구체적 타당성을 도모하려는 안분(按分)이 바로 그것인데, 사회적 협력을 위해서는 안분까지는 아니더라도 적어도 균분의 정의는 있어야 한다. 협력의 공정한 조건들에는 상호 호혜적이어야 하고 등가성이 있어야 하며 또한 승인된 규칙에 따라 자신의 몫을 하는 사람에게는 공중에 의해 그리고 사회적으로 합의된 기준에 따라 명시된 혜택이 있어야만 할 것이 요구되는 것이다.

누구에게 있어서든지 "정의"는 "자아(ego)"와 밀접한 관련이 있다. 가치 있는 존재로 존중 받고 있다는 느낌은 물리적 어떤 차별도 수긍할 수 있게 만들지만, 반대로 형식적 평등이 이뤄지는 동안 보이지 않는 가치비하가 전달될 때 사회적 불평등 지수는 높아지게 된다. 활력있는 지속가능한 공동체가 되기 위해서는 그 사회 구성원들에게 사회적 이동성(social mobility), 사회적 기대가능성(social expectation), 사회적 성취(social achievement) 세 가지가 보장되어야 한다. 그런데 지금 드러나는 여러가지 상황은 한국 사회의 활력이 기본적인 생명유지에도 급급하거나 서서히 죽어가고 있다는 심각한 증상을 보여준다. 각종 조사결과와 통계는 대부분의 사람들이 사회적 이동성에 대하여 아예 포기하고 있음을 보여주고, 실제로 사회적 이동성을 위한 여하한 장치도 갖지 못하고 있음을 단적으로 보여준다.

사회 구성원들이 출발 단계에서부터 심리적 장벽으로 스스로를 제어하도록 만들어 놓고 활력을 기대할 수는 없다. 그 장벽을 허무는 가장 큰 유인 동기는 기회의 균등한 보장이다. 그런데 균등한 기회들(equal opportunities)은 가능한 한 사람의 생애에서 가장 이르면 이른 단계에서 보장될수록 더 효율적이다. 생애 초기의 작은 차이들 – 본인의 의지와 선택과는 전연 무관한 – 이 유년기, 청소년기, 청 장년기를 지나면서 사회적 계급으로 고착화될 가능성이 높기 때문이다. 그리고 이러한 균등한 기회를 가능케 하는 실질적 수단은 자산이다.

자산빈곤(Asset poverty)이란 절대적인 의미로는 적절한 수준의 기본적인 자산이 결핍된 상태를 의미한다. 어느 사회이건 거대한 부가 오는 통로는 막대한 급여소득, 한 개인의 삶의 주기를 통해 부수되는 이윤, 상속, 이 세 가지로 나눌 수 있다. 그러나 부에 관한 연구들은 완전히 같지는 않더라도 앞의 두 가지 보다는 대부분의 경우 상당한 정도의 자산이 그 기반이 되었음을 보여준다. 자산빈곤은 단기적으로는 개인의 생존능력을 떨어뜨리고, 장기적으로는 부를 축적할 수 있는 기반 마련이 무망(無望)하여 빈곤의 악순환을 겪고 다음 세대에 빈곤을 물려준다는데 심각한 문제가 있다. 어느 것 보다도 유전적 요인이 강한 사회적 질병이라 할 수 있다. 신생아들의 경우 자신의 자원과 관련하여 어떤 미덕이나 선행의 조건에서 차이가 없기 때문에 삶의 전망도 동일해야 한다는 것은 사회적 정의의 요구이기도 하다.

한편 세대 간 회계는 싫건 좋건 개인의 선택과 무관하게 일단 이 사회의 일원이 되는 순간 일정한 사회적 상속(social inheritance)이 뒤따른다는 것을 보여준다. 사회적 상속이 자연인의 상속과 다른 점은 피상속인의 사망이 상속 개시의 원인이 되는 것이 아니라, 상속인의 탄생이 상속 원인이 된다는 점만 다를 뿐이다. 상속은 채무와 자산의 포괄승계를 특징으로 한다. 태어나는 순간 사회로부터 받는 것보다 장기적으로 사회에 부담해야 할 책임이 더 큰 구성원에게 기존 구성원들이 이를 보전해 주는 방안을 마련하는 것은 정의의 측면에서 당연한 요구이다. 그 보전의 방법은 일정한 생애기반 자산을 미리 주는 것이다. 자산은 사회적 및 정치적 영역에서 그에 따른 권리뿐만 아니라 의무도 갖게 하는 것을 의미하므로 자산에 기초한 구성원들은 책임있는 시민으로서 공동체의 합리적 질서 내에서 권리와 의무를 구현하게 된다. 이 점에서 생애기반 자산의 소유는 개인의 안전망이자 공동체의 안전망이라 할 수 있다.

생애기반 자산은 자연인의 출생과 동시에 각자에게, 부모의 배경이나 소득과 무관하게, 완전히 보편적으로 주어져야 한다. 그리고 이러한 자산은 갓 태어난 상속자 고유의 것이지, 그 상속자를 양육하는 친권자의 것이 아니며, 상속자를 양육하는 비용의 대체 지급은 더더욱 아니다. 이 점에서 천부물권은 재산권이지만 상속자가 처분권한을 가질 때까지는 일신전속적 성격을 갖는 권리로서 양육자나 그 가정 세대를 위한 복지차원의 지원과 성격을 달리한다. 사회적 상속은 일회적으로 일어나며, 일정한 기반자산이 개인에게 이전된 후에는 이를 토대로 삶을 꾸려가는 것은 그의 책임이 될 수 밖에 없고 따라서 지속적인 소비형 복지지원은 특단의 사정이 없는 한 배제되어야 할 것이다.

생애기반자산은 고령화로 인해 차세대에 지워질 부담을 덜어준다는 형평의 원칙에 부합할 뿐 아니라 미리 재원을 마련함으로써 다음 세대가 고령화될 때에도 사회적 부담을 줄일 수 있는 장기적 대책으로서도 유용하다. 액커만은 우리에게 주어진 일은 "정의를 증진시키는 프로그램을 설계하고 현실 세계의 민주주의들에서 정치적 의미를 갖는 프로그램들을 설계하는 것"이라고 강조한다. 생애기반자산은 우리 사회의 고질병인 계층과 세대간 갈등의 원인이 되는 불평등과 빈곤, 이로 인한 심리적 격차와 좌절, 소외, 그리고 그 현상으로 나타나는 결혼 회피, 저출산, 높은 자살율을 근본적으로 치유할 수 있는 대안이자 사회적 활력을 지속시키는 구체적 정의이다.

12.1

정의는 사회적 협력을 위한 조건

정의는 공동체의 안정적이며 지속적인 유지를 위한 조건이다. 롤스 식으로 표현하면 이는 한 세대로부터 다음 세대로 자유롭고 평등한 시민들 사이의 사회적 협력을 얻어 내기 위한 것이다.[851] 사회적 협력을 통한 부담과 혜택을 어떻게 이끌어내어 사회 성원들에게 배분시킬 것인가 하는 문제는 정치철학이나 윤리의 문제이기도 하지만 사회심리학의 가장 중요한 중심 과제이기도 한데 여기서 발견되는 일련의 성과들은 정책과 제도로서의 정의가 왜 필요하며 어떻게 확립되어야 할 것인지에 대하여 많은 시사점을 준다.[852]

사회심리학자들은 무엇이 정의인지, 부정의인지 결정할 수는 없지만 사람들이 정의 문제에 관하여 어떻게 생각하고 느끼는지 측정할 수는 있다고 한다.[853] 사람들이 중요하게 여기는 절차적 정의는 사회적 평가와 가치, 특히 자신에 대한 적정한 예우와 존중(courtesy and respect)이 있을 때에만 수용 가능성이 높다고 한다.

누구에게 있어서든지 "정의"는 "자아(ego)"와 밀접한 관련이 있다. 가치있는 존재로 존중 받고 있다는 느낌은 물리적 어떤 차별도 수긍할 수 있게 만들지만, 반대로 형식적 평등이 이뤄지는 동안 보이지 않는 가치비하가 전달될 때 사회적 불평등 지수는 높아지게 된다는 것이다. 결국 사회적 정의는 '사회적 커뮤니케이션'의 건강한 작동에 상당 부분 의존한다고 할 수 있다. 인지심리학이 보여주는 명백한 결론은 '정의(justice)' 보다

는 '정의롭다는 느낌(justice feeling)'의 영향력이 더 큼을 보여주기 때문이다.[854]

예컨대, 노동과 관련된 연구결과에 의하면 공정치 못하다는 느낌(unfairness)은 감정적 소진을 가져와 자발성과 능력을 제한함으로써 직접적인 비용 손실을 초래한다고 한다.[855] 사회적 협력을 위하여는 공정한 조건이 있어야 하고 이러한 조건들이 대중적으로 승인된 규칙과 절차에 인도되고, 구성원들은 이런 규칙과 절차에 따르는 것이 자신들의 행위를 규제하는 적절한 수단으로 받아들일 때 상호 협력이 가능하다는 롤스의 말은[856] 임상적으로 검증되고 있는 정의감의 중요성에 대한 예지에 다름 아니라고 할 수 있다.

분배적 정의를 보다 구체적으로 보면 크게 세 가지로 나눌 수 있다. 동일하게 나누는 1/n로 형식적, 기계적으로 나누는 등분(等分), 기여의 정도에 비례하여 몫을 주는 균분(均分), 그리고 개별적 사정을 고려하여 구체적 타당성을 도모하려는 안분(按分)이 바로 그것인데,[857] 사회적 협력을 위해서는 안분까지는 아니더라도 적어도 균분의 정의는 있어야 한다. 협력의 공정한 조건들에는 상호 호혜적이어야 하고 등가성이 있어야 하며 또한 승인된 규칙에 따라 자신의 몫을 하는 사람에게는 공중에 의해 그리고 사회적으로 합의된 기준에 따라 명시된 혜택이 있어야만 할 것이 요구되는 것이다.[858]

12.2

사회적 이동성, 사회적 활력의 핵심

살기 버겁고, 행복하지 않으며, 그래서 자녀도 낳기도 싫은 경향이 구성원들 사이에 만연해 간다면 이미 그 공동체는 뿌리부터 말라가는 죽어가는 사회이다. 사회적 활력(social vitality)이란 무엇인가? 사회적 활력은 그 얼핏 보면 그 측정 단위와 기준이 하나의 '사회'인 것 같지만, 실은 사회의 구성원인 시민 내지 국민 개개인의 활력의 총집합이라 할 수 있다. 공동체 내에서 한 개인이 실존적 존재로서 태어나서 성장하고 횡적인 관계를 맺고 다시 다음 세대로 성공적인 종적인 관계를 맺으며 결실하는 과정에서 자유로운 의사결정, 자신과 공동체에 대한 신뢰와 소속감, 안정, 적정한 기대와 협조, 헌신, 도전 정신 등이 필요하다면, 이런 요소들이 효율적으로 작동하여 현실적으로 발산되는 총체적인 힘을 사회적 활력이라 부를 수 있다. 그런데 어떤 사회가 활력이 충분히 있는지 여부를 판정하는 기준은 무엇인가? 활력의 생명력을 바탕으로 한다는 점에 착안하면 적어도 생명의 특징인 발아, 성장, 결실의 세 가지 요소를 대입시킬 수 있을 것이다. 이를 공동체를 구성하는 이성적 인간 개인에게 적용하면 크게 사회적 이동성(social mobility), 사회적 기대가능성(social expectation), 사회적 성취(social achievement) 세 가지로 요약할 수 있다.

이 중에서도 활력의 시금석은 사회적 이동성이고, 나머지 두 가지는 사회적 이동성을 가능하게 하는 개인이 사회에 대하여 전망하는 심리적 예측 장치로서, 또는 사회적 이동의 직, 간접적인 결과에 대한 향유이자 제3

자에게는 역할 모델이 된다.

자기가 속한 배경과 계층을 벗어나 보다 나은 지위로 올라가거나 보다 만족스러운 삶을 영위할 수 있는 기회가 보장되어 있고, 실제로 그러한 기대가 현실적이면서, 성취 가능하다면 그 공동체의 구성원들에게는 적어도 활력이 발휘될 조건들이 충분히 구비되어 있다고 할 수 있다. 사회적 이동성을 산업사회의 가장 중요한 핵심 요소로 파악하여 자본주의와 산업사회의 부흥은 사회적 이동의 증가율에 비례한다고 보는 관점은[859] 이를 뒷받침한다.

사회적 이동의 증대는 계층 간의 경계를 모호하게 무너뜨리면서 계층 간 갈등(class conflict)을 개인간 경쟁(individual competition)으로 변화시켰는데,[860] 이는 보다 분화된 단위에서의 활력을 가능하게 하였다는 것을 의미한다. 인체의 가장 기본적인 세포 단위에서 시작되는 활력이 진정한 건강을 담보하는 것처럼 활력은 가장 작은 단위에서, 그리고 가장 많은 수를 차지하는 부분에서 증대되는 것이 바람직한데, 그런 점에서 계층, 계급, 문벌보다 가족 단위, 개인 단위의 이동성이 많아질 수록 사회의 활력은 높다고 할 수 있다.[861]

개인이 이러한 여건들을 활용할 것인지는 순전히 그 선택에 달려있지만 공동체로서는 활력을 담보할 충분한 장치를 마련하고 있다고 평가 받아 마땅하다. 반대로 위와 같은 세 가지가 보장되지 않는 사회는 개인의 역량이나 선택과 무관하게 활력을 억누르고 질식시키고 말 것이다. 특별한 심리학적 논거를 요하지 않더라도 개인의 잠재력을 최대한 끌어내는 것은 자발성에 있다.

한 사람이 자신의 인생의 가장 이상적인 전략으로 A를 꼽고 있지만, 사회적 성취의 사례들도 보이지 않고, 사회적 기대가능성이 낮은 탓에 아예 사회적 이동성을 포기하고 B라는 대안을 피동적으로 할 수 밖에 없게 된다면, 그리고 이런 선택에 몰린 사람들이 대다수라면 그 공동체가 활력을 잃고 퇴보할 것임은 자명하다.

그런데 지금 드러나는 여러가지 상황은 한국 사회의 활력이 기본적인 생명유지에도 급급하거나 서서히 죽어가고 있다는 심각한 증상을 보여준다. 각종 조사결과와 통계는 대부분의 사람들이 사회적 이동성에 대하여 아예 포기하고 있음을 보여주고, 실제로 사회적 이동성을 위한 여하한 장치도 갖지 못하고 있음을 단적으로 보여준다.[862]

아래 기사는 이 원고를 쓰고 있는 가장 최근인 2017년 4월 17일자 어느 신문에 나온 기사이다. "계층 사다리 더 끊어졌다"는 제목의 이 기사는 서울신문과 현대경제연구원이 전국 성인남녀 805명을 대상으로 조사한 결과를 바탕으로 한 것인데, 우리 국민의 83.4%가 노력해도 계층 상승 못한다고 생각하고 있으며, 이런 부정적인 응답율은 2013년에 조사했을 때보다 8.2% 증가한 것이라고 한다.[863]

다음 신문 기사는 7년 전인 2010년 필자가 이와 관련한 논문을 쓰면서 찾아서 인용했던 내용인데, 바로 최근의 위 기사에서 지적하는 것과 하등 다를 바 없다. 오히려 상황은 악화되고 있다는 진단이다.

'사다리에서 미끄러지는 사람들을 어떻게 다시 끌어올릴 것인가? 외환위기 이후 13년 동안 정부는 끊임없이 고민했다. 정부가 2000년 도입한 '국민기초생활보장제도'는 소득이 최저생계비 밑으로 떨어진 사람을 '기초생활 수급자'로 지정해 자녀 급식비, 본인 의료비 등 80여 가지 혜택을 주는 제도다. 현재 전체 복지 예산 30%가 기초생활 수급자 153만 가구 지원에 쓰인다. 그러나 사다리 붕괴 현상을 막기엔 역부족이었다. 중산층은 "내 집 마련하랴, 자식 가르치랴 빠듯하게 살면서 꼬박꼬박 세금을 내는데 정작 우리 집이 가난해지지 않게 막아주는 장치는 없다"고 한다. 빈곤층은 빈곤층대로 "겨우 연명만 할 뿐 가난에서 벗어날 수가 없다"고 한다. '사다리가 사라진다' 기획에 참여한 전문가 자문단은 "이제 빈곤층 스스로 사다리를 올라갈 수 있는 능력을 길러주는 '투자형 복지'로 전환해야 한다"고 했다. 교육·취업·내 집 마련 등 삶의 모든 국면에서 '투자형 복지'로의 전환이 이뤄져야 국가 재정에 부담 주지 않으면서 상승의 사다리를 바로 세울 수 있다는 것이다.'[864]

그런데 가장 보수적으로 알려진 위 언론의 분석은 가장 진보적이라고 알려진 언론사의 또 다른 분석과 다르지 않다.

'우리 사회의 대안체제로 복지국가를 주창하는 목소리가 드높다. 지난 10년간 한국의 복지제도는 빠르게 성장했다. 하지만 많은 빈곤층은 그 혜택을 받지 못하고 있다. 국민연금이나 건강보험에 가입하지 못해 복지사각지대에 있기 때문이다. 실제로 2009년 우리 사회의 소득 불평등과 빈곤율은 1980년대 초반 수준으로 되돌아가 있다. 복지의 성장에도 불구하고 저임금 노동자는 늘어나고, 자산 불평등은 더 깊어지고, 교육 기회의 격차마저 커지고 있다. 복지의 양적 성장에도 불구하고 그 효과가 매우 저조한 것이다. 미래 한국을 위한 대안적 복지패러다임이 나와야 하는 이유다. 결혼 초기에는 주거 마련을 위해 대출상환부담에 허덕이게 되고, 자녀가 성장하면서는 무거운 사교육비 부담을 안게 된다. 직장에서 퇴출되면, 빚에 허덕이거나 신용불량자로 전락할 수도 있다. '가난한 노년' 또한 이들을 기다린다. 이들 근로연령층의 삶을 실질적으로 개선하려면 복지제도만으로는 한계가 있다. 한번 빈곤층으로 추락하면, 기초생활을 유지하기 힘들고, 좀처럼 재도전의 기회도 주어지지 않는다는 걸 시민들은 몸으로 안다.'[865]

이것 역시 2010년 같은 시기에 나온 기사이다.

한국 사회에서의 빈곤, 불평등을 세월이 지나도 연도만 바꾸면 그대로 최신 기사가 되는 고전(classic)으로 치부하고 말기에는 우리 사회가 안고 있는 문제점은 심각하다. 이 문제는 고스란히 그대로 지구촌에 유례없는 저출산, 고령화, 자살률, 사회갈등으로 표출되고 있다.

모두 우리 사회의 활력이 퇴보하는데 대해 심각한 우려를 표명하고 새로운 대안이 있어야 한다는 점을 강조한다는 데서 보수와 진보의 의견은 일치한다. 고도성장기를 구가하던 시절, 성장과 고용이 비례하던 시기가 지나고 이른바 고용없는 성장이 되면서 값싼 노동력으로 생존의 밑천을 삼을 수 밖에 없는 사람들, 즉 워킹푸어(working poor)들이 증대하는 상황에서는 보다 근본적인 대책을 세워야 할 필요성이 대두된다.[866] 어느 사회이고 워킹푸어들은 소득은 훨씬 더 제한적이고 고용은 불안정한 상태로서 이 가정의 구성원들은 실직, 이혼, 중병, 기타 인생의 심각한 위기가 닥칠 때 빈곤으로부터 자신을 보호할 장치를 거의 갖고 있지 못하며 미래 계획이나 교육, 자산축적과도 거리가 먼 계층으로 분류된다.[867]

워킹푸어를 두고 사회적 활력은 생각할 수 없다. 사실 많은 복지의 대부분이 워킹푸어의 문제를 해결하는데 치중되어 왔었다.

그러나 기존의 대책들이 놓치고 있는 것은 워킹푸어는 특정 계층이 지닌 당장의 결핍을 해소하여 준다고 해결될 수 있는 문제가 아니라는 점이다. 글로벌 경기침체와 고용없는 성장이 중산층을 워킹푸어로 추락시키는 반면, 사회적 이동성의 경직화 현상이 워킹푸어의 상위 계층으로의 이동을 불가능하게 함으로써 워킹푸어의 문제는 모든 사람들의 현재적 내지 잠재적 문제로 내면 깊숙이 침투해 있다는 것이다. 이는 다시 중산층의 불안감을 증폭시켜 자신 및 후속 세대를 위한 과도한 축적욕을 자극하여 공동체적 선보다는 이기심의 극대화, 경쟁의 격화를 가져와[868] 최소한의 비용으로 최대의 생산'이라는 효율성의 쥐어짜기의 희생자들을 확대생산하는 악순환으로 이어진다. 이는 워킹푸어에 대한 대증적 요법의 한계를 보여준다.

따라서 사회적 활력을 제고하고 공동체가 지속성을 갖기 위해서는 어느 특정 계층을 대상으로 한 선별적 복지보다는 모든 국민, 공동체 구성원 개개인에 대하여 보편적이면서 심리적 안정감을 제공하고 현실적으로 사회 이동성을 가능하게 하는 근본적인 수단의 확보가 필요하다고 하겠다. 이하 이러한 근본적 수단의 하나로서 천부물권의 개념에 터잡은 '생애기반자산(Life Basic Asset)'에 관한 논의를 하도록 한다.

12.3

불평등이 세습되어서는 안 된다

사회적 활력의 핵심이 사회적 이동성(social mobility)[869]에 있다고 한다면 우선 떠오르는 것은 그렇다면 그 출발은 어디에서 시작해야 하는가라는 질문이다. 이동(mobility)이란 출발점과 종점의 어느 구간 사이에 존재하기 때문이다. 그런데 출발점은 사람마다 다 다르다. 그리고 이 다른 출발점은 본인의 선택과 전연 무관하게 이뤄진다. 사회적 최상위 계층에 태어나건, 워킹푸어, 아니 그보다 더 극빈 한 복지 소비자(welfare client) 층에 태어나건 이는 갓 태어난 아이의 책임이 아니다. 중요한 건 이 출발점에서 생애 주기 동안 얼만큼 사회가 공통적으로 인정하는[870] 목표에 근접해가는 것이냐 하는 점이며, 이것이 사회적 이동이다. 그렇기 때문에 가난한 집의 아이가 여전히 가난한 자로 살아가느냐, 부잣집 아이가 여전히 부자로 남느냐, 즉 불평등의 세대간 이전의 문제는 자본주의자들이나 사회주의자들 모두 가장 주목하는 사회과학 연구 대상 중의 하나이고[871] 이런 관점에서 사회경제적 지위(socioeconomic status)의 가장 좋은 지표는 당사자의 부모의 사회경제적 지위라 할 수 있다.

사회학자들은 세대 간의 불평등의 세습과 관련하여 그 원인에 관하여 다양한 시각차를 보인다.[872]

예컨대 블라우(Peter Blau)나 던컨(Otis Dudley Duncan) 같은 사람들은 사회적 성공의 요인으로 부모의 뒷 배경보다는 교육적 성취(educational attainment)를 가장 강력한 요인으로 꼽지만,[873] 볼즈(Samuel Bowles)는 개인의 교육은 성공에 있어 독립적인 요소로 들기엔 빈약하고 대신 그 보다는 든든한 가족 배경이 주는 영향이 더 강력하다고 한다.[874] 한편으론 이러한 양 입장과 달리 경제적 성공은 매우 우연적이며 설명이 불가능한 경우가 많다는 입장을 취하면서 교육이나 부모의 배경 어느 것도 결정적인 영향이 없다는 관점도 있다.[875]

주목할 것은 사회적 불평등의 세습, 다시 말해 사회적 이동성이 큰지의 여부를 가르는 기준으로서 교육을 들고 있거나 그렇지 않거나 간에 이런 입장들은 비교적 사회적 지위 상승이 활발하였다고 볼 수 있는 1960년대 및 1970년대에 나온 것들로서, 지금보다 교육에 들어가는 투자재원이 부모의 자산적 배경에 덜 의존적인 상황에서 나왔다는 것이다.

실제로 어느 조사결과에 의하면 부모가 가진 부의 이전으로 인한 세대간 불평등(intergenerational inequalities)은 후속 세대의 성공여부를 판정하는 변수들의 3분의 2정도를 차지하고 이런 효과는 너무 강력하여 재분배를 위한 공공정책을 압도한다고 한다.[876] 기회의 나라라고 하는 미국에서도 계층 세습은 너무나 보편화되어 사회과학에시는 다른 변수들간의 관계를 규정짓는 법칙과 마찬가지로 일종의 법칙 비슷하게 되어 소위 "가진 자들의 법칙(the Law of the Haves)"이란 말로 냉소적으로 표현되기도 한다.[877]

결국 사회의 활력이란 출발선은 각자의 의지와 선택과 무관하게 다를 수 있지만, 목표까지 이를 수 있는 확률이 얼마나 근접한 가의 정도에 달려 있다고 할 수 있는데, 그 확률이 어느 계층에는 50퍼센트이지만, 어느 계층에는 5퍼센트에 불과하다면 그 사회가 설령 기회의 균등(equal opportunity)을 내세운다 하더라도 이는 구두선(口頭禪)에 지나지 않는다고 할 수 있다. 미국 독립혁명과 프랑스 대혁명을 모두 경험했던 토마스 페인(Thomas Paine)[878]의 말은 사회적 활력이 감소되는 공동체의 미래를 예리하게 꿰뚫는 것으로, 오늘 한국 사회를 포함한 지구촌의 상황에도 여전히 유효한 경고이다.

"극도의 빈부가 교차하는 굴곡진 얼굴을 가진 사회에서는 극단적인 폭력이 자행되고, 반동의 법칙에 따라 정의를 요구하게 된다. 각국의 가난한 대중들 중 대부분은 가난을 대물림 하게 되고 다음 세대에서 스스로 그 상태에서 헤어나오기란 불가능하다."[879]

사회적 이동성은 가장 좁은 의미에서, 그리고 가장 현실적으로는 경제적 빈곤에서의 탈출에 다름 아니다. 경제적 토대는 본인과 자녀의 교육, 노후를 위한 축적, 사회적 교류의 범위와 공동체 내에서의 발언권 등의 바탕이 되기 때문이다. 많은 예외가 있긴 하지만 일반적으로 사회적 계급은 아주 극단적인 상황, 예컨대 혁명(revolution), 집단이주(major migration), 대규모의 제도적 개입(large scale institutional interventions)이 없는 한 대를 이어 내려가는 경향을 보인다고 한다. 개인들에 의해 성취된 소득 및 경제적 성공의 다른 수단들의 불평등의 정도는 시간이 지남에 따라 높게 그러면서 안정적 수준을 지속해 온다.

뉴딜(New Deal), 페어 딜(Fair Deal), 신 사회(New Society), 위대한 사회(Great Society) 및 가난과의 전쟁(War against Poverty)는 공공차원에서의 미국 사회의 빈부의 격차를 줄이는데 실질적인 위력을 발휘하지 못했다.[880] 따라서 출발선이 다른 경우 계층 세습을 통해 불평등이 세습되는 것이 현실이라면 우리는 출발선의 차이를 가능한 한 줄여주는 것이 사회적 정의(social justice)의 관념에 합치된다는데 쉽게 동의할 수 있다. 다시 말해 '균등한 기회들(equal opportunities)'이 가능한 한 사람의 생애에서 가장 이르면 이른 단계일 수록 더 효율적이라는 결론을 얻게 된다. 처음엔 눈에 띄지 않을 정도의 각도 차이만 있던 두 개의 직선이 거리가 길어질 수록 기하급수적인 간격을 보이듯이, 생애 초기의 작은 차이들 – 본인의 의지와 선택과는 전연 무관한 – 이 유년기, 청소년기, 청 장년기를 지나면서 사회적 계급으로 고착화될 가능성은 매우 높다. 그렇다면 사회적 활력을 담보하는 가장 원천적인 방안 역시 여기에 맞춰져야 할 것이고, 그것은 각 개인에게 공동체가 경제적 토대를 어떻게 형성해 줄 것인가, 그리고 그 시기를 어느 정도로 조기에 할 것인가 하는 문제로 귀결된다.

12.4

현실로 본 자산 불평등

분배적 정의의 주요 의제는 계급 간 소득격차, 노동시장 내 소득분포, 복지국가에 의한 부의 재분배였고, 그래서 계급계층 연구와 불평등 연구는 주로 시장소득의 분포와 복지국가를 통한 부의 이전이라는 두 축을 중심으로 이뤄졌으나 2000년대 중반 이후에 룩셈부르크 자산 연구(Luxembourg Wealth Study: 이하 LWS) 그룹과 같은 연구집단, 그리고 세계은행, 경제협력개발기구(OECD), 유엔 해비타트 등 국제기구들에서 자산불평등이 갖는 사회경제적 불평등과의 복합적 연계 구조에 관심을 많이 갖게 되었다.[881]

자산이란 무엇인가. OECD 지침에 따르면 자산 개념은 인간의 물질적인 안녕(well-being)의 한 측면(소득이나 소비와 같이)으로서 '경제적 자원의 소유권(ownership of economic capital)'로 정의하고 있는 바, 따라서 개인이 소유권을 주장할 수 있는 물질적 자본이 아닌 인적 자본, 사회적 자본, 여타 집합적으로 소유하고 있는 자본 등은 제외된다.[882]

보다 구체적으로 본다면 크게 부동산 자산, 금융 자산, 기타 자산으로 나눌 수 있고, 부동산 자산에는 주택 및 주택 이외에 보유하고 있는 부동산과 주거에 들어간 채권(전세 내지 월세 보증금), 금융자산에는 은행 등 금융기관 예·적금, 펀드, 채권, 주식, 저축성 보험, 연금성 보험, 빌려준 돈, 타지 않은 곗돈 등을, 기타 자산에는 승용차, 보유 회원권, 농기계, 가축, 선박, 건설 중장비, 귀금속, 골동품, 예술품 등을 넣을 수 있을 것이다.[883] 그런데 자산은 지니계수로서 불평등을 측정하는데 한계가 있다는 특징을 갖고 있다. 순자산의 경우 마이너스나 0의 값을 취하는 경우가 있고 자산의 경우 평균을 중심으로 정규분포 형태를 취하기보다는 상위계층이 매우 많은 부분을 차지하는 분포를 가지기 때문인데,[884] 실제로 한국은행의 국민대차대조표를 분석하면 가계조사의 경우 금융자산의 절반 정도 밖에 포착 못하고 있다고 한다.[885] 이는 다시 말해 자산의 경우 지니계수로 측정된 불평등보다도 실제로는 훨씬 더 불평등할 수 있다는 말이 되고, 여타 불평등에 상당히 깊숙하게 영향을 미치고 있음을 시사한다.

한 개인이 생애 동안 사회적 이동을 시도하고 성취함에 있어 경제적 토대, 다시 말해 자산이 얼마나 중요한지에 관하여 언급하기 전에 자산의 편중 현상에 관하여 짚고 넘어갈 필요가 있다. 편중된 자산은 출발선에 막 들어선 갓난 아이들에게 영향을 줄 뿐 아니라 성인이 된 후에도 적어도 이들의 경제적 삶에 대하여 능동적인 확장자 역할을 하거나, 엄청난 제약 요인이 되기 때문이다. 물론 자산은 이들의 사회적 이동의 직접 대상이기도 하기 때문에 구조적으로 고착화된 분배의 왜곡은 또 다른 사회문제를 야기할 수 있다.[886] 오늘날 자산은 더 이상 주거, 금융, 부동산, 도시사회학 등 몇몇 연구 영역에 고립된 특수 주제가 아니라, 모든 사회구성원의 삶의 질과 사회 불평등 전반에 커다란 의미를 가지는 거시 사회학적 범주로서, 노동시장, 복지국가 등 20세기 자본주의의 핵심 범주들과 더불어, 또한 그것과 상호 작용하면서 사회불평등의 핵심 축으로 등장하고 있다.[887]

한 가지 유의할 점은 사회적 활력이 하나의 거대한 공동체의 에너지라면 이를 최적으로 발산시키기 위한 원칙은 약한 것을 북돋워 줌으로써 에너지 총량을 증가시키는 것에 있지, 결코 강한 것을 줄이거나 꺾음으로써 약한 부분에 맞춰 주는 인위적 분배 형식이 되어서는 안 된다는 점이다. 그렇기에 자산 불평등에 관한 한 사회 정의적 관점에서 용납될 수 없는 것은 '불평등의 세습(inheritance of inequality)'이지, '부의 세습(inheritance of wealth)'이 아님을 이해할 필요가 있다.

그럼 우리나라의 자산 불평등의 정도는 어떤가. 순자산 지니계수를 보면 2000년대 중반까지 자산 불평등이 증가하다가 그 이후 약간 감소하는 것으로 조사되고 있지만,[888] 2000년 이후 매년 세계 각국의 자산 집중도를 조사, 공표하고 있는 〈세계의 부 보고서(Global Wealth Report)〉[889]에 따르면 한국은 세계에서 가장 자산 불평등이 빠르게 심화되고 있는 국가로 분류되고 있다.[890] 참고로 GWR 최상위 자산가의 과소 파악을 보완하기 위해 포브스(Forbes)에 올라간 자산가 정보를 이용하고, 가구 단위가 아닌 20세 이상의 개인 기준으로 전환하는 방식을 쓰고 있다고 한다.[891]

상속세 자료와 유산승수법을 이용하여 2,000년 이후 개인의 자산분포 실태를 조사한 김낙년의 연구에 따르면 2000년에서 2007년까지는 상위 1%가 전 자산의 24%를 차지하였고, 10%는 63.3%를 차지하였지만, 2010년에서 2013년 사이에는 상위 1%가 차지하는 자산은 25.1%로 늘었고, 상위 10%의 자산 점유율 역시 65.5%로 증가하여 자산 불평등이 더 심화된 것으로 결론을 내리고 있다.[892] 이보다 가장 오래된 조사로는 1988년 KDI가 가구 단위로 조사한 것이 있는데, 이 때 상위 1%의 점유율은 14%, 상위 10%의 점유율은 43%로 2013년도에 비하여는 자산불평등이 덜하였었던 것으로 판명되고 있다.[893]

자산 편중의 문제가 가져오는 소득분배의 왜곡, 이로 인한 사회적 정의와 복지를 달성하기 위한 공공정책이 부딪치는 난관에 관하여는 많은 사회학자들과 복지정책을 전공하는 사람들에 의하여 논의되어 온 바 있다. 총 소득 불평등 중에서도 지니계수로 본 불평등도는 자산이 훨씬 높다. 2014년 우리나라 총 소득의 불평등도는 0.391, 노동소득은 0.466, 자산소득은 0.953, 기타소득은 0.827로서 자산소득의 불평등도가 노동소득의 불평등도에 비해서 월등히 높은데, 그 이유는 80% 이상의 사람들이 자산소득을 가지고 있지 않기 때문이다.[894]

이에 따라 소득의 분배에 있어 비 급여소득(unearned incomes)의 중요성이 상대적으로 더 커지는 경향을 보이고 있다. 그런데 이런 비급여소득은 상대적으로 그 비중이 높아지면서 편차가 커지고, 이것이 전체적인 소득의 불균형을 점증시키고 있다.[895]

한편 전체 집단의 소득 불평등에 대한 원천별 기여도를 분석한 최근의 연구결과에 의하면 2014년 기준 총소득의 불평등도 0.391에 대한 노동소득 기여도는 35.3% 이지만, 자산소득 기여도는 79.4%로서[896] 불평등도가 높은 특정 원천의 불평등을 완화시키는 것이 목표라면 자산 소득의 불평등 완화를 위한 정책을 개발하는 것이 효과적이라는 제언을 하고 있다.[897] 그런데 다시 자산 불평등을 따져 보면 원천별 기여도가 가장 높은 것은 금융자산으로서 40.1%를 차지하고 있고, 부동산자산 기여도는 28.2로 나타난다고 한다.[898]

그런데 대표적인 금융자산인 주식의 경우 주식 투자인구는 2016년을 기준으로 전체 인구의 9.3%인 약 475만명으로, 2009년의 9.6%(467만명)에 비하여 줄어들었는데, 2009년의 경우 개인 투자자의 7.3%에 달하는 33만 8천명이 전체 개인보유주식의 약 73%인 243조 7천억원을 보유한 것으로 나타나,[899] 부동산과 저축 등을 모두 합한 소득 불평등보다 특히 주식 보유의 불평등이 더 심각하게 나타나고 있다.

주식 자산의 편중화는 우리 나라의 문제만이 아니라 다른 나라들에서도 소득 불평등의 가장 큰 원인이 되고 있는데, 국민 총소득에서 화폐소득이 차지하는 비중은 과거 20년 동안 선진국들 사이에서 대부분 감소하였고, 제3세계 국가들에서 IMF를 거치면서 이러한 경향은 더욱 현저해졌다.

더구나 우리나라를 포함하여 대부분의 나라에서 자본소득에 대한 과세 실현이 급여 소득만큼 되지 않는 현실에서 이러한 편중 현상이 가져오는 불공정은 더욱 커져 간다는 점에 주목하지 않을 수 없다.[900] 미국의 경우 1998년 기준으로 상위 1%의 가구가 전 주식의 42%, 상위 5%는 3분의 2를 각 차지하였고, 이를 상위 10%로 넓히면 거의 80%, 상위 20%는 90%에 해당하는 주식을 가지고 있다고 한다. 결국 나머지 80%의 사람들이 10%의 자본 소득에 참여하고 있는 셈이다.[901] 영국의 경우 1996년을 기준으로 상위 10%의 사람들이 국내 소득의 52퍼센트를 차지했는데, 이 역시 1982년의 49%에서 증가한 것이다. 그런데 주식의 경우엔 상위 50%의 사람들이 93%의 주식을 갖고 있고, 나머지 50%의 사람들이 7%를 나눠 갖고 있다고 한다.[902]

이는 사회적 활력을 위한 토대로서 출발의 중심도 비 급여소득 자산에 모아져야 할 필요가 있다는 사실을 의미한다. 물론 불평등의 원인을 재산소득의 격차가 아닌 노동소득의 격차로 보는 시각도 있지만,[903] 실물자산이 없는 경우 같은 소득이라도 가처분 소득이 훨씬 더 줄어들게 되어 명목상의 차이보다 실제로 가처분 소득을 비교하면 더 큰 불평등 초래한다는 점에서 자산 불평등이 전체적인 불평등에 기여하는 바를 간과해서는 안될 것이다. 특히 실물자산이 없는 경우에는 삶의 전망이나 예측이 어려우므로 단순 수치로 나타나는 이상의 심리적 좌절과 격차가 사회적 불평등으로 이어지게 된다.

12.5

사회적 질병으로서의 자산빈곤(결핍)

자산빈곤(Asset poverty)이란 절대적인 의미로는 적절한 수준의 기본적인 자산이 결핍된 상태를 의미한다. 여기서 적절하다는 의미는 대체로 안정적인 주거, 미래를 향한 계획의 여지, 개인적 효율성의 제고, 사회적 힘 및 정치적 참여, 사회 경제적 이점의 자손들에 대한 이전 등으로 꼽을 수 있으나, 개인적 성향이나 사회적 기대치에 따라 달라질 수 있으므로 쉽게 정의하기는 어렵다.[904] 그러나 정의가 어렵다고 자산빈곤의 정의가 불가능한 것은 아니다. 적어도 이런 시도는 자산빈곤의 상태가 어떠한 사회적 영향을 가져온다는 점에 관한 인식에 관한 논의의 지평을 열고, 대증적 요법에 머물던 사회 공공정책에 새로운 단초를 바르게 제공할 가능성이 높기 때문이다.

자산빈곤은 사회적 생존능력(social viability)과 곧바로 연결된다. 1998년을 기준으로 미국인의 40퍼센트 가량이 그들의 재정자산(financial assets)만으로 3개월을 버텨낼 수 없다는 조사결과가 있다. 물론 여기에 주택을 자산으로 포함시키면 그 비율은 25퍼센트까지 떨어지지만, 이 비율은 1983년의 11퍼센트보다 14퍼센트나 증가한 것이라고 한다.[905]

우리나라의 경우 구체적인 조사결과를 얻을 수 없지만 미국의 경우보다 더 나아 보이지는 않는다. 국민들의 약 50% 가량이 자산빈곤을 경험하고 있거나, 실직, 중병, 이혼 등의 환경적인 충격 요인이 있을 때 바로 겪을 수 있는 처지에 있다는 말은 개인에 대한 자산 토대의 제공이 어느 계층에 국한될 성질의 것이 아님을 말해 준다.

자산빈곤은 단기적으로는 개인의 생존능력을 떨어뜨리고, 장기적으로는 부를 축적할 수 있는 기반 마련이 무망(無望)하여 빈곤의 악순환을 겪고 다음 세대에 빈곤을 물려준다는데 심각한 문제가 있다. 어느 것 보다도 유전적 요인이 강한 사회적 질병이라 할 수 있다.

자산빈곤이라는 질병의 심각함은 반대로 풍부한 자산, 즉 부가 부를 만들어내는 과정과 통로를 보면 더 쉽게 이해될 수 있다.

어느 사회이건 거대한 부가 오는 통로는 1) 막대한 급여소득, 2) 한 개인의 삶의 주기를 통해 부수되는 이윤, 3) 상속, 이상의 세 가지로 나눌 수 있다. 그러나 부에 관한 연구들은 완전히 같지는 않더라도 1)과 2) 보다는 대부분의 경우 상당한 정도의 자산(substantial sum)이 그 기반이 되었음을 보여준다.[906] 특히 부를 축적함에는 급여소득보다 자산이 중요하다. 자산이 있는 집의 아이들은 자라면서 투자와 저축에 관하여 배우고, 효과적으로 재정을 관리하는 경험을 직접 갖게 된다. 그리고 자신이 관리하는 자산을 통하여 그만큼의 유인 동기도 얻게 된다.[907] 여기에 이들이 장성하면 부를 통해 힘(power)이 생기고 힘은 다시 특권(privilege)을 창출하게 된다. 여기서 특권이란 매우 다양한 형태로 나타나는데 예컨대, 다른 사람들의 자본에 접근할 수 있는 기회(빌리거나 동업을 하는 등), 매우 중요한 정보에의 접근, 시장에서의 독과점적인 지배지위의 창출, 괜찮은 사업 기회의 획득 및 조세법률에 대한 사전적 지식을 통한 절세 등이 그 것이다.[908] 고위 공직자들 중의 상당수가 국내 경기 침체 등의 여파와 무관하게 재산을 증식시켜 나갈 수 있는 것도 이와 무관하지 않을 것이다.[909] 자산빈곤 문제의 해결이 사회의 이동성을 담보하는 유일한 해법이라고 주장하는 것도 섣부른 일이지만, 적어도 자산빈곤의 문제를 해결하지 않은 공공정책이 사회적 활력을 가져오지 못한다는 사실만큼은 자명하다고 할 수 있다.

현실적 및 잠재적 자산빈곤층이 자산을 축적할 수 있는 길은 없는가?

일자리와 기회균등이 보장되는 사회에서는 개인의 책임이 강조되고, 공동체가 이런 환경을 조성해 주는 한 자산 축적이 되지 않은 것은 개인의 게으름이나 무능의 탓으로 간주되기 쉽다. 그러나 여유 있는 자산이 무능함과 게으름에도 불구하고 그것을 소유한 자에게 자산이 자산을 불려 주듯, 자산한계 상황이나 빈곤의 지대에 있는 사람들에게[910] 각종 사회제도는 부의 축적을 막는 족쇄이자 한계로 작용한다. 여기서 사회제도는 법률뿐만 아니라 일반적으로 용인되는 사회적 관행 등을 모두 포함하여 자본적 기업의 조직과 각종 공식 및 비공식 모임, 사회경제적 관계, 규칙, 동기, 그리고 각종 기구들과 세대에 영향을 미치는 모든 법률, 절차, 공무원들로 이루어진다. 그리고 이런 많은 제도적 배치는 자본, 자본과 재화 및 서비스, 소득의 분배에 관한 거름망으로서 자산축적 및 세대 간의 자산이전에 영향을 미친다.[911]

예컨대, 사회적 상호교류(social interaction) 과정에서 일정한 수준 이상의 소비가 이른바 '기대수준'으로서 사실상 강제되고, 그러한 소비가 있어야만 현재 수준의 소득이라도 가능한 곳에서는 일상적 소비를 줄이고 아껴서 저축하여 자산을 형성한다는 말은 매우 비현실적인 것이 되어 버린다.[912]

더구나 워킹푸어에 해당하는 경우라면 대출을 받아 주택을 소유하고 그 대출금을 갚아 나가는 것이 단순히 차임을 내고 사는 것보다 비용이 적게 듦에도 신용 등급이 낮아 대출이 매우 제한적이어서 주택 구입은 요원하다. 이들은 장래에 향하여 형성할 자산 축적의 기회마저 월세와 보증금 이자로 분할 소멸시켜감으로써 사회적 이동은 커녕 그 자리에서 뒤로 미끄러지지 않도록 안간힘을 쓰느라 겨를이 없다. 이는 자산빈곤 해결은 공동체 차원에서 이루어지지 않으면 안 된다는 것, 그리고 그것은 공동체의 책무이기도 하다는 사실을 말해 준다.

공동체에서 자산을 형성해 주어야 한다는 관념은 동양 사상에서는 일찍부터 있었다. 맹자의 항산(恒産) 사상은 왕도정치의 원론적인 내용이지만, 현대 자본주의의 복지이념에도 적절한 방향을 제시해 주고 있다. 맹자는 양혜왕에게 정치의 도리를 말하면서 "일반 백성은 항산이 없으면 이로 인해서 항심도 없으며 항심이 없으면 방탕, 편벽, 사악, 사치 등을 하지 않는 사람이 없다(若民則無恒産 因無恒心 苟無恒心 放邪侈 無不爲已)"고 했다.[913] 그는 백성의 최소한의 소득기반으로서의 안정적 자산, 즉 항산(恒産)이 보장되면, 이것이 단순한 경제 문제 뿐만 아니라 심리적 안정까지 가져오고(항심, 恒心), 사회통합의 근간이 된다는 점을 파악하고 있었다.

세금과 정부지출을 통해 자산 결핍을 보충해 주는 방법은 두 가지이다. 자산을 많이 보유한 자들을 덜 부하게 만들고, 자산이 없거나 이를 취득할 가능성이 없는 자들에게 자산을 공급해 줌으로써 양자의 차이를 좁히는 것인데 가장 쉬운 방법은 부자들로부터 세금의 형식으로 징수하여 자산결핍자들에게 주는 것이다. 조세를 통한 방법은 두 가지 기능을 동시에 수행한다고 할 수 있다. 그러나 전반적인 사회적 활력의 제고라는 점에서 이 방법은 그다지 바람직한 것은 아니다. 많은 연구들이 과도한 조세개입이 고소득층의 근로의욕을 상실시킬 뿐 아니라, 소비형 복지의 대상자인 저소득층에게도 그리 매력적인 대안이 아님을 보여주고 있다. 설득력 있는 대안 중의 하나는 펀드를 조성하여 주는 것인데, 이런 펀드 조성은 목적세가 아닌 일반 회계로부터 충당될 수 있어 계층 간 갈등의 소지를 줄일 수 있는 장점이 있다.[914]

그런데 공동체, 즉 국가가 개인에게 자산을 형성시켜 줄 필요가 있다 하더라도 그 방향과 대안 제시에 앞서 이것이 정책적 선택의 문제인지, 아니면 의무의 문제인지 먼저 짚고 넘어가야 한다. 선택과 의무는 그 정책 시행의 긴급성 내지 실현 필요성, 그리고 대(對) 국민설득과 참여에서 매우 큰 차이를 보이기 때문이다. 이것은 결국 국민 개인이 갖는 생애기반자산의 성격을 무엇으로 보는가에 달려 있다.

12.6

사회적 상속으로서의 천부물권(天賦物權)

2010년 8월 7일자 국내 모 신문에는 니혼게이자이 신문을 인용한 아래와 같은 기사가 실린 적 있다.

'6일 니혼게이자이 신문에 따르면 일본의 40대 이하는 '인생적자' 가능성이 매우 높은 것으로 나타났다. 젊은 세대일수록 수익보다 세금부담이 많다는 것이다. 히토쓰바시대 경제연구소는 한 사람이 평생 동안 부담해야 하는 사회보험료 등 세금과 연금 의료 교육 등의 형태로 받는 수익을 계산한 '세대회계'를 작성했다. 조사 결과에 따르면 60대 이상은 평생 동안 1억4700만 엔을 세금으로 내고 연금 등 사회보장 서비스로 1억8700만 엔을 받아 4000만 엔이 이익이다. 반면 20대 미만의 장래세대는 평균적으로 일생 동안 정부로부터 받는 수익이 1억1800만 엔이지만 지불해야 하는 세금은 2억100만 엔이어서 8300만 엔이 적자다.'[915]

이 기사에서 우리는 어떤 선택의 의사나 능력도 없이 태어난 갓난아이가 공동체로부터 '적자인생'을 물려받는 것이 아주 현실적이라는 점을 확인할 수 있다.

우리나라의 경우에 위와 같은 '세대회계' 자료가 있는지 확인할 길이 없으나 계산해 보면 실제로 일본의 경우와 별반 다를 바 없지 않을까 싶다. 일본의 세대회계는 '천부채무(natural debt)'가 각 개인에게 주어지고 있다는 사실을 보여준다. 그렇다면 우리는 자연스럽게 '그 채무에 대응하는 권리는 없는가?'는 질문을 하지 않을 수 없다. 의무만 있고 권리는 없는 상황이란 사회 정의의 관점에서 이해하기 어렵기 때문이다. 그런 점에서 천부채무에 대응하는 개념으로서 천부물권(natrual property right)을 생각해 볼 수 있다.

이 천부물권은 천부인권(natural human rights)의 하나로서 이를 실질적으로 담보하는 권리로 봐야 한다. 사유재산은 행위에 대한 보상으로서 공동체가 분배하는 희소한 상품이 아니며, 사유재산에 대한 권리부여는 모든 자유로운 시민들의 천부적 권리로 인정되어야 한다. 왜냐하면 위에서 본 바와 같이 소유권은 실질적인 자기정의(effective self-definition)이기 때문이다.[916]

그런데 천부인권은 오늘날에는 더 이상 의문의 여지없이 완벽히 그 성격이 규명되고 실현되고 있는 개념인가, 다시 말해 더 이상 현실적으로 보완되거나 추가되어야 할 부분은 없는가? 천부인권 내지는 자연권에 관한 많은 논쟁들이 있음에도 불구하고 일반적으로 받아들여지는 천부인권은 개인과 집단적 차원에서의 정치적 권력, 부, 자각(enlightenment), 기타 내재적 가치와 능력에 대한 요구로 이해되고, 어떤 이들은 구체적으로 한 두 개의 핵심 권리, 예컨대 생명권(right to life)나 기회균등의 권리(right to equal freedom of opportunity) 등으로 이를 제한하려고 하기도 한다.[917] 천부인권의 고대적 기원은 차치하고 적어도 합리적 계몽주의자들에 의해 의도적으로 명백하게 서술되었다고 일반적으로 평가되는 두 개의 커다란 사건, 즉 미국의 독립선언(1776년)과 프랑스 혁명(1789년)을 거친 뒤에도 천부인권은 여전히 미성숙한 존재로 남아 있었다. 일례로 선언과 헌장의 형태로 현현한 천부인권의 엄숙하고 화려한 수사에도 불구하고 노예노동은 여전하였고, 같은 공동체 내의 여성과 이민족에 대한 차별은 당연한 것으로 받아 들여져 왔다.[918]

여기서 주목할 것은 천부인권을 주장하고 구현한다고 하는 사회의 이

중성이 아니라 공동체가 갖는 인식의 한계이다. 노예노동이나 여성의 참정권을 부인하던 당시의 공동체는 천부인권에 대한 자신들의 인식에 오류가 있다고 여겼던 것으로 보이지는 않는다. 그들 나름대로의 관점에서는 천부인권에 대한 완벽한 이해였고, 최선을 다한 현실 구현이었을 것이다. 그러나 지금의 관점에서 보면 천부인권에 대한 그들의 이해는 적어도 몇몇 부분에서는 명백히 위선이었고 조롱거리였다. 그렇다면 그 상황을 지금 대입해 보면 천부물권이라는 구체적인 자산의 지원이 없는 상태에서 오로지 인간으로서의 존엄, 생명권, 자유권을 천부물권의 전부로 파악하는 우리의 견해가 허황된 립 서비스(lip service)에 지나지 않는다는 비판을 면하기 어렵다. 그렇다면 형평의 차원에서도 사회적 상속 대상인 천부물권이 있어야 한다.

사회적 상속(social inheritance)이 자연인의 상속과 다른 점은 피상속인의 사망이 상속 개시의 원인이 되는 것이 아니라, 상속인의 탄생이 상속 원인이 된다는 점만 다를 뿐이다. 상속은 채무와 자산의 포괄승계를 특징으로 한다. 따라서 자산은 자연인의 출생과 동시에 각자에게, 부모의 배경이나 소득과 무관하게, 완전히 보편적으로 주어져야 한다. 그리고 이러한 자산은 갓 태어난 상속자 고유의 것이며, 그 상속자를 양육하는 친권자의 것이 아니며, 상속자를 양육하는 비용의 대체 지급은 더더욱 아니다. 이 점에서 천부물권은 재산권이지만 상속자가 처분권한을 가질 때까지는 일신전속적 성격을 갖는 권리로서 양육자나 그 가정 세대를 위한 복지차원의 지원과 성격을 달리한다.

빈민층들에게 소액 대출을 해 줌으로써 기반 자산이 주는 자립적 기능을 실현해 보임으로써 새로운 금융대출의 모델을 제시하고 있는 2006년 노벨 평화상 수상자인 무하마드 유누스(Muhammad Yunus, 1940-) 그라민(Grameen) 은행 총재는 자영을 위한 신용의 획득은 기본적 인권일 뿐 아니라 다른 인간적 권리를 획득하는 중요한 역할을 하는 인권으로 간주되어야 한다고 단언한다.[919] 누구나 빈곤층이 될 수 있는 시대에 살고 있는 우리는 유누스의 위 말을 굳이 빈곤층에 국한할 필요는 없다. 소액의 대출을 통한 자립이 인간을 인간답게 하는데 유용하다면 공동체가 개인에게 기반 자산을 제공하는데 주저할 이유가 없다.

더구나 그것이 시혜가 아닌 공동체의 마땅한 의무라는 점을 지적하는 설득력있는 논증들이 있는데도 말이다. 천부채무로 인한 형평적 차원에서의 천부물권 인정의 논거 외에 토마스 페인의 말을 좀 더 들어보자.

"문명화된 삶의 이점을 유지하고 동시에 그것이 가져온 악을 구제하는 것이야말로 우리의 개혁입법의 제일차적 목적이 되어야 한다. 문명국을 보노라면 일면에 있는 그 번영에 놀라면서, 한편으론 극단적인 비참함을 보면서 충격을 받지 않을 수 없다. 이 양면성은 모두 문명국가가 일구어낸 것이다. 가장 부요한 사람과 가장 비참한 인류의 두 가지 종족이 문명화되었다고 일컬어지는 세상에서 발견되는 것이다. 국가 사회가 어떤 식으로 존재하여야만 하는지 이해하기 위해서는 자연적 상태의 초기의 인간사회생활을 들여다 볼 필요가 있다. 지금의 경우라면 북아메리카의 인디언 부족의 삶 정도가 될 것이다. 그 사회에는 오늘날 우리가 유럽의 모든 도시와 골목에서 목도하는 가난과 결핍이 가져오는 인간의 비참한 생활이라고는 없다. 그러므로 가난은 문명화된 삶(civilized life)이 만들어낸 산물의 일종이다. 그건 자연적 상태에서는 존재하지 않는다. 문명화란 두 가지 방향으로 작동하고 있다. 사회 구성원의 일부는 더욱 부요하게, 그리고 다른 쪽의 사람들은 자연적 상태에 있을 때 보다 더욱 비참하게 만든다는 것이다. 따라서 문명화의 첫 번째 원리는 문명화된 이후에 이 땅에 태어난 모든 사람에게는 그 출발의 조건이 그가 태어나기 전의 자연적 상태보다는 더 나빠서는 안되도록 만들어주어야 한다는 것이다."[920]

특히 신생아들의 경우 자신의 자원과 관련하여 어떤 미덕이나 선행의 조건에서 차이가 없기 때문에 삶의 전망도 동일해야 한다는 것은 사회적 정의의 요구이기도 하다.[921] 사회적 상속은 일회적으로 일어나며,[922] 일정한 기반자산이 개인에게 이전된 후에는 이를 토대로 삶을 꾸려가는 것은 그의 책임이 될 수 밖에 없고 따라서 지속적인 소비형 복지지원은 특단의 사정이 없는 한 배제되어야 할 것이다.

12.7

미국의 공공토지 공여를 통해 본 생애기반자산 분급(分給)경험

공동체, 즉 국가가 개인에게 기초적인 자산을 마련해 주는 것은 위에서 본 바와 같이 정책적 선택의 문제가 아니라 의무이다. 각 개인에게 기초적인 화폐 자산의 지급을 요구하면서 토마스 페인은 "내가 소유권에서 배제된 사람들을 위해 요구하는 것은 권리이지, 자선이 아니다."라고 하였다.[923] 각종 토지개혁을 둘러싼 동서양의 역사적 경험은 개인에 대한 일정한 자산적 토대가 공동체의 정상적 유지와 번영을 위한 최소한의 기준이라는 관점에서 비롯된 것이었다. 이들 중 가장 급진적이었던 공산주의는 일체의 자산 사유를 허용하지 않는 자산 공유(共産)를 내세웠지만 인간과 공동체의 본질에 대한 근본적인 몰이해로 인해 파산선고를 받고 말았다.[924]

개인적 자산을 고려함에 있어서는 경제적인 것만큼이나 그것을 소유한 개인과 세대에 미치는 심리적 영향도 생각하여야 한다. 여기엔 심리적 안정감과 함께 성취감, 인간으로서의 자존감 및 독립성이 고루 포함되어야 한다.

미국의 경우 자산 분급을 통한 성공사례는 공공토지공여법(Homestead Act)에서 찾아 볼 수 있다. 1862년 5월 20일 아브라함 링컨 대통령에 의하여 공포된 최초의 공공토지공여법은[925] 미국의 최초 식민지 13개 주 외의 지역의 토지를 대상으로 개인별로 160에이커씩 할당하는 것을 목표로 하였다. 연방이나 주정부 소유의 토지를 공여 받길 희망하는 사람으로부터 신청을 받아 이들이 토지를 개간하여 일정기간 경작하면 소유권을 부여하는 식이었다. 신청 자격은 21세 이상으로 해당 토지에 5년 이상 거주할 것을 조건으로 했는데 여기엔 자영농뿐만 아니라 해방된 노예들도 포함되었다. 처음 주요 강변 지역을 끼고 분양되었던 토지들이 고갈되면서 1909년엔 허용면적을 320 에이커로 늘리는 대신 사막지역을 상대로 하는 쪽으로 법안이 개정되었고, 1916년에는 목축업자들에게 640 에이커의 목장용지를 공여하는 법(Stock-Raising Homestead Act)도 제정되었다. 이 법의 요건을 충족하여 자신의 토지를 확보한 사람들은 신청자들 중 약 40퍼센트에 달하는데 1862년부터 1934년 사이에 160만명의 사람들이 2억 7천만 에이커의 연방토지를 공여 받은 것으로 나타났다. 이는 미국 전체 토지의 약 10퍼센트에 해당하는 면적이었다.

정부토지공여 제도는 1976년에 종료되었는데 다만 알래스카에서는 1986년까지 지속되었다.[926] 1865년부터 1935년 사이에 이루어진 토지 공여는 수급자는 물론 국가적 차원에도 많은 영향을 끼쳤다. 토지 공여는 서부지역 정착과 19세기 후반의 경제적 발전에 긍정적 역할을 했는데, 이를 두고 어느 학자는 "공공토지공여법은 지금의 어떤 사회적 입법보다도 더 급진적이며 복지 지향적이었다"고 평가하기도 한다.[927]

토지 소유권을 확보한 자영농을 만들자는 입장은 산업 및 후기 산업사회를 거치면서 더 이상 적합하지 않게 되었지만 아직도 시골지역이나 기타 낙후 지역에서 경제활성화를 위해 일정 기간 이상의 거주조건을 걸고 경작자들에게 무상으로 토지를 공여하는 정책들은 드물지 않게 볼 수 있다고 한다.[928]

국민들 각자가 적어도 일정한 기초적인 자산을 확보하고 있는지, 아니면 자산과 유리되어 삶의 버팀목이 없는 상태에서 살아가는 사람들이[929] 상당수인가 하는 점은 한 개인의 인간적 존엄성의 실질적 확립여부, 그 개인이 속한 세대와, 그 세대들이 모인 지역 공동체, 나아가 국가 공동체의 활력 여부를 결정하는 주요한 변수가 아닐 수 없다. 그러나 생산수단으로서의 자산이 토지만이 사실상 유일하던 시기에는 토지 자원의 희소성으로 인하여 자산 분급(分給)에 한계가 있을 수 밖에 없었다. 어느 한 쪽이 갖게 되면 다른 쪽이 잃을 수 밖에 없는 유한한 토지 자산을 둘러싼 신경전은 계층 간의 첨예한 갈등을 불러 일으킬 소지가 다분하였다.

12.8

영국 토니 블레어 정부의 생애기반자산 분급 사례

그래서 자산의 분급을 토지가 아닌 화폐로 제안한 토마스 페인의 혜안이 더욱 돋보인다. 그는 문명이 '자연적 상태에 있었으면 마땅히 받았어야 할 소유권을 절반 이상의 사람들로부터 박탈하면서도 그러한 손실에 대하여 어떤 보상도 하지 않고, 이로 인해 그 이전에는 존재하지 않았던 가난과 궁핍이라는 인류의 한 부류를 만들어 냈다'면서, '토지소유제도의 도입으로 인하여 사람들이 자연적 상속분(natural inheritance)을 잃은 데 대한 보상으로 국가적 펀드(national fund)를 만들어 모든 개인이 21세가 되면 여기에서 15파운드씩 지급하고, 50세 이상의 사람들과 50세 미만으로서 장애인들에게는 매년 10파운드씩 지급할 것을 제안' 하였다.[930]

토마스 페인의 시대와 지금의 경제질서에서의 결정적 차이 중의 하나는 부의 생산원천에서 토지보다는 금융 자산의 비중이 더 절대적이 되었다는 점이다. 금융 자산의 특징 중 하나는 토지처럼 유한, 희소성을 띄지 않는다. 이는 조세 징수를 통한 직접 재분배가 아닌 한 누구의 금융 자산이 증대한다고 하여 굳이 다른 사람의 금융 자산이 박탈되거나 감소되지 않는다는 사실을 뜻한다.

이것은 각 개인에 대한 자산분급이 인류가 경험한 그 어떤 경제질서 하에서 보다 지금이 가장 적기라는 점을 말해 준다. 각 개인에게 출생시부터 일정한 금액을 할당하여 국가가 이를 운용한 뒤 일정한 연령에 도달하면 각 자에게 이를 지급하는 것이다. 이런 제안은 우리 나라에서는 특히

저 출산 고령화가 안고 있는 문제에 대한 해답으로 제시되기도 한다.[931]

영국의 토니 블레어 정부가 시행하였던 어린이 펀드는 천부물권의 법리에 바탕 한 국가 공동체의 기본적인 생애기반 자산의 제공의무가 매우 현실적으로 실현 가능한 정책임을 잘 보여주는 사례라 할 수 있다.[932] 토니 블레어 정부는 영국에 거주하는 어린이는 출생 시와 만7세에 각각 250파운드를 정부로부터 지원받고, 저소득층 자녀는 250파운들을 추가로 더 받아 해당 어린이 명의로 가입하고 부모가 일정한 금액을 대응식(matching fund)으로 보탤 수 있도록 하는 정책을 시행한 바 있다. 이 펀드는 해당 어린이가 만18세에 달하기 전까지는 인출이 제한되나 그 이후엔 재량껏 인출이 가능하도록 되어 미국의 저소득층 개인저축을 위한 프로그램인 개인자활계좌(IDA: Individual Development Account)와는 차이가 있다.

미국의 개인자활계좌의 출발 동기는 개인에 대한 소비형 지원보다는 공동체가 자산 형성을 해 주는 것이 더 효과적이라는 점에서 시작되었으나, 대상이 이미 출생한 자들 중에 빈곤층을 상대로 하고 그 대응자금의 운용을 민간에 맡기면서 기간도 비교적 단기간이라는 점에서 전 국민을 상대로 출생 시부터 고유한 자산을 인정하자는 생애기반자산의 개념과는 다르다.[933]

또 생애기반자금의 귀속 주체는 위에서 본 바와 같은 천부물권적 성격을 띠고 있는 까닭에 그 양육자인 부모에게 지급되는 각종 보조비 등의 사회복지적 비용 보조와 성격을 달리하며, 토마스 페인이나 영국의 경우처럼 당사자가 처분할 수 있는 적령기에 달할 때까지는 비록 당사자에게 속한 재산권이기는 하지만 그 처분, 양도 및 상속이 허용되지 않고, 수급권 행사 연령에 이른 뒤에도 일정한 경우 사용 용도가 제한되거나 국가의 후견적 기능이 개입할 여지를 남겨두고,[934] 심지어 자격을 박탈하거나 환수할 수 있는 여지도 있어,[935] 일반적인 재산권과도 구분된다.

12.9

심리적 안정감과 인생설계의 토대로서 생애기반 자산

공동체 구성원 개인에 대한 생애기반 자산이 도입될 경우 어떤 효과가 예상되는가 하는 점에 관하여는 소비형 복지와 비교하여 자산기반형 복지(asset-based welfare)가 갖는 효과에 관한 설명이 상당 부분 원용될 수 있다. 자산기반 복지에 관한 연구는 전통적으로 가난한 사람들이 효과적으로 저축을 하고 자산을 축적할 수 있는지 여부, 축적된 자산에 대한 효과적 이용에 관한 전략의 이해, 그리고 자산축적이 개인 및 가구에 미치는 심리적, 인지적, 행태적, 경제적 및 사회적 영향에 관한 탐구로 이뤄져 왔다.[936] 일정한 자산이 사람에게 주는 효과는 경제적 관점에서뿐만 아니라 심리적, 사회적 및 정치적 관점에서도 폭넓게 관찰될 수 있다.[937]

일단 자산은 개인으로 하여금 그 기초 자산을 토대로 한 잉여의 자산축적을 가능하게 한다는 점에서 매우 현실적인 투자이기도 하다. 같은 급여 소득을 갖고 똑같이 사회 생활을 시작했어도 기초 자산이 없어 주거를 위한 임차료 등으로 일정금액을 지출해야 하는 사람(또는 세대)과 그렇지 않은 사람(또는 세대)과의 생애주기에 걸친 자산축적의 차이는 매우 클 수밖에 없다.[938]

토마스 페인의 경우엔 일정한 자산의 지급이 국가 차원의 총량적인 부도 증대할 수 있다는 점도 지적한다. 예컨대, 젊은 부부가 사회생활을 시작할 때 무일푼으로 시작할 때와 일정한 자금을 가지고 시작할 때를 비교하여 공동체로부터 물려 받은 자금으로 가축을 사고, 땅을 사서 자립하게 되면 자녀들도 제대로 양육함으로써 자칫 사회의 짐이 될 수 있는 세대가 매우 유용하고 이로운 시민이 된다는 것이다.[939] 또한 생애기반자산이 중요한 이유 중의 하나는 자산이란 이를 가진 자로 하여금 자신의 장래 설계의 토대가 됨으로써 심리적 안정과 장래 설계의 바탕이 된다는 점에 있다.[940]

2004년 11월부터 2005년 2월까지 미국에서 14세에서 19세 사이의 청소년들을 상대로 한 저축 프로그램의 운용 효과를 측정한 결과 참석 대상 청소년들 중에서 1) 금전관리에 관한 지식을 갖고 자신의 재정관리에 대하여 보다 신중해졌으며, 2) 미래에 대한 전망이 개선되고, 3) 안정감이 유의미하게 상승되었다는 연구결과는[941] 생애기반자산이 어떤 효과를 장기적으로 미칠 것인가 가늠하게 한다.

반대로 장기 전망이 불가능하여 하루 하루를 문자 그대로 연명하는 사람들, 그러한 세대와 그런 세대들이 늘어가는 공동체는 활력은커녕 폭발의 위험성을 키워가는 화약고 같을 것이다.

그리고 전망이 없는 좌절은 자살과 같은 (일가족 동반)자살, '묻지마 살인' 같은 극단적 형태에서부터 결혼과 출산의 기피와 같은 소극적 저항, 사회의 주류세력에 대한 냉소와 공동체에 대한 무관심 등 다양한 형태로 분출되고, 가장 최악의 경우는 혁명과 같은 집단적 폭동과 유혈사태로 이어지는 것이다.[942]

반면 자산분급은 단순한 휴머니즘 차원의 문제에 그치지 않고 사회적 및 정치적 영역에서 자산은 그에 따르는 권리뿐만 아니라 의무도 갖는 것을 의미하므로 자산에 기초한 구성원들은 복지고객이 아닌 책임 있는 시민(responsible citizen)으로써[943] 공동체의 합리적 질서 내에서 권리와 의무를 구현하게 된다. 이 점에서 생애기반 자산의 소유는 개인의 안전망이자 공동체의 안전망이라 할 수 있다. 우리 나라의 경우 특히 생애기반자산은 저출산에 대한 효과적인 대책이 될 수도 있을 것이다. 그리고 이 사회의 구성원인 한 생애 기반자산을 통해 최소한의 인간다운 삶이 보장된다는 점이 인식되면 적어도 아이들에 대한 미래적 불안으로[944] 인해 출산을 기피하는 경향은 줄어들 것이다. 그리고 이는 저출산과 맞물린 고령화 대책에도 효과적이다. 생애기반자산은 일단 고령화로 인해 차세대에 지워질 부담을 덜어준다는 형평의 원칙을 떠나서도,[945] 미리 재원을 마련함으로써 다음 세대가 고령화될 때에도 사회적 부담을 줄일 수 있는 장기적 대책으로 손색이 없다.

이런 점에서 생애기반자산은 매우 훌륭한 세대간, 계층 간 통합의 기능을 수행한다. 조세 징수를 통한 직접 분배 형식을 통하지 않고도 각 개인이 공동체로부터 태어나면서 일정한 자산을 분급 받음으로써 공동체와 개인 간의 결속과 유대관계를 현실적으로 확인함으로써 소속감과 일체감을 제고하여 계층 간 위화감과 갈등을 완화하며,[946] 기성세대가 미래세대를 위한 준비를 해 놓는다는 점에서 세대간의 조화도 꾀할 수 있다. 뿐만 아니라 생애기반자산이 펀드 형식으로 지원되어 국가에 의해 운용될 경우에는 금융산업에 미치는 파급효과가 매우 크다. 갓 출생한 아이들에게 일률적으로 일정액을 분급한다 하더라도 실제 지급의 시기는 성년에 이르렀을 때 지급한다 하더라도 20년이 소요될 것이므로 국가의 입장에서는 매년 상당한 규모의 '국부펀드' 를 마련하는 셈이고 이는 국내 금융시장의 활성화뿐만 아니라 국제 금융시장에서의 경쟁력도 키워주는 부수적 효과도 만만치 않을 것이다.[947]

또한 자기 자산에 대한 기대와 애착을 통해 저축과 합리적 소비를 경험한 세대들이 자라남으로써 건전한 시민사회의 역량도 더욱 커갈 것으로 기대된다. 한 마디로 생애기반 자산은 공동체의 구성원들 각자의 가치를 인정하고 잠재력을 개발하도록 격려함으로써 장기적으로 경제 경쟁력, 사회통합, 민주적 정치제도의 활력을 도모할 수 있을 것으로 기대된다.

12.10 생애기반 자산 분급 운용을 위한 제언

생애기반자산 제도를 도입한다고 할 때 구체적으로 부딪치는 문제는 우선 재원 조달을 어떻게 할 것인가, 그 다음엔 어느 정도의 적정한 금전이 과연 '기반자산'으로서 적정한가 이다. 적정한 금액과 재원 조달의 문제는 수혜자를 어떤 범위로 정하느냐 와도 맞물려 있다. 우선 누굴 수혜자로 할 것인가의 문제는 이미 앞에서 천부물권의 법리를 논증하면서 그 결론이 도출된 바 있지만 다시 한번 정리하고 넘어가도록 한다. 이 사회 공동체의 구성원으로 태어나는 한 수급대상에서 제외되는 사람은 없다. 대한민국 국적을 가진 신생아 전부가 그 대상이다. 이는 생애기반 자산은 선별적 지원을 하는 복지와 근본적으로 성격을 달리하기 때문이다. 천부인권이 누구에게나 적용되는 보편원리이듯, 천부인권의 구체적 속성으로 파악되는 천부물권 역시 보편적 적용을 원칙으로 한다. 보편적 적용은 시민권이라는 생래적 권리성의 당연한 귀결이기도 하지만 실제로 복잡한 수급조건으로 인한 가난한 자들에 대한 누락의 염려와 낙인 효과가 없고, 부자를 더 부자로 만든다는 지적 역시 타당하지 않다.[948] 여기에 국가의 분급부터 개인의 수급청구권 발생시까지 최소한 20년 이상이 걸린다는 점을 감안하면, 지금 경제적으로 여유 있는 계층이라고 하여 20년 후에도 그 가정의 자녀들이 최소한의 생애기반자산을 당연히 확보하고 있을 것이라고 예상할 수 없다는 현실적 요인도 고려하여야 한다.

생애기반 자산의 규모의 적정성에 관하여는 별도의 계량적인 연구를 통해 보다 구체적인 대안이 나와야 할 것으로 보이나, 일응 그 실현 가능성이라는 측면에서 따져 본다면 미국의 개인자활계좌(IDA) 제도를 비롯한 자산복지 전문가들이 개인의 경제적 자활동기를 독려할 정도의 규모로 제시하는 다양한 방안들이 고려될 수 있다.

직업이나 고등교육에 소요되는 학자금 정도에서 소규모 자영업 내지는 주택 구입에 들어가는 보증금 정도를 제시하는 경우도 있고,[949] 다른 부업을 하지 않고 대출 받지 않으면서 대학을 정상적으로 졸업하는데 소요되는 자금을 기준으로 해야 한다는 입장도 있다.[950] 브루스 액커만(Bruce Ackerman)은 모든 자유로운 시민들은 성인기를 시작하는 21세에, 정부로부터 8만 달러의 사회적 지분을 받되 의미있는 선택을 할 지적 능력을 가졌다는 것을 증명할 수 있는 약간의 조건들을 충족해야 한다고 한다. 그 조건이란 최소한 고등학교를 졸업해야 하고, 범죄 경력이 없어야 한다는 것이다.[951] 이런 요건이 충족된 청년들은 4년 동안 2만 달러씩 받을 수 있아 본인이 선택한 인생 설계와 전망에 따라 사용할 수 있다.[952]

다만, 지금의 저등급 신용자들에 대한 소액 대출제도와 같은 마이크로 크레딧이 서민들의 삶에 미치는 영향을 감안하면 생애 최초에 마련해 주는 기반 자금은 반드시 일정한 규모 이상이 되어야 한다는 편견과 강박증에서 자유로울 수 있다는 사실을 보여주고 있다는 걸 간과해서는 안 된다. 최소한 사회의 출발을 하는 시점에 (사립)대학을 채무 없이 졸업하거나 중소도시의 전세 보증금을 마련할 정도의 금액이라도 지금과는 비교할 수 없을 정도로 당사자들에게는 삶의 설계를 가능하게 할 수도 있다.[953] 또 생애기반자산은 자산수여는 국가유산(national patrimony)의 일부분으로 보아야 하기 때문에,[954] 거기엔 차별을 두어서는 안 된다. 이 생애기반자금은 지금의 불합리하고 불평등한 복지체계를 시정하는 차원에서도 국가 전체적인 차원에서 보편성의 원칙에 따라 적용되어야 한다.

예컨대, 우리나라의 경우 거주 지역이 어디냐에 따라 개인이 받는 출산 장려금이 지역별로 상당한 편차를 보이는데 공동체로부터의 보편적 혜택은 국가 공동체적 차원의 책임감을 높이는 반면 특정 그룹에 대한 선별적 수여는 사회적 분열을 조장할 우려가 있다는 점을 생각한다면,[955] 지역에 따른 차등적 혜택은 바람직하지 않다.

다만, 국가가 생애기반자금을 분급한 뒤에 여기에 신생아의 부모나 가족, 그리고 기업들이 매칭 펀드로 참여함으로써 최종적인 수혜금액이 달라지는 경우는 있을 수 있다고 보아야 한다. 우리 돌 문화 등을 감안하면 국가가 이미 분급한 자산에 백일이나 돌 잔치를 통해 추렴한 일정 금액을 대응 금액으로 납입한다든지, 정기적으로 일정액을 적립식으로 보태어 장래의 목돈 마련에 적극적으로 나서는 경우를 충분히 예상할 수 있다. 생애기반자금의 실효성을 높이고 국가 부담을 줄이는 역할을 하기 때문에 이러한 행위는 적극 권장하여야 한다. 마찬가지로 기업이 자신의 종업원들의 자녀들이나 지역 사회 주민의 자녀들을 상대로 일정한 대응 자금을 지원할 경우에도 세제 혜택 등을 줌으로써 유인동기를 제공할 필요가 있다. 다만, 대응 자금으로 인하여 생애기반 자금의 편차가 너무 커지지 않도록 일정한 한도를 정해 놓는 것도 병행하여야 할 것이다. 생애기반자산의 처분에는 일정한 자격 요건과 함께 국가의 후견적 역할도 강조되어야 한다.

일단 수급연령대에 달하기 전 본인이 사망하는 경우에는 독립적 생계를 유지하는 공동체 구성원으로서의 자격을 전제로 주어지는 것이기에 매칭 펀드로 지급된 금액 외에 공동체가 분급했던 금액은 소멸되는 것으로 하여 상속되지 않도록 하여야 한다. 조기 상속은 자산을 노린 양육자들에 의한 잘못된 행위와 모럴 헤저드를 방지하는 역할도 한다. 그리고 수급 연령에 도달한 경우에도 본인이 이 자산을 합리적으로 처분, 이용할 가능성이 없는 심신미약자나 심신상실자인 경우에는 관리 후견 역할을 국가에 맡김으로써 그 전 생애에 걸쳐 당해 자산이 본인을 위하여 적절하게 쓰여질 수 있도록 담보하여야 한다.

그리고 수급을 위하여는 그 시기에 대한민국 국민이어야 함은 두말할 나위가 없다. 출생시에는 대한민국 국민이었으나 수급연령 도달 전에 제3국의 국적을 취득하였다면 수급자격은 자동적으로 소멸되고, 수급 이후에 국적을 취득한 경우엔 현실적 이행여부와 무관하게 일단 자산반환 의무가 생긴다고 보아야 한다. 이런 점에서 생애기반자산은 일신전속적 성격을 띠면서 공동체의 일정한 개입을 허용하는 특수한 재산이라 할 수 있다.

이와 관련하여 수급권에 대한 양도나 제3자의 압류 등이 가능한가의 문제가 생길 수 있는데, 각 개인의 삶의 최소 기준을 유지하기 위하여 공동체가 인정하고 있는 권리라는 점을 감안하면 양도나 압류 등도 불허되어야 할 것이다. 그리고 수급연령에 도달하였다고 하여 수급 청구권을 행사할 의무는 없다. 경제적 여유가 있어 당장 기반자산의 인출이 필요하지 않은 사람은 그대로 국가의 자산운용에 위탁해 두었다가 필요한 경우 언제든지 처분할 수 있다. 물론 이 때는 연장된 기간에 늘어난 수익만큼 가산되어 지급될 것이다.[956]

액커만은 우리에게 주어진 일은 “정의를 증진시키는 프로그램을 설계하고 현실 세계의 민주주의들에서 정치적 의미를 갖는 프로그램들을 설계하는 것”이라고 강조한다.[957] 생애기반자산은 우리 사회의 고질병인 계층과 세대간 갈등의 원인이 되는 불평등과 빈곤, 이로 인한 심리적 격차와 좌절, 소외, 그리고 그 현상으로 나타나는 결혼 회피, 저출산, 높은 자살율을 근본적으로 치유할 수 있는 대안이다. 사회적 활력을 지속시키는 구체적 정의이다. 맹자는 ‘7년 묵은 오랜 병에 3년 묵은 쑥이 좋다고 알면서도, 지금 그 쑥을 예비하지 않고 찾기만 한다면 종신토록 그 쑥은 구하지 못할 것'이라고 하였다. 필자가 생애기반 자산 도입에 관한 논문을 발표한 것이 벌써 7년 전의 일이다. 그 때 만일 태어나는 신생아 한 명 당 천만원씩 적립하여 두었다고 하면 지금 어떻게 되었을까. 지금이라도 쑥을 준비해야 우리 공동체의 고질병을 고칠 것이다.

---

850. 제12장의 내용은 필자가 발표한 아래 논문의 일부를 수정, 보완한 것 위주로 되어 있다. 이호선(2011), 천부기본자산권으로서의 생애기반자산도입에 관한 연구, 국민대 법학논총 제23권 제2호, 19-57.
851. ...society as a fair system of social cooperation over time from one generation to the next.
852. 이호선(2011), 협력업체 종업원들에 대한 대기업 스톡옵션 도입 필요성-정의와 시장 차원에서의 초과이익공유제 검토, 법과 정책연구 제11집 제3호, p.910-911
853. Linda J. Skitka & Faye J. Crosby (2003), Trends in the Social Psychological Study of Justice, Personality and Social Psychology Review, Vol. 7, No. 4, p.282-285.
854. Linda J. Skitka & Faye J. Crosby (2003), op.cit., p.282-285
855. Larry W. Howard & Cynthia L. Cordes(2010), Flight from Unfairness: Effects of Perceived Injustice on Emotional Exhaustion and Employee Withdrawal, Journal of Business and Psychology, vol. 25., p.423-4
856. John Rawls, op.cit.,p.6
857. 이호선(2011), op.cit., p.909.
858. ibid.
859. Ralf Dahrendorf, Life Chance: Approaches to Social and Political Theory (Chicago: University of Chicago Press), p.1979.
860. Michael Sherraden(1991), Assets and the Poor (New York: Armonk, p.122.
861. 개인 간의 격화된 경쟁이 또 다른 현대 사회의 인간의 소외 문제와 경쟁대열에서 탈락한 그룹의 문제를 낳고 있지만, 개인 단위의 경쟁이 가져온 사회 활력의 긍정적 역할은 무시되어서는 안되고, 다만, 그 폐해를 시정하는데 관심의 초점이 모아져야 할 것이다.
862. 사회적 이동성과 사회적 성취는 제한된 응답자를 상대로 한 설문조사가 아닌 대규모 집단에 대한 생애연구의 성격을 가져야 객관적으로 측정될 것이지만, 사회적 이동이나 성취 이전의 단계에서 가장 중요한 요소는 동기나 목표의식인 까닭에 자신이 사회에 대하여 갖고 있는 기대 수준, 즉 사회적 기대가능성에 대한 응답은 사회적 이동성에 대한 일응의 추론 자료가 될 것이다.
863. http://www.seoul.co.kr/news/newsView.php?id=20170418001010
864. http://news.chosun.com/site/data/html_dir/2010/07/13/2010071300031.html
865. http://www.hani.co.kr/arti/society/society_general/431949.html
866. 워킹푸어 (working poor)란 '현재 일하고 있거나 명시적으로 일할 의지를 가진 집단 중 빈곤층'을 말한다. 2016. 8. 어느 취업포털사가 직장인 1,143명을 대상으로 조사한 바에 의하면 70.4%로 본인을 푸어족으로 생각하고, 이들 중 55.2%는 이 상태에서 벗어날 수 없을 것이라는 비관적 전망을 했다고 한다. http://www.nocutnews.co.kr/news/4643343
867. Michael Sherraden(1991), op.cit., p.128.
868. 예컨대, 정규직 노동자들이 결성한 노동조합이 있는 회사에 입사하는 사원들은 비정규직 신분만을 갖게 되어 노동현장이 이분화되고 노사가 암암리에 이를 묵인하는 현상이 빚어질 수 있다.
869. 사회적 기대가능성은 한 개인이 자신의 생애기간 중 이동할 수 있는 가능성과 거리를 가늠하고 기대하

는 심리적 요인이라는 점에서, 그리고 사회적 성취는 구체적인 모델로서 동기부여를 하기 때문에 이 두 가지는 사회적 활력을 가늠하는 독자적 요인이면서 사회적 이동성을 보완하는 지표로서의 기능도 갖고 있다고 보아야 한다.

870. 필자가 여기서 개인이 인정하는 목표가 아니라 사회가 공통적으로 인정하는 목표라고 한 것은 빈곤의 내면화, 위축된 심리와 제한된 정보는 목표 자체도 왜곡, 수축, 제한할 수 있기 때문에 사회 전반적인 시각에서 바람직한 방향이라고 인정하는 것을 '목표'라고 객관화시키고자 하는 것이다.
871. Charles E. Hurst(1979), The Anatomy of Social Inequality, St. Louis: C.V. Mosby
872. Michael Sherraden(1991), op.cit., p.122 이하 참조
873. Peter M. Blau and Otis Dudley Duncan(1967), The American Occupational Structure (New York: John Wiley & Sons)
874. Samuel Bowles(1972), 'Schooling and Inequality from Generation to Generation', Journal of Political Economy 80, p. 219–251.
875. Christopher Jencks et al.(1972), Inequality: A Reassessing of the Effect of Family and Schooling in America (New York: Basic Books), p.2.
876. Michael Sherraden(1991), op.cit., p.121.
877. 가진 자들의 법칙이란 "가진 자가 갖는다 (The Haves have it)"는 것인데 미국의 경우 많은 사람들이 기회의 균등이 보장되어 있지 않다면 잘 믿지 않겠지만, 실제로 많은 증거들은 사회경제적 성공 (socioeconomic success)을 달성함에 있어 가진 자들(the Haves)이 갖지 못한 자들(the Have-Nots)보다 훨씬 쉽다는 사실을 보여준다고 한다. ibid., p.121–122.
878. 토마스 페인 (Thomas Paine, 1737~1809)은 미국 독립전쟁과 프랑스 혁명을 경험하고, 특히 '상식(Common Sense)'이라는 책을 통해 미국 독립전쟁에 큰 영향을 끼쳤다. 이 논문의 주제인 생애기반자산의 토대 중 일부는 비교적 잘 알려지지 않은 그의 짧은 글 '자산적 정의 (Agrarian Justice)'에 힘입은 바 큼을 밝혀 둔다. 'Agrarian'은 직역하면 농지균등이 될 것이나, 그가 살았던 시대의 유일한 자산의 원천이 농지였기에 필자는 오늘날의 관점에서 '농지'가 아닌 '자산'으로 폭넓게 해석함이 옳다고 본다.
879. The great mass of the poor in countries are become an hereditary race, and it is next to impossible them to get out of that state of themselves.
880. John A. Brittain(1977), The Inheritance of Economic Status (Washington: Brookings Institution), p.5–6.
881. 신진욱(2013), 한국에서 자산 및 소득의 이중적 불평등 국제 비교 관점에서 본 한국의 불평등 구조의특성, 민주사회정책연구원, 민주사회와 정책연구 제23권, p.43.
882. 전병유(2016), 한국의 자산불평등, 월간 복지동향 제216호, p.18.
883. 이성재/이우진 (2017), 샤플리값을 이용한 한국의 소득 및 자산 불평등의 원천별 기여도 분석, 한국경제의 분석 제23권 제1호, p.74.
884. 전병유(2016), op.cit., p.18.
885. 김낙년(2016), 한국의 부의 불평등, 2000–2013, 경제사학 제40권 제3호, p.416.
886. 그러나 이 글은 사회적 활력의 토대로서 자산의 중요성과 그 대안을 제시하는 데 초점이 있으므로 부의 편중이 갖는 사회적 문제점이나 그 해법은 주제를 벗어난 것이어서 후속 연구나 다른 차원에서 논의되어야 할 것이다.
887. 신진욱(2013),op.cit., p.42.
888. 순 자산의 지니계수는 1993년 0.571에서 1996년까지 0.570까지 변화가 없다가, 1997년 0.600,1998년 0.665(한국노동패널에서는 0.671)로 급증한다. 이후 2006년 0.686으로 증가했다가 2013년 0.582로 감소하는 것으로 나온다. 전병유(2016), op.cit., p.21.
889. Credit Suisse Research Institute, 2014
890. 김낙년(2016), op.cit., p.417.
891. ibid, p.416.
892. ibid, p.420–21
893. 전병유(2016), op.cit., p.19. 가장 최근인 2016년 통계청의 가계금융 복지 조사 결과에 의하면 상위 10%의 점유율이 42.1%로 1988년 수준으로 돌아간 것으로 나오고 있다.
894. 이성재/이우진 (2017), op.cit., p.78.
895. 다른 나라도 마찬가지다. 일례로 불평등도가 상대적으로 낮다고 알려진 독일의 경우에도 1978년

비 급여소득이 수입에서 차지하는 비중이 22퍼센트였으나, 1994년에는 33퍼센트가 되었다. Andre Gorz(1999), Reclaiming Work: Beyond the Wage-based Society (Cambridge: Polity), p.17.
896. 이성재/이우진 (2017), op.cit., p.79, 87.
897. 이성재 외, 2017: 80. 이들은 다이어트에 비유하여 노동소득 불평등 완화는 수분을 줄이는 것이지만, 자산 불평등 완화는 지방 감량에 해당한다고 한다.이성재 외, 2017: 80, FN 10.
898. ibid, p.81.
899. http://www.newswire.co.kr/newsRead.php?no=469424&lmv=A01
900. Brian Barry(2005), Why Social Justice Matters (Cambridge: Polity), p.187.
901. Edward N. Wolff(2002), Top Heavy: The Increasing Inequality of Wealth in America and What Can Be Done about it (NY: The New Press), p.28.
902. Nissan and Le Grand, 'A Capital Idea', p.30.
903. 그 논거는 주택과 같은 실물자산은 소득을 만들어 내지 못한다는 것이다. 장하성(2015), 왜 분노해야 하는가, 헤이북스, p.255, 258.
904. Michael Sherraden(1991), op.cit., p.197.
905. Ray Boshara, 'Poverty is More than a Matter of Income', New York times, 29 September 2002, WK, p.13.
906. Brian Barry(2005), op.cit.p.189.
907. 정기적인 용돈도 없는 빈곤층 아이에게 재정관리 교육이 얼마나 실효성이 있겠는지 생각해 보라!.
908. Michael Sherraden(1991), op.cit., p.126.
909. 국회·대법원·정부 공직자윤리위원회가 공개한 2009년 12월 31일 현재 고위공직자 재산변동 신고내역에 따르면 2273명 가운데 재산 총액이 전년도보다 증가한 공직자는 56.6%인 1287명이다. 정부공직자윤리위원회가 발표한 중앙부처 1급 이상과 지방자치단체장, 광역의원, 교육감, 교육위원 등 1851명의 재산 내역을 보면 1077명(58%)의 재산이 늘었다. 공개대상자의 평균 재산은 전년도보다 1200만원 증가한 12억8400만원이다. 전성태 행정안전부 윤리복무관은 "재산이 증가한 사람은 펀드·주식의 평가액이 상승한 때문이며, 감소한 사람은 경기침체에 따른 부동산 공시가격 하락 때문으로 분석됐다"고 말했다. 국회의원은 293명 가운데 절반이 넘는 156명은 재산이 늘었고, 137명(46.8%)이 감소했다. 국회의원의 재산은 평균 27억3272만원(한나라당 정몽준 대표 제외)으로 집계됐다. 중앙일보 2010. 4. 3. http://article.joinsmsn.com/news/article/article.asp?total_id=4093221. 위 기사는 2010년도 것이지만, 2017년에도 언론에 나온 기사 제목은 "불황에도 고위 공직자 10명 중 7~8명 재산 불렸다" 이다. 오히려 2010년보다도 재산을 더 불린 비율이 늘어난 셈이다. http://www.etoday.co.kr/news/section/newsview.php?idxno=1471301
910. 필자는 적어도 우리 국민의 절반 가량은 이에 해당하는 것으로 본다. 자산한계란 자산이 있어도 그것이 별도의 소득을 만들어 내지 못하는 정도의 자산, 예컨대 실제 거주하고 있는 아파트 한 채를 갖고 있는 사람 등을 말한다.
911. Douglass North(1981), Structure and Change in Economic History(New York: W.W.Norton), p.201.
912. Michael Sherraden(1991), op.cit.,p.128-9. 예컨대 먹을 것 안 먹고, 입을 것 안 입고, 탈 것 안 타고 돈을 저축하는 것이 교과서적으로는 가능해 보여도 늘 단벌 옷 차림으로 출근하는 영업 사원, 자기 부담이 될 수 있는 식사 자리는 가능한 피해가는 사원에게 유용한 정보들이 주어질까? 기동성 있는 일을 시킬 때 차 없는 직원과 그렇지 않은 직원 사이에 능력과 승진의 평가가 같지는 않을 것이다. 그리고 이런 직업 내의 평가와 성취는 바로 수입의 증대와 기회 획득 여부로 이어진다.
913. 맹자, 양혜왕 (上)
914. Michael Sherraden(1991), op.cit, p.190-91
915. 동아일보 2010. 8. 7. http://news.donga.com/3/all/20100807/30364478/1
916. 브루스 액커만 외, 분배의 재구성(Redesigning Distribution), 너른복지연구모임 역(2011), 사회복지전문출판 나눔의 집, p.80.
917. 브리태니카 백과사전
918. 여성에게 참정권이 최초로 주어진 것은 1906년 핀란드였고, 영국에서는 1928년에 와서야 남성과 같은 투표권이 허용되었으며, 미국의 경우 1920년 의회가 연방과 주에서 여성의 참정권 차별을 금지하는 법안을 통과시켰다.

919. "Credit for self-employment should not only be formally recognized as a fundamental human right, it should also be recognized as a human right that plays a critical role in attaining all other human rights." David Bornstein(2005), The Price of a Dream, Oxford University Press, p.232.
920. Thomas Paine, Agrarian Justice, http://www.thomaspaine.org/Archives/agjst.html.
921. Ian Hunt (2009), 'Why Justice Matters', Philosophical Papers Vol. 38, No. 2, p.164. 기회균등은 그 자체로서 매우 위험한 함정을 갖고 있다. 모두에게 문이 열려있다고 하여 균등한 기회가 보장된 것은 아니다. 거기엔 우선 준비과정의 균등이 있어야 한다. 준비를 할 수 없는 자에게 균등이란 '그림의 떡'에 지나지 않는다. 또한 준비는 자신이 사회에서 어느 정도 받아들여질 것인지에 대한 예측과 맞물려 있다. 원칙이 깨어지고 반칙과 부패가 만연하고, 개인의 능력보다 외적인 여건이 결정적이라고 사람들이 믿을 때 그들은 자신의 목표를 곧 하향조정하거나 목표를 세우지 않게 된다. 이때 균등하게 열린 문이란 반칙의 능력이 있거나 외적 조건을 동원할 수 있는 이들에게만 열린 문이 될 것이다.
922. 상속의 성격상 일회성의 원칙은 자명하다고 하겠다.
923. Thomas Paine, op.cit.
924. 1848년 공산당 선언이 나오기 반 세기 전인 1797년 토마스 페인은 자신의 Agrarian Justice를 통해 개인 자산 소유를 전제로 기초 자산의 분급과 노인과 장애인 연금의 지급을 통한 사회 개혁을 주창하였으나 자유주의적 계몽주의자들에게 그의 주장은 받아들여지지 않았고 결국 반 세기 뒤 공산당 선언, 그 이후 러시아 혁명을 필두로 극단적인 반 자산소유의 반동이 엄청난 후유증을 인류에게 남기게 되었다.
925. 그 효시는 1830년대 미주리州 상원의원인 토마스 하트 벤튼과 앤드류 잭슨 대통령이 빈곤층에 농토를 분배하는 정책으로 거슬러 올라간다. 앤드류 잭슨은 취임 후 첫 번째 연두 의회 연설에서 "국가의 부와 힘은 국민에 있고, 국민의 대부분은 농토를 경작하는 사람들입니다. 온 나라에 퍼져 있는 자영농들은 사회의 기초이고 자유의 진정한 친구들"이라고 하였다. Andrew Jackson, First Annual Message to Congress, in James D. Richardson, ed., 'A Compilation of the Messages and Papers of the Presidents', 1789-1897. Washington: U.S. Government Printing Office, 1896-1899, vol.2, 600-601.
926. http://en.wikipedia.org/wiki/Homestead_Act
927. Charles Schottland(1967) ed, The Welfare State (New York: Harper Torchbooks), p.14.
928. Michael Sherraden(1991), op.cit. p.192.
929. 이른바 소비적 복지를 통한 임시 처방적인 구호를 받는 경우를 포함한다.
930. Thomas Paine, op.cit.
931. 이호선, 2006. 6. 9. 자 한겨레 신문 칼럼. http://www.hani.co.kr/arti/opinion/column/123739.html
932. http://www.yonhapmidas.co.kr/07_12/spe/04_003.html. 그러나 이 법은 처음부터 5년 한시적으로 도입되었다가 폐지되었다.
933. 다만, 가입자로 하여금 1:1의 금융교육을 받게 하여 자활할 수 있는 경제적 안목을 틔워주고 자금 사용의 목적을 제한하여 모럴 해저드를 방지하며 매칭 펀드에 민간 기업 등의 적극적인 참여를 유도하는 각종 세제 혜택 등은 생애기반자산의 운용과 관련하여 배워야 할 점이라 할 수 있다.
934. 사용용도 제한은 미국의 개인자활계좌 제도를 본 받을 만하다. 당사자에게 심신상실이나 심신미약 등의 사유가 있고 후견인에게 객관적이고 공정한 자산관리를 기대할 수 없을 때는 국가가 그 자산 관리에 관한 후견적 기능을 수행하는 것이 바람직하다.
935. 천부물권은 공동체의 일원임을 전제로 하는 까닭에 타 국적을 취득하는 등 그 전제 자격을 인정하게 적합하지 않은 경우에도 굳이 공동체가 자산급부의 의무를 이행할 필요는 없을 것이다.
936. Edward Scanlon, Deborah Adams (2009), 'Do Assets Affect Well-Being? Perceptions of Youth in a Matched Savings Program', Journal of Social Service Research, vol.35, p.33.
937. 쉐라든은 이를 크게 1) 개인의 자산축적역량 제고, 2) 가계의 안정 및 미래 설계 가능화, 3) 지속적 빈곤의 차단, 4) 경제 및 재정관리에 적극적인 시민층 형성, 5) 국가차원에서의 저축과 투자율 제고, 6) 국가경쟁력 제고를 들고 있다. Michael Sherraden(1991), op.cit., p.190-191.
938. 전자는 아마도 자산을 전혀 축적하지 못할 수도 있다. 반면 후자는 일정 금액을 저축하고 다시 이를 투자하여 자산축적으로 승수적으로 이뤄내고, 이는 다시 다음 세대에 대물림 된다.
939. Thomas Paine, op.cit.
940. 우리 속담에 "소도 비빌 언덕이 있어야 한다"는 말이나, 위에서 본 미국식이 "The HAVEs have it"은

이런 사회 현실을 정확히 반영하는 말이 아닐 수 없다.
941. Edward Scanlon, Deborah Adams (2009), op.cit.
942. 생활고로 인한 자살 및 충동적 살인 사건의 피고인과 자산 소유 관계 내지 본인의 사회적 이동성에 대한 예측 가능성과의 상관관계 등에 관한 연구성과 등이 별도로 뒷받침되어야 할 것으로 보이나, 일응 자산과 사회병리적 현상과의 연관관계는 추론할 수 있지 않을까 싶다.
943. Michael Sherraden(1991), op.cit, p.190.
944. 미래적 불안이라기 보다는 어떤 면에서는 현재적 불안으로 경험하고 있다는 표현이 더 옳을 것이다. 자산 빈곤층은 물론이고 중산층이라도 사회 안정망이 없는 경쟁사회에서의 삶이 주는 불투명함에 대하여 불안을 느끼면서 자식 세대에도 이런 문제가 여전히, 아니 더 커질 것이라 우려하기 때문이다.
945. 우린 이것을 차세대가 짊어질 천부채무에 대한 기성 세대의 마땅한 보상으로 본 바 있다.
946. 개인이나 기업들의 기부를 통한 매칭이 활성화되면 이런 긍정적 사회통합의 효과는 더 커질 것이다.
947. 이호선, 위 칼럼
948. 브루스 액커만 외, op.cit., p.31, 83.
949. 8만불의 근거는 1997년 기준으로 미국의 보통 사립대학의 4년 평균 등록금이다. Ackerman and Alstott(2000), The Stakeholder Society, Yale University Press, p.184-7. 참조
950. Brian Barry(2005), op.cit. p.195-8.
951. 만일 고등학교 졸업장이 없다면, 이들에게는 사회적 지분에 대한 이자로서 기본소득이 지급된다고 한다.
952. 브루스 액커만 외, op.cit., p.83.
953. 개인적으로는 후속연구가 가능하다면 이 생애기반자금에는 필요 이상으로 과열되어 블랙홀 처럼 가계의 가처분소득을 흡수하는 지금의 교육경쟁 부담을 완화시키는 기능도 있다는 점이 검증될 수 있을 것으로 본다. 왜냐하면 지금의 교육열은 상당 부분 자신의 자녀들이 최소한의 인간다운 생계를 유지하기 위하여는 일정한 수준의 교육이 필요하다는 암묵적 사회적 합의 내지 기대에 기인하기 때문에, 생애기반자금을 토대로 적절한 자영업 등이 가능하다고 생각하면 굳이 이 대열에 끼여 현재의 삶을 희생할 필요가 없다고 판단할 사람들도 있을 수 있기 때문이다.
954. Brian Barry(2005), op.cit., p.195.
955. Ackerman and Alstott(2000), op.cit.p.184-7.
956. 남녀가 각각 결혼하면서 이 자산을 인출하여 새로운 가정을 위하여 쓸 수도 있고, 심지어 노후 자금으로 그대로 두었다가 정기적 수입이 없는 때에 가서 쓸 수도 있다.
957. 브루스 액커만 외, op.cit., p.99.

참고문헌 Bibliography

■ 국문자료

C.B.맥퍼슨, 소유적 개인주의의 정치이론, 이유동 역(1991), 인간사랑
이사야 벌린, 이사야 벌린의 자유론, 박동천 역(2006), 아카넷
스키너, 퀜틴 스키너의 자유주의 이전의 자유, 조승래 역(2007), 푸른역사
강두호(1995), 현대 자본주의의 윤리적 범형, 윤리연구 제34권
구스타브 라드브루흐, 법철학, 최종고 역(2001), 삼영사
권영경(1997), 자본주의 경제윤리와 경제적 정의에 대한 고찰, 한국경제학보 제4권 제1호
김관수(2012), 한국의 천민자본주의 가치관과 경제개혁의 한계: 교육적 해결방안, 한국 통합교육과정학회. 통합교육 과정연구 제6권 제1호
김광두(1989), 자본주의체제의 발전조건과 영국의 경험, 시장경제연구 제17권
김낙년(2016), 한국의 부의 불평등, 2000-2013, 경제사학 제40권 제3호
김대근(2010), Amartya Sen의 정의론의 방법과 구조, 법철학연구 제14권 제1호
김미경(2015), 자본주의 다양성과 유럽 민주적 자본주의의 위기-1986년 이후, 서양사연구 제52권
김비환(2000), 고전적 자유주의 형성의 공동체적 토대-로크와 스코클랜드 계몽주의자들을 중심으로, 정치사상연구 제2집 (봄)
김수중 외 편저(2002), 공동체란 무엇인가, 이학사
김연미(2011), 자연권: 자유와 평등의 그림자, 전남대 법학논총 제31집 제2호
김의수(2007), 찰스 테일러에서 공동체와 민족주의, 범한철학 제44권
나인호(2004), "자본주의 정신-독일 부르주아지의 근대비판 담론", 서양사론 제80호
니콜라스 월터스토프, 정의와 평화가 입맞출 때까지, 홍병룡 역(2007), IVP 출판부
로날드 드워킨, 정의론, 박경신 역(2015), 민음사
마이클 왈쩌, 정의와 다원적 평등, 정원섭 외 역(1999), 철학과 현실사
막스 베버, 프로테스탄티즘의 윤리와 자본수의, 김덕영 역(2015), 도서출판 길
박만섭(2003), 경제학의 철학적 기초-신고전파 경제학 비판, 철학과 현실 통권 제59호
박찬성(2008), 대화적 공동체의 정치사상: 찰스 테일러(Charles Taylor)와 마이클 오크샷(Michael Oakeshott)을 중심으로, 한국정치연구 제17권 제2호
배진영(2009), 홉스의 사회계약론에 함축된 정부의 역할과 시장경제질서, 경상논총 제27권 제2호
버나드 맨더빌, 꿀벌의우화, 최윤재 역(2010), 문예출판사
브루스 액커만 외, 분배의 재구성, 너른복지연구모임 역(2011), 나눔의 집
손열(2013), 세계금융위기 이후 자본주의 담론의 변화-한국과 일본의 경우, 동아연구 제64권
신진욱(2013), 한국에서 자산 및 소득의 이중적 불평등 국제 비교 관점에서 본 한국의 불평등 구조의특성, 민주사회와 정책연구 제23권
아담 스미스, 도덕감정론, 박세일/민경국 공역(2012), 비봉출판사
아마르티아 센, 불평등의 재검토, 이상호/ 이덕재 역(1992), 한울
아비지트 배너지 외, 가난한 사람이 더 합리적이다, 이순희 역(2011), 생각연구소
알래스데어 매킨타이어, 덕의 상실, 이진우 역(1997), 문예출판사
에릭 홉스봄, 극단의 시대-20세기 역사, 이용우 역(1997), 까치글방
윤상우(2010), 자본주의 다양성과 비교자본주의론의 전망, 한국사회 제11집 제2호
이성재/이우진(2017), 샤플리값을 이용한 한국의 소득 및 자산 불평등의 원천별 기여도 분석, 한국경제의 분석 제23권 제1호
이수석(2001), 마키아벨리와 홉스의 권력에 관한 연구, 정치사상연구 제5집
이종은(2013), 평등, 자유, 권리-사회 정의의 기초를 묻다. 책세상
이택면(2001), 슘페터, 평민사

이호선(2011), 천부기본자산권으로서의 생애기반자산도입에 관한 연구, 법학논총 제23권 제2호
_____ (2011), 협력업체 종업원들에 대한 대기업 스톡옵션 도입 필요성-정의와 시장 차원에서의 초과이익공유제 검토, 법과 정책연구 제11집 제3호
_____ (2013), 성경적 원리로서의 사산기반 복시, 신앙과 학문 18권 4호
_____ (2015), 아담 스미스의 시장 개념에 대한 정확한 이해를 위한 전제, 법과 사회 제49호
_____(2016), 헌법상 공무담임권의 철학적 함의, 유럽헌법 연구 제22호
_____ (2017), 소유 담론의 확장과 대안을 위한 소고, 법학논총 제29권 제3호
임혁백(2009), 대의제 민주주의는 무엇을 대의하는가?-일반의사와 부분의사, 그리고 제도 디자인, 한국정치학회보. 제43집 제4호
장 자크 루소, 사회계약론, 이가형 역(2005), 을유문화사
장문석(2015), 이탈리아의 가족 자본주의와 부덴브로크 신드롬- 롬바르디아의 경우를 중심으로, 서양사연구 제52권
장하성(2015), 왜 분노해야 하는가, 헤이북스
전병유(2016), 한국의 자산불평등, 월간 복지동향 제216호
제프리 삭스, 붐비는 지구를 위한 경제학, 이무열 역(2009), 21세기 북스
조맹기(2009), 민주공화주의 하에서 원활한 소통의 미학, 언론과 법 제8권 제2호
조셉 슘페터, 경제분석의 역사 제2권, 김균 외 역(2013), 한길사
__________, 자본주의, 사회주의, 민주주의, 변상진 역(2011), 한길사
존 로크, 통치론, 강정인 외 역(1996), 까치
테일러, 불안한 현대 사회 – 자기중심적인 현대문화의 곤경과 이상, 송영배 역(2001), 이학사
토마스 홉스, 리바이어던, 최공웅 역(2014), 동서문화사
프랭클린, 후회없는 생애, 최종률 역(1973), 삼성문화문고
홍기현(1998), 개인주의와 공동선-서양 경제사상의 원리, 계간 사상
황해붕(1993), 독립혁명기 미국 공화주의의 기본원리들과 그 변형, 미국사 연구 제1집

■ 영문자료

A. Skinner(1976), 'Adam Smith: The Development of a System', Scottish Journal of Political Economy 23
A. Skinner(1979) 'Adam Smith: An Aspect of Modern Economics?', Scottish Journal of Political Economy 26
Aaron Garrett(2013), "Adam Smith", IN Hugh LaFollette eds, The International Encyclopedia of Ethics, Wiley-Blackwell
Ackerman and Alstott(2000), The Stakeholder Society, Yale University Press
Adam Smith([1959] 1976), The Theory of Moral Sentiments, D.D. Raphael and A.L.Macfie (eds.) (Oxoford: Clarendon Press)
__________([1982]), A History of Astronomy in Essays on Philosophical Subjects, edited by W. Wightman (Indianapolis: Liberty Fund)
__________(1981), An Inquiry into the Nature and Causes of the Wealth of Nations, edited by R. Campbell and A.Skinner (Indianapolis: Liberty Fund)
__________(1982), The Theory of Moral Sentiments, edited by A. MacFie and D. Rafael (Indianapolis: Liberty Fund)
Amartya Sen(1993), "Capability and Well-Being", IN Martha Nussbaum and Amartya Sen (eds.), The Quality of Life, Oxford: Clarendon Press
__________(1999), Development as Freedom, Oxford University Press
__________(2009), The Idea of Justice (Cambridge, MA: Harvard University Press)
Amitai Etzioni ed.(1998), The Essential Communitarian Reader, Maryland: Rowman & Littlefield Publishers
Andre Gorz(1999), Reclaiming Work: Beyond the Wage-based Society (Cambridge: Polity)

Andrew Jackson, First Annual Message to Congress, in James D. Richardson, ed., 'A Compilation of the Messages and Papers of the Presidents', 1789-1897. Washington: U.S. Government Printing Office, 1896-1899, vol.2
B. vom Brocke ed. (1987), Sombarts 'Moderner Kapitalismus'(Munchen)
Baumol, William J., Robert E. Litan, and Carl J. Schramm(2007), Good Capitalism, Bad Capitalism, and the Economics of Growth and Prosperity (Conn.: Yale University Press)
Brian Barry(2005), Why Social Justice Matters (Cambridge: Polity)
C.J. Berry(1997), Social Theory of the Scottish Enlightenment (Edinburgh: Edinburgh University Press)
Charles E. Hurst(1979), The Anatomy of Social Inequality, St. Louis: C.V. Mosby
Charles Schottland(ed.1967), The Welfare State (New York: Harper Torchbooks)
Charles Taylor(1985), Philosophy and the Human Sciencess-Philosophic Papers, 2. Cambridge University Press
___________(1991), The Ethics of Authenticity, Havard University Press
Christine Shepherd(1982), 'Newtonianism in Scottish Universities in the Seventeenth Century', IN R. Campbell and A. Skinner (ed.) The Origins and Nature of the Scottish Enlightenment (Edinburgh: John Donald Publishers Ltd)
Christopher Berry(1992), 'Adam Smith and the Virtues of Commerce', NOMOS XXXIV, Virtue
Christopher Jencks et al.(1972), Inequality: A Reassessing of the Effect of Family and Schooling in America (New York: Basic Books)
Credit Suisse Research Institute(2014), Global Wealth Report
D.A. Redman(1993), 'Adam Smith and Isaac Newton', Scottish Journal of Political Economy 40
D.D. Raphael et al. (ed.) (1977), The Glasgow Edition of the Works and Correspondence of Adam Smith (Oxford: Clarendon Press)
David Bornstein(2005), The Price of a Dream, Oxford University Press
David Hume ([1748/1951] 1975), Enquiries Concerning Human Understanding and Concerning the Principles of Morals, L.A.Selby-Bigge(eds., 3rd ed.) revised by P.H.Nidditch (Oxford: Clarendon Press)
_________([1738] 1978), A Treaties of Human Nature, L.A. Selby-Bigge(eds., 2nd ed.) revised by P.H.Nidditch (Oxford: Clarendon Press)
David Miller(2001), Principles of Social Justice (Cambridge, MA: Harvard University Press)
Debra Satz(2007), 'Liberalism, Economic Freedom, and the Limits of Markets', Social Philosophy and Policy 24(1)
Deirdre McCloskey(2006), The Bourgeois Virtues: Ethics for an Age of Commerce (Chicago, IL: University of Chicago Press)
Dennis McKerlie(2013), Egalitarianism, IN Hugh LaFollette eds, The International Encyclopedia of Ethics, Wiley-Blackwell
Dennis Rasmussen(2008), The Problems and Promise of Commercial Society: Adam Smith's Response to Rousseau (University Park PA: Penn State University Press)
Donald Winch(1996), Riches and Poverty. An Intellectual History of Political Economy in Britain, 1750-1834, Cambridge University Press
Douglass North(1981), Structure and Change in Economic History(New York: W.W.Norton)
Edmund Burke, Reflections on the French Revolution (London. 1910)
Edward N. Wolff(2002), Top Heavy: The Increasing Inequality of Wealth in America and What Can Be Done about it (NY: The New Press)
Edward Scanlon, Deborah Adams(2009), 'Do Assets Affect Well-Being? Perceptions of Youth in a Matched Savings Program', Journal of Social Service Research, vol.35
Edwin G. West(1975). 'Adam Smith and Alienation: Wealth Increases, Men Decay?' in Andrew S. Skinner and Thomas Wilson(eds.), Essays on Adam Smith(Oxford: Clarendon Press)
Emma Rothchild(2001), Economic Sentiments: Adam Smith, Condorcet and the Enlightenment (Cambridge, MA: Harvard University Press)

Eric Schliesser(2005), 'Some Principles of Adam Smith's Newtonian Methods in the Wealth of Nations;, Research in the Histroy of Economic Thought and Methodology 23
Francis Hutcheson([1725] 1726), An Inquiry into the Original of our Ideas of Beauty and Virtue, London: J. Darby
Fraser, Nancy, and Axel Honneth(2003), Redistribution or Recognition? A Political-Philosophical Exchange (London:Verso)
Friedrich August von Hayek(1978), Law, Legislation and Liberty, vol. 2: The Mirage of Social Justice (Chicago: University of Chicago Press)
G. Bryson([1945] 1968), Man and Society: The Scottish Inquiry of the Eighteenth Century (New York: Kelley)
Gareth Stedman Jones(2001), 'Hegel and the Economics of Civil Society', in Sudipta Kaviraj and Sunil Khilnani (eds.), Civil Society: History and Possibilities, Cambridge: Cambridge University Press
_________________(2004), An End To Poverty? A Historical Debate (New York: Columbia University Press)
George Smith(2002), 'The Methodology of the Principia', IN I. Cohen and G. Smith (eds) The Cambridge Companion to Newton, Cambridge University Press
George Turnbull([1740] 2003), The Principles of Moral Philosophy. An Enquiry into the Wise and Good Government of the Moral World (London: Printed for John Noon)
George W. Rainbolt(2013), "Justice", IN Hugh LaFollette eds, The International Encyclopedia of Ethics, Wiley-Blackwell
Gertrude Himmelfarb(1983), The Idea of Poverty (New York: Knopf)
Gregory S. Alexander al, eds.(2010), Property and Community, Oxford University Press (10)
Guay Core and R.S. Thomas(2005), "Is US CEO Compensation Inefficient Pay without Performance?" Michigan Law Review, vol.103
Gunnar Myrdal(1970), The Challenge of World Poverty: A World Anti-Poverty Program in Outline (New York: Random House-Vintage)
H. Guerlac(1981), Newton on the Continent , Cornell University Press
H.B.Nisbet(1991),Elements of the Philoshophy of Right, Cambridge University Press
Hanson, The Democratic Imagination in America
Ian Hunt(2009), 'Why Justice Matters', Philosophical Papers Vol. 38, No. 2
Immanuel Kant([1784] 1996), 'An Answer to the Question: What is the Enlightenment', IN M. Gregor (tr. and ed.) The Cambridge Edition of the Works of Immanuel Kant, Practical Philosophy, Cambridge University Press
Isaac Newton([1687] 1999), Mathematical Principles of Natural Philosophy, edited by I. Cohen and A. Whitman (Berkeley: University of California Press)
___________([1704] 1979), Opticks: or, a Treatise of the Reflections, Refractions, Inflections and Colours of Light (London: William Innys)
Istvan Hont(2005). The Jealousy of Trade (Cambridge, MA: Harvard University Press)
J. A. Schumpeter([1954]1994), History of Economic Analysis(Routledge: London)
J. Gascoigne(2003), 'Ideas of Nature: Natural Philosophy', IN R. Porter (ed.) The Cambridge History of Science, Eighteenth Century Science, Cambridge University Press, vol. 4
J. S. Mill, "The Principles of Political Economy," 1848, Robson ed., The Collected Works of John Stuart Mill, Vol, 2 & 3 (1965)
J.G.A. Pocock(1995), Virtue, Commerce, and History, Cambridge University Press
Jane Mansbridge(2013), "Common Good", IN Hugh LaFollette eds, The International Encyclopedia of Ethics, Wiley-Blackwell
Jeremy Waldron(1990), The Right to Private Property, Oxford University Press
Jerry Muller(1993), Adam Smith in His Time and Ours. Designing the Decent Society (NY: The Free Press)
John A. Brittain(1977), The Inheritance of Economic Status (Washington: Brookings Institution)

John Plamenatz(2012), Machiavelli, Hobbes, and Rouseau, Oxford University Press
John R. Nelson, JR.(1987), Liberty and Property: Political Economy and Policymaking in the New Nation, 1789-1812, Baltimore: The Johns Hopkins University Press
John Rawls(1999), A Theory of Justice, Havard University Press
John Stuart Mill([1863] 1979), Utiliatarianism, George Sher (eds.) (Indianapolis: Hackett)
Jonathan Burnside(2010), God, Justice, and Society- Aspects of Law and Legality in the Bible, Oxford University Press
Joseph Butler(1729), Fifteen Sermons (London: Knapton)
Joseph Cropsey(1957), Polity and Political Economy: An Interpretation of the Principles of Adam Smith (The Hague: Nijhoff)
K. Murphy and J. Zabojnik(2004), 'CEO Pay and Appointments - A Market Based Explanation for Recent Trends,' American Economic Review, vol.94
Karl Marx, 'Economic and Philosophical Manuscripts', IN Early Writings, trans. T.B. Bottmore(London)
Knud Haakonssen(1981), The Science of a Legislator: The Natural Jurisprudence of David Hume and Adam Smith (Cambridge: Cambridge University Press)
L. Walras. Elements of Pure Economics. translated by W. Jaffe(1954)
L.Brockliss(2003), 'Science, the Universities, and Other Public Spaces: Teaching Science in Europe and the Americas', IN R. Porter (ed.) The Cambridge History of Science, Eighteenth Century Science, Cambridge University Press, vol. 4
Larry S. Temkin(2013), 'Equality of Opportunity', IN Hugh LaFollette eds, The International Encyclopedia of Ethics, Wiley-Blackwell
Larry W. Howard & Cynthia L. Cordes(2010), Flight from Unfairness: Effects of Perceived Injustice on Emotional Exhaustion and Employee Withdrawal, Journal of Business and Psychology, vol. 25
Leonidas Montes(2003), 'Smith and Newton: Some Methodological Issues Concerning General Economic Equilibrium Theory', Cambridge Journal of Economics 27
_____________(2013), 'Newtonianism and Adam Smith' in The Oxford Handbook of Adam Smith Oxford University Press)
Linda J. Skitka & Faye J. Crosby(2003), 'Trends in the Social Psychological Study of Justice', Personality and Social Psychology Review, Vol. 7, No. 4
Lisa Herzog(2013), Inventing the Market - Smith, Hegel, and Political Theory, Oxford University Press
Maclaurin, C. ([1748] 1750), An Account of Sir Isaac Newton's Philosophical Discoveries (London: Printed for A)
Mark Blaug ([1980] 1992), The Methodology of Economics or How Economists Explain, Cambridge University Press
Michael Ignatieff(1985), 'Smith and Rousseau', in The Needs of Strangers (NY: Viking Penguin)
Michael Sandel(2010), Justice-What's the Right Thing To Do?(NY: Farrar, Straus, & Giroux)
Michael Sherraden(1991), Assets and the Poor (NY: Armonk)
N. Gregory Mankiw(2010), 'Presidential Address: Spreading the Wealth Around: Reflections Inspired by Joe the Plumber', Eastern Economic Journal 36
N.S. Hetherington(1983), 'Isaac Newton's Influence of Adam Smith's Natural Laws in Economics', Journal of the History of Ideas 44
Nancy E. Snow(2013), 'Sympathy,' IN Hugh LaFollette eds, The International Encyclopedia of Ethics, Wiley-Blackwell
Nathan Rosenberg(1960), 'Some Institutional Aspects of the Wealth of Nations', Journal of Political Economy 18(6)
Norton(1993), 'Hume, human nature, and the foundations of morality,' IN Norton (ed.)The Cambridge Companion to Hume, Cambridge University Press
Owen McLeod, 'Desert', IN Edward N. Zalta (ed.), The Stanford Encyclopedia of Philosophy

Winter 2008 edition [online]
P. Deane(1978), The Evolution of Economic Ideas, Cambridge University Press
Paschukanis(1929), Allgemeine Rechtslehre und Marximus
Paul Wood(2003), 'Science, Philosophy, and the Mind', IN R. Porter (ed.) The Cambridge History of Science, Eighteenth Century Science, Cambridge University Press, vol. 4
Peter Koslowski, "Kapitalismus", in Staatslexikon (Freiburg: Herder, 1987), B.3
Peter M. Blau and Otis Dudley Duncan(1967), The American Occupational Structure (NY: John Wiley & Sons)
Polanec Gregoric and Slapnicar(2010), 'Pay Me Right-Reference Value and Executive Compensation,' European Financial Management, vol.16
R.E. Schofield(1978), 'An Evolutionary Taxonomy of Eighteenth-Century Newtonianisms', Studies IN Eighteenth Century Culture, vol. 7
Ralf Dahrendorf, Life Chance: Approaches to Social and Political Theory (Chicago: University of Chicago Press)
Ray Boshara, 'Poverty is More than a Matter of Income', New York Times, 29 September 2002, WK
Richard A. Davis(1987), 'Property and Labor in Hegel's Concept of Freedom', IN William Maker (ed.), Hegel on Economics and Freedom (Macon, GA: Mercer University Press)
Richard Dien Winfield(1987), 'Hegel's Challenge to the Modern Economy', IN William Maker (ed.), Hegel on Economics and Freedom (Macon, GA: Mercer University Press)
Robert Heilbroner(1986, 6th ed.), The Worldly Philosophers (London: Penguin Books)
Robert Nozick(1974), Anarchy, State, and Utopia (New York: Basic Books)
Robert Young(2013), Equality, IN Hugh LaFollette eds, The International Encyclopedia of Ethics, Wiley-Blackwell
Robin Hahnel(2009), 'Why the Market Subverts Democracy,' American Behavioral Scientist, vol.52
Russell Muirhead(2013), 'Communitarianism', IN Hugh LaFollette eds, The International Encyclopedia of Ethics, Wiley-Blackwell
Ryan Patrick Hanley(2009), Adam Smith and the Character of Virtue (NY: Cambridge University Press)
S. I. Benn and R. S. Peters(1959), Social Principles and the Democratic State(London: Allen & Unwin)
S. Schaffer(1990) 'Newtonianins', IN R. Olby, G. Cantor, J. Christie, and M. Hodge (ed.) Companion to the History of Modern Science (London: Routledge)
Samuel Bowles(1972), 'Schooling and Inequality from Generation to Generation', Journal of Political Economy 80
Samuel Fleischacker(1999), A Third Concept of Liberty: Judgment and Freedom in Kant and Adam Smith (Princeton: Princeton University Press)
________(2004), A Short History of Distributive Justice (Cambridge, MA: Harvard University Press)
________(2004), On Adam Smith's Wealth of Nations: A Philosophical Companion (Princeton: Princeton University Press)
Serena Olsaretti(2004), Liberty, Desert and the Market: A Philosophical Study, Cambridge University Press
Stephen Darwall(1998), 'Empathy, Sympathy, Care', Philosophical Studies, vol.89
___________(1999), 'Sympathetic Liberalism: Recent Work on Adam Smith', Philosophy and Public Affairs 28
___________(2002), Welfare and Rational Care (Princeton: Princeton University Press)
___________(2006), The Second-Person Standpoint: Morality, Respect, and Accountability, Harvard University Press
Taylor(1989), Sources of the Self: The Making of the Modern Identity (Cambridge: Harvard University Press)
Teun J. Dekker(2010), 'Desert, Democracy, and Consumer Surplus', Politics, Philosophy and

Economics 9(3)
Thierry Leterre(2011), Contract Theory, IN Bertrand Badie et al ed. Political Science Vol 2., Sage Publications
Thomas Donaldson(2013), 'Executive Compensation', IN Hugh LaFollette eds, The International Encyclopedia of Ethics, Wiley-Blackwell
Thomas J. Lewis(2000), 'Persuasion, Domination and Exchange: Adam Smith on the Political Consequences of Markets', Canadian Journal of Political Science/Revue canadienne de science politique 33(2)
Thomas Nagel(1979), Moral Questions, Cambridge University Press)
Thomas Paine(1969), Rights of Man, Henry Collins, ed., (Harmondswoth: Penguin Books)
__________, Agrarian Justice
Thomas Scanlon(2010), Moral Dimensions: Permissibility, Meaning, Harvard University Press
W.Jaff?, W.(1977) 'A Centenarian on a Bicentenarian: Le?n Walras' El?ments on Adam Smith's Wealth of Nations', Canadian Journal of Economics 10
William J. Baumol, Robert E. Litan, and Carl J. Schramm(2012), 'The Four Types of Capitalism, Innovation, and Economic Growth', IN Dennis C. Mueller (eds.), The Oxford Handbook of Capitalism, Oxford University Press
Willmoore Kendall(1941), John Locke and the Doctrine of Majority-Rule(Urbana; Illinois)

[인터넷]

http://plato.stanford.edu/archives/win2008/entries/desert/
http://www.estig.ipbeja.pt/~ac_direito/Smith_0141.06.pdf
http://www.thomaspaine.org/Archives/agjst.html
http://en.wikipedia.org/wiki/Homestead_Act

[신문기사]

http://www.seoul.co.kr/news/newsView.php?id=20170418001010
http://news.chosun.com/site/data/html_dir/2010/07/13/2010071300031.html
http://www.hani.co.kr/arti/society/society_general/431949.html
http://www.nocutnews.co.kr/news/4643343
http://www.newswire.co.kr/newsRead.php?no=469424&lmv=A01
http://article.joinsmsn.com/news/article/article.asp?total_id=4093221
http://www.etoday.co.kr/news/section/newsview.php?idxno=1471301
http://news.donga.com/3/all/20100807/30364478/1
http://www.hani.co.kr/arti/opinion/column/123739.html
http://www.yonhapmidas.co.kr/07_12/spe/04_003.html

색인 Index

지속가능한
사회를 위한 정의

초판 1쇄 · 2018년 2월 10일

지은이 · 이호선
발행인/편집인 · 임춘화
표지디자인 · 이혜건
펴낸곳 · 도서출판 리원
등 록 · 2018년 1월 11일(No. 2018-000010호)
주 소 · 서울 서초구 반포대로 122 현대 ESA-II 309호
전 화 · 02-725-2737
팩 스 · 02-725-1730
이메일 · leewonbooks@naver.com
홈페이지 · www.leewonbooks.com

ISBN 979-11-962997-0-5(03300)

값 23,000원